KB060667

종교와 동물
그리고 윤리적 성찰

03
종교문화비평총서

종교와 동물
그리고 윤리적 성찰

한국종교문화연구소 기획
박상언 엮음

이 책의 필자들은 오늘날 인간에게 동물은 어떤 존재로 남아 있는지, 그리고 남아 있어야 하는지에 관한 물음과 해명을 진지하게 논의하고 있습니다. 공장식 대량사육과 유통과 소비의 경로에서 삶과 죽음을 맞이하는 무수한 가축들, 그리고 인간의 신의에 목숨이 달린 반려동물의 운명, 전염병 확산의 방지를 위해 산 채로 매장되는 돼지·오리·닭 등의 떼죽음, 대규모 목장과 목초지 확보를 위해 파헤쳐지는 숲과 나무들, 인간의 건강과 아름다움을 위해서 고문과 같은 고통을 겪는 실험실의 동물들은 우리에게 진지한 물음을 촉구하고 있습니다. 과연 인간과 동물의 이상적인 관계 맺기는 무엇인지, 그리고 그에 대해서 종교는 어떤 입장을 취해 왔는지, 또한 동물과 공존하기 위한 윤리적 관점과 행위는 무엇인지 등의 고민들이 이 책의 곳곳에 배어 있습니다.

도서출판 모시는사람들

서문

죽음에 관한 소식이 일상이 되어 버린 시대입니다. 애써 외면하려 해도 가슴을 저미게 하는 안타까운 사연들이 하루가 멀다하지 않고 들려옵니다. 죽음의 현상은 늘 인간 곁에 있어 왔기에 죽음의 소식을 접하는 것이 이상하지는 않습니다. 전쟁이나 역병으로 떼죽음을 겪었던 역사도 있었기에 주검의 많고 적음에서 슬픔의 강도가 크게 달라지는 것도 아닙니다. 정작 두려운 것은, 죽음의 연유가 자연의 탓보다는 인간의 탓인 경우가 점차 많아지고, 그러한 죽음의 사태가 예측할 수 없는 미지의 영역에 잠재되어 있다는 사실입니다. 언제 어디에서 인간이 만든 장치에 의해서 인간의 실수로 죽음을 겪게 될지 모르는 불안한 사회에서 마음의 평온을 찾기란 쉽지 않아 보입니다. 더욱 비참한 일은 그러한 죽음이 일상이 되어, 죽음의 의미조차 증발해 버리는 사태에 직면하게 되는 일입니다. 그러한 사태에서 인간은 묻기를 단념할 것이고, 묻지 않음은 사유의 정지를 의미할 뿐입니다.

이 책에서 인간과 동물의 관계를 주제로 삼는 이유도 물음의 정지가 낳을 해악을 감지하기 때문입니다. 이 책의 필자들은 오늘날 인간에게 동물은 어떤 존재로 남아 있는지, 그리고 남아 있어야 하는지에 관한 물음과 해명을 진지하게 논의하고 있습니다. 공장식 대량사육과 유통과 소비의 경로에서 삶과 죽음을 맞이하는 무수한 가축들, 그리고 인간의 신의에 목숨이 달린 반려동물의 운명, 전염병 확산의 방지를 위해 산 채로 매장되는 돼지·오리·닭 등의 떼죽음, 대규모 목장과 목초지 확보를 위해 파헤쳐지는 숲과 나무들, 인간의 건강과 아름다움을 위해서 고문과 같은 고통을 겪는 실험실의 동물들은 우리에게 진지한 물음을 촉구하고 있습니다. 과연 인간과 동물의 이상적인 관계 맺기는 무엇인지, 그리고 그에 대해서 종교는 어떤 입장을 취해 왔는지, 또한 동물과 공존하기 위한 윤리적 관점과 행위는 무엇인지 등의 고민들이 이 책의 곳곳에 배어 있습니다.

　서구 종교학계에서 동물에 관한 연구는 오래전부터 활발히 진행되어 왔습니다. 환경오염, 자연 파괴, 지구 온난화, 생물 다양성의 붕괴 등과 같은 생태학적 문제가 부각되면서 생태계 위기의 원인을 분석하고 그 해결을 모색하는 데 학계의 관심이 집중되었습니다. 동물과 관련해서는 주요 종교 전통의 교학이나 신학의 관점에서 동물과 인간의 본성, 그리고 양자의 관계를 규명하면서 동물의 존재론적 성격을 조망하고, 또한 동물의 종교적 표상에 담긴 동물에 대한 인간의 관념과 태도를 분석하는 경향이 강하게 나타납니다. 또한 일부에서는 다양한 생명체들의 지속가능한 공존을 주장하면서 생태주의의 이념적 모색을 통해 동물과 인간의 관계를 재설정하려는 논의들이 전개되고 있습니다.

　이러한 논의들에는 몇 가지 공통된 관점이 형성되고 있습니다. 첫째, 인간과 동물의 관계는 고정불변하고 획일적인 것이 아니라, 시대와 장소에 따라 다양한 방식을 띠고 있다는 점입니다. 예를 들면 인도의 종교문화에서 희생제의가 강조되던 베다 종교의 시대에는 제물로서의 동물 살해가 허용되지만, 자이나교에서는 살생은 강력하게 금지됩니다. 동일한 문화권이라도 시대와 그 문화에 영향을 주는 의미 체계에 따라 동물에 대한 관념과 동물과 인간의 관계 방식이 달라지는 것입니다. 둘째, 무절제한 인간의 욕망과 쾌락에 대한 경계와 비판의 목소리입니다. 인간중심주의의 무분별하고 탐욕적인 삶의 태도와 방식이 인간 자신만이 아니라 지구 생태계 자체의 존립을 위협하는 지점에까지 이르게 했다는 비판의 목소리가 강하게 제기되고 있습니다. 셋째, 인간 이외의 생명체를 생명이 없는 물건처럼 대하고 소비함으로써 만족과 쾌락을 추구하는 소비 자본주의 체제에 대한 염려입니다. 인간의 삶 깊숙한 곳에 자리를 차지하는 반려동물조차도 생산과 소비의 고리에 옥죄어 있고, 인간의 이익을 위해서 자기의 자연적 본능을 개량하거나 지워야하는, 생명의 상품화 혹은 물화에 대한 지적이 제기되고 있습니다.

이 책에 실린 글들도 이러한 논의의 흐름에서 크게 벗어나지는 않습니다. 다만, 서구 학계의 논의에서 그들의 삶의 현실이 반영되고 있듯이, 이 책의 실린 글들에는 우리가 맞닥뜨린 현실에 대한 고민과 기존 논의에 대한 비판적 성찰이 담겨 있습니다. 이 책은 1부 '인간과 동물의 경계에 관한 종교적 상상'과 2부 '동물과 인간의 윤리적 관계 맺기'로 구성되어 있습니다. 1부는 동물과 인간의 관계 방식이 종교 전통들과 종교학과 철학에서 어떻게 논의되고, 또한 논의될 수 있는지에 초점을 둔 글들로 마련되었고, 2부는 동물과 인간의 관계 방식에 관한 윤리적인 성찰과 실천을 모색하는 글로 짜여 있습니다.

1부에서 장석만은 「종교와 동물, 그 연결점의 자리」에서 종교학의 풍토에서 동물에 관한 논의가 어떤 관점에서 다루어지고 있는지를 서구 학계의 사례를 통해 살펴보고, 그 속에서 간과되고 있는 근대적 시각, 특히 종교와 세속 그리고 동물과 인간의 이분법적 경계 설정에 담긴 서구 중심주의와 인간중심주의의 작동 방식에 주목하고 있습니다. 방원일은 「원시종교 이론에 나타난 인간과 동물의 관계」에서 19세기 토테미즘의 이론 형성에 동원되었던 자료들을 검토하면서, 토테미즘 이론이 동물에 대한 원주민의 태도를 근거로 원주민을 열등한 존재로 타자화하면서 구축되었음을 비판적으로 분석하고 있습니다. 전세재는 「포스트휴먼: 의인화와 동물--되기의 기법」에서 서구 역사에서 인간 이외의 종에 대한 배타적 경향의 진원지들을 살펴보고, 데리다, 들뢰즈와 가타리의 철학을 통해 인간중심주의의 틀을 넘어서는 포스트휴먼의 가능성을 모색합니다. 곧 인간--동물의 경계를 횡단하는 새로운 존재 방식을 제시하려는 시도입니다. 「인도 종교에 나타난 동물 존중 태도」에서 이병욱은 인도의 종교문화는 아힘사(불살생)의 관념을 공유하면서도 종교 전통에 따른 세부적인 입장 차이를 지니고 있음을 힌두교, 불교, 자이나교의 문헌 분석을 통해서 상세히 보여주고 있습니다. 김형민은 「그리스도교의 신학적 동물윤리」에서 『바이블』에서 제시하는 하나님과 동물 및 인간과 동물의 관계를 검토하고, 동물에 관한 신학적 입장과 교회의 실천 과제를 논의합니다.

　2부에서 유기쁨은 「현대 한국 종교의 '생태영성'과 의례」에서 2000년대에 생태운동 현장에서 '생태영성'이 형성된 배경과 비인간동물에 관한 감수성이 생태영성과 의례에서 어떤 의미를 지니고 효과를 창출하는지를 사례 분석을 통해 제시하고 있습니다. 박상언은 「간디와 프랑켄슈터인, 그리고 채식주의의 노스탤지어」에서 19세기 영국 채식주의와 간디의 사상을 검토하면서 영혼의 정화와 정치적 저항이 채식 행위에서 합류하는 지점을 밝히고, 타자-동물의 고통을 이해하기 위한 도덕적 공감 혹은 도덕적 상상력의 중요성을 강조합니다. 「채식주의의 윤리학적 근거」에서 김일방은 채식주의를 비판하는 입장들을 검토하고, 채식주의의 윤리적 정당성을 환경윤리학과 동물윤리학의 관점에서 세심히 논증하고 있습니다. 허남결은 「서양윤리의 동물권리 논의와 불교생명윤리의 입장 -'동물개체의 도덕적 권리'를 중심으로」에서 동물에 대해서 도덕적 관심을 가져야 하는 이유를 밝히고, 서양 윤리학의 동물권 논의들을 분석하고 불교의 생명윤리에 입각한 현실적인 실천 방식을 제안합니다.

여기 모인 글들은 물음에 대한 답이 아닌, 물음의 시작입니다. '인간동물'이 '비인간동물'에게 가하는 고통과 상처, 그리고 억압적 태도를 문제 삼는 이유는 우리가 타자의 고통과 죽음에 대한 도덕적 공감과 실천의 소실을 목격하는 시대에 살고 있기 때문일 것입니다. 우리는 종종 사회적 약자가 비인간동물의 위치에 서서 고통과 아픔을 겪는 상황을 목격합니다. 그리고 강자가 약자에게 폭력을 가할 때 약자가 동물의 자리로 추락하는 사태를 직시하게 됩니다. 그러므로 동물과 인간의 관계 방식에 대한 학문적 검토와 윤리적 성찰은 윤리적인 동물로서 인간의 자리와 책임에 대한 물음과 직결될수밖에 없습니다.

이 책의 기획은 2011년 11월 한국종교문화연구소에서 주최한 '종교와 동물' 심포지엄의 논의들이 단초가 되었습니다. 그때에 발표됐던 글과 여러 지면에 발표됐던 글들을 함께 모아 책으로 출판함으로써 여러 독자들과 이러한 문제의식을 공유할 수 있는 계기를 마련하고 싶었습니다. 이 자리를 빌려서 소중한 글을 공유할 수 있도록 출판을 허락해 주신 필자들께 감사의 말씀을 드립니다. 또한 엮은이를 대신해서 필자들께 글을 요청하고 세세한 일들을 감당해준 한국종교문화연구소의 윤승용 이사님과 김진경 간사, 그리고 인내와 아량으로 원고를 기다려주고 출판 작업을 진행해 준 도서출판 모시는사람들의 소경희 편집장께 감사의 마음을 전합니다.

2014년 7월

엮은이 박상언

차례 종교와 동물 그리고 윤리적 성찰

2부 | 동물과 인간의 윤리적 관계 짓기

1부

인간과 동물의 경계에 관한
종교적 상상

인간과 동물의 관계에 대한 물음은 결국에는 인간이라는 존재가 문화적으로 어떻게 규정되는지에 대한 물음을 요청하는 것으로 귀결된다. 이른바 원시종교, 특히 북미 원주민에 대한 이론적 논의에서, 우리는 그간 인간과 동물의 관계에 대한 논의가 서구적인 인간 개념에 대한 반성 없이 이루어졌음을 배운다. 그리고 인간에 대한 되물음을 통해 그들의 세계관을 서술하는 종교학 용어의 재구성이 요청된다는 사실도 확인하게 된다.

종교와 동물, 그 연결점의 자리

/ 장석만 /

1. 두 가지 에피소드: 구제역의 소, 돼지와 연평도 고양이

하나: 2010년 겨울에 발생한 구제역으로 2011년 3월까지 소, 돼지 등 350만 두 이상의 가축이 살(殺) 처분되거나 생매장되었다. 구제역이란 발굽이 둘로 갈라진 동물에게 전염되는 바이러스 전염병으로, 치사율은 5~20%이며, 15일 정도가 지나면 면역력이 생길 수 있다. 하지만 빠르게 전염되기 때문에 바이러스의 확산을 막기 위해 시행되는 것이 살처분이다. 2011년 3월을 기준으로 구제역 전체 매몰지가 4,476곳이라는 통계에서 알 수 있듯이[1] 전국에서 신속하게 대규모의 살처분이 이루어졌다. 감염이 확인된 지역에서 반경 500미터 이내 농장의 우제류 가축은 예방을 위해 무조건 죽여서 매몰 처리하였고, 인근 지역까지 감염이 의심될 경우에는 반경 3킬로미터 내의 가축도 모두 같은 방식으로 처리하였다. 당시 친 정부지 〈동아일보〉에 조차 이런 조치를 비판하는 국제부장 이기홍의 글이 실렸다.

동아일보 특파원들이 선진국의 구제역 대책을 조사한 결과 한국처럼 반경

500m 이내는 다 죽이는 식의 예방적 도살 처분을 기계적으로 밀어붙이는 경우는 찾기 힘들다. 일본의 경우 구제역 발생 농가만 도살 처분한다. …한국 정부는 육류 수출을 위한 청정국 지위에 집착해 백신 사용을 꺼리다 실기(失期)했다.[2]

이어서 그는 다음과 같이 처절한 장면도 전하고 있는데, 규정대로 안락사를 시킨 다음 살처분을 하지 않고 마구잡이 생매장이 행해졌음을 보여준다.

한 장의 사진이 잊히지 않는다. 낭떠러지 같은 구덩이 앞에서 아기돼지들이 울부짖고 있다. 어미돼지는 새끼들에 대한 안타까움과 공포로 어찌할 바를 모른다. 뒤엔 포클레인의 큰 삽이 다가오고 있다. … 안락사 주사를 맞은 한 어미 소는 송아지가 젖을 물자 다리를 부르르 떨면서도 2, 3분을 버티다 새끼가 입을 떼자 쓰러졌다고 한다.[3]

가축을 기르던 이들이 겪은 고통과 이어지는 트라우마도 다음의 구절에서 짐작할 수 있다.

수년간 자식처럼 애지중지 키워 온 가축을, 특히 워낭소리 애잔한 일소, 만삭이라 출산이 코앞인 암소와 암돼지, 갓 태어나 비틀비틀 걷는 송아지를 갑자기 매몰해야 하는 축주로서는 가슴이 찢어지는 아픔을 겪을 수밖에 없다. 인간은 다행히 구제역에 감염되지는 않지만 구제역으로 인한 생이별의 슬픔과 후유증에서는 결코 자유롭지 못한 듯하다.[4]

2010년 12월 당시는 약 20만 두의 가축이 살처분되었던 상황이었는데, 이 글의 필자는 경북 안동에서 "2010 구제역 피해 가축 합동 축혼제"가 개최되었다는 것도 전하고 있다. 그리고 이 의식은 "구제역 발생으로 희생된 가축의 넋을 달래고 가족같이 기르던 가축을 매몰시킨 후 시름에 싸인 축산 농가와 구제역 매몰 지역에 투입된 공무원을 위로하고 구제역 확산 방지를 염원하기 위한"[5] 것이었음도 알려준다. 이때 몇몇 종교단체에서는 정부의 구제역 대책과 그 처리 방식에 대해 항의하는 집회를 열기 시작하였다. 예컨대 불교환경연합이 참가한 2010년 12월 14일의 집회, 또 2011년 1월 17일 반(反)생명적 축산 정책 종식을 기원하는 범종교인 긴급토론회, 2월 23일 5개 종교(천도교, 원불교, 천주교, 개신교, 불교) 주최로 열린 '구제역 살처분 개선 촉구 기자회견' 등이 그것이다.

이런 반응은 가축들을 대규모로 생매장하는 장면이 매스컴과 인터넷에 생생하게 전해지면서 많은 사람들이 혐오감과 분노를 누를 길 없던 상황에서 나타났다. 산 채로 땅에 묻히는 동물의 고통스런 모습을 보고, 그 끔찍함에 충격을 받아 가만히 있을 수 없게 된 것이다. 지방자치단체가 축혼제를 개최한다든지, 종교단체가 보인 항의의 반응에는 동물에게 자행하는 인간의 잔인무도함을 이제 새삼스럽게 알게 되어 감수성에 상처를 입은 듯한 사람들의 모습이 담겨 있다.

둘: 구제역 파동이 일어난 것과 거의 같은 때인 2010년 11월 23일에 북한이 대연평도를 향해 170여 발을 포격한 이른바 '연평도 포격사건'이 발생했다. 이명박 정권의 대북한 강경 정책에 대한 예측불허의 북한식의 반응이었다. 연평도가 포격을 당하자, 대부분의 연평도 주민들이 배를 타고 인천으

로 대피하였다. 주민이 연평도를 떠난 지 일주일이 지난 후, 거기에 남아 있는 개와 고양이, 가축을 보살피기 위해 동물 보호 단체의 회원들이 연평도를 찾았다. 그들은 주인이 버리고 간 개와 고양이에게 물과 먹이를 주고 목줄을 풀어주었다. 그들 중 한 명에게 섬에서 취재하고 있던 외국인 기자가 이렇게 물었다. "사람들은 동물보다 인간이 더 중요하다고 말한다. 동물을 구하러 간다고 했을 때 사람들은 어떤 반응을 보였나?" 이에 대해 다음과 같은 답변이 나왔다.

> 모든 사람들이 동물을 사랑하는 사회에서 과연 전쟁이 있을 수 있을까? 동물 하나라도 소중히 하는 사회라면 당연히 사람 역시 죽일 수 없을 것이다. 나는 그런 메시지를 사람들에게 알리고 싶다.[6]

연평도가 포격당하고 사람들이 허겁지겁 대피한 지 얼마 지나지 않아 동물 보호 단체 회원들이 남아 있는 동물을 위해 섬에 들어가 구호 활동을 했다는 사실은 동물 보호 운동이 그만큼 강력한 힘을 행사하게 되었음을 보여준다. 당시 연평도에 들어가서 고양이 세 마리를 육지로 데려온 어느 단체가 그것을 내세워 후원금을 모은 후, 두 달 만에 안락사 시킨 것을 둘러싸고 보호단체들끼리 서로 공방전이 벌어진 것[7]도 동물보호운동의 규모가 커져서 기득권을 다툴 만하게 되었음을 보여준다. 현재 가장 큰 규모의 보호 단체는 회원 3만여 명, 연간 후원금만 6억 원에 달한다.[8] 이런 세력은 반려동물을 기르는 사람 수가 전국에 800만 명에 이르고, 그와 연관된 산업 규모가 2조원에 가까우며 매년 급성장을 한다는 통계로 뒷받침되고 있다. 국내 반려동물 관련 시장규모가 사료 시장만 현재 3,400억 원대라고 하니, 전체 규모가 1조원을 훨씬 넘는다는 점을 짐작할 수 있다. 국내 반려동물 양육 가구도 2004년 300만 세대에서 2008년 400만 세대를 거쳐 지난해 500만 세대까지 늘어난 것으로 추산되고 있다.[9]

반려동물을 기르는 사람과 반려동물 관련 시장 규모가 해마다 급증하고 있다는 점을 고려해 볼 때, 반려동물이 우리 일상생활에서 적지 않은 영향력을 행사하고 있으며, 동물에 대한 태도에도 영향을 미치고 있다는 것을 알 수 있다. 이러한 감수성의 변화는 동물위령제가 1990년대 후반 이후 갑자기 증가하였다는 것에서도 찾아볼 수 있다. 동물위령제는 일제 강점기 때부터, 동물실험을 하던 연구소나 수의과대학에서 희생된 동물의 영혼을 달래기 위해 행해 왔으나, 그리 주목받지 못했다. 하지만 1990년대 후반부터 동물의 죽음과 동물위령제에 대한 관심이 대중매체를 비롯하여 사회 일반에 걸쳐서 증가[10]하였다. 물론 반려동물이라는 말 자체나 동물위령제를 비웃고, 동물에 대한 애정을 조롱하는 세력이 여전히 강고하다는 점은 분명하다. 이는 연평도에서 동물 구호활동을 한 이들에게 가해진 욕설이나 "인간이 죽어가는 판에 무슨 한가한 짓인가?"라는 비난에 잘 나타난다.

구제역 파동은 광우병 및 조류독감의 경우와 마찬가지로 공장제 가축 사육이 야기한 것이다. 오직 고기를 얻기 위하여 소와 돼지를 한곳에 밀집하여 가두어 놓고 학대하며 사육하는 방식은 동물의 면역력을 현저하게 저하시켜 온갖 질병에 무방비로 노출시키기 때문이다. 이처럼 동물로서의 최소한의 복지를 고려하지 않는 사육 방법은 곧 자연의 보복을 불러일으켜 인간이 얻은 단기간의 이익과는 비교할 수 없는 대가를 치르게 한다. 이런 점은 동물에 대한 새로운 태도가 인간의 복지를 위해서도 반드시 필요하다는 인식을 갖도록 하면서, 학계의 관심을 끄는 주제가 될 것으로 보인다. 아직 한국의 인문 학계에서는 동물의 문제에 본격적인 관심을 보이고 있는 것 같지 않다. 하지만 구미 학계에서 진행되는 동물의 문제에 대한 연구가 좀 더 잘 검토되면, 동물의 문제에 대한 관심을 불러일으키는 데 또 하나의 좋은 기회를 제공해 줄 것이다.

2. 서구 학계의 동물의 문제에 대한 관심

서구 학계가 동물의 문제에 관심을 돌리는데 획기적인 계기를 마련해 준 것이 1975년에 출간된 피터 싱어의 『동물해방』[11]이라는 점은 이미 널리 알려진 것이다. 그는 1964년에 간행된 루스 해리슨의 『동물기계』[12]에 직접적인 영향을 받아 동물 문제에 관심을 갖게 되었다.[13] 해리슨은 그 책에서 식용육을 얻기 위해 공장식으로 운영되고 있는 가축농장의 실태를 고발하고, 동물이 당하는 고통을 생생히 보여주었다. 피터 싱어의 사상적 배경은 '최대다수의 최대행복'을 주장한 제레미 벤담(Jeremy Bentham: 1748-1832)의 공리주의인데, 윤리와 정의의 문제를 '고통의 지각'이란 측면에서 파악한다. 벤담의 유명한 말, "문제는 이성을 가지고 있는가, 혹은 언어능력이 있는가라는 것이 아니라, 고통을 느낄 수 있는가이다"[14]는 동물 문제에 관한 공리주의자의 관점을 잘 보여주고 있다. 싱어의 공헌은 벤담이 스치듯 언급한 내용을 좀 더 본격적으로 조명하면서 발전시켰다는 점에 있다. 싱어는 선함을 규정하는 기준으로 '선호의 만족'(preference satisfaction)을 제시하며 전통적 공리주리적인 관점을 보완하는데, 모든 지각(sentience) 있는 존재는 선호하는 바를 가지며, 그 선호의 만족을 최대화하는 것이 취해야 할 가치의 방향이라는 주장이다. 싱어는 여기에 '동일한 고려'의 원리를 가하여 그의 사상적 토대를 세운다. 그가 인간이 동물을 다루는 태도를 '종차별주의'(speciesism)라는 개념을 사용하며 근본적으로 비판하는 것은 이 원리에 따른 것이다. 이것은 지각 있는 존재라면 예외 없이 동일하게 고려되어야 한다는 지침인데, 동일하게 취급되어야 한다는 주장과는 다른 것이다.[15] 예컨대 고통을 겪지 않으려는 동물의 관심사를 무시하는 것은 잘못이라는 것이지, 동물에게 인간과 같은 대접을 해주어야 한다는 것은 아니다. 싱어가 '선호의 만족'과 '동일한 고려'의 두 가지 원리를 적용하여 『동물해방』에서 구체적으로 살피는 문제는 육식과 동물실험이다. 그 결과 그는 한편으로 가축의 공장제 사육을 철폐해야 한다고 주장하며, 다른 한편으로 치료 효과가 있는 동물실험은 허용할 필요가 있다고 주장한다.[16]

싱어의 『동물해방』은 곧 학계에 커다란 반향을 일으켜 그의 논점을 둘러싸고 찬반의 논쟁을 이끌어냈다. 반응의 스펙트럼은 매우 다양하다. 한편에서는 동물과 인간에게 '동일한 고려'의 원리를 같이 적용하여야 한다는 싱어의 주장이 과연 타당한 것인가, 휴머니즘적인 종(種)차별주의는 당연한 것으로 간주해야 하는 것이 아닌가, 그리고 육식과 동물실험에 대한 그의 관점이 과연 설득력이 있는가를 묻는다. 다른 한편에서는 싱어의 주장이 너무 타협적이며 오히려 동물 학대를 부추기고 있다고 비판한다.[17]

싱어의 책 발간을 계기로 동물의 고통을 둘러싼 문제가 계속 논쟁의 중심을 차지하면서, '동물 문제'(animal issue) 또는 동물연구(animal studies)가 점차 학계의 논쟁적 과제로 부각되었다. 처음에는 주변부에 머물러 있던 동물 문제가 구미 학계의 중심부로 진입하게 된 것은 1990년대 초[18]로서, 현재 두 가지 영역에서 논의가 활발하게 전개되고 있다. 하나는 영미학계에서 각각 동물복지(animal welfare)와 동물권리(animal rights)의 주장자 사이에 벌어지고 있는 논쟁이고, 다른 하나는 유럽 사상가들의 동물에 대한 관점을 중심으로 이루어지고 있는 논의이다.

동물복지론은 동물에게 불필요한 고통을 가하지 말고, 잔인한 행동을 금지하자는 것으로, 대체로 이를 위해 강력한 법제정이 필요하다는 주장을 제시한다. 그리고 인도적인 방식으로 행해진다면 동물을 실험 및 식용의 대상으로 사용할 수 있다고 본다. 반면 동물권리론은 동물복지론이 결국 동물의 착취를 온존시키는 작용을 한다고 비판하고, 동물을 물건으로 간주하지 말고, 인격체로서 파악해야 한다고 주장한다. "인간을 수단으로 대하지 말고 목적으로 대하라."라는 칸트의 정언명법을 동물에게 확장해 적용해야 한다는 것이다.[19]

동물권리론자들은 자신의 주장이 이른바 동물권리운동(animal rights movement)의 관점과는 다르다고 하면서, 동물보호운동의 주류파가 사용하는 수사법으로서의 동물권리와 차별화를 시도한다. 그들은 주류파의 동물복지론이 인간을 위한 수단으로 동물을 간주하면서 동물의 착취를 지속시키고 있을 뿐이라고 비난한다. 또한 그들은 단기적 목표를 동물 복지로 삼고, 장기적으로 동물권리 확보를 위해 노력하자는 절충론도 단호하게 거부한다. 자신들의 관점을 유토피아적이라고 비난하는 견해에 대해서도 구체적인 계획을 제시하면서 적극적으로 반박한다.[20]

동물복지론과 동물권리론이 서로 옥신각신하고 있지만, 동물을 착취해도 좋다는 관점에 대해서 철저하게 비판하는 것에는 공통된다. 또한 두 가지 입장이 모두 휴머니즘적인 사상의 전통에 서서 논의를 펼친다는 점도 공통적이다. 다만 인간이 누리는 복지 및 권리 가운데 어느 정도를 동물에게 부여할 수 있느냐에 관해 의견을 달리할 뿐이다. 동물복지론을 대변하는 피터 싱어의 공리주의, 동물권리론의 선구자 톰 리건(Tom Regan)의 신칸트주의는 모두 인간과 동물 사이의 연속성을 강조하면서, 자유주의적 휴머니즘 관점에서 논의를 진행하고 있다.[21]

　하지만 인간의 권리를 동물에게 확장하여 동물의 고통을 경감 혹은 폐지하자는 주장이 동물의 문제에 대한 근본적인 파악이 될 수 없다고 비판하면서, 그동안 당연하게 전제되어 온 동물과 인간의 구분 자체에 대해 의문을 제기하는 관점이 나타나는데,[22] 자크 데리다가 바로 그 대표적인 사상가다. 그는 인간이 자신의 정체성을 규정해 온 바탕에 바로 동물이라는 단어가 줄곧 자리 잡고 있었다고 주장한다.[23] 그에 따르면 특히 지난 200여 년 동안 '스스로 인간이라고 부르는 것'과 그 '우리'가 '동물이라고 부르는 것' 사이의 관계가 급격하게 그리고 현저하게 변화하였다. 이른바 동물에 대한 동물학적, 생물학적, 동물행동학적, 유전적 형태의 지식과 그와 연관된 개입 기술이 발전하면서 동물에 대한 전통적인 취급 방식이 완전히 뒤바뀌게 되었고, 동물의 대량학살이라고 할 만한 폭력이 자행되었다는 것이다.[24] 나치의 유대인 학살과도 비교되는 이와 같은 동물에 대한 폭력[25]은 그저 단순히 학살을 저지르는 것이 아니라, 동물에게 영양을 공급하고 인공수정을 하는 등, 과도하게 수를 불려놓고 저지른다는 특징을 지닌다. 이 경우, 동물에 대한 학살이 진행되면서 지옥의 고통을 겪는 수가 줄어드는 것이 아니라, 점점 더 많은 수가 고통을 당하게 되어 있다.[26] 데리다는 동물이 당하고 있는 이런 끔찍한 고통에 항의하고, 이에 대한 책임 있는 태도를 환기하기 위해 이 폭력을 정당화하고 손쉽게 잊어버리게 만드는 사상적 기반을 폭로하고 그 변화를 꾀한다.[27]

　데리다는 아리스토텔레스이래, 특히 데카르트에서 칸트, 하이데거, 그리고 레비나스와 라캉에 이르기까지 서구의 거의 모든 사상가가 어떻게 인간과 동물의 차별성을 드러내기 위해 동물의 능력 결핍을 주장하였는지 보여준다. 그들은 갖가지 이유 즉, "동물은 언어의 능력이 없다, 이성적 능력이 없다, 죽음 의식이 없다, 매장 능력이 없다, 기술 발명의 능력이 없다, 혹은 얼굴이 없다." 등등, 동물이 할 수 없는 것을 부각시키면서 인간의 우월성을 내세웠다.[28] 하지만 데리다가 보기에 처음 물어야 할 질문이자 반드시 던져야 할 결정적인 질문은 "무엇을 할 수 있는가?"라는 능력의 소유에 관한 것이 아니라, 바로 "고통을 느낄 수 있는가?"라는 질문이다. 그리고 고통을 느낄 수 있다는 것은 더 이상 능력 혹은 권력이 아니라, 삶의 유한성을 공유하는 존재끼리 느끼는 연민과 동정의 "비능력"(inability) 혹은 "비권력"(nonpower)으로서 독특한 수동성의 자세를 갖는다.[29] 그리고 "고통을 느낄 수 있는가?"라는 질문은 모든 질문에 선행하며, 여기에는 어떤 의구심도 품을 수 있는 여지가 없다. 따라서 여기에는 전쟁이 있을 뿐이다. 동물에게 고통을 야기하며, 동물에 대한 동정심을 침해하는 쪽과 그 고통에 항의하며 반박할 수 없는 연민에 호소하는 쪽 사이에 벌어지는 전쟁이다.[30]

또한 데리다는 동물이라는 말이 지닌 문제점을 강조한다. 그는 인간 이외의 모든 살아 있는 존재를 동물이라는 단일하고 일반적인 범주에 집어넣어 버리는 짓이 사고를 엄밀하고 분명하게 하는 데 커다란 장애가 될 뿐 아니라, 실제적 동물에 대한 범죄이기도 하다고 주장한다.[31] 이런 식의 명명법은 인간이 스스로 자신에게 권리와 권위가 있음을 자처하며 다른 생명체에게 부과하고 제도화한 것으로, 생명체의 이질적 다양성을 무시하는 작용을 한다. 동물이란 이름을 통해 인간은 자신을 저절로 규정하고, 저절로 파악하며, 저절로 자신의 일생을 써내려 가는 것이다.[32] 데리다는 바로 이 '저절로'

의 자서전(auto-biography) 쓰기를 중단시키고자 문제를 제기하고 있다. 동물과 인간의 이분법을 전제하면서, 차이성과 유사성의 밀고 당기는 놀이[33]를 해 왔던 그동안의 게임 규칙 자체가 데리다에 의해 의문시되면서 새로운 규칙의 필요성이 제기되고 있는 것이다.

3. 동물의 문제와 종교의 연결고리: 하나의 예

서구에서 동물에 대한 잔인한 태도를 더 이상 참지 못하게 되어 동물보호 운동이 일어나고, 잔인한 짓을 금하는 법률이 제정되기 시작한 것은 19세기 초이다. 바로 이때 급격하게 도시화가 진행되고, 개와 고양이 등의 이른바 애완동물을 기르는 사람들이 많아지게 된 반면, 다른 동물의 모습은 도시에서 거의 볼 수 없게 되었다.[34] 이와 같은 맥락에서 도심에 있던 도살장이 눈에 안 띄는 주변의 후미진 곳으로 이전되고, 식용육의 원천을 알 수 없도록 이름과 모양이 바뀌게 되었다.[35] 이처럼 변화된 감수성이 또 한 차례 강화된 계기는 20세기 중반부터 식용육을 위해 만들어진 대규모 공장제 동물사육 농장의 참혹한 상황이 일반 대중에게 널리 알려지게 된 것이다. 그리고 생태계 보호에 대한 관심이 고조되면서 야생동물 보호의식이 널리 확산된 것도 동물 문제가 부각되게 만들었다.

한국에서도 개와 고양이를 반려동물로 키우는 사람들이 매년 급속하게 증가하고 있고, 동물 보호 단체가 이미 무시할 수 없는 세력으로 움직이고 있다. 또한 작년에 공장제 사육으로 인해 벌어진 끔찍한 참상을 많은 사람들이 안방에서 생생하게 목도(目睹)한 바 있다. 게다가 서구 학계에서 요원의 불길처럼 일어나고 있는 동물 문제에 관한 관심이 조만간 한국에도 영향을 미칠 것이라고 본다면 곧 한국 학계에서도 이 문제가 본격적으로 다루어 질 것으로 전망된다.

그런데 여기서 묻고 싶은 것은 "동물 문제와 종교 연구는 무슨 연관이 있는가?" 하는 점이다. 이제 학계의 화두 가운데 하나가 될 수 있는 동물 문제에 종교 연구자가 어떤 식으로 개입할 수 있는가 하는 물음이다. 이 물음에 대해 살펴보기 전에 우선 미국에서 출간된 책 한 권을 검토하면서 시작해 보기로 하자.

이 책은 '종교, 과학, 그리고 윤리 영역에서의 종교'라는 부제를 가지고 있으며, 2006년 콜럼비아대학에서 간행되었다.[36] 650쪽이 넘는 이 책은 1999년에 하버드 대학에서 열린 종교와 동물의 관계에 대한 학술대회의 결과물인데, 이 학술대회는 1996~1998년의 3년 동안 하버드 대학의 세계종교 연구소에서 세계종교의 자연에 대한 태도를 검토하는 "세계의 종교와 에콜로지"라는 연구 프로젝트의 일환으로 개최되었다. 하버드 대학의 옌칭 연구소가 후원했으며, 터프츠대 수의과 대학의 종교와 동물연구소(Religion and Animals Institute), 그리고 종교와 에콜로지 포럼(Forum on Religion and Ecology), 생명존중과 환경 센터(Center for Respect of Life and the Environment: CRLE)가 같이 참여하였다.

책의 구성은 총 11장과 결론 및 에필로그로 이루어졌으며, 1장은 종교의 전통적 동물관과 종교와 동물에 관한 현재의 관점을 개관하면서 서론 구실을 하고 있다. 2장부터 4장은 각 종교전통의 동물관을 다룬 것으로, 각각 유대교 · 기독교 · 이슬람의 아브라함 전통, 힌두교 · 불교 · 자이나교의 인도 전통, 고대 유교 · 도교의 중국 전통에서의 동물관을 설명하고 있다. 5장의 내용은 동양과 서양의 인간-동물관을 비교하는 것으로, 서구 기독교와 동아시아 유교의 인간중심주의 그리고 자연계를 보는 관점의 변화라는 맥락에서 접근하고 있다. 동물의 문제를 이처럼 종교전통 별로 다루는 방식은 이 학술대회에 하버드 대학의 세계종교 연구소와 옌칭 연구소가 참여하고 있다는 점에서 충분히 예견할 수 있다. 세계종교연구소의 연구 프로젝트가 이른바 세계종교 전통 별로 이루어지고 있으며, 게다가 옌칭 연구소의 후원 때문에 중국 종교전통이 좀 더 강조되었을 것으로 짐작할 수 있다.

6장의 제목은 신화 속에서의 동물로서, 인도 신화, 아프리카 신화, 호주 원주민 신화에서의 동물이 다루어지고 있으며, 7장에는 의례에서의 동물을 주제로 5편의 논문이 실렸다. 8장의 내용은 예술에서의 동물이다. 6장에서 8장까지의 세 장은 종교전통이 아니라, 신화와 의례, 그리고 예술이라는 일반적 주제 아래 동물 문제를 취급하고 있다.

9장의 제목은 "주체로서의 동물: 과학적 연구의 윤리적 함의"인데, 동물 실험 등 과학적 연구에 동물을 사용하는 과정에서 나타나는 윤리적 문제점을 검토하는 5편의 논문이 실려 있다. 10장은 "동물은 인간을 위해 존재하는가?"라는 제목으로 공장제 사육의 문제를 다루는 4편의 글이 포함되어 있다. 11장은 "현재에 당면한 도전: 법, 사회정의, 환경"이라는 제목 아래 6편의 논문으로 이루어져 있다.

이 책의 내용을 장황하게 소개한 이유는 종교와 동물을 연결시키고자 할 때, 통상적으로 생각할 수 있는 방식을 잘 보여주기 때문이다. 첫째 방식은 이른바 세계종교 전통에서 종교를 어떻게 파악하고 해석해 왔느냐 하는 물음을 던지고 이에 대한 답변을 얻으려는 것이다. 이런 관점은 기독교와 불교를 두 개의 커다란 축으로 삼고 각각의 동물관을 탐구하는 것으로 진행한다. 우선 기독교 주위에 유대교, 이슬람을 묶어서 하나의 덩어리로 삼는다.

그리고 불교를 중심으로 그 주위에 힌두교, 자이나교를 배치하여 또 하나의 덩어리를 만든다. 지난 백 년 동안 종교인가 아닌가의 문제로 시비 중인 유교는 그 자체로서 다루는 대신, 도교와 함께 중국의 종교라는 범주로 다룬다. 위에서 소개한 책의 2장부터 4장까지의 내용도 이런 구분을 하면서 동물관을 다루고 있다. 혹시 일본문화에 호기심이 있는 독자를 상정할 경우에는 신도(神道)를 일본의 종교라는 항목으로 포함시키면 되고, 아메리카 인디언 종교가 궁금하면 미국의 토착종교라는 제목으로 다루면 된다. 종교전통별로 동물관을 묻는 방식은 아무도 그 타당성을 의심하지 않는다는 장점이 있으며, 주로 경전에 나타난 내용을 정리한다는 특징이 있다. 그래서 새로운 주제가 등장할 때, 이 방식은 종교 연구의 분야에서 흔히 채택된다.

둘째 방식은 종교의 구조를 여러 차원으로 나누고, 각각의 차원에서 동물관을 묻는 것이다. 니니안 스마트의 여섯 가지 혹은 일곱 가지 차원은 종교의 구조적 구분에 대한 대표적인 예라고 할 수 있다. 처음에 스마트는 종교의 차원을 교리, 신화, 윤리, 의례, 경험, 제도(조직)라는 여섯 가지로 구분하였고, 나중에 물질의 차원을 첨가하였다.[37] 이런 각각의 구분에 따라 특정 주제에 관한 질문을 바꾸어 던질 수 있다. 이 책에서는 신화와 의례에 초점을 맞추어 동물이라는 주제를 다루었는데, 교리 및 윤리의 차원은 통상적으로 경전 중심의 종교전통별 연구에서 다루어지기 때문이다.

셋째 방식은 비교를 하는 것이다. 비교가 이루어지려면 반드시 비교의 단위가 미리 설정되어야 하는데, 여기에서는 종교전통과 종교의 구조적 차원이 그 단위를 제공하고 있다. 거기에 동물이라는 특정 주제가 동서고금을 망라하는 보편성을 주장하며, 질문을 던지는 상황에서 비교 작업이 시작되는 것이다. 하지만 항상 비교의 단위 자체가 되물어져야 한다는 점에서 이런 비교 작업은 잠정적인 성격을 지닐 수밖에 없으며, 새로운 비교의 단위를 설정해야 하는 필요성에 직면하게 되기 마련이다. 이런 작업의 어려움 때문에 좋은 비교 작업이 드물고, 학계의 사각지대로 남아있다. 이 책에서도 비교연구 부분은 다른 것에 비해서 소홀하게 취급되고 있다.

이 책의 나머지 부분은 종교와의 관련성을 느슨하게 풀어놓고, 지구 생태계와 법, 그리고 사회정의의 포괄적인 맥락에서 동물 문제를 다루고 있다. 지구 생태계의 문제는 인류 전체의 생존이 걸린 것으로, 늘 궁극적이고 최종적인 중요성을 지닌 것으로 간주되기 때문에 이런 식의 취급이 가능하다고 본다. 하지만 종교전통과 종교 차원의 영역을 다루고 나서야 이런 방식으로 주제를 언급할 수 있다는 점을 간과할 수 없다. 여태까지 학문의 분야는 늘 동물의 "오줌싸기"와 같은 영역 표시를 전제하고 이루어져 왔기 때문이다. 기득권을 획득한 학문 분야에서는 여기저기 깃발을 꽂고 자신의 영역임을 과시하며 텃세를 부리는 반면, 신생 학문은 기존 시장에 끼어들어 한 몫을 차지하기 위해 기득권자를 모방하는 일에 집중하는 것이다. 학제 간 연구 혹은 최근 부상한 융합 연구도 아직까지 이 기득권 수호와 끼어들기의 다툼에서 벗어났다고 보기 어렵다.

4. 동물 문제와 종교의 다른 연결점

보통 어떤 문제를 다루는 기존의 방식에 불만을 갖는 것은 지루함이나 갑갑함과 관계가 있다. "이제 충분하니까 그만하고 다른 걸 보여 달라"라는 주문이다. 하지만 종교전통과 종교 차원을 중심으로 한 기존 종교 연구의 관점 대신 다른 연결점의 자리를 찾으려고 하는 것은 이런 지루함과는 관계가 없다. 왜냐하면 충분하기는커녕 이제 겨우 시작하고 있기 때문이다. 종교 연구 영역에서 동물이란 주제에 대한 종교전통과 종교 차원의 탐구가 보다 더 수행되어야 한다는 것은 부인할 수 없다. 다만 기득권 수호는 물론 끼어들기의 욕망조차 느끼지 못하는 자는 다른 연결 회로를 말하는 데 좀 더 쉬울 것이라는 점을 말하고 싶을 뿐이다. 여기서 간단하게 두 가지 연결점을 언급하고 싶다. 하나는 인간의 정체성 수립을 위한 구분과 관계된 것이고, 다른 하나는 종교와 세속의 구분에 관한 것이다.

미국의 사상가 리처드 커니(Richard Kearney)는 인간의 자아 정체성에 대해 말하면서 자아 정체성을 위협하는 대표적인 것으로 이방인, 신, 괴물을 들고 있다. "이방인, 신, 괴물은 인간 심리의 심연에 존재하는 균열의 증거들이다. 그것은 우리가 의식과 무의식, 친숙한 것과 낯선 것, 같은 것과 다른 것 사이에서 어떻게 분열되는지를 말해준다."[38] 인간의 일상적 의식 및 낯익은 영역에 균열을 초래하는 것을 좀 더 열거하자면, 외계인, 야만인, 괴물 스핑크스, 미노타우로스, 레비아탄, 용, 흡혈귀, 유령, 도깨비 등이 포함될 수 있을 것이다.

"(이런 존재는) 우리를 변경으로 이끄는 극한의 경험을 재현한다. 그들은 이미 확립된 범주들을 뒤엎고는 다시 한 번 생각하라고 시비를 걸어온다. 그들은 알려져 있지 않은 것으로, 이미 잘 알려져 있는 것을 위협하기 때문에 무시무시한 공포 저쪽으로 격리된다."[39]

여기서 흥미로운 점은 리처드 커니가 자아의 익숙함에 균열과 소음을 야기하는 것으로 이방인을 들면서도 동물을 언급하지 않았다는 것이다. 이른바 애완동물과 가축은 물론 야생동물도 이미 인간의 자아 정체성에 위협을 가할 수 없게 되었다는 생각을 보여주는 듯하다. 하지만 인간 정체성 논의에 동물을 빼는 것은 적절하다고 볼 수 없다. 동물은 인간과 공유하는 면을 가지고 있는 한편, 다른 면을 가지고 있기도 한 대표적 존재이기 때문이며, 인간은 늘 주변의 동물에 스스로를 비추어보면서 자신의 정체성을 만들어 왔기 때문이다.

이런 맥락에서 종교 영역을 설정하는 데 항상 처음에 등장하는 종교 정의(定義)를 다시 생각해볼 필요가 있다. 에드워드 타일러(Edward Burnett Tylor:1832~1917)가 1871년 종교의 기원을 애니미즘으로 보고, "영적 존재에 대한 믿음"(belief in spiritual beings)을 그 정의로 내세운 이래, 비일상적, 초일상적 혹은 초자연적 존재와 연관하여 종교를 규정하려는 노력이 계속되었다. 이후에도 로빈 호턴(R. Horton), 잭 구디(Jack Goody), 멜포드 스파이로(Melford E. Spiro), 기 스완슨(Guy E. Swanson)이 타일러와 비슷하게 영적 존재, 초인간적 존재 등을 종교 정의의 핵심 요소로 주장하였다.[40] 앞으로도 이런 방식으로 종교를 정의하려는 시도가 사라질 것 같지는 않다. 왜냐하면 신적 존재, 초인간적 존재, 초월적 존재 등으로 종교를 규정하는 것이 단순명쾌하면서 보통사람의 상식에 부합하기 때문이다. 예컨대 1990년에 간행되어 인지종교학의 개시를 알렸다고 평가받고 있는 로슨과 맥컬리의 『종교를 다시 생각한다』에서도 종교의 주요 특징을 "문화적으로 상정된 초인간적 존재들"과 관련되어 있다고 파악한다.[41]

여기서 우리의 질문은 종교를 초인간적 · 초월적 존재와 연관하여 생각하는 경우에, 동물이 포함되는가 하는 것이다. 그에 대한 답변은 물론 동물이 그런 존재에 포함된다는 것이다. 동물이 인간과 같기도 하고 다르기도 하며, 가깝기도 하고 멀기도 하다는 점은 인간의 정체성 형성에서 동물이 반드시 필요한 존재라는 것을 보여준다. 동물은 인간의 영역을 벗어나 있으므로, 그만큼 초(超)인간적인 특징을 갖는다. 여기서 초인간의 '초'에는 우월함과 열등함의 의미가 없다. 하지만 인간 이외의 영역에 위계제를 세워 차등 관계를 만들 때 상황이 다르게 된다. 이때, 동물의 초인간적 성격은 인간에 의해 정복되고 순치되어야 마땅한 것으로 간주되는 반면, 인간을 뛰어넘는 우월한 신적 존재는 온당한 초인간의 영역에 속하는 것으로 간주된다. 종교개혁 시기의 캘빈이 "인간과 동물을 구별 짓는 것은 신에 대한 경배이며, 인간이 다른 동물보다 우월한 것은 신에 대한 경배를 하기 때문"[42]이라고 말한 것은 바로 동물과 신의 초인간적 성격에 대해 차등적인 가치를 부여했기 때문에 가능한 것이었다. 서구사상의 역사, 특히 근대사상의 역사가 동물에 대해 인간의 우월성을 주장하고, 그 특권을 정당화해 온 과정이었기 때문에 동물의 초인간적 성격은 바로 인간이 지닌 능력의 결여로만 파악되었고 인간보다 열등한 존재로 여겨졌다. 반면 신적 존재의 초인간적 성격은 결핍이 아니라, 인간이 도달할 수 없는 능력으로 파악되었고, 신은 인간보다 우월한 존재로 숭배되었다.

하지만 초인간적 영역의 이러한 양극화, 즉 신과 동물로의 양극화는 특정한 역사적 맥락 아래에서 만들어진 것이기 때문에, 고정적인 것처럼 여길 필요는 없다. 맥락이 바뀌게 되면, 인간의 영역을 벗어난 것으로서의 초인간적, 초월적 영역에서 신적 존재와 동물은 지금과는 다른 관계를 맺게 되는 것이다. 따라서 종교를 초인간적 존재와 연관하여 논의하는 경우에, 동물의 문제는 서로 분리할 수 없게 밀접히 연결되어 있다.

앞에서 언급한 것처럼, 요즈음 동물 문제가 부각되고 있는 것은 지금까지 인간 중심적으로 파악해 온 관점이 심하게 흔들리고 있기 때문이다. 그동안 많은 학자와 운동가들이 계급, 인종, 민족성, 젠더, 성적 취향의 차별 문제를 제기하며, 지배적인 관점에 의해 억압된 측면을 폭로하였다. 그들은 "사람 위에 사람 없고 사람 밑에 사람 없다."는 표어 아래 이의를 제기하고 차이성의 문제를 제시하여 많은 성과를 거두었다. 모든 인간은 평등하다는 리버럴리즘의 가면 아래 어느 인간은 다른 인간보다 '더욱 인간적'으로 취급되는 모순을 드러내고 비판하여 많은 사람들에게 타당성을 인정받은 것이다.[43] 하지만 이제 이와 같은 차별에 대한 항의조차 또 다른 차별에 눈을 감고 있으며, 근원적인 차별에 동조하고 있다는 비판에 직면하게 되었다. 바로 인간이라는 존재를 유지하기 위해 동물 혹은 동물적인 것의 희생을 일방적으로 요구하고, 그런 종(種) 차별주의(speciesism)를 존속시키는 관점 및 제도[44]에 대해 가해진 비판이다. 그래서 여태 인문사회과학의 모든 논의가 종 차별주의라는 틀 안에서 반복적으로 맴돌았으며, 휴머니즘을 비판한다는 관점도 그 한계를 벗어나지 못하기는 마찬가지라는 질타를 받고 있다. 인간 주체의 본질주의적 시각을 비판하면서도 비(非)인간의 존재를 주변화하면서 인간 주체를 특권화하는 관점은 그대로 유지하고 있다는 것[45]이다. 이제 이런 관점의 폭력성과 편협성에 대해 문제가 제기되면서, 인간과 동물의 경계선을 고정하고자 한 기존의 체제에 대해 학문적·운동적으로 도전하는 움직임이 일어나게 된 것이다.

서구에서 인간 주체 형성의 필수불가결한 요소이자 타자(他者)인 동물 범주가 흔들리고, 동물-인간의 구분법에 근본적인 물음이 던져지고 있는 가운데, 그동안 당연시된 또 하나의 기본적 구분법도 심각한 질문에 직면하게 되었다. 바로 종교-세속의 이분법이다. 이 두 가지 이분법(종교-세속, 그리고 동물-인간)에 대한 문제 제기와 그 의미는 무엇인가? 종교와 세속의 구분과 인간과 동물의 구분은 어떤 관계에 있는가? 이 물음에 답변해 나가는 과정에서 자연히 종교와 동물의 연관 관계가 드러날 것이라고 생각한다.

종교-세속의 이분법이 서구 역사와 뗄 수 없이 연관되어 있으며, 종교와 세속의 범주가 긴밀하게 연결되어 있다는 점에 대해서 학계에서 더 이상 의문을 제기하는 학자는 없다. 영국 켄트대학교 교수 리처드 킹(Richard King)은 이렇게 요약한다.

'종교적'이라는 범주와 '세속적'이라는 범주는 서로 의존적이다. 두 영역은 각자 자율적이고 독자성을 지니고 있다고 주장하지만, 양쪽이 의미론적으로 서로 의존하고 있기 때문에 끊임없이 불안정하게 된다. 양쪽은 모두 자신의 정체성과 규정성을 서로에 의지한다. '세속 대(對) 종교'의 논쟁을 계속해서 가능하게 만드는 것은 바로 양자의 이러한 상호의존성이다. 더구나 이런 양분법은 문화적으로 특정한 분류양식이다(물론 몇 백 년 동안 유럽인들은 이런 분류를 성공적으로 수출하였다).[46]

종교-세속의 범주가 이와 같이 불가분의 관계에 있다는 것이 널리 알려지게 되었다는 것은 이제 이 이분법이 효율적으로 작용하지 못하게 되었음을 보여준다. 왜냐하면 그동안 마치 두 범주가 서로 분리되어 대립하고 있는 양 여겨진 것은 이런 연결 관계를 인식하지 못하게 함으로써 가능했기 때문이다. 이제 두 범주는 서로 스며들어 있으면서 서로를 유지시켜 왔다는 점이 드러나게 되었다. 그래서 세속적이라고 불리는 형성물의 종교적인 성격과 함께 종교적이라고 불리는 형성물의 세속적 성격[47]을 거론할 수 있게 된 것이다. 즉 모든 세속적인 현상에 종교가 결핍되어 있는 듯이 보여도 실은 늘 거기에 자리 잡고 있었으며, 마찬가지로 세속성도 종교적인 아젠다를

은밀하게 지속시키고 있었다는 것이다.[48]

그렇다면 종교-세속이 서로 부추기며 작동하면서 이루고자 했던 것은 무엇인가? 그것은 서구가 중심이 되어 비서구를 파악하는 관점을 수립하고, 비서구에 속한 이들도 서구적 관점을 내면화하여 '서구와 그 나머지(West-Rest)'의 구도를 온존시키는 것이다. 즉 서구적 시각을 지속하는 동어반복적인 구조를 만드는 것으로 미국 미시간대 교수 만다이어(Arvind-Pal Mandair)가 어디에나 항상 출몰하는 '서구의 유령'이라고 부르는 것이다.

종교-세속의 이분법은 근대 서구의 자아정체성 형성에 필수불가결한 요소이다. 서구의 역사적 과정에 내재되어 있는 릴리지온의 개념을 보편화하여 인간의 활동이 있는 곳이면 항상 존재하는 것으로 만든 것은 유럽 중심주의적 관점을 유지하는 데 핵심적으로 작용하였다. 그리고 상황의 변화에 따라 탄력적으로 대응하기 위해 종교에 내포되어 있던 세속을 드러내어 마치 종교를 대체하여 세속의 시대가 온 것인 양 호들갑스럽게 변신을 꾀하였고, 이제는 다시 포스트 세속(Postsecular)의 조류를 내세워 참신함의 깃발을 흔들고 있지만, 변하지 않는 것은 집요하게 유지되는 서구 중심적 관점이다.

종교/세속, 동물/인간이라는 두 가지 이분법은 모두 서구 역사의 산물로서, 그 문화적 흔적이 강하게 배어 있다. 19세기 중엽 이후에 서구는 물론 비서구 지역에까지 영향을 미치게 되어 현재 데리다가 전 세계의 라틴화(mondialatinisation, globalatinization)라고 부르는 상황[49]에서 중요한 부분이 되었다. 이런 과정은 강요에 의한 것이라기보다는 대부분 토착 엘리트의 자발적인 수용으로 확산되었다. 그만큼 이런 이분법에 함축된 서구적 헤게모니의 상황을 알 수 있다. 종교와 세속의 이분법에는 주체로서의 서구인과 대상으로서의 비서구인의 구도가 내재되어 있다. 그리고 인간과 동물의 이분법에는 언제나 인간 내부에 존재하는 동물에 대한 억압과 견제가 포함되어 있다. 서구가 비서구와 구별되는 것은 이런 억제에 탁월한 능력이 있기 때문이라는 정당화가 뒤따른다. 이처럼 두 가지 이분법은 서구의 주체 형성 장치에 긴요한 역할을 해 왔다. 하지만 두 가지 이분법 모두 예전의 당연함을 상실하고, 흔들거리며 표류하고 있다. 유일신, 자아, 자연이라는 요소를 이리저리 조합하며 정체성을 수립하던 서구인의 여태까지의 습관이 순조롭게 이어지지 못하게 되었다. 그런 맥락에서 종교와 동물 개념의 보편성이 의심을 받고 있는 것이다. 두 가지 개념 모두 단일하고 동질적인 의미를 강요하고 있으므로 폭력적인 작용을 한다는 비판에 시달리고 있고, 새로운 개념으로의 탈출도 제시되고 있다. 하지만 탈출이 이야기되는 것이 언제나 완전한 탈출이 불가능할 때라는 점은 이번에도 예외가 아닌 듯하다.

5. 마무리를 대신하여

한국에서 동물이라는 용어가 처음 사용된 때는 19세기 말로서 이른바 개항기라고 부르는 시기이다. 서구의 지식이 일본을 거쳐 조선사회에 들어올 때 같이 수용되었다고 보인다. 『조선왕조실록』을 보면 흔히 사용된 용어는 금수(禽獸)이다. 금수는 가축(家畜), 야수(野獸), 축생(畜生) 등의 단어를 압도한다. 금수는 날짐승과 길짐승(들짐승, 산짐승)을 아우르는 용어인데, 동물과 같은 포괄적인 의미를 갖고 있지는 않다. 짐승이라는 말은 한자어 중생에서 연유한 것으로, 처음에는 인간을 포함한 모든 살아 있는 것을 뜻하였지만, 나중에 사람의 경우에만 중생이란 말을 쓰게 되어 짐승과 중생의 두 가지

다른 말로 분화되었다.

 금수와 짐승에 대한 한국 전통적인 태도는 대체로 "인간만이 홀로 존귀하다."라는 태도를 견지하며 인간은 금수의 상태를 벗어나야 한다는 것을 전제로 삼았다고 보인다. 사람은 사람으로 태어나는 것이 아니라 끊임없는 노력으로 사람으로 만들어지는 것이라는 생각을 하였기 때문이다. 이런 점은 1895년 단발령에 반발하는 의병운동이 일어났을 때, 단발을 당하면 "부모에게서 물려받은 몸을 보존하지 못하게 됨으로써 사람이 짐승으로 변질된다." (勒剃父母遺體, 人變爲獸)[50]는 주장에 잘 나타나 있다. 인물성동이론 논쟁에서도 짐승 그 자체에 대한 관심은 찾기 어렵고, 다만 부차적으로 다루어지고 있을 뿐이다. 이전에는 없던 동물이라는 개념이 한국에 정착하면서 어떤 인식의 변화를 야기하였느냐에 대해서는 앞으로 좀 더 연구가 진행되어야 할 것이다. 이런 점은 종교 개념이 한국에 수용되어 만들어낸 일련의 효과에 대한 연구와 서로 연결하여 검토될 경우, 흥미로운 점을 드러내줄 수 있을 것이다.

 이 글에서는 최근 한국사회에서 일어나고 있는 동물에 대한 감수성의 변화와 서구학계의 동물에 대한 관심이 조만간 우리나라의 종교 연구에 어떤 파장을 미칠지를 살피는 맥락에서 몇 가지 연결점을 논의해 보았다. 인간/동물의 이분법과 종교/세속의 이분법 사이에 전개된 상호 관련성을 비롯하여, 종교와 동물의 개념적 연결 네트워크와 새롭게 만들어질 결절(結節)점에 대해서 앞으로 지속적 연구가 필요할 것이다.

- 조너선 사프란 포어(Jonathan Safran Foer), 『동물을 먹는다는 것에 대하여』(Eating Animals), 민음사, 2011.
  저자는 동물에 대한 인간의 잔인함이 현대의 공장식 축산에서 잘 나타나 있다고 보며, 공장식 축산이 야기하는 환경 파괴, 인간의 질병, 동물의 고통 등의 해악을 설득력 있게 서술한다. 공장식 축산의 잔인성에 공감하지 않는 사람이라도 그로 인해 현대인이 입는 피해가 엄청나므로 공장식 축산은 반드시 폐지해야 한다고 주장한다.

- 마크 롤랜즈(Mark Rowlands), 『동물의 역습: 학대받은 동물들의 반격이 시작되었다』(Animals Like Us), 달팽이출판, 2004.
  동물을 한낱 인간을 위한 도구로 간주하고, 온갖 착취를 정당화하는 기존 관점에 대해 저자는 조목조목 논리적으로 반박하면서, 동물을 대하는 방식이 근본적으로 변화되어야 함을 강조한다.

- 리처드 W. 불리엣(Richard W. Bulliet), 임옥희 역, 『사육과 육식: 사육동물과 인간의 불편한 동거』(Hunters, Herders, and Hamburgers), 알마, 2008.
  저자는 동물을 길들여 사육한 것을 기준으로 역사 시기를 세 가지로 나눈다. (predomesticity-domesticity-postdomesticity). 저자의 주장은 각 시기가 패러다임의 차이처럼 동물과 인간의 경계를 다르게 규정한다는 것이다.

원시종교 이론에 나타난 인간과 동물의 관계

/ 방원일 /

1. 들어가는 글

정확한 의미에서 '원시종교'라고 불릴 수 있는 종교전통은 현실적으로 존재하지 않는다. 엄연히 살아 있는 전통에 과거를 뜻하는 '원시'라는 이름을 붙이는 것은 모순이다. 과거 종교 연구의 역사에서 원시종교는 세계종교라고 지칭되는 주요 전통에 포함되지 못한 '기타 등등'의 세계관에 대한 총칭으로 오랫동안 사용되었다. 그러한 명명에는 무언가 이들 전통이 세계종교에 비해 열등하고 지적으로 세련되지 못하다는 생각이 깔려 있었다. 하지만 현재 종교학계에서 이런 식의 생각을 갖고 있는 학자는 찾기 힘들며 원시종교(primitive religion)라는 용어가 과거의 의미로 사용되는 일은 드물다.[1] 이 글에서 군이 원시종교라는 말을 사용하는 것은 과거 종교학 이론의 자료가 되었던 대상을 가리키기 위해서이다. 원시종교는 학자들의 이론적 구성물이라는 차원에서 검토될 것이고, 여기에 원시종교 담론의 재료가 되었던 지역 중에서 북미 원주민의 자료를 추가적으로 사용하면서 글을 진행하도록 하겠다.

과거 학자들이 이른바 원시종교에 대한 이론을 전개했을 때, 논의의 뜨거운 초점이 되었던 것은 서구 사회와는 사뭇 다른, 인간과 동물의 관계였다. 이 글에서 다루고자 하는 것은 종교학사에서 주로 토테미즘이라는 주제 아래 다루어졌던 원시종교 내의 인간과 동물의 관계에 대한 이론적 발달의 양상이다.[2] 이 글은 토테미즘 이론사를 주 내용으로 하되 약간의 가감이 있다. 당대 대중들의 인식을 다루는 부분에서는 학술사를 벗어나기도 하고, 20세기 후반 이후 논의에서는 토테미즘 표제에 구애받지 않고 인간과 동물의 관계를 초점으로 하는 논의들을 다루었다.[3] 이 글에서는 19세기말 토테미즘 이론이 시작된 시점을 논의의 출발점으로 삼지만 그 이후에는 동물에 관련된 인식이라는 측면에서 다소 논의의 폭이 넓어진다. 이 과정에서 원시인의 미개함을 전제했던 초기의 시각이 그 이후에는 어떻게 극복되었으며 그 극복이 현재의 종교학 이론 구성에 기여한 바를 보이고자 하였다.

　종래에 원시종교라는 용어를 지탱하던 끈은 원시인이 열등하다는 인식이었다. 그중에서도 토테미즘으로 대표되는 원시인과 동물의 관계는 그들의 열등성을 보여주는 증거로 사용되어 왔다. 그러나 원시종교라는 용어가 유효하지 않게 된 것과 마찬가지로, 원시인과 동물의 관계가 그들의 미개함의 증거라는 처음 생각도 점차 극복되었다. 그들이 동물에 대해, 그리고 동물을 통해 사고하는 방식은 우리가 사고하는 방식보다 열등하지 않다는 점이 연구를 통해 강조되어 왔다. 더 나아가 최근의 연구들은 비서구문화 지역에서 동물에 대해 사유하는 방식을 이해하는 것이 우리의 사고방식을 되돌아보는 계기가 됨을 보여준다. 이 연구들을 통해 우리는 현대인의 범주 설정이 인간 위주의 사고에 기반을 둔 것임을 반성하게 된다. 이러한 반성은 종교학의 용어 설정에도 중요한 시사점을 주는 것임을 확인할 수 있을 것이다.

2. 토테미즘 이론의 출발점

1) 첫 자료

학계에서 토테미즘이 처음 언급된 시점부터 이야기를 시작해 보자. 일반적인 종교학사에서는 토테미즘 이론의 시작으로 1869년에 발표된 맥레넌의 글을 언급한다. 하지만 맥레넌이라는 학자의 글이 발표되기 백여 년 전에 이미 이론의 전거가 된 자료가 작성되었고, 그 안에 상당 정도 이론적 방향이 제시되어 있음에 주목할 필요가 있다. 그 자료는 북미 원주민을 대상으로 무역을 했던 존 롱(John Long)의 1791년 기록이었다.[4]

존 롱은 오대호 주변 북미 원주민들과 모피 무역을 했던 상인으로, 그들의 언어를 배우고 긴밀한 관계를 가졌던 경험을 바탕으로 1791년에 『상인이자 인디언 통역자의 항해와 여행』(Voyages and Travels of an Indian Interpreter and Trader)을 출판하였다. 이 책에 등장하는 '토템'은 그가 오지브와족(Ojibwa, 롱의 책에서 사용된 이름은 치퍼웨이(Chipperway)이다.) 언어에서 차용한 단어이다. 그는 그들의 토템 신앙을 다음과 같이 소개하였다.

> 야만인들의 종교적 미신 중 하나는 그들 각자가 자신을 돌보아준다고 믿는 토템(totam), 즉 수호 정령(favorite spirit)을 지니고 있다는 것이다. 그들은 이 토템이 동물 등의 형태를 취하고 있다고 생각한다. 그러므로 동물의 모습을 취하고 있다고 생각되는 토템을 죽이거나 사냥하거나 먹어서는 안 된다.[5]

이어서 롱은 한 오지브와족 남자의 '기묘한 상황'에 대해 이야기하였다. 그 남자는 곰을 자신의 토템으로 지녔다. 그는 꿈에서 계시를 받고 사냥을 하다가 실수로 총을 쏴 곰을 죽이고 말았다. 그는 생명의 주(Master of Life)의 노여움을 사 도망쳐 오다가, 도중에 만난 다른 곰에게 곰을 죽인 것이 순전히 실수였다고 해명하고 사과하여 가까스로 용서 받았다. 그는 롱 앞에서 이렇게 탄식하였다. "내 신앙은 사라졌다. 나의 토템이 화났다. 다시는 사냥을 할 수 없을 것이다."

롱은 오지브와족이 토템과 결부되어 있다고 믿는 운명에 대한 관념을 '토테미즘'(totamism)이라고 개념화하였다. 그리고 토테미즘이 북미 원주민에게 국한되지 않으며 당시 유럽에서도 못 배운 사람들에서 찾아볼 수 있는 미신이라고 일반화하였다. 예를 들어 검은 닭에 자신의 운명이 달려 있다고 믿은 프랑스의 한 유대인 은행가도 토테미즘을 믿는다고 할 수 있다는 것이다.[6]

이 자료에서 우리는 다음 사안들에 주목할 필요가 있다. 첫째, 이 자료가 생성된 맥락은 북미 원주민과 유럽인과의 만남 이후이다. 17세기부터 시작된 유럽인과 북미 원주민의 모피 무역으로 인해 북미 원주민의 사회체제에는 커다란 변화가 생겼다. 북미 원주민은 유럽에서 들여온 상품을 바탕으로 새로운 정치체를 형성하게 되는데, 위에 언급된 오지브와족도 유럽 세력이 처음 들어올 때만 해도 존재가 알려지지 않았다가 교역이 진행됨에 따라 이름이 알려지게 된, 다시 말해 접촉 이후에 중요한 정치 세력으로 형성된 집단이었다.[7] 우리는 원시종교가 태곳적 모습을 반영하는 무시간적인 자료를 제공한다는 생각을 하기 쉽지만, 실상 원시종교를 구성하는 자료들은 유럽인과의 접촉 이후 역사적인 변화 과정에서 기록된 것임을 염두에 두어야 한다. 토테미즘의 최초 언급이 모피 상인에 의해 기록되었다는 것, 그리고 앞의 이야기의 남자가 곰을 '총으로 쏴' 죽였다는 점은 자료의 역사적 맥락에 대해 시사하는 바가 크다. 둘째, 롱의 자료에 이미 토테미즘에 대한 이론화가 내장되어 있음을 볼 수 있다. 종교학자 데이비드 치데스터(David Chidester)는 종교학 이론의 발전에서 유럽 종교학계 못지않게 비서구사회 접촉의 현장에서 비교의 사유를 통해 기록을 생산한 인물들의 활동에 주목할 것을 제안한 바 있다. 롱은 바로 '접촉 지역의 비교 실천자'로서 토테미즘 이론 형성에 핵심적인 역할을 하였다.[8] 유럽 학계의 종교학자들의 작업 이전에 롱의 자료에서 이미 '토테미즘'이라는 추상화된 개념이 제시되었고, 유럽 상황과의 비교의 인식을 통한 확장도 이루어져 있었음에 우리는 주목할 필요가 있다. 셋째, 우리의 관심에서 주목할 것은 북미 원주민을 서술하는 데 '야만인'과 '미신'이라는 언어가 사용되었다는 점이다. 롱은 북미 원주민에 대한 경멸의 의도를 갖고 이 표현들을 사용하였다기보다는 별다른 의도 없이 당대의 관용적인 표현을 채택하였으리라 생각된다. 하지만 원시와 야만을 동일시하는 일반적인 인식이 19세기에 강화된 원시인에 대한 타자화의 단초가 되었음도 부정할 수 없다.

2) 첫 이론

토테미즘에 대한 다양한 보고들이 학문적 저술로 체계화된 것은 1869년부터 1870년까지 발표된 맥레넌(John Ferguson McLennan)의 글「동식물 숭배」(The Worship of Animals and Plants)를 통해서였다. 그는 토템이 "태곳적부터 동물이나 식물에 부여된 아메리카 인디언 부족의 이름이며, 각각의 부족들은 성스럽거나 성화된 동물이나 식물을 갖는다."고 설명한다. 글의 제목에서 나타나듯이 그는 토테미즘을 동식물에 대한 숭배로 보았고 토템을 '토템 신'이나 동식물 신과 동일한 것으로 보았다. 그는 인류의 종교 사상의 발달 과정에서 인격화된 신을 숭배하는 시기 이전에 토템 단계가 존재한다고 주장함으로써, 토테미즘 이론의 진화론적인 성격을 분명히 하였다. 한 대목에서는 토템 단계의 인간의 정신 상태를 통해 바로 인간 종족의 상태를 설명할 수 있다고까지 말한다.[9] 또한 고대 자료들과의 비교를 통해서 토템 단계의 흔적을 찾을 수 있다고 주장하고 토테미즘이 고대 문명의 신화들의 기초가 되었다고 주장하였다.[10]

맥레넌의 토테미즘 개념에는 당시 경쟁적 관계에 있던 종교기원론인 페티시즘이나 애니미즘과 일부분 겹쳐져서 분명히 구별되지 않는 부분이 있는 것이 사실이다.[11] 원시인을 현대인과 다른 심성을 가진 이들로 타자화한다는 점에서 이 이론들이 공통점을 가지고 있었기 때문이다. 하지만 맥레넌은 토테미즘이 페티시즘과 유사하다고 하면서도 토테미즘 특유의 특성 몇 가지를 부가한다. 그것은 토템이 특정 부족에 할당된다는 점, 모계를 통해 전승된다는 점, 혼인과 관계된다는 점이다. 이 특징들은 토테미즘이 사회적 체계와 긴밀한 관련을 지닌다는 이후의 이론적 발전의 바탕이 되는 내용이다.[12]

토테미즘에 대한 최초의 학술 논문인 맥레넌의 글에서 나타나는 특징을 다음과 같이 정리할 수 있겠다. 그중에는 후대 이론에 의해 계승 발전된 부분이 있는가 하면, 당대의 유행으로만 받아들여진 부분도 있다. 첫째, 앞서 지적했듯이 맥레넌의 토테미즘 개념은 동물숭배와 혼용해서 사용되었다. 토테미즘이 인간이 동물을 숭배할 정도로 열등한 상태에 있었다는 함의를 가진다는 점에 대해서는 뒤에서 다시 보게 될 것이다. 둘째, 맥레넌은 토테미즘을 진화론적인 발전의 초기 단계로서 제시하였다. 이 점은 첫째 쟁점과 연결되면서도 다른 차원에서 원시인의 열등함을 뒷받침하는 논거로 작용하였다. 셋째, 약간의 개념상의 혼동에도 불구하고 맥레넌은 토테미즘이 부족 체계라는 사회조직과의 관련성과 필수적으로 연결된다는 점을 분명히 하였다. 이 점은 토테미즘 이론 발전에서 중요한 의미를 지닌다.

3. 야만인과 동물

토테미즘 논의를 통해 소개된, 원시종교의 인간과 동물에 대한 태도는 19세기말 서양 대중에게 자신들과 이질적인 것으로 인식되어 널리 알려졌다. 우리는 여기서 대중적인 차원을 포함하여 이러한 담론의 효과에 대해 살피고자 한다. 프레이저와 다윈은 학사적 차원에서도 중요하지만 대중적인 인지도가 높은 학자들이다. 이 글에서 이들의 논의는 학자들의 원래 의도뿐 아니라 대중들이 이해하고 영향 받은 차원을 고려하여 다루어졌다. 또한 당시 인도 여행기에 나타나는 묘사를 비서구 지역 동물숭배에 대한 서구인들의 반감을 보여주는 사례로 소개하고자 한다.

1) 우매함의 증거로서의 토테미즘

토테미즘은 19세기 말과 20세기 초 유럽 종교학계에서 핵심적인 의제로 등장하였다. 초기 종교학자 중 이 주제에 대해 가장 종합적인 연구를 한 학자는 제임스 조지 프레이저(James George Frazer)였다. 그는 1878년에 『브리태

니커 백과사전』의 토테미즘 항목을 기술하였고, 1887년에는 『토테미즘』이라는 소책자를 발간하였으며, 1910년에는 『토테미즘과 족외혼』이라는 4권짜리 저서를 출판하였다.[13] 그런데 우리는 여기서 프레이저 작업의 이론적 중요성보다는 그의 저술이 원시인에 대한 당시 서양인들의 편견을 가장 대표적으로 드러낸 동시에 그러한 편견의 보급에 일조하였다는 측면에서 주목하고자 한다. 『토테미즘과 족외혼』의 결론 부분에서, 그는 자신이 1887년에만 해도 토테미즘에 대한 뚜렷한 이론을 갖고 있지 못했지만 여러 학자들의 논의를 검토한 결과 1910년에는 뚜렷한 입장을 갖게 되었다고 하면서, 토테미즘 근저에 놓인 '원시인의 미신'에 대해 알게 되었다고 말한다. 그것은 바로 '과학적 인과관계'에 대한 무지이다. 임신을 토템 종과 연결시켜 설명하는 오스트레일리아 원주민의 예를 들면서, 그는 "인간과 동물이 각자의 종을 재생산한다는 물리적 과정을 야만인들이 알지 못했다는 사실이 토테미즘의 궁극적인 근원"이라고 확신하고, 토테미즘이 "인류의 지적 발달 과정의 자연적이고 필연적인 한 단계"라고 주장하였다.[14] 원시인의 정신 상태를 맹인에 비교한 유명한 문장이 이 맥락에서 등장한다.

토템을 믿는 사람들은 자신의 조상을 사람인 동시에 동물이나 식물이라고 막연하게 생각한다. 그들은 그 둘 간의 모순에 대해 당혹스러워 하지 않을뿐더러, 그 모순을 머릿속에서 선명하게 인식하지도 못한다. 몽롱함은 야만인들의 정신적 시야의 특징이다. 그들은 베사이다의 맹인들처럼 시뿌연 지적 안개 속을 걸어 다니며 사람들을 나무나 동물인 것처럼 바라본다.[15]

프레이저의 표현을 통해 노골적으로 드러나듯이, 초기 종교학에서 원시종교는 현대인과는 다른 '야만인'의 종교로 상상되었으며, 그 원시인들의 우매함을 보여주는 증거는 동물과 인간을 제대로 구별하지 못한다는 점이었다. 이러한 태도는 학계와 대중적인 담론 모두에 만연해 있었다. 여기서 잠시 토테미즘 논의에서 다소 벗어나서 인간과 동물의 관계에 대한 논의가 당시 서양에서 비서구인들을 어떻게 타자화시켰는지를 보여주는 사례들을 살피고 지나가고자 한다.

지금까지 보아 왔듯이 원시종교에 나타난 인간과 동물의 관계에 대한 초기 논의는 원시인들을 서구인과 구별하는 효과를 가져왔는데, 우리는 그 안에서 미세한 결의 차이를 볼 수 있다. 어떤 경우 토테미즘은 인간과 동물을 구분 못하는 야만인의 열등한 지적 능력을 나타내는 현상으로 받아들여졌다. 위에서 본 프레이저의 언급이 이에 해당한다. 그런데 원시인의 열등함에 대한 언급은 때로는 원시인의 능력을 동물과 직접 비교하는 데 이르기도 한다. 아래에서 볼 러벅의 진화론적 이론에서는 원시인과 동물의 행위의 유사성이 언급된다. 다른 한편으로 원시인들이 동물숭배를 한다는 인식 역시 당시 서양인들에게는 혐오스러운 것으로 받아들여졌는데, 이에 대해서는 인도인의 '원숭이 숭배'에 대한 대중적 반응을 살펴볼 것이다.

2) 개에 유비된 종교진화론

우리는 19세기 말 진화론적인 종교 이론에서 원시인을 동물 같은 존재로 논의한 내용을 찾아볼 수 있다. 초기 진화론자 중 한 명인 존 러벅(John Lubbock)은 『문명의 기원과 인류의 원시 상태』라는 책에서 애니미즘에 해당하는 이론을 제시한 바 있다. 그는 1889년도에 출판된 책에서 원시인들이 무생물에 영혼을 부여하는 경향이 있다고 주장하는 맥락에서 "야만인은 모든 움직임을 생명을 통해 설명한다."고 하였는데, 이 문장에는 "개도 이와 마찬가지로 [생각하고] 행동하는 것 같다."는 짧은 주가 달려 있다.[16]

치데스터가 지적한 대로, 문제가 되는 이 표현은 찰스 다윈(Charles Darwin)과 러벅의 지적 교류의 결과 덧붙여진 것으로 보인다.[17] 왜냐하면 원래 러벅 책의 초판본(1870년)에는 개를 언급하는 각주가 없었는데 제5판(1889년)에 등장하였으며, 그 사이에 출판된 다윈의 책 『인간의 유래』(1871년)에 바로 여기에 해당되는 내용이 상술되어 있기 때문이다. 다윈의 책에서 해당되는 설명을 인용하면 다음과 같다.

> 야만인들은 살아 있는 영적 본체에 의해 자연물, 자연적 행위자에 생명력이 불어넣어진다고 상상하는 경향이 있다. 아마도 이것은 내가 본 적 있는 작은 사실을 통해 예시될 수 있을 것이다. 덥고 고요했던 어느 날, 매우 사려 깊은 동물인 다 자란 나의 개가 잔디밭에 누워 있었다. 조금 떨어진 곳에서 미풍이 불어 야외 파라솔을 움직였는데, 옆에 서 있던 개는 이 사실을 알지 못했다. 파라솔이 조금씩 이동할 때마다 개는 사납게 으르렁거리고 짖어댔다. 내 생각에 그 녀석은 어떤 뚜렷한 이유 없이 움직임이 있는 것이 모종의 낯선 살아 있는 행위자가 존재함을 알려주는 것이며 그 어떤 낯선 자도 자기 영역에 들어올 권리가 없다고, 신속하고 무의식적인 방법으로 스스로 추론한 것이 틀림없었다.
>
> 영적 행위자에 대한 믿음은 아마 쉽게 신이나 신들의 존재에 대한 믿음으로 진행되었을 것이다. 야만인들은 자연적으로 자신들이 느끼는 것과 동일한 감정, 동일한 격렬한 사랑, 혹은 가장 단순한 형태의 정의로움, 동일한 애정을

정령들에 부여할 것이기 때문이다.[18]

다윈의 논의의 맥락을 고려할 때, 그가 원시인들의 종교적 성향을 동물의 행위와의 비교를 통해 설명한 것이 그들을 폄하하려는 의도를 가진 것이라고 보기는 힘들다. 그러나 문제는 이에 대한 독자의 반응일 것이다. 당시 대중들은 인간을 동물 진화의 연장선상에 놓은 진화론을 인간 존엄성의 실추로 받아들여 뿌리 깊은 반감을 갖고 있었다. 마찬가지로 동물과의 비교를 통한 원시종교 이론은 당시 독자들에게 원시인에 대한 비하로 쉽게 연결되었다. 더구나 다윈의 진화론이 러벅의 사회진화론으로 변형되는 과정에서 이른바 원시인에 열등성이라는 함의가 부여되었다. 생물학자 입장에서는 묘사적으로 사용될 수 있는 표현일지 몰라도, 서양 문화에서 경멸적인 표현으로 받아들여지는 개와의 유비는 독자들에게 원시인에 대한 경멸을 강화하였다.[19]

다윈의 언급이 정확히 토테미즘에 해당하는 것은 아니지만, 진화론적인 초기 종교 이론들이 서로 정확히 구분되지 않는 측면이 많음은 맥레넌의 경우에도 본 바 있다.[20] 이들 이론들에 깔린 전제는 원시인이라는 타자와 동물이라는 타자의 동일시였다.

3) 혐오스러운 원숭이 숭배

이야기를 좀 돌려서, 토테미즘이 지닌 동물숭배의 함의가 당시에 어떻게 받아들여질 수 있는지를 다른 자료를 통해서 보도록 하겠다. 19세기 말과 20세기 초에는 서양인들이 비서구 사회의 식민지들을 돌아보고 쓴 여행기

들이 많이 출판된 시기였다. 이 시기 인도
를 여행한 사람들의 글에서 눈에 띄는 것
은 사원에 모셔져 있는 '원숭이 신'에 대한
경악이다. 예를 들어 1897년에 미국의 한
여행 작가(John Lawson Stoddard)는 인도에 대
한 강연에서 자신이 본 '원숭이 사원'에 대
해 묘사한다. 긴 꼬리가 달린 신들이 "가장
신답지 못한 모습으로" 서로의 꼬리를 잡
아당기며 늘어서 있다는 것이다.[21] 비슷
한 시기에 인도를 여행한 한 선교사(Lucy E.
Guinness)도 역시 자신의 여행기에서 원숭
이 신을 괴물로 묘사한다.

귀네스의 책에 사용된 도상

생각하기 힘들 정도로 불쾌한 대상인 마루티(Maruti, 하누만의 산스크리트어 표기)
는 근처 모든 작은 사원들과 몇몇 큰 사원에 산다. 그는 원숭이 신이며 형편
없이 생긴 새빨간 우상으로, 크건 작건 간에 역겨울 정도로 못생겼다. 머리는
까지고, 다리는 짧고, 대중없이 떼지어 있으며, 다가가서 보면 앉아 있는 조각
상의 모습을 하고 있다. 항상 뻘겋게 덕지덕지 칠해져 있는데, 사람들은 경외
심을 갖고 그를 대한다.[22]

여기서 묘사된 원숭이 신은 인도 서사시 『라마야나』의 등장인물로서 인
도인에게 대중적인 인기를 누리는 신 하누만(Hanuman)이다. 인도인에게 사
랑 받는 신이 서구인에게 괴물로 묘사되었다는 사실에서, 동물을 신으로 삼

는다는 사실 자체가 근대 서양인들에게 얼마나 혐오감을 불러일으켰는가를 확인하는 것으로 충분할 것이다. 실제로 20세기 초 서양에서 유행한 고딕 문학에는 원숭이 모양의 괴물이 꽤 등장하는데, 이것은 인도인이라는 타자의 신이 서양의 대중적 상상력 내에서 괴물로 등장한 것이었다.[23] 서양 대중의 입장에서 인도 종교와 원시종교는 그다지 구분되는 위상을 갖지 않았을 것이다. 동물을 인간보다 높은 존재로 숭배할 수 있다는 것에 대한 혐오는 인도 종교에서나, 동물숭배로 이해된 토테미즘에서나 동일하게 작용하였다고 생각된다. 그들이 동물과 갖는 이상한 관계는 서양인 '우리'와 비서양인 '그들'을 구분해 주는 중요한 특징이었던 것이다.

4. 분류 체계로서의 토테미즘

원시종교에 대한 대표적인 이론이었던 토테미즘은 원시인과 동물의 특별한, 서양 사회와는 다른 관계에 주목하여 원시인들을 타자화시키는 방향으로 작용하였다. 토테미즘을 인간이 지금보다 우매했던 시절을 반영하는 현상으로 파악한다든지, 동물의 특징을 벗어나지 못한 미발달의 단계로 보든지, 동물을 숭배하는 미신적인 현상으로 보든지 간에, 이러한 논의가 원시인과 현대인의 사유방식이 질적으로 다르다는 전제를 강화하는 역할을 했다는 점에서는 동일하다.

그러나 20세기 초에 토테미즘 논의에 다양한 학자들이 참여하면서 원시인과 현대인의 다름보다는 연결성에 주목하는 이론들이 등장하게 된다. 앞서 본 프레이저의 경우가 둘 간의 다름에 주목하는 논의라고 한다면, 지그문트 프로이트나 에밀 뒤르케임 등이 논의에 참여한 이후 토테미즘 이론은 이전과는 다른 양상을 보이며 발전하였다. 토테미즘이라는 연구의 장에 당대를 대표하는 학자들이 참여했던 이 시기는, 심리학과 사회학의 이론적 고찰을 통해 종교학 이론이 풍성해졌던, 종교학사의 중요한 전환점이 되었다.[24]

이 중에서도 우리의 관점에서 주목해야 하는 흐름은 뒤르케임을 중심으로 한 프랑스 사회학파에 의해 제시된 문제의식이다. 뒤르케임과 모스가 1904년에 발표한 『분류의 원시적 형태』에서 토테미즘은 사회를 모델로 우주를 분류하는 지적인 체계로 파악되었다. 이렇게 보았을 때 토테미즘은 비합리적 사유이기는커녕 합리적 사유의 기본적 형태이며 "과학 활동이며 최초의 자연의 철학"이 된다.[25] 뒤르케임은 1912년 발표한 고전 『종교 생활의 기본 형태』에서 토테미즘에 대한 논의를 더욱 발전시켰다. 그는 토테미즘이 씨족 조직과 긴밀히 연관되어 있고 궁극적으로는 세계를 이해하고 받아들이게끔 해 주는 분류 체계를 제공한다고 주장한다. 다른 학자들이 동물과 인간, 혹은 씨족의 연결을 기괴한 것으로 여겼던 것과는 달리, 뒤르케임은 이 연결을 상징적인 차원에서 설명한다. 기호의 기표와 기의의 연결이 자의적이듯이, 한 씨족과 토템의 연결도 우연한 결합의 속성을 지닌다. 동물은 원주민들의 생활환경에서 흔히 접할 수 있는 대상으로서 그들이 세상을 분류할 논리적 도구로써 그때 그 자리에 주어진 것이었다.[26]

토테미즘을 분류 체계라는 지적인 형태로 이해하는 문제의식은 현재까지도 이어지고 있다. 20세기 중반 이후 인류학자들은 토테미즘보다 폭을 넓혀서 원시종교에서 동물이 세계의 분류 체계의 재료를 제공하는 '좋은 생각거리'(good to think)라는 점에 초점을 둔 연구들을 발전시켰다.[27] 이들의 연구는 초창기 토테미즘 논의의 문제점, 즉 원시인을 타자화하려는 경향을 확연히 극복하는 모습을 보여준다. 간단히 말해 초창기 논의가 인간과 동물의 관계에 있어서 현대인과 원시인의 다름을 보여주고자 했다면, 이 인류학자들의 연구는 현대인과 원시인이 다르지 않음을 보여주고자 했다. 원시인들이 주변의 동물을 재료 삼아 세상을 설명하는 논리를 구성한 것과 마찬가지로, 현대인들도 주변 동물들과의 관계에 대한 성찰을 통해 문화적인 설명체계를 구성하고 있다는 것이다.[28] 클로드 레비스트로스의 작업에서 잘 볼 수 있듯이, 현대인이 새, 말, 개, 소 등에 이름을 붙이는 방식은 토테미즘의 사유 구조와 질적으로 다르지 않다.[29]

종래 원시종교를 대상으로 한 논의가 현대 문화를 설명하는데 어떤 시사점을 주는지에 대해 에드먼드 리치의 연구를 한 예로 들도록 하겠다. 리치는「언어의 인류학적 측면: 동물 범주와 욕설」이라는 글에서 현대인이 자신과의 거리를 기준으로 인간-동물 관계를 설정하고, 그렇게 설정된 동물 분류 체계에 의해 식용과 비식용 동물이 구분되며, 그 분류 체계 사이의 간극에 존재하는 터부 지점에서 동물과 관련된 욕설이 발생한다고 주장한다. 리치에 따르면 서양인의 동물 분류 체계는 인간관계의 친소에 대응하여 애완동물·가축·사냥감·야생동물로 나누어지며, 여기서 애완동물은 절대 먹을 수 없지만 가축이나 사냥감은 일정한 규칙 하에서 식용 가능한 동물들이다.[30] (표1 참조)

〈표1〉 친소 관계에 따른 동물 분류 체계

나	형제	친척	이웃	외부인
나	집	농장	들판	먼 곳
나	애완동물	가축	사냥감	야생동물
	절대 먹지 않음	일정한 조건 아래 먹음	정해진 시기에 사냥해서 먹음	먹지 않음

리치의 연구는 동물에 대한 서양인의 관념이 토테미즘처럼 문화 특유의 분류 체계를 이루고 있으며 이에 따라 식용과 비식용에 대한 금기가 형성되고 있음을 보여준다. 이 연구는 현재의 동물과 인간의 관계 맺음의 방식에 대한 탐구가 토테미즘 연구의 연장선상에서 이루어질 수 있음을 보여준다. 리치가 영국 사회에 대해 분석한 내용이 우리 사회에 그대로 적용될 수는 없지만, 여기서 도출되는 기본적인 주제는 의미가 있다. 동물과 인간의 관계는 인간 사회의 투영이며, 동물의 먹고 먹지 않음은 그들과의 거리, 결정적으로 그들과 '인격적 관계'가 형성되었느냐 여부와 직결된다는 것이다.

이러한 주제가 한국 사회에 흥미롭게 적용된 드라마의 한 장면을 소개하도록 하겠다. 몇 년 전 방영된 『하이킥! 짧은 다리의 역습』 제69회에서는 이 문제가 본격적으로 다루어진다.[31] 이야기는 아버지 안내상이 동물 네 마리, 즉 염소, 개, 닭, 토끼를 빚 대신에 받아 집에 가져온 것에서 시작된다. 딸 수정이는 동물들을 보자마자 반가워하며 '염돌이, 백구, 꼬꼬, 토순이'라고 이름을 붙여주고 각각 엄마, 아빠, 오빠, 자신에 해당한다고 역할까지 부여하였다. 가족들이 모여 동물을 어떻게 처리할지 회의를 하였는데, 의견이 각자 달랐다. 넷 다 먹어야 한다는 안내상의 극단적 입장부터 넷 다 먹을 수 없다는 안수정의 반대편 극단의 입장까지 모두 다른 의견을 보인 것이다.(표 2 참조)

〈표2〉

	염소	개	닭	토끼
내상	○	○	○	○
유선	○	×	○	○
승윤	○	×	○	×
종석	×	×	○	×
수정	×	×	×	×

이 때 외삼촌 계상이 중재에 나선다. 동물 식용에 대한 우리 사회의 통념을 고려하여 개와 토끼는 굳이 먹을 필요가 없다고 설득하여 개는 원래 주인에게 돌려보내고 토끼는 분양하기로 한다. 반면에 염소와 닭은 먹을 수 있다고 판정을 내리지만 수정의 반대에 부딪힌 나머지 모종의 테스트를 거치기로 한다. 지정된 시간 내에 수정이가 이름을 불렀을 때 뒤돌아 본 동물은 자신의 이름을 가진 것으로 인정하고 그렇지 못한 동물은 잡아먹기로 한 것이다. 그 결과 염소는 살아남고 닭은 잡아먹히게 된다. 이 에피소드에서 우리는 동물에 대한 수정이의 태도에 주목하게 된다. 수정이는 동물들에게 이름을 붙이고 가족적 관계를 부여하는 토템적인 태도를 취했다. 동물 식용을 반대하면서 수정이는 "얼굴 본 동물은 전부 안 돼."라고 말한다. 가족들도 '이름 있는 애완동물'을 먹어서는 안 된다는 입장에 동의해서 테스트를 받아들인 것이다. 토테미즘에서 토템 동물을 먹지 않는 이유는 그가 씨족의 한 사람이기 때문이다. 현대인 수정이에게도 동물의 식용 여부를 가리는 기준은 그와 '인격적인 관계'를 맺었는가였다.

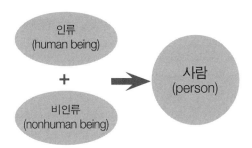

5. 우리 일원인 동물

우리는 이 글의 앞부분에서 토테미즘에 대한 서양인의 첫 자료가 오지브와족에 대한 존 롱의 보고에서 나온 것임을 본 바 있다. 공교롭게도 마지막으로 소개하는 연구 역시 150년 이상의 시차가 있기는 하지만 오지브와족에 대한 관찰에서 나온 것이다. 그것은 1960년대에 발표된 할로웰(A. Irving Hallowell)의 논문 「오지브와족의 존재론, 행위, 세계관」이다. 할로웰은 기존 연구들이 오지브와족의 세계관에 대한 이해 없이 서구적 세계관에서 추출된 범주들을 기반으로 하였기 때문에 서술에 많은 오류들을 야기했다고 지적한다. 그가 논문에서 특히 문제 삼는 범주는 '사람'이다. 다른 문화를 연구할 때 사람(person)을 인류(human being)에 한정된 존재로 전제하는 것은 당연하게 받아들여질 것이다.[32] "그러나 그 부족의 세계관에서 '사람'이라는 종(種)이 인류가 아닌 존재까지 포함한다는 사실을 고려한다면, 우리의 이른바 객관적인 접근은 '한 사회에서 인간이 자신을 다른 것들과의 관계 속에서 바라보는 방식'을 정확히 서술하기에 부적절한 것이 될 것이다."[33] 바로 오지브와족의 세계관에서 '사람'은 인류를 넘어서 자신과 유의미한 관계를 맺는 모든 대상을 포괄하는 개념이다. 그 대상에는 동물들과, 때에 따라서는 무생물이 포함된다. 그러나 개념의 범위가 무분별하다는 의미는 아니다. 할로웰은 이렇게 말한다.

돌이 문법적으로 생물이기 때문에, 나는 어르신에게 이렇게 물어본 적이 있었다. "우리 주변에서 볼 수 있는 모든 돌들은 살아 있습니까?" 그분은 한참 고민하더니 이렇게 대답하셨다. "그렇지 않아. 하지만 어떤 것들은 살아 있지." 이 적절한 답변은 내게 오랫동안 인상을 남겼다. 다른 자료들을 종합해 볼 때, 오지브와족은 돌과 같은 무생물에 살아 있는 영혼을 부여하는 교리를 갖는다는 의미의 애니미즘 신봉자는 아니다. 돌을 생물 문법 범주에 포함시키는 것은 문화적으로 구성된 인지적 집합(cognitive set)의 일환일 것이라는 게 내게 떠오른 가설이었다.[34]

그렇다면 그들이 '사람' 범주를 문화적으로 획정하는 기준은 무엇일까? 그것은 자신과의 의미 있는 관계 맺음이다. 이 관계 맺음은 상호 존중하면서 의사소통을 하는 관계, 그리고 때로는 선물을 교환하는 관계를 말한다. 종전에 토테미즘이라는 명명 아래 다루어지던 인간과 동물의 관계는 이러한 오지브와족 세계관 아래서는 달리 서술될 수밖에 없다. 그들에게 '사람'으로서 한 동물을 대하는 것은 어떻게 하는 것일까? 할로웰은 곰과 대면했던 한 오지브와족의 증언을 소개한다.

나는 나무 뒤로 가 삼십 야드 거리에 있는 곰에게 총을 쏘았다. 총알은 빗나갔다. 재장전하려는 순간 곰이 나를 노려보았다. 그는 무척 화가 난 것처럼 보였고 나는 움직일 수 없었다. 잠자코 나무 옆에서 기다렸다. 그가 가까이 와서 뒷발로 일어선 순간에 나는 개머리판을 그의 가슴에 갖다 댔다. 어릴 적 아버지가 해주었던 말이 기억났다. 그것은 곰은 항상 내가 하는 말을 알아듣는다는 것이었다. 곰은 총 자루를 물어뜯기 시작했다. 심지어는 총을 쏘려는 사람이 하는 것처럼 총에 발톱을 올리기까지 했다. 나는 곰이 더 이상 접근하지 못하게 하면서 곰에게 가까스로 이렇게 말했다. "살고 싶으면 꺼져." 그러자 그는 총을 내려놓고 걸어갔다. 나는 더 이상 곰을 괴롭히지 않았다.[35]

이 이야기는 곰을 사냥하면서 겪은 일이라는 점에서 존 롱이 최초로 보고한 토테미즘의 사례를 떠올리게 한다. 시대의 차이가 있고 오지브와족 내에서 어떠한 성원의 증언인지 자세히 알지 못하기 때문에 존 롱의 사례와 위의 사례의 차이를 엄밀히 비교하는 것은 불가능하다. 다만 여기서 지적할 수 있는 것은 사례를 기록한 학자의 강조점의 차이이다. 롱의 사례에서 강조된 것은 신격화된 곰에 대한 두려움과 그에 저당 잡힌 운명이었다. 할로웰이 기록한 위의 사례에서는 동물과의 대등한 관계가 강조되었다. 일반적으로 오지브와족을 포함한 북미원주민 자료에서 나타나는 동물과 인간의 관계는 호혜적인 경우가 많다. 그런 점에서 위의 이야기는 전형적인 것은 아니라 할지라도 동물을 대화할 수 있는 상대로 인식한다는 것이 문화적으로 어떻게 개념화되어 있는지를 보여준다. 할로웰은 그 관계를 다음과 같이 설명한다. "오지브와족이 일상의 개인적 행동의 차원에서 어떤 식물이나 동물과 상호 행위를 하는 것은 너무나도 문화적으로 구조화되어서, 그들은 마치 동식물이 말하는 것을 이해하고 감정적 능력을 가진 '사람'을 대하고 있는 듯이 행동한다."[36]

할로웰의 문제제기는 우리가 이른바 원시종교에서 인간과 동물의 관계를 이해할 때 서양 관찰자의 범주 설정이 관찰 대상에 덧씌워질 때 생기는 문제를 환기시킨다. 여기서 잠시 서구적인 전제가 함축된 범주의 대표적인 예로 '초자연적인'(supernatural)이라는 표현에 대해 생각해보도록 하자. 서양 문헌에서는 '종교적인'에 해당하는 말로 '초자연적인'이라는 표현을 많이 사용한다. 이 표현은 북미 원주민 종교 서술에 큰 혼선을 가져온다. 사실 북미 원주민의 종교성은 자연과의 총체적인 관계성 속에서, 즉 자연 안에서 형성되기 때문에, 종교가 자연을 초월한 영역이라는 전제를 함축한 초자연적이라는 묘사는 오해를 야기할 수밖에 없다. 초자연은 철저하게 서구의 자연 개념을 전제로 한 표현이기 때문에, 북미 원주민 종교 서술을 위해서는 그들 문화에서 자연이라는 범주가 어떻게 설정되는지를 파악하고 그를 기반으로 하는 새로운 서술 방식을 마련해야 할 것이다. 연구자가 어느 정도로 관찰자의 범주를 수용해야 하는지에 대해서는 종교학자마다 이견이 있을 수 있다. 그러나 여기서 최소한 유념되어야 할 사항은 초자연적이라는 서술을 사용하면서 종교는 자연을 벗어난 현상이라는 서구의 종교관이 무의식 중에 개입되어 북미 원주민 종교 서술을 불분명하게 한다는 점이다. '사람' 범주의 경우도 마찬가지이다. 그들 문화에서 사람의 자리를 이해하게 된다면 그 사람과 동물의 관계에 대한 서술은 전면적으로 변할 수밖에 없다. 우리는 '사람'이 보편적인 범주라고 생각하기 쉽지만 그것이 문화에 따라 가변적일 수 있음을 고려해야 한다. 불교에서 불성(佛性)을 지닌 중생(衆生) 범주가 인류를 넘어서는 대상을 포괄한다는 사실이 동물과 인간의 관계에 영향을 미치듯이, 북미 원주민의 사람 범주도 동물과 인간의 관계 서술에서 중요하게 작용한다. 그들의 범주와 관계 맺음을 이해하는 것은 인간과 동물의 관계에서 서양의 인간중심적인 범주 설정이 가져왔던 문제에 대한 반성의 기회를 제공할 것이다.

마지막으로 인간 범주를 새롭게 이해하는 것이 종교학 이론에 대한 반성에 어떠한 기여를 할 수 있는지 간단히 소개하면서 이 글을 마무리하겠다. 지금까지의 논의가 종교학 이론에 지니는 함의를 확인하는 의미에서, 북미 원주민 종교 연구에서 서양적 전제와 개념이 미친 오해를 교정하고 대안적 개념 제시를 위해 노력했던 학자 케네스 모리슨(Kenneth M. Morrison)의 작업을 바탕으로 두 가지 쟁점을 소개하고자 한다.[37]

첫 번째, 동물과의 관계를 이야기할 때 북미 원주민의 종교 서술에서 흔히 등장하는 표현이 의인화(anthropomorphism)이다. 이것은 이들 종교에서 동물이 인간으로 둔갑하거나 인간처럼 취급된다는 의미의 표현인데, 이는 초창기 토테미즘 논의에서 주장된, 원시인이 자연물과 인간을 구분하는 능력이 떨어진다는 편견과도 연결될 위험이 있는 서술이다. 그러나 오지브와족의 이해에 따르면 동물이 인간으로 둔갑하는 것이 아니라, '사람'이 인간의 형태를 취할 수도 있고 동물의 형태를 취할 수도 있으며 둘 사이를 오갈 수도 있다고 이해되는 것이다.[38] 의인화라는 표현은 그들의 범주를 알지 못하는 서양인의 관찰에서 비롯한 것이며, 따라서 북미 원주민 종교 서술을 위해서는 인간 위주의 이해보다는 대등한 존재 간의 관계를 염두에 둔 대안적 용어가 요구된다.[39]

두 번째, 종교학계에서 북미 원주민들의 힘(power) 관념은 멜라네시아의 마나와 함께 마나이즘의 핵심적인 사례를 구성한다. 이러한 개념으로는 마니투, 오렌다, 와칸다 등이 있는데, 이중에서 마니투가 오지브와족의 힘 개념이다. 마나는 '비인격적인' 힘으로 정의되는데, 이는 토착 개념에 대한 이해 부족에서 나온 정의이다. 멜라네시아의 마나가 비인격적인 개념이 아님은 어느 정도 알려져 있는데,[40] 이는 북미 원주민 개념도 마찬가지이다. 오지브와족의 세계에서 '사람'들은 모두 힘을 갖고 있으며, 다만 사람별로 갖고 있는 힘의 차이가 존재한다. '인류'는 독수리나 곰이나 바위처럼 더 큰 힘을 갖고 있는 '사람'에게 선물 교환을 통해 힘을 빌려 쓸 수 있다. 이때 도움을 주는 '비인류 사람'을 마니투라고 부른다. 애당초 인격과 비인격의 구분은 서양 관찰자의 입장에서만 유의미한 서술이었다. 서양 특유의 인간 중심적인 전제를 걷어내고 이 현상을 이해한다면 우리는 비인격인 힘이라는 종교학 개념을 근본적으로 재설정해야 할 것이다.[41]

6. 맺음말

인간과 동물의 관계는 원시종교 이론에서 토테미즘을 중심으로 논의되어 왔다. 초기 종교학의 진화론적인 논의에서 토테미즘은 동물에 대한 숭배, 동물과 인간을 구분하는 능력의 결여, 종교 진화의 최초의 단계 등의 의미를 가졌다. 이 의미들은 여러 담론의 층위에서 수용되었지만, 기본적으로 낯선 그들을 우리와 구분하려는 논의로서 전개되었다는 공통점을 지닌다. 토테미즘은 타자인 동물과 타자인 원시인을 같은 전선에 배치하는 이론이었다.

그러나 초창기 토테미즘의 타자화 담론으로서의 성격은 이론적 발전을 통해서 극복되어 갔다. 이 글에서 자세히 다루지는 못했지만 뒤르케임에서 시작된 토테미즘에 대한 새로운 관점은 여러 인류학자들을 거쳐 레비스트로스에 이르러 결실을 맺었다. 이전에는 토테미즘이라는 동물과 인간의 이상한 관계를 통해 현대인과 원시인의 차별성을 부각하고자 했다면, 후대의 학자들은 인간이 동물을 재료로 사유하는 방식을 통해 현대인과 이른바 원시인이 질적인 차이가 없는 사유 능력을 갖는다는 점을 보여주고자 하였다. 그 사유방식이 이전의 관습대로 토테미즘이라고 불리느냐 그렇지 않느냐의 문제는 그리 중요하지 않다.

인간과 동물의 관계에 대한 물음은 결국에는 인간이라는 존재가 문화적으로 어떻게 규정되는지에 대한 물음을 요청하는 것으로 귀결된다. 이른바 원시종교, 특히 북미 원주민에 대한 이론적 논의에서, 우리는 그간 인간과 동물의 관계에 대한 논의가 서구적인 인간 개념에 대한 반성 없이 이루어졌음을 배운다. 그리고 인간에 대한 되물음을 통해 그들의 세계관을 서술하는 종교학 용어의 재구성이 요청된다는 사실도 확인하게 된다. 이 글은 북미 원주민의 구체적인 자료를 바탕으로 연구하지는 못했기 때문에, 북미 원주민의 사람 범주를 받아들일 때 도대체 인간과 동물의 관계를 어떻게 서술할 것인지 구체적인 표현을 제시하지 못했다는 한계가 있다. 그렇지만 이론적인 차원의 성과는 있다. 토테미즘으로 대표되는 원시종교에서 동물은 인간 사회의 구성원으로 받아들여진다. 다른 말로 하면 이것은 인격적인 상호작용이 가능한 구성원과의 '관계 맺음'의 한 방식이다. 그 관계맺음이 종교학사 초창기에 오해되었던 것처럼 미신적인 숭배이거나 유아적인 미분화 상태가 아님은 분명하다.

반려동물(伴侶動物)이라는 말의 사용에서 볼 수 있듯이 현대 사회에서 동물은 점차 인간과 상호적 교감을 나누는 대상으로서 인식되어 가고 있다. '그들'과 어떤 관계를 맺어야 할지에 대한 고민도 늘고 있다. 서양인들이 원시종교라고 불렀던 세계관에는 동물숭배라고 불린 야만적인 신앙이 존재했던 것이 아니다. 그것은 인간과 동물의 무분별의 소산이 아니라 동물을 인격적 상대로 인식하고 그들과의 올바른 관계맺음을 설정하려는 고민이 축적된 전통이었다. 그들의 전통을 제대로 이해하는 것은 종교학 이론 설정에 중요한 반성을 제공하며 동물과의 새로운 관계 설정이 요구되는 현대 사회의 고민에도 시사하는 바가 크다.

- 에밀 뒤르케임 & 마르셀 모스, 김현자 옮김, 『분류의 원시적 형태: 집단표상 연구에의 기여』, 서울대학교출판문화원, 2013.

  길지 않은 책이지만 토테미즘 연구의 전환점을 제시한 선구적인 내용을 담고 있다. 토테미즘을 분류 체계라는 지적인 작업으로 이해한 통찰은 오늘날 레비스트로스의 작업까지 이어진다. 오스트레일리아, 북미 원주민의 토테미즘을 다룬 후 중국의 사례도 연결해서 다루고 있는데, 여기에서 우리는 음양오행이라는 동아시아 사유가 토테미즘과 유사성을 지닌다는 점에 대해서도 생각해 보게 된다.

- 김현주, 『토테미즘의 흔적을 찾아서: 동물에 관한 야생적 담론의 고고학』, 서강대학교출판부, 2009.

  이 책은 동서양의 다양한 자료들을 종횡하며 종교사에서 동물과 인간의 관계가 얼마나 중요한 주제인지를 잘 보여준다. 저자는 토테미즘을 인류 사상의 근원에 놓인 것으로 보고 있으며, 이 입장을 바탕으로 동물에 대한 흥미로운 통찰들을 이끌어 낸다.

포스트휴먼: 의인화와 동물-되기의 기법

/ 전세재 /

1. 포스트휴먼과 동물 인식

'생물과 환경 및 함께 생활하는 생물과의 관계를 논하는 과학'을 의미하는 생태학이라는 용어가 1869년 헤켈(Hackel)에 의해 도입된 이래로, 생태학은 그 개념을 확장해 왔다. 특히 생물학의 발달로 생물과 환경 사이의 밀접한 관련성이 밝혀짐에 따라, 생태학의 대상과 범위가 군집·개체·기관·세포·유전자 등의 생물적 대상에서 고유한 기능적 계(系)를 이루고 있는 생물계와 물리적 환경과의 상호관계로 확장되고 있다. 이제까지의 생태학적 개념이 장시간에 걸쳐 안정화를 이룬 생물과 환경의 관계성에 관심을 두고 개체의 출현이 생태학적 관계성 속에서 포섭되고 안정화를 이루는 것이었다면, 21세기 유전공학의 급속한 발달과 실험으로 인해 더 이상 기존의 생태학적 틀로서 설명하기 어려운 새로운 생태학적 타자의 도래를 목전에 두고 있다. 즉 유전공학의 급속한 발전을 통해 인간은 신체적 유한성과 불완전성을 보완해 왔고 이런 과정 속에서 동물과 동물의 혼종, 혹은 인간과 동물의 혼종에 대한 실험과 연구가 급속도로 진척됨에 따라 문학과 철학 분야에서 이러한 시도에 대한 고찰은 이루어져 왔다. 하지만 이러한 시도에서 문제가 되어 왔던 점은 인간 이외의 다른 종을 어떻게 이해할 것이냐 하는 것이었다.

인간 이외의 종에 대한 배타적 경향은 이미 서구 역사에서 뿌리 깊게 박혀있다. 서구 역사의 틀 속에는 생태계에서 독보적인 위치를 차지하는 인간의 우월성을 정당화하는 작업이 녹아 있다. 인간의 우월성을 정당화하려는 노력 중 하나는 인간과 다른 종을 분리시키고, 다른 종과의 차이를 부각시키는 것이다. 이 과정에서 동물은 인간의 열등한 타자로서 인간에 의해 끊임없이 폄하되어 왔다. 특히 동물들에 대한 폄하의 전략은 서구의 유대주의에 그 뿌리를 두고 있는데, 이것이 기독교로 계승되면서 인간중심주의에 입각해 인간과 동물은 철저히 구별되었다. 계몽의 산물로써, 르네 데카르트(Rene Descartes)에 의해 인간과 동물의 차이는 이성의 이름으로 구분되어 그 간극이 더욱 넓어진다.[1] 또한 존 로크(John Locke), 아담 스미스(Adam Smith), 데이비드 흄(David Hume)을 비롯한 18세기 이론가들은 인간을 동물과 분리시키는 것에 멈추지 않고 동물을 인간의 저등한 타자이면서 동시에 우월적 지위를 점유한 인간의 차별적 보살핌의 대상으로 변형시켜 왔다.[2] 18세기 중엽부터 동물을 자비롭게 대해야 한다고 주장하는 시, 팸플릿, 철학논문, 교육용 책자 등이 점차 늘어나, 18세기 말부터 교육 수준이 높은 중산층 사이에서는 동물의 복지에 대한 관심이 확산되었고, 19세기 초반에는 동물에 대한 여러 형태의 학대 행위를 금지하는 일련의 법안이 하원에 상정되었으며, 19세기 중반 찰스 다윈(Charles Darwin)의 『종의 기원』의 출간과 여러 가지 과학적인 증거들은 인간과 동물이 크게 다르지 않다는 사실을 입증하기도 했다. 하지만 일련의 우월적 인간 정체성 확립 과정은 동물 자체의 폄하뿐만이 아니라, 인간 내에 존재해 왔던 동물적 요소를 억압·훈육·제거해 왔으며 이러한 억압은 생태계의 일부분으로서 인간 자체의 빈곤함과 불완전성을 심화시켜왔다.

이 글의 목적이 이러한 인간중심주의의 한계를 역사적으로 조명하려는 것은 아니다. 인간중심주의라는 틀 안에 갇혀 있기는 하지만 그 틀의 경계를 극단까지 밀어냄으로써 타자 인식의 수사학적 방법론에 대한 이론적 탐색을 시도하려는 것이 이 글의 목적이다. 이러한 작업은 포스트휴먼 연구의 일부분으로서 인간중심주의의 틀 속에서 규정하는 인간을 넘어선 형태를 포스트휴먼이라고 부를 때, 그리고 생태학적 관점에서 인간 이외의 타자인식을 인간중심주의의 틀을 넘어설 수 있다는 것을 그 전제로 한다.[3]

이러한 포스트휴먼적 징후를 탐색하는 연구는 이제까지 산발적으로 이루어져 왔다. 인간중심주의의 빈곤함은 계몽의 그늘 속에서 더욱 깊어졌지만, 우리 시대의 바바라 스멋(Barbara Smuts), 프란시스 드발(Francis De Waal)과 같은 동물과학자들, 피터 싱어(Peter Singer), 토머스 리건(Thomas Regan), 메리 미즐리(Mary Midgley)와 같은 동물윤리철학자들, 그리고 니체(Nietzsche), 하이데거(Heidegger), 바타이유(Bataille), 레비나스(Levinas), 데리다(Derrida), 들뢰즈(Deleuze)와 같은 철학자들에 의해, 인간과 동물의 연속적 관계에 대한 과학적, 윤리적, 철학적 연구를 통해 빈곤함을 벗어나려는 포스트휴먼적인 시도가 이루어져 왔다.[4]

특히 데리다는 「동물이기에 따라서 나는 (추가적으로) 존재한다 The Animals That Therefore I Am (More to Follow)」에서 인간의 역사적·철학적·문학적 담론 속에서 인간과 동물과의 만남, 인간에 의한 동물의 재현에 대한 탐색을 시도한다. 데리다의 이러한 시도는 레비나스가 타자의 윤리학에서 표방하는 타자에 대한 책임과 좋은 대조를 이루는데 레비나스가 보여주고 있는 타자와 '나' 의 관계는, 주체가 세계에 가하는 폭력을 제한하지만 윤리적 가치의 대상이 되기 위해 필수적인 '얼굴'(face)은 오직 인간에게만 부여된다. 반면 데리다는 욕실에서 자신의 벌거벗은 모습을 바라보고 있는 고양이의 시선에서 인간 주체가 어떻게 동물의 시선을 의식하는가에 대해 고찰한다. 이러한 데리다의 작업은 인간 종 개념을 탈피한 타자와의 새로운 인간 주체 형성뿐만 아니라, 인간중심적인 윤리를 뛰어넘는 생태주의와의 연대의 가능성을 열어 놓고 있다.[5]

하지만 이러한 포스트휴먼적인 시도는 끊임없이 동물성의 저항에 직면하고 있는 듯하다. 인간 속에 내재된 동물성, 혹은 인간과 동물의 공유점들을 드러내는 작업의 대부분은 인간의 관점에서 동물을 바라보는 이원적 구조를 취하고 있기 때문에 우리 내면에 억압되어 있건, 동물에 존재하건 관계없이 그 동물들은 끊임없이 인간중심적 포섭의 시선에 저항한다. 특히 인간의 언어에서 통상적으로 쓰이는 은유·상징을 통한 개념화·대상화 등은 오랫동안 인간에 의해 억압된 인간내의 동물성을 환기시키고, 끄집어 내는데 구조적인 장애가 되어 왔다.

이러한 장애를 피해 나가면서 생태학적 관점에서 포스트휴먼의 모습을 탐색하는데 유용한 개념으로 쓰일 수 있는 것이 '의인화'(anthropomorphism)의 개념과 들뢰즈(Deleuze)와 가타리(Guattari)가 제안한 '되기'(becoming)의 개념이다.[6] 의인화와 동물-되기의 기법의 유용성을 검토하기 위해, 의인화 개념이 어떻게 포스트휴먼 탐구에 유용한 도구가 될 수 있을지를 먼저 탐색한 후, 들뢰즈와 가타리가 주장하는 동물-되기가 포스트휴먼에 접근하는 데 어떤 역할을 하는지를 살펴보자.

2. 의인화와 되기의 사유

인간과 동물 간의 관계를 보여주는 중요한 수사적 기법으로서의 의인화 (anthropomorphism)는 어원상 '인간의 형태'를 지칭하는 그리스어에서 파생했다. 의인화는 인간의 특징을 인간이 아닌 대상에게 투사하는 기법을 말하는데, 그 투사의 과정 자체는 투사자인 인간의 관점과 욕망으로 대상을 대상화 혹은 인식적으로 수용한다는 함의를 내포하고 있다. 『옥스퍼드 영어사전 Oxford English Dictionary』에 따르면 의인화(anthropomorphism)는 "신을 인간의 모습으로 묘사하는 오류"(the error of those who ascribe a human figure to the deity)를 의미했지만 생물학의 발달에 따라 그 의미가 확장되어 동물을 인간의 모습으로 묘사하는 오류와 위험을 지칭한다.

『이솝우화 Aesop's Fables』와 같이 의인화를 사용한 동물 우화는 동물에 관한 이야기가 아니라, 인간에게 특정한 교훈을 전달하기 위해 인위적으로 특정 동물에게 비생태적인 특성을 부여한 것으로 간주한다면, 의인화란 단순히 인간중심적인 수사적 장치에 불과할 것이다. 즉 이러한 정의의 의인화는 인간과 동물 사이에 존재하는 공통적 요소들을 의도적으로 부정함으로써 인간과 동물의 간격을 넓히고 인간의 동물 지배를 자연화하고 강화하는 역할을 한다.

따라서 이런 의미에서의 의인화는 인간중심주의와 따로 떼어서 생각할수 없다. 인간중심주의적 사고방식에서 자연을 의인화하면서 동물에 대한 지나친, 감상주의적 · 동정적 태도를 일컬어 밤비 콤플렉스(Bambi Complex), 밤비 신드롬(Bambi Syndrome)이라고 부른다. 인간중심주의적 사고방식 아래서, 의인화는 인간과 동물의 유사성이란 상상 속에서나 존재하며, 피상적이라고 폄하한다거나, 인간적 특성을 고도로 지능이 발달된 극히 일부 동물의 경우에만 인정하는 것이 된다.

20세기 초반 동물행동연구자들의 많은 저작들에서는 동물을 의식과 감정을 지닌 존재로 묘사해 왔다. 하지만 일군의 동물행동연구자들은 동물을 인간의 특성을 지닌 것처럼 묘사하는 것은 허위이며 객관적인 과학적 언어를 사용해야 한다고 주장하기도 한다. 특히 행동주의 심리학자인 존 케네디(John Kennedy)는 행동주의 심리학의 전통 속에서 동물의 의인화를 '망상'(incubus)이라고 부르며 이러한 망상에서 벗어나야 한다고 주장하였다.[7] 하지만 그들의 시도에 제인 구달(Jane Goodall)을 비롯한 여러 과학자들은 동물이 인간과 유사한 지성과 감정을 지닌 대상이라고 파악하고 있다.[8] 동물행동연구자인 데일 제머슨(Dale Jamieson)도 의인화를 동물의 의식과 감정을 탐색하는 데 사용하고 있으며 의인화 자체가 거부하는 것은 일종의 종(種) 차별주의이며, 의인화 자체가 인간과 동물이 정도의 차이는 있을지라도 매우 큰 유사점이 있다는 점을 밝히는 데 매우 유용하다고 주장한다.[9]

과학자들에게도 여전히 논쟁거리로서, 인간중심주의라는 논쟁적인 꼬리표를 달고 있는 의인화는 생태문학에서 어떻게 다루어져야 할 것인가? 탠슬리(A. G. Tansley), 조지 세션(George Sessions), 존 버로우(John Burroughs), 그리고 애드워드 애비(Edward Abbey)와 같이 생태문학 혹은 생태주의 이론가들도 의인화된 언어 자체는 인간중심적이며 자기패배적이라고 주장한다. 세션은 생태학이 "비-의인화적이며 비-인간중심적 과학"(non-anthropomorphic and non-anthropocentric science)이라 밝히며,[10] 버로우 역시 동물이 "인간과 같은 복잡한 정신활동이 가능"(capable of any of our complex mental processes)하다는 사실을 부인한다.[11]

하지만 지난 수십 년간의 생태주의 작가들의 노력은 대부분은 아이러니컬하게도 바로 의인화를 통해서 이루어졌다. 그렇다면 생태주의 작가들은 순전히 미학적인 효과를 위해 의인화를 사용하는 것일까? 의인화는 미학적인 효과를 거두면서도 생태주의 작가들이 이루고자 하는 탈인간중심주의, 포스트휴먼적 기획을 수행하는 데 있어서 매우 적절한 수사법이라고 여겨진다. 1978년 「문학과 생태학: 생태비평의 한 실험」("Literature and Ecology: An Experiment in Ecocriticism")에서 윌리엄 루컷(William Rueckert)은 생태비평의 기본 전제가 인간을 자연 생태계와는 별리되지 않은 존재로 파악하지 않고, 자연의 한 부분으로 여기는 문학연구방법론이라고 포괄적으로 정의를 내렸는데,[12] 이런 생태비평적인 기획에서 의인화기법은 유용하게 쓰일 가능성이 농후하다. 실제로 알도 레오폴드(Aldo Leopold), 메리 올리버(Mary Oliver), 애니 딜라드(Annie Dillard) 등과 같은 생태문학작가들의 중요한 작품에는 이러한 의인화가 빈번히 쓰이고 있다. 의인화의 효과는 미디어를 통해서도 어렵지 않게 확인할 수 있다. TV 광고나 만화영화에 등장하는 의인화는 어떤 특정한 목적에 부합되어 적절히 사용되어 온 것도 사실이다.

의인화가 동물의 정신을 과대평가할 위험이 늘 따라다닌다고 하여, 그 반대의 극으로 치달려서 인간과 동물 사이에 의도적으로 간극을 만드는 것은 온당하지 않다. 인간과 동물 사이의 공통적 특징이 있을지도 모르는데 그것을 미리 부정해 버리는 태도를 드발은 '의인-거부'(anthropodenial)이라고 부르는데,[13] 이것에 바탕을 둔 의인화는 인간에 의한 동물 폄하와 학대를 정당화하고 확산시킬 수 있다. 또한 인간중심주의를 두려워하여 의인화를 사용하지 않는 것은 오히려 인간과 동물의 공통점에 눈멀게 하며, 인간이 인간이외의 타자를 이해하는 데 걸림돌로 작용할 수 있을 것이다. 의인화의 생태

중심적인 수사적 사용은 자연이 순전히 인간의 필요만을 위해 존재한다는 목적론에 의문을 제시하는 데 매우 효율적이다. 하지만 그렇다고 해서 지나친 감상주의로 무분별하게 의인화를 사용하는 것은 그 목적을 달성하는 데 오히려 역효과를 불러일으킨다.

의인화의 과정은 완벽하게 막을 수는 없으며, 어느 정도의 의인화는 필연적일 것이다. 그렇다고 해서, 의인화 자체가 반드시 인간중심적이라고 볼 필요는 없다. 조지 레이코프(George Lakoff)와 마크 터너(Mark Turner)는 '다른 사물들을 인간으로서 이해하는'(metaphors through which we understand other things as people) 방식으로서 의인화를 정의하면서, 이는 인간이 세상을 이해하는데 필요한 자연스런 방법이라고 하였다. 또 인간의 경험을 말이나 활자로 옮기는 과정에서 우리는 그 경험을 변형시키고, 또한 인간의 언어라는 구조를 통해 그 경험을 다른 사람들에게 전달하기 때문에, 의인화는 우리가 자연의 힘, 일상적인 일들, 추상적인 개념, 그리고 무생물 등과 같은 것을 이해하는 데 많은 통찰력을 제공한다고 하였다.[14] 즉 의인화는 인본주의에 의해 억압되어 온 동물성을 인간 내면에서 다시 확인하며 되살리는 과정이면서 동시에 동물성 자체가 어떤 것인지를 동물에게서 확인하고 발견할 수 있는 중요한 개념이다. 이를 통해서 인간중심적 인본주의에 의해서 억압되어 온 인간의 동물성을 드러낼 수 있는 가능성을 높일 수 있다. 의인화를 바르게 쓰려면 그것을 목적이 아니라 수단으로 보아야 한다. 우리들 내면에 정확히 대응하는 특질을 동물 안에서 찾아내는 것이 목적이어서는 안 된다. 의인화를 의식적으로 사용하는 것은 의인화 자체가 목적 달성에 있어서 효율적이기 때문이다. 의인화를 발견의 수단으로 이용할 때, 의인화는 과학 전반에서의 직관과 같은 역할을 하게 된다. 문학 작품에서 의인화는 문화적인 혹은 사회정치적인 의도로 구성된 것만은 아니며, 더더군다나 생태문학이라고 간주되는 작품에서 그러한 의도성이 반드시 부각되는 것도 아니다. 오히려 생태친화적인 의인화의 동물과 인간의 유사성이라는 전제는 인간에 의한 동물 지배를 해체시킬 수 있는 근거가 되면서, 인간처럼 동물도 가치를 지니고 있다는 것을 보여주며, 인간 이외의 생명체를 주변부로 소외시키는 인간중심적인 문화 자체를 비판하고, 그 생명체를 원래의 위치로 복원시키는데 기여할 수 있을 것이다.

생태친화적인 의인화가 동물성의 파악에 필수적인 역할을 한다면 들뢰즈와 가타리의 되기(becoming)의 개념은 인식 주체의 대상에 대한 인간 의식의 식민화 과정을 제한적으로나마 극복할 수 있는 이론적 바탕을 마련해 준다. 자연이라는 침묵의 타자를 작품을 통해 인간중심주의의 틀을 우회하면서 파악할 때, 앞서 언급한 의인화의 과정이 필연적으로 수반된다고 하더라도, 여전히 남는 문제는 인간의 의식으로서 자연을 이해한다는 것이다. 그런 연유로 생태주의는 어떤 형태인건 간에 인간중심주의에서 벗어나지 못하고 있다는 비판에 쉽게 노출되어 있다. 하지만 이론적으로 볼 때 인간이 다른 자연 대상물이 될 수 있다면, 즉 포스트휴먼적 상태에서 인간과 동물이 개별체라는 존재의 틀에서 탈피해서 제3의 존재가 되는 것이 가능하다면 어떤 특정한 중심주의의 틀에서 벗어날 수 있는 가능성이 있을 것이다. 이러한 이론적 가설의 모형을 들뢰즈와 가타리는 『천 개의 고원』(A Thousand Plateaus)에서 '되기'(becoming)의 개념으로 설명하고 있다.[15]

되기는 관계 간의 대응이 아니다. 그렇다고 해서 유사성도, 모방도, 극단적으로 보아도, 동일시는 아니다. …… 되기는 계열을 따라 진보하는 것도 퇴행

하는 것도 아니다. …… 동물-되기는 결코 꿈이나 환상도 아니다. …… 동물
이 실제로 다른 무엇으로 될 수 없는 것처럼, 인간도 실제로 동물이 될 수는
없다는 사실은 분명하다. …… 결론적으로, 되기는 적어도 혈통이나 계통에
의한 진화는 절대로 아니다. …… 되기는 결코 모방도, 동일시도 아니다; 또
한 퇴행이나 진보도 아니다; 대응하기도 아니고 대응관계를 만드는 것도 아
니다. …… 되기는 자기 나름대로의 일관성을 지닌 하나의 동사이다; 그것은
"~처럼 보이다" "이다" "~와 등가이다" 혹은 "생산하다"로 단순화되거나, 귀
착되지 않는다.[16]

여기서 되기란 고정적인 됨과는 달리 어떤 대상의 유사, 모방, 동일시가
아니다. 되기는 됨이 상정하는 확정적이며 고정적인 정체성보다는, 이론적
으로 유연성을 지니고 있다. 전통적인 인간중심주의의 관점에서 보았을 때
유사와 모방은 인간을 중심축으로 인간이 아닌 타자를 수용·포섭하는 방
식이기에, 또한 진보·퇴행·혈통이나 계통에 따른 진화의 개념은 인간과
동물이 결합되어 혼성되는 포스트휴먼적 양상을 포착하지 못한다. 또한 동
물-되기는 유사성이나 상동성에 따른 상상적인 계열화의 선으로 연결되는
것이 아니라, 인간과 동물, 동물과 인간이 서로의 경계를 횡단하면서 변용
시키는 과정이기 때문이다.

물론 동물-되기라는 용어는 생태학에 관심이 있는 사람들로부터 오해를
불러일으킬 소지를 많이 가지고 있다. 생태운동가들이 주장하는 자연친화
적인 관점에서 보았을 때, 동물-되기라는 용어 자체가 일종의 '자연으로 돌
아가자'라는 구호처럼 원시적 신비주의와 같은 인상을 줄 수도 있기 때문이
다. 하지만 들뢰즈와 가타리의 동물-되기의 개념은 일종의 은유적인 표현

이 아니며, 인간과 자연과 같은 이분법적인 사고나 관계를 무화시키거나 우회할 수 있는 이론상의 장점을 지니고 있다.

하지만 동물-되기의 과정은 인간중심주의로 오랫동안 고착되어 온 관습과 재현의 습성을 이탈시키고 불확정적이며 비고착적인 역동적인 자연의 개념을 옹호하려는 것이다. 들뢰즈와 가타리가 동물-되기에서 암시하는 자연의 진정한 모습은 '비자연적인 참여 혹은 결합'(Unnatural participations or nuptials)이라고 말하는데, 여기서의 '비자연적인 참여란 상호연관-왕국' (interkingdoms, unnatural participations)을 의미하고 자연은 스스로에 역행하여 작동한다는 것을 밝히고 있다.[17] 즉 자연의 총합은 개별화된 다양체들의 다양체이고, 각각의 조각들은 여러 가지 조합과 개별체로서, 각각의 군들은 함께 연관된 관계의 무한대로 진입하는 미립자의 무한대로 군을 이룬다.[18]

들뢰즈와 가타리는 동물과 인간이 서로 촉발·변용하면서 포스트휴먼적 관계를 구성하는 것이지, 인간이 일방적으로 동물의 모양이나 행동을 흉내 내거나 따라한다고 '되기'의 상태에 이르는 것이 아님을 강조한다. 또한, 동물-되기란 되려고 하는 동물의 신체적 반응을 만드는 특성을 인간의 몸에 가하거나 변형시킴으로써 동물을 흉내 내는 것이 아니라, 동물로의, 인간으로의 편입이 아니라, 상호적으로 동물과 인간의 몸을 변용시킴으로써, 인간 신체가 그런 감응을 만들어 낼 수 있도록 동물적 신체 또한 변용시키는 것이다.

그렇다고 들뢰즈와 가타리는 모든 동물이라고 해서 이러한 동물-되기에 적합한 동물이라고 여기지는 않는다. 그들은 동물을 오이디푸스적 동물, 국가에 속하는 동물, 악마적인 동물의 세 가지로 분류한다. 오이디푸스적인 동물이란, "개별화된 동물들, 애완동물처럼 감상적인 동물들, 작은 이야기를 가지고 있는" 동물들이고, 국가적 동물들이란 "특성 혹은 속성을 지닌 동물들; 유, 분류, 혹은 국가에 속하는 동물들; 위대한 신들의 신화에서 다루어지는 동물들"을 가리킨다.[19] 즉 이 분류에서 오이디푸스적인 동물은 애완동물들과 비슷하며, 인간의 생활이나 인간의 감정에 길들여진 동물들을 지칭하고, 국가적 동물이란 사람들이 신화에서처럼 부족과 동일한 계열로 파악하는 동물을 말한다. 하지만 동물-되기의 가능성이 매우 높은 동물들은 바로 세 번째의 "악마적인 동물들, 다양체, 되기, 개체군, 이야기를 만드는 무리, 혹은 변형된 동물들"로 종의 경계를 넘어서 동물-되기를 형성하는 동물들이다.[20] 즉 첫 번째와 두 번째 단계에 있어서의 동물은 인간중심주의에 억압된 과거의 내재적 동물들이다. 반면 악마적 동물은 인간에 의해 억압된 동물성이 다시 회복되기는 하지만, 현재의 인간과 동물의 개별적 구분을 넘어 새롭게 형성되는 포스트휴먼적 가능성을 보여주는 동물이다.

이러한 악마적 동물의 동물-되기의 가능성을 들뢰즈와 가타리는 카프카(Kafka)와 멜빌(Melville)의 작품을 언급하면서 설명하고 있다. 멜빌의『모비딕』(Moby Dick)의 경우에 에이헙(Ahab)이 자신이 추격하고 있는 고래에 매료되는 것은 바로 모비딕의 무정형적인 가능성, 즉 인간의 감각과 이해에 저항하는 고래의 파악하기 어려움으로 인해 에이헙은 인간 이해의 틀을 넘어서는 동물-되기의 과정에 있는 것이다.[21] 또한 카프카의『변신』(Metamorphosis)을 비인간으로의 변형에 대한 알레고리로 보는 것이 아니라, 작품이 암시하는 새로운 가능성으로 보고 있다. 즉 카프카의 동물 이야기를 해석되어야 할 은유 혹은 상징으로 보는 것이 아니라, 그것을 영토적인 모방을 넘어가는 탈영토화의 유출로 본다. 어떤 것을 의미하는 것이 아니라 인간과 동물을 넘어서는 새로운 가능성에 끊임없이 열려 있는 것이다.

되기는 인간중심적인 기준에서 혹은 동물 중심주의에서 보는 것이 아니라, 인간과 동물, 동물과 인간이 서로 "운동에 참여하는 것. …… 장벽을 넘는 것, 그들 자체 안에서만 가치 있는 강렬도의 연속체에 도달하는 것, 모든 형태가 미완의 상태로 남겨져 있는 순수한 강렬함의 세계를 찾는" 과정인 것이다.[22] 또한 사람은 '분자적'(molecularly)으로만 동물이 될 뿐이며, 짖는다고 사람이 짖어대는 개가 될 수는 없다.[23] 하지만 짖음으로써, 만일 그 짖음이 충분한 감정과 충분한 필요와 합성을 가지고 있다면, 분자화된 개를 방출하는 것이다. 그 결과는 개-반, 인간-반 혹은 신화적인 동물을 연상시키는 것이 아니라, 개도 인간도 아닌 독특한 혼성체가 된다. 동물-되기를 통해 생성되는 존재는 유출의 연결 속에서, 강도의 연속체 속에서, 서로를 탈영토화하기 때문에, 더 이상 인간도 동물도 아니다.

물론 이러한 동물-되기는 실제적으로는 과학적 증명이 가능한 것은 아니다. 하지만 생태문학 속에서 자주 쓰이는 '동물의 관점에서와 같은 표현'은 어떤 대상을 인간의 의식으로 포섭하는 과정을 벗어나, 들뢰즈와 가타리가 보여주는 것처럼, 인간도 아니고 동물도 아닌 생성되는 과정에서 만들어지는 대상에 대한 이해라는 관점이 좀 더 유용할 것이다.

3. 포스트휴먼적 기획

의인화와 되기의 기법은 실제로는 제3의 존재인 포스트휴먼에 대한 생태학적 고려를 위한 이론적 작업이다. 포스트휴먼의 예는 어렵지 않게 찾아볼 수 있다. 유전공학의 급속한 발달과 실험으로 인해 더 이상 생태학적 틀로서 해석적으로 안정화시키기 어려운 새로운 개체의 탄생을 목도하게 되고, 실제로 인간과 동물의 키메라, 인간과 기계의 변종 · 혼종은 공상과학소설을 비롯한 대중문화 콘텐츠에서 등장하였다.[24] 오만하고 야심에 찬 한 과학자가 자신을 직접 텔레포테이션(teleportation)의 실험 대상으로 삼아 실험을 하던 중, 그의 유전자가 실수로 파리의 유전자와 혼합되어, 서서히 인간의 형체, 가치, 이성 그리고 생명까지도 잃게 된다는 「플라이 *The Fly*」, 인간과 동물의 혼종을 시도하는 과학자의 실패한 도전을 다룬 「모로우 박사의 섬 *The Island of Dr. Moreau*」은 이러한 가정들을 보여주고 있다. 즉 인간과 동물의 키메라에 관련된 담론은 인간과 동물의 경계를 공고하게 해 온 인간중심적인 담론의 형태를 취함으로써, 키메라를 두려움의 대상으로 탈바꿈시켜 포스트휴먼적인 존재에 대한 접근을 막아 왔다. 하지만 인본주의의 강력한 틀 속에서 변종 · 혼종은 독점적 지위를 누려온 인간에 의해 인간과 다름의 특성이 부각되어 경계 혹은 폄하되어 온 것이 사실이지만, 되기를 통해 만들어지는 제3의 대상은 인간과 동물 사이에 견고하게 만들어 놓았던 경계를 허물어 버리며, 인간중심주의의 관점에서 만들어진 인간의 기준과 도덕 가치를 더 이상 유효한 기준으로 작용할 수 없도록 만들 수도 있다.

동물-되기를 통해 만들어지는 대상은 기존의 생태학적 틀로는 더 이상 포섭할 수 없는 대상으로서, 과거에는 불연속적 · 단속적으로 존재해 왔던 돌연변이와는 달리 연속적이며 대량 발생이 가능하며, 생태학적 망 속에서 먹이사슬에 의한 포식자와 피식자의 관계, 인간과의 특정한 윤리적 관계 등이 확정되어 있지 않은 상태에서 발생할 가능성이 높다.

이러한 대상에 대한 생태학적 고려에서 용이한 기법으로서의 되기는 동물을 대변하거나 동물 대신 말하는 게 아니라, 동물을 통해 스스로 변하는 것이며 다른 삶 속으로 들어가는 것이다. 이러한 동물-되기는 동물권의 입장에서 보았을 때 동물의 권리 복원과도 같은 동물권 운동, 넓게는 생태계 내에 존재하는 개별체의 독자적인 권리를 인정하는 것과는 다르다고 볼 수도 있다. 하지만 이것은 인간의 독점적인 지위를 봉쇄하는 데 매우 효과적이다. 즉 인본주의의 강화와 지속은 인간에 내재된 동물성을 억압하고, 인간과 동물의 벽을 견고하게 만들어, 다른 종을 스스로에게서 분리시키고, 또 그 차이를 부각시키는 전략에 있다고 할 때, 동물은 인간에 의해 저능한 타자로 변형되어 왔다고 할 수 있다. 또한 이러한 전략은 결국 인간의 빈곤을 초래하고, 인본주의의 치명적 약점으로 작용하였다. 인간중심주의의 한계이기도 한 동물성 억압이 의인화와 동물-되기 개념을 통하여 비판받으며, 포스트휴먼 연구를 통하여서는 인간성에 내재한 동물성을 탐색하는 것으로 확대될 수 있다. 이러한 포스트휴먼적 기획에서 인간중심적인 의인화가 아니라 생태친화적인 의인화는 좀 더 효과적으로 동물의 이해에 핵심적 역할을 하며, 들뢰즈와 가타리가 주창한 되기는 생태친화적인 의인화와 함께 포스트휴먼 형성에 구성적 역할을 수행할 수 있을 것이다. 인간은 이러한 변화 속에서 자아-타자와의 관계를 지배-종속이라는 존재론적 구조에서가 아닌 결속과 이해라는 윤리적 구조로 전환시킬 수 있다.

- 알도 레오폴드, 송명규 옮김, 『모래 군의 열두달』, 따님, 2000.
  '땅의 윤리'라는 개념을 도입한 알도 레오폴드의 산문집. '산처럼 생각하기' 등과 같은
  생태문학에서 중요한 개념들을 사용하여 서정적이면서도 과학적인 문체로 인간과
  자연과의 관계를 탐색한다.

- 존 쿳시, 전세재 옮김, 『동물로 산다는 것』, 평사리, 2006.
  동물권에 대한 가상 강연의 형식을 취한 소설이며, 이 소설에서 다루는 논쟁적인 동
  물권의 쟁점을 종교, 문화, 윤리, 동물학자 4명이 평론을 기고하여 한 권의 책으로 엮
  었다.

- 다니엘 퀸, 박희원 옮김, 『나의 이스마엘』, 평사리, 2011.
  동물을 화자로 해서 인간과 동물의 관계를 철학적으로 풀이한 소설.

- 제인 구달, 박순영 옮김, 『제인구달-침팬지와 함께 한 나의 인생』, 사이언스북스,
  2005.
  동물학자인 제인구달의 실제 경험담을 통해 인간중심주의의 빈약함을 절실하게 느
  끼게 하는 책이다.

인도 종교에 나타난 동물 존중 태도

/ 이병욱 /

1. 서론

인도인의 일상생활이나 인도 종교의 경전을 통해서 볼 때, 인도인은 동물과 식물에 대해 남다른 친근감을 표시한다. 인도인은 소뿐만이 아니라 모든 동물과 식물에 대해서도 상당한 애정을 보낸다. 한 끼 식사로 '짜빠띠' 한 장을 먹지 못하는 길거리의 사람이 많은 현실 속에서 지나가는 소들에게 짜빠띠를 나누어주는 사람도 있다. 또한 교수나 학생들은 점심 도시락을 열면 먼저 음식의 일부를 떼어 창틀에 놓아 둔다. 이는 까마귀나 다른 새들에 대한 배려라고 할 수 있다. 학교 강의실 뒷자리 책상에는 열어 둔 창문으로 까마귀들이 날아와 앉아 있는 모습도 볼 수 있다.[1] 어느 인도 가족은 종종 새들에게 음식물을 나누어 주기 전에는 식사에 참여하지 않는 경우도 있는데, 새들은 열린 창문으로 날아 들어와서 음식을 받아먹는다. 또한 인도에는 특별한 나무들이 숭배받기도 한다. 붓다가 깨달음을 얻었다는 '보리수'와 크리슈나 숭배와 밀접한 관련이 있는 툴시(Tulsi)나무는 숭배를 받곤 한다.[2]

이와 같이 동물과 식물에 대해 친근한 입장은 환경운동으로 발전하기도

하였다. 인도 우타르프라데시 주(州)의 칩코 운동은 지역의 여성들이 나무를 껴안고 불도저를 저지해서 나무를 구한 환경운동이다. 칩코 운동은 '나무를 껴안는다'는 뜻을 가진 말에서 유래되었다. 이는 1913년 산림지를 보호하기 위한 운동에서 시작되었고, 1977년 히말라야 지역의 상당수의 여성들이 나무 벌채를 막기 위해서 '성스러운 실'을 엮어서 나무 주위에 사슬을 형성한 사건에서 이 운동은 되살아났다. 수목으로 뒤덮인 지역에서 살던 여성들에게 숲은 가축의 먹이, 거름, 식량, 물, 연료를 제공하는 곳이다. 단일한 농작물을 재배하기 위해 숲을 파괴하는 것은 이러한 생태학적 조화를 깨뜨리는 것이며, 이미 인도의 많은 지역에서 황폐화를 일으킨 주요 원인이기도 하다. 인도에서 '나무'와 '나무의 보호'는 오랫동안 여성과 동일시되어 왔다. 이 칩코 운동에 참여한 어느 여성운동가는 그 근처에서 자라는 풀과 나무, 깨끗한 샘물을 통해서 이 운동에 참여하는 동력을 얻는다고 말하였다.[3] 이처럼 인도에는 동물과 식물에 대해 친근한 입장을 취하는 전통이 있어 왔다. 이 글에서는 인도의 종교, 곧 힌두교, 불교, 자이나교에서 동물에 대해 어떤 입장을 취하는지 알아보고자 한다.

2. 인도문화의 동물 존중 태도: 아쇼카 왕과 간디

인도에서 불살생, 곧 아힘사(ahiṃsā)가 어느 가르침에서 생겨났는지에 대해서는 네 가지 관점이 있다. 첫째, 베다 기원설, 둘째, 우파니샤드 기원설, 셋째, 자이나교 기원설, 넷째, 불교 기원설이다. '베다 기원설'은 『리그베다』에서 아힘사라는 직접적 표현은 없지만 내용적으로 유추가 가능한 표현에서 출발한다. 그 대표적 단어로 아그니야(aghnya)를 들 수 있다. '아그니야'는

『리그베다』에서 열여섯 번 나오는데, 이는 '살해 용도에 적합하지 않은 것'을 의미한다. 또 다른 경우에는 삼림서(森林書)인 『아라냐카(Āraṇyaka)』에서 불살생(아힘사)의 근원을 찾기도 한다. '우파니샤드 기원설'은 『찬도기야 우파니샤드(Chāndogya Upaniṣad)』에서 불살생(아힘사)이 언급되어 있는 점에 기초한 것이다. 그리고 자이나교와 불교의 기원설을 주장하는 경우에도 그 근원은 베다에 있었다고 주장하는 학자도 있다.[4]

그런데 슈미트하우젠(Lambert Schmitthausen) 교수는, 브라만교의 문헌(베다를 포함한다)에 아힘사 정신의 단서가 있었고, 이것이 자이나교와 불교의 아힘사 정신에 영향을 주었다고 주장한다. 이 내용을 좀 더 살펴보자. 브라만교 문헌에서, 살아 있는 생물을 죽이거나 상해를 입히면 어떤 형태로든 가해자 자신(또는 그의 자식이나 그의 소)이 그와 비슷한 상해를 당할 것이라는 두려움이 표현되어 있다. 물론 이것이 브라만교에서 주류의 입장은 아니다. 하지만 이 입장이 자이나교와 불교의 아힘사 정신에 영향을 끼쳤다. 자이나교와 불교에서 아힘사 정신은 두 가지에 의해 설명된다. 첫째, 업(業)에 의해 설명되는 경우이다. 이는 생물을 해치거나 살해하는 행위는 나쁜 업을 받게 하는 원인이 된다는 것이다. 둘째, 공감(共感)의 정신에 의해 설명되는 경우이다. 이는 내가 당하기 싫으면 다른 사람이나 동물에게도 하지 말라는 것이다.[5] 한편 여기서는 인도문화에 아힘사 정신이 면면히 흐르고 있었다는 점을 아쇼카(Aśoka) 왕과 간디를 통해 알아보고자 한다.

1) 아쇼카 왕의 다르마

마우리야(Maurya) 왕조는 인도 역사에서 최초의 통일 국가를 건설하였고,

아쇼카 왕은 중국의 진시황과 동시대 사람으로 아쇼카 왕 때 마우리야 왕조는 전성기를 구가하였다. 이러한 아쇼카 왕의 비문은 40개가 발견되었고, 그것은 7종류로 구분할 수 있다. 이 비문들에서 아쇼카는 다르마(dharma: 법)의 통치를 제시하였는데, 이 다르마는 아주 드물게 불교의 가르침을 의미하는 경우도 있지만 대개는 일반적인 도덕을 가리키는 것이다. 비문에 따르면 다르마는 광포(狂暴)·잔인·분노·질투를 하지 않는 것이고, 선행·자애(慈愛)·보시·진실·청정을 지향하는 것이며, 또한 부모나 스승에게 유순하고 노인에 대해 공경하며, 수도자·가난한 사람·불쌍한 사람·노예를 정당하게 대우해 주고, 생명 있는 것에 대해 자제하고, 적은 일에 만족할 줄 아는 것이다.[6] 이 내용에 대해 아쇼카 왕의 비문(14장 마애법칙, 제3장)에서는 "부모에게 순종하는 것은 선(善)이고, 친구·지인·친족과 브라만·사문에게 보시하는 것은 선이며, 동물을 도살(屠殺)하지 않는 것도 선이다. 적게 지출하고 적게 저축하는 것도 선이다."라고 말하고 있다.[7] 여기서는 주로 아쇼카 왕이 동물에 대해 어떤 입장을 취했는지 알아보고자 한다.

아쇼카 왕 비문 가운데 '14장 마애법칙(磨崖法勅)'의 제1장에서 아쇼카 왕은 어떠한 생물도 제물로 바치기 위해 도살되어서는 안 된다고 말한다. 그 자세한 내용은 다음과 같다.

이 법칙(法勅)은 천애희견왕(天愛喜見王: 아쇼카 왕)이 새기게 했다. 여기(왕의 영토)에서는 어떠한 생물도 제물(祭物, 供物)로 바치기 위해 도살되어서는 안 된다. 역시 [향연을 위한] 어떠한 집회도 열어서는 안 된다. 왜냐하면 천애희견왕은 집회(集會)에서 많은 폐해를 보았기 때문이다. 그러나 천애희견왕은 어떤 종류의 집회는 좋다고 생각한다. 이전에 천애희견왕은 수라간(水剌間: 황실의 요리실)에서 매일 수백천 마리의 동물들을 요리를 위해 도살했다. 그러나 지금 이 법칙이 새겨진 때에는 단지 세 마리의 동물만이 도살되고 있다. [즉] 두 마리의 공작과 한 마리의 사슴이다. 그렇지만 이 사슴조차도 정기적으로 도살되지 않는다. 이 세 마리의 동물도 앞으로 도살되지 않을 것이다.[8]

D. N. 자(Jha)는 위 비문의 내용을 근거로 아소카 왕이 동물을 도살해서는 안 된다고 하면서도 자기 자신의 식사를 위해서 공작 두 마리와 사슴 한 마리를 도살하였음을 지적하면서, 아소카 왕이 백성에게 비문을 통해서 전달한 내용에 너무 많은 의미를 부여할 필요는 없다고 주장한다.[9] 그렇지만 비문의 전후 내용을 검토해 보면, 아소카 왕이 이중적 태도를 보였다고 해석하기에는 무리가 있다.

14장 마애법칙의 제2장에서는 두 종류의 병원을 세운 점을 말하고 있는데, 그것은 사람을 위한 병원과 동물을 위한 병원이다. 아소카 왕은 다음과 같이 말한다.

천애희견왕의 영토 도처에서 …… 천애희견왕은 두 종류의 병원, [즉] 사람을 위한 병원과 동물을 위한 병원을 세웠다. 또 사람에게 효용(效用)이 있고, 동물에게 효용이 있는 약초는, 그것이 없었던 곳에는 [영토의] 도처에 수입해서 재배하게 했다. [약용의] 나무뿌리와 열매도, 그것이 없었던 곳에는 [영토의] 도처에 수입해서 재배하게 했다. 도로에는 사람과 동물이 사용할 우물을 파고, 나무를 심게 했다.[10]

아소카 왕 비문 가운데 '7장 석주비문'의 제2장에서 아소카 왕은 여러 동물에게 다양한 이익을 주는 행위를 했음을 밝히고 있다 그 내용은 다음과 같다.

> 천애희견왕은 이와 같이 알린다. 법(Dharma)은 선(善)이다. 그러나 [이] 법(法)이란 무엇인가? 그것은 적은 죄, 많은 선행(善行), 연민, 관대, 진실, 청정이다. 역시 나는 많은 종류의 눈 보시(정신적인 통찰력을 주는 것)도 했다. 나는 두발짐승[二足類], 네발짐승, 날짐승[鳥類], 물에 사는 동물[水棲類] 들에게 여러 가지 이익을 주는 행위뿐 아니라 생명의 증여(贈與)까지 했다. 그리고 나는 역시 많은 다른 선행도 했다. 나는 이 법칙(法勅)을 다음과 같은 목적을 위해 석주에 새기게 했다. 즉 이와 같이 사람들에게 법을 준수하도록 하기 위해서, 그리고 법이 오래 계속되도록 하기 위해서이다. 그러므로 이처럼 틀림없이 행하는 사람은 선행을 하는 것이 된다.[11]

그리고 '7장 석주비문'의 제5장에서 아쇼카 왕은 죽여서는 안 되는 동물을 구체적으로 나열하고 살생을 해서는 안 되는 상황에 대해 자세히 서술한다. 그 자세한 내용은 다음과 같다.

> 천애희견왕은 이와 같이 알린다. 관정 26년에 나는 다음과 같은 종류의 동물을 죽이지 말도록 명령했다. 즉 [그것은] 앵무새, 찌르레기, 쇠오리, 흑부리 오리, 들 기러기, 난디무카(nandimukha, 水鳥), 비둘기, 박쥐, 망고나무 개미, 물 거북, 뼈 없는 물고기, 베다베야카(vedaveyaka, 魚), 갠지스의 푸푸타카(gaṃgāpuputaka, 魚), 축어(鰌魚), 거북과 호저(豪豬), 날개 있는 토끼, 시말라(simala, 사슴), 도마뱀, 집의 설치류(齧齒類), 무소, 흰비둘기, 집비둘기, 이외에 사용할

수도, 먹을 수도 없는 네 발 달린 짐승[四足類]이다.

역시 새끼를 배었거나 아직 새끼에게 젖을 먹이고 있는 암산양, 암양, 암돼지, 또한 생후 6개월이 되지 않은 이 짐승들의 새끼를 죽여서는 안 된다. 집에서 키우는 닭[家鷄]을 거세(去勢)해서는 안 된다. 그 속에 생물이 들어 있는 곡식의 겨[粃穀]를 태워서는 안 된다. 쓸데없이 또는 살생을 하기 위해서 산림에 불을 질러서는 안 된다. 생물로써 생물을 사육해서는 안 된다. 세 번의 4개월 계절이 시작되는 각 보름날[滿月日], 티슈야(Tiṣya: 12월 중순에서 1월 중순)의 보름날 3일 동안 즉 제14일, 제15일, [다음달의] 제1일, 그리고 항상 각 포살 날에는 물고기를 죽여서는 안 되고 팔아서도 안 된다.

또 이들과 같은 날에 코끼리 숲[飼象林]과 어부들의 양어장에 살고 있는 어떠한 종류의 생물도 죽여서는 안 된다. 각 반월(半月)의 제8일, 제14일, 제15일, 티슈야 날[日], 푸나르바수(Punarvasu: 28개의 별자리 가운데 제5 또는 제7의 별자리 이름) 날, 세 번의 4개월 계절이 시작되는 보름날, 모든 축제날에는 수소[牡牛]를 거세해서는 안 된다. 또 수산양, 숫양, 수퇘지, 그리고 일반적으로 거세될 수 있는 다른 동물들을 거세해서는 안 된다. 티슈야 날, 푸나르바수 날, 4개월 계절이 시작되는 보름날, 4개월 계절의 반달[半月] 동안에는 말이나 소에게 소인(燒印)을 해서는 안 된다. 관정 26년까지 나는 이 기간에 25회 수인(囚人)들을 석방했다.[12]

또 '7장 석주비문'의 제7장의 중간의 부분에서 아쇼카 왕은 사람과 동물을 위해서 도로에 나무를 심고 우물을 파고 휴게소를 짓고 물을 마시는 장소를 설치한 사실을 밝히고 있다. 그 내용을 알아보자.

친애희견왕은 이와 같이 알린다. 나는 사람과 동물들에게 그늘(陰)을 주기 위해 도로에도 반얀(Banyan) 나무를 심게 했다. [같은 목적을 위해] 망고나무를 심게 했다. 또 나는 8코사(kosa: 약 3마일)마다 우물을 파게하고 휴게소를 짓게 했다. [뿐만 아니라] 도처에 사람과 동물들이 이용하도록 하기 위해 물 마시는 장소(水飮場)를 많이 설치하게 하였다. 그러나 이 이익은 사실 사소한 것이다. 왜냐하면, 사람들은 나에게뿐 아니라 이전의 왕들로부터도 여러 가지 편의를 제공받았기 때문이다. 그러나 나는 백성들이 이 법을 실천하도록 만들기 위해 이것을 했다.[13]

위의 내용을 정리하면, 아쇼카 왕은 동물을 제물에 바치기 위해 죽이는 것을 금지하였고, 또한 동물과 사람을 위해 병원을 세웠으며, 죽여서는 안 되는 동물을 구체적으로 나열하고 죽여서는 안 되는 상황에 대해 상세히 규정해 놓았다. 이는 아쇼카 왕의 선언이 공염불에 그치는 것이 아님을 보여주는 예이다. 아울러 아쇼카 왕은 사람과 동물을 위해 도로에 나무를 심고 우물을 파고 휴게소 등을 세우는 활동을 폈다.

2) 간디의 아힘사 사상

간디(Mohandas K. Gāndhī, 1869~1948)는 영국 교육을 받은 변호사 출신으로 인도의 민족주의자이면서 정치가였다. 간디는 카르마 요가, 곧 생활 속에서 자신을 단련하는 수행을 통해서 개인의 완성을 추구하였고, 정치적으로는 인도의 자치를 얻기 위해서 노력하였다. 그는 이를 위해서 '진리의 파지'를 제시하고 '아힘사(아힌사)'를 실천하였다. 진리가 목적이고 아힘사가 수단이

었다.[14]

아힘사는 간디의 체험에 근거한 것이다. 간디의 자서전에 따르면, 15세 때 형의 팔찌에서 금을 조금 깎아 냈지만, 양심의 가책을 이길 길이 없어 마침내 그 내용을 종이에 써서 부친에게 주었다. 그 종이에는 자신이 한 일을 고백하고 그 일에 대한 적당한 벌을 달라고 씌어있었다. 그때 간디의 부친은 치질로 누워 있었다. 부친은 그 종이 내용을 다 읽고 눈물을 흘려서 종이를 적셨다. 부친은 잠시 눈을 감고 생각하다가 그 종이를 찢었다. 간디는 소리 내어 울었다. 그 광경이 간디에게 생생하게 남아 있었다. 부친의 사랑의 눈물은 간디의 마음을 정화하고 간디의 죄를 씻어주었다. 이것이 간디에게 아힘사를 가르쳐주었다. 간디는 이러한 아힘사의 정신으로 모든 것을 포용하면 아힘사는 만나는 모든 것을 변화시킨다고 생각하였다. 아힘사의 힘에는 한계가 없다.

또한 간디는 제2차 귀국 후 남아프리카에 돌아가 더반에 상륙했을 때 그릇된 정보를 믿고 있던 백인들에게 심한 구타를 당한 일이 있었다. 그는 그때도 그들을 용서해 주라고 하였다. 또한 1911년에서 1912년 무렵 남아프리카 나탈 주(州)에 있는 피닉스 농원에서 두 사람이 부도덕한 일을 했을 때 간디는 그 두 사람을 처벌하는 대신 자신이 스스로 참회하기 위해 7일 동안 단식을 하고, 4개월 반 동안 하루에 한 끼만 먹었다고 한다. 이처럼 간디는 그의 생애를 통해서 아힘사를 실천하고 점점 더 아힘사의 힘을 믿게 되었다.

간디는 아힘사가 개인의 마음을 변화시키는 쪽에만 효용이 있는 것이 아니고, 사회적 영역에도 효용이 있다고 생각하였다. 다시 말해서, 사회적 부정과 투쟁하고 정치적 자유를 쟁취하며 법과 질서를 유지하고, 나아가 외국의 침략에 대해 나라를 지키는 데도 아힘사는 효과적인 수단이라고 간디는

생각하였다.[15]

간디는 아힘사의 적용 범위를 인간으로 한정한 것이 아니고 모든 생명체로까지 범위를 넓혔다. 간디는 아힘사(비폭력)는 모든 생명체에 대해서 악의(惡意)가 완전히 없는 것이며, 그래서 아힘사의 대상으로 인간 이하의 생명체까지 포함되는데, 심지어 해충이나 해로운 짐승까지도 포함된다고 한다. 아힘사는 적극적인 형태로는 모든 생명에 대한 선의(善意)라고 할 수 있다.[16]

하지만 간디가 주장하는 아힘사에는 뒤에 소개할 자이나교의 아힘사와 다른 점이 있다. 자이나교에서는 어떤 상황에서도 살상(殺傷)이나 상해(傷害)를 죄(罪)나 악(惡)으로 간주하는데, 그에 비해 간디는 상황에 따라서 살생을 '죄'나 '악'으로 간주하지 않았다. 구체적 말해서, 모기나 해충을 박멸하기 위해 소독을 하고 자기 방어를 위해 인명을 해치는 야생동물을 죽이는 것은 폭력을 행하는 것이 아니라고 간디는 보았다.[17]

3. 힌두교의 동물 존중 태도: 제사용 동물 도살 인정

힌두교는 기원전 15세기경에 인도를 침입한 인도 아리아인의 종교문화와 인도 아리아인이 침입하기 이전에 있었던 원주민의 종교문화가 융합되어 생겨난 것이다. 기원전 15세기에 인도 아리아인은 인도 펀자브지방에 침입하였고, 기원전 10세기경에는 동쪽으로 이동해서 갠지스 강과 야무나 강의 중간에 있는 평원지역을 점거하였다. 이러한 인도 아리아인의 종교가 브라만교이다. 그런데 기원전 6세기경에는 상공업이 발달하고 도시국가가 형성되면서 불교와 자이나교 등이 일어났고, 불교와 자이나교 등은 브라만교에 대해 비판적이었다. 그러자 브라만교의 세력은 어느 정도 약화되었는데,

기원 전후 무렵(시기에 대해 여러 가지 주장이 있음)에 브라만교에서 원주민의 종교(신앙)를 포섭하면서 다시 대중적인 종교가 탄생하였다. 이것이 바로 힌두교이다. 그래서 힌두교에서는 불교와 자이나교의 영향을 받아서 아힘사 정신을 말하고 있지만, 브라만교의 기본관점이라고 할 수 있는 카스트 제도를 고수하고 있다. 힌두교에서 동물과 자연에 대해서는 친화적일지 모르지만 인간에 대해서는 차별하는 경향이 강하다.

1) 힌두교의 정의와 성격

힌두이즘(힌두교)은 인도인을 나타내는 hindu에 ism을 붙여서 만든 말이고, 넓게는 '인도인의 가르침' '인도인의 종교'를 의미한다. '인도인의 종교'라는 말은 그 범위를 네 가지의 경우로 나누어 생각해볼 수 있다. 첫째, 인도에서 발생하고 전개된 모든 인도인의 가르침이다. 이것이 가장 넓은 의미의 힌두교이다. 둘째, 첫 번째 내용에서 불교를 제외한 것이다. 셋째, 두 번째 내용에서 이번에는 자이나교를 제외한 것이다. 넷째, 세 번째 내용에서 옛 브라만교를 제외한 것이다. 이것이 가장 좁은 의미의 힌두교이다. 이 글에서는 네 번째 관점에서 힌두교에 접근하고자 한다.

그렇지만 여기서 주의할 점이 있다. 네 번째 정의에 따라 힌두교와 브라만교를 구분하는 경우에도, 베다의 종교인 브라만교와 대립해서 힌두교가 생겨났다는 의미는 아니다. 힌두교는 베다의 종교를 기반으로 해서 발전한 것이다. 다시 말해서 브라만교는 제사 중심의 종교인데, 이 브라만교를 바탕으로 해서 힌두교가 생겨난 것이다. 다양한 조건에서 아리아인의 종교가 인도 토착 원주민의 종교를 흡수하고, 반대로 토착 문화 측에서도 이것에 대응하는 움직임이 있었으며, 이런 움직임이 기원 전후에 힌두교라는 모습을 만들어 낸 것이다.

그렇다면 힌두교를 어떻게 정의할 수 있을까. 힌두교는 인도의 풍속·관습·사상·사회에 걸친 여러 가지의 종합체라고 할 수 있다. 루이 르누(Louis Renou)가 지적했듯이, "사람은 힌두교 신자가 되는 것이 아니고, 힌두교도로서 살아간다."라고 한다. 이렇게 보자면 힌두교는 인도 문화·사회제도·풍속·습관 등 모든 것을 종합한 것이고, 따라서 인도 그 자체라고 말할 수 있을 것이다.[18]

이러한 힌두교의 성격으로는 대체로 다음의 여섯 가지를 들고 있다. 첫째, 베다 종교를 계승한 힌두교는 기본적으로 다신교(多神敎)이다. 둘째, 힌두교는 다신교이지만, 여러 신의 배후에 최고신(最高神)을 설정한다. 이것이 브라흐마·비슈누·쉬바의 삼신일체(三神一體)로 나타난다고 한다. 셋째, 힌두교에서 아바타라(avatāra, 化身)의 관념이 중요한 의미를 가진다는 점이다. 이는 비슈누가 여러 신·인간·동물로 나타난다는 것인데, 이것을 통해서 여러 지방·부족·카스트의 신들을 통일할 수 있었다. 넷째, 신과 인간의 관계에서도 특징이 있다. 이슬람교나 유대교에 비해서 힌두교에서는 신을 두려워하는 경향이 적다. 이는 '아바타라'의 관념에서 파생한 것이다. 다섯째, 힌두교에서는 일반적으로 이단(異端)의 문제가 발생하지 않는다. 정통과 이단의 대립을 거의 볼 수 없다. 여섯째, 힌두교에 이단이 없다는 점은 힌두교가 다른 종교·사상과 접촉할 때 관용을 발휘했다는 것을 의미한다.[19] 힌두교에서는 대립하는 모든 종교·사상에 대해서 정면으로 대결하기보다는 자기 영역에 있으면서 대항하지 않거나, 자신의 울타리 안으로 흡수하였다. 예컨대 사회적 신분제도에 저항했던 '불교'도 힌두교의 한 파(派)로 간주되어, 불타(佛陀)는 비슈누의 아홉 번째 화신으로 자리 잡게 된다(내용의 측면에서 보면 악마를 나쁜 길로 인도하기 위해 비슈누의 화신으로 나타난 것이다). 그렇지만 앞에서 소개한 것처럼 힌두교에서는 불교·자이나교·이슬람교·기타 토착적 요소가 어울려 있으면서도, 전체적으로 보면 힌두교로서 그 주체성을 잃지 않았다.[20]

2) 힌두교의 동물에 대한 태도:『마누법전』과 인도신화를 중심으로

동물에 대한 힌두교의 태도는 우호적이라고 할 수 있다. 그렇지만 예외적으로 동물을 희생제의의 대상으로 삼는 점이『마누법전』에서 발견되며, 현대의 힌두교에서도 상당히 예외적이지만 동물을 희생제의의 대상으로 삼는 경향이 남아 있다. 그 자세한 내용을 살펴보자.

(1) 동물에 대한 우호적 태도

『마누법전』은 기원전 2세기~기원후 2세기 즈음에 편찬되었는데, 이 책은 고대 인도인의 종교, 사회, 정치, 경제를 포함한 복합적 생활양식을 잘 보여준다.『마누법전』의 의의는 '다르마'의 구체적 형상화에 있다. 다시 말해서 『베다』와『우파니샤드』의 추상적이고 형이상학적 내용을 '다르마'라는 구체적이고 실용적인 개념으로 바꾸어서 제시하였다는 것이다.[21]

『마누법전』에서 동물을 죽여서는 안 된다고 하면서도 제사를 위해서는 동물을 죽여도 된다고 예외를 인정한다. 우선 동물을 보호해야 한다는 취지의 내용을 살펴보자.

(정히) 고기를 원한다면 우유버터로 (제사에 바치는) 고기를 삼고 밀가루로 (제사에 바치는) 고기를 삼으라. 절대 이유 없이 짐승을 죽이고자 해서는 안 된다. (『마누법전』 5장 37절, 226쪽)

이 세상에서 이유 없이 짐승을 죽인 자는 죽어서 죽은 짐승의 털만큼 수없이 태어나고 또 태어난다. (『마누법전』 5장 38절, 226쪽)

자신의 만족만을 위해서 해를 끼치지 않는 생물을 해치는 자는, 살아서도 죽어서도 그 어디에서도 만족을 얻지 못한다. (『마누법전』 5장 45절, 227쪽)

생물을 사로잡거나 죽여서 (그들에게) 고통을 주기 원하지 않는 자는, 모든 번영을 얻으며 지극한 만족을 얻게 된다. (『마누법전』 5장 46절, 228쪽)

어떤 것에도 살상을 가하지 않는 자는 그가 무엇을 생각하든, 무엇을 하든, 무엇을 원하든, 무엇을 의도하든 그 모두를 쉽게 얻게 된다. (『마누법전』 5장 47절, 228쪽)

생물을 해치지 않고는 결코 고기를 얻을 수 없고, 생명이 있는 것을 죽여서는 천상에 갈 수 없다. 그러므로 고기를 금해야 한다. (『마누법전』 5장 48절, 228쪽)

고기가 어떻게 얻어졌는지를 생각하고, 짐승을 붙잡아 놓은 모습과 살생하는 장면을 생각하여, 모든 고기 먹기를 피해야 한다. (『마누법전』 5장 49절, 228쪽)

이처럼 동물을 존중하는 태도를 취하는 것은 인도 신화에서도 확인할 수 있다. 종교학자 엘리아데의 관점에서 신화를 읽는다면, 그 신화를 받아들이는 사람이 추구하고 원하는 것이 무엇인지 알 수 있다. 하누만(Hanumān)은 인도의 2대 서사시의 하나인 『라마야나』에서 라마에게 헌신적으로 봉사하는 존재이며, 모든 악의 세력을 막아 주는 보호자로 받아들여진다. 그래서 하누만은 어떤 새로운 시도를 할 때 모셔지는 존재이며, 건강과 성공을 위해서 모셔지는 존재이다. 이 하누만의 모습은 원숭이다.[22] 이처럼 하누만과 같은 신적 존재가 동물(원숭이)의 형상으로 나타난다는 것은 바로 동물과 인간의 간격이 그만큼 적다는 것을 보여주는 것이다.

가네샤(Gaṇeśa)는 쉬바와 파르바티의 첫 번째 아들로서 쉬바와 관련된 신 가운데 가장 유명하다. 가네샤는 '새로운 시작의 신'이고 '장애를 제거하는 신'으로 받아들여지고 있다. 그래서 힌두교도는 모든 예배와 의식과 다른 세속의 일, 곧 사업·여행·집짓기 등의 일을 처음 시작할 때 가네샤에게 예배드린다. 또 가네샤는 지혜와 부(富)의 신으로도 숭배된다. 가네샤의 형상은 인간의 몸에 코끼리의 머리를 하고 있다.[23] 또한 힌두교의 3대신 가운데 하나인 비슈누(Viṣṇu)는 물고기·거북이·멧돼지·사람사자(절반은 인간이고 절반은 사자의 모습) 등의 동물 형상으로 나타난다.[24] 이러한 사실들은 인간과 동물의 간격이 그만큼 적다는 것을 보여주는 예이다.

(2) 동물에 대한 비(非)우호적 태도

앞에서는 동물을 보호하라는 내용을 살펴보았는데 그렇지만 『마누법전』에서는 예외적으로 제사를 위해서 동물을 죽이는 것을 인정한다.

짐승은 자생자(自生者, svayaṃbhū, 브라흐만) 스스로가 제사를 위하여 창조한 것이다. 제사는 번성을 위하여 하는 것이므로 모든 제사에서 죽이는 것은 죽이는 것이 아니다. (『마누법전』 5장 39절, 226쪽)

풀, (네 발) 짐승, 나무, (네 발 짐승은 아니지만) 제물로 쓰이는 짐승, 새, 이들이 제사를 위해 죽게 되면 다시 태어날 때 보다 낫게 태어난다. (『마누법전』 5장 40절, 227쪽)

손님을 꿀로 대접하는 것, 신과 조상에 대한 제사, 이러한 경우에만 제물을 삼을 것을 목적으로 짐승을 해칠 수 있을 뿐, 다른 곳에서는 그렇지 않다. 이는 마누가 말씀하신 바이다. (『마누법전』 5장 41절, 227쪽)

진리를 아는 재생자(再生者: 브라만, 크샤트리아, 바이샤)가 그러한 의미에서 짐승을 해치는 것은 자신과 짐승을 최고의 세계로 가게 하는 것이다.[25] (『마누법전』 5장 42절, 227쪽)

『베다』에서 규정하고 있는 이 모든 움직이는 것과 움직이지 않는 것에 대한 살상은 살상이 아님을 알아야 한다. 『베다』로부터 다르마의 기준이 나왔기 때문이다. (『마누법전』 5장 44절, 227쪽)

한편, 『마누법전』이 성립되기 이전의 브라만교에서는 동물을 제물로 바치는 희생제의를 하였고, 이 희생제의에 대해 불교와 자이나교에서 비판하였다.[26] 그에 대응해서 『마누법전』에서 내놓은 대응책이 앞에서 소개한 것이다. 그러고 나서 힌두교의 희생제의에도 다른 변화가 생겼다. 가빈 플러드(Gavin Flood)에 따르면, 오늘날의 힌두교 희생제의는 두 가지로 구분할 수 있다. 하나는 채식주의자가 과일, 야채, 쌀 등을 신에게 바치는 것인데, 이는 모든 신(神)들이 수용하는 것이다. 다른 하나는 비(非)채식주의자가 공물을 올리는 것인데, 여기에는 닭, 염소, 양, 물소 등이 포함된다. 이는 몇몇의 신(神)만이 받아들이는 것이다. 닭이나 염소, 양을 사나운 남신(男神)이나 여신(女神)에게 공물로 바치는 경우가 종종 있다. 물소를 희생으로 바치는 경우는 매우 드물다. 왜냐하면 1947년 이후 인도정부에서 금지하였기 때문이다. 그렇지만 여신을 위해서 물소를 희생으로 바치는 것은 가을에 열리는 10일간의 축제, 곧 두르가 푸자에서 특별한 행사로 행해진다.[27]

이상의 내용을 정리하면, 브라만교에서는 동물을 희생으로 삼았고, 『마누법전』에서는 동물에 대해 우호적 태도를 보이면서도 예외적으로 제사에 동물을 희생으로 삼는 것은 인정하였고, 현대에는 채식주의자와 비(非)채식주의자의 공물로 구분되는데, 비(非)채식주의자는 동물을 희생으로 삼는다는 것이다.

4. 불교의 동물 존중 태도: 타협적 입장

불교는 인도에서 석가모니(釋迦牟尼, Śākyamuni)가 창시한 종교이다. 인도 불교는 크게 네 단계의 변천 과정을 거친다. 곧 초기불교, 부파불교, 대승불교, 밀교이다. 초기불교는 석가모니가 열반에 들어간 뒤의 100여 년 정도를 말하는 것이다. 부파불교시대에 '상좌부'와 '대중부'로 나누어졌는데 이는 율(律)의 실천문제에 대해 서로 입장을 달리 한 것이다. 이 가운데 '상좌부'는 동남아시아 곧 스리랑카, 미얀마, 태국, 캄보디아, 라오스 등으로 전파되었다. '대승불교'는 인도의 종교 지형도의 변화에 적극적으로 대응하기 위해 나온 것이다. 기원전 1세기에서 기원후 1세기 즈음에 인도에서 브라만교에서 힌두교로 넘어가면서 힌두교는 세력을 넓혀가고 있었다. 이러한 힌두교의 동향에 적극적으로 대응하기 위해 나온 것이 대승불교다. 이 대승불교는 동아시아, 곧 중국, 한국, 일본 등에 전파되었다. '밀교'는 기원후 7세기 즈음에 힌두교의 영향을 더 많이 받아 생겨난 것이다. 이 밀교는 티베트, 네팔 등에 전파되었다.

1) 불교사상에 나타난 동물에 대한 우호적 태도

불교에서는 동물에 대해 우호적 태도를 취하고 있다. 그렇지만 자이나교와 비교해 볼 때 불교의 태도는 엄격성이 떨어진다. 이는 불교의 타협적 성격, 곧 외형적 행위보다는 내면의 세계를 중시하는 것과 관련이 있다.[28] 그리고 불교에서는 동물을 도구적 관점으로 보는 것에 영향을 받은 측면도 있다. 그러면 그 자세한 내용을 알아본다.

초기불교의 경전인 『법구경(Dharmapāda)』과 『숫타니파타(Suttanipāta)』에서는 생명에게 해로운 일을 하지 말고 자비를 베풀라고 한다.

> 모든 생명은 폭력을 두려워한다.
> 모든 생명은 죽음을 두려워한다.
> 이를 깊이 알아서
> 죄 없는 중생을 함부로 죽이거나 죽이게 하지 말라. (『법구경』 10장, 129, 74쪽)

모든 생명은 폭력을 두려워한다.

모든 생명은 삶을 지극히 사랑한다.

이를 깊이 알아서

죄 없는 생명을 함부로 죽이거나 죽이게 하지 말라. (『법구경』 10장, 130, 74쪽)

살아 있는 생명을 함부로 해치며

살아 있는 생명체에 대해서 연민의 마음이 없는 사람

이런 사람을 일컬어 '비천한 사람'이라 한다. (『숫타니파타』, 비천한 사람, 117, 38쪽)

어떠한 생명체라도

약한 것이건, 강한 것이건, 큰 것이건, 중간 것이건,

제아무리 미미하고 보잘것없는 것일지라도

눈에 보이는 것이나, 보이지 않는 것이나,

멀리 있는 것이나, 가까이 있는 것이나,

이미 태어난 것이나, 앞으로 태어나려 하는 것이나,

살아 있는 모든 것들아, 부디 행복해라. (『숫타니파타』, 자비에 대하여, 146, 147, 43쪽)

그리고 『숫타니파타』에서는 만약 생명에게 해로운 일을 하면 그에 상응하는 나쁜 과보(果報)를 받을 것이라고 한다.

그 말이 천박하고 불성실하고 비천한 자여,

살아 있는 생명을 함부로 죽이고

악행을 서슴없이 자행하는 이여,

유치하고 불길하고 무능력한 자여,

그대는 함부로 주둥아리를 놀려대고 있구나.

그대는 이제 기다란 세월 동안

깊은 구렁(지옥)에 떨어져 살게 될 것이다. (『숫타니파타』, 비난하는 사람, 꼬칼리야,

664, 170쪽)

또한 『숫타니파타』에서는 육식이 불결한 음식이 아니라고 하면서도 생명을 함부로 죽이는 것에 대해 비판하고 있다.(이는 불교에서 외적인 형식보다 실제 내용을 추구하는 것을 보여주는 것이다. 그리고 이 입장은 대립보다는 조화와 화해를 추구할 수 있는 길을 열어주었다.)[29]

살아 있는 생명을 함부로 죽이며

남의 것을 빼앗고 짓밟는 자,

그 성질이 광폭하고 무례한 녀석

이것이 바로 불결한 음식이니라.

육식(肉食)은 결코 불결한 음식이 아니니라. (『숫타니파타』, 불결한 음식, 247, 69쪽)

그리고 『비얏다 자타카(Vyaddha Jātaka)』에서는 육식동물의 존재가 생태계의 적절한 균형을 이루고 있다는 점을 시사해 준다. 붓다는 나무의 정령(영혼)으로 숲에 거주했다. 이 특별한 숲에는 또한 사자와 호랑이가 살았다. 사자와 호랑이는 모든 생명을 죽여서 먹고 그 찌꺼기가 썩어문드러지도록 하였다. 이 육식동물 때문에 숲에는 어떤 사람도 들어올 수 없었고, 당연히 숲에 있는 나무 한 그루도 베어갈 수 없었다. 그런데 나무의 정령 가운데 하나

가 사자와 호랑이에 의해 죽은 동물 사체의 악취를 견디지 못하고 두려움을 주는 모습으로 나타나서 사자와 호랑이를 숲에서 쫓아내었다. 그러자 이웃 마을의 사람들이 사자와 호랑이가 숲에 없다는 것을 알고 숲의 일부를 자르기 시작하였다. 나무의 정령이 사자와 호랑이에게 숲으로 돌아오도록 간청했지만 그들은 수락하지 않았고 결국 나무들은 다 베어지고, 사람들은 숲을 논과 밭으로 만들어서 경작하였고 나무의 정령들도 쫓겨났다.[30]

또한 동아시아의 선종(禪宗)에서도 동물에 대한 우호적 태도를 읽을 수 있다. 우선 선사(禪師)의 삶은 숲 속에서 자연과 더불어 살아가는 것인데, 그 가운데 동물과 밀접한 관계를 유지하며 살아간 경우가 많았다. 또한 동물은 경우에 따라서는 선사의 수행을 돕고 외호(外護)하는 존재로까지 비춰지기도 하였으며, 나아가 선사는 동물을 통해서 진리를 보고 자연을 발견하며 정신적 교감도 나누었다.[31]

그렇지만 동물에 대한 불교의 태도에 문제가 없는 것은 아니다. 폴 왈도(Paul Waldau)에 따르면, 불교에서 동물에 대한 관점은 두 가지가 있는데, 하나는 앞에서 소개한 긍정적 측면의 내용이라고 한다면, 다른 하나는 부정적 측면이다. 곧 불교의 윤회관에서는 동물이 도덕적으로 열등한 존재로 파악되고(이는 업과 윤회를 수용하는 인도종교의 공통적 측면이기도 하며), 특히 동물을 도구적 관점으로 접근하는 것을 허용한다는 것이다. 폴 왈도는 그 예로서 코끼리를 들고 있다. 팔리어 경전에서 코끼리들은 인간의 전쟁을 위한 도구로서 받아들여진다는 것이다.[32]

이 주장에 대해 불교의 입장에서 반론한다면, 외형에서는 코끼리를 전쟁의 도구로 사용한 것이지만 중요한 것은 내면의 세계라고 할 것이다. 이는 불교에서 타협(절충)하는 성격과 관련된다. 『팃티라 자타카(Tittira Jātaka)』에서 다음과 같은 내용을 전한다. 붓다가 브라만이었을 때 이야기다. 들새 사냥꾼이 메추라기를 미끼로 일하도록 훈련시켜서 다른 메추라기를 잡는 데 이용하고자 하였다. 처음에는 미끼로 사용된 메추라기는 미끼가 되기를 거부했다. 그러자 그 사냥꾼은 메추라기의 머리를 대나무로 때렸다. 메추라기는 양심 때문에 크게 고민하고 붓다의 전신인 브라만에게 이러한 문제를 상담하였다. 이에 브라만은 마음에 악(惡)이 없다면 악행(惡行)을 강요당해 어쩔수 없이 행한다고 해도 죄가 없다고 하였다.[33]

이처럼 불교에서는 '내면의 동기'에 초점을 맞추지 '외적인 형식'에 큰 의미를 부여하지 않는다. 이런 점에 근거해서 '개체 생명'에 대한 불살생에서 '생물종 중심'의 불살생을 주장하는 연구도 있다. 다시 말해서, 계율의 조목에 국한될 것이 아니라 상황에 따른 유연한 해석이 필요한데, 생태계의 파괴로 인한 생명을 단절시키는 행위도 직접적으로 생명을 죽인 것은 아니라고 해도 살생으로 보아야 한다는 것이다.[34]

2) 불교문화에 나타난 동물에 관한 태도

불교사상을 살펴보면, 동물에게 자비를 베풀고 있지만 또한 불교의 타협적 성격으로 인해서 동물을 도구로 받아들이는 문화에 영향을 받고 있다는 점을 앞에서 지적하였다. 이는 불교문화에서도 마찬가지다. 불교문화에서도 동물을 보살피고 자비를 베푸는 측면이 있지만, 해로운 동물(해충)을 제거하는 데 일정 부분 동의하는 점도 있다. 불교사상에서는 해로운 동물을 제거하는 데 반대하는 측면이 있지만, 여러 나라의 불교문화에서는 해로운 동물을 제거하는 데 암묵적으로 동의하고 있다. 그리고 생명(동물)을 놓아준다는 방생의 경우에도 긍정적 측면도 분명히 있지만, 방생이 형식화하면서 그로 인한 부작용도 존재한다. 그 자세한 내용을 살펴본다.

(1) 불교문화에 나타난 동물에 관한 우호적 태도

불교가 동물에게 자비를 베푼다는 점은 여러 나라의 불교문화 속에서도 확인할 수 있다. 우선, 티베트 불교를 대표하는 달라이라마는 1989년 노벨 평화상 수락연설에서 티베트가 비폭력지대가 될 것이라고 하면서 티베트에 대한 다음과 같은 청사진을 제시하였다. 티베트는 세계에서 가장 큰 자연공원 내지는 생물권으로 변모하게 될 것이고, 야생생물과 식물의 생명을 보호하기 위해서 엄격한 법률이 시행될 것이며, 적절한 생태계에 손상을 주지 않기 위해 자연자원에 대한 활용은 신중하게 규제될 것이고, 사람들이 거주하는 지역에서는 지속가능한 개발정책을 채택할 것이라고 하였다. 그리고 티베트 사람은 동물에 대한 자비심이 강한 편이다. 티베트 사람은 꿀을 먹는 것도 꺼려 한다. 그것은 벌에게 뭔가 훔치는 것으로 보기 때문이다.(이러한 사례는 스리랑카에서도 발견된다.) 그리고 영국에는 '불교동물권리단체'가 있으며, 미국에는 '미국불교도 동물보호단체'가 있는데, 미국의 단체에서는 공장식 사육이나 올가미 사냥, 동물실험에도 관심을 기울이고 있다.[35]

오늘날에도 태국이나 미얀마, 스리랑카의 숲 속에서 도를 닦는 승려들은 굶주린 호랑이를 포함해서 숲에 사는 동물에게 자비심을 베풀고 있다. 그리고 이 자비심은 사람을 동물에게서 보호하는 수단이 되기도 한다. 테라바다(상좌부) 불교 승려가 지켜야 계율 가운데 덫에 걸린 동물이나 물고기를 놓아주는 것이 훔치고 싶은 욕심에서 한 것이 아니고 동정심에서 비롯된 것이라면 승려에게 허락된다.

미얀마에서는 사찰에서 보호하고 있는 거북이와 물고기에게 먹이를 준다. 그리고 메말라 가는 웅덩이에서 물고기를 구해 내서 강으로 옮겨주는 것을 선한 일로 간주한다. 집에서 기르는 동물을 풀어주는 것은 업(業)의 관점에서 볼 때 매우 유익한 일이며, 특별한 의식 때는 공동체를 보호하기 위하여 동물을 집단적으로 풀어준다. 1962년에는 점성가들이 세계적인 재해를 예견하자, 정부가 3일 동안 도살장의 문을 닫게 하고 602마리의 동물을 풀어주었다. 미얀마 사람의 모습을 자세히 소개한 책을 저술한 필딩 홀(Fielding Hall)은 닭고기로 만든 식사를 하려고 하였는데, 누군가가 자신의 요리사에게 식재료로 쓰일 닭을 아주 비싼 값을 치르고 사 가 버렸다고 한다. 그리고 미얀마에는 소를 위한 '은퇴요양원'이 있다.[36]

스리랑카에서는 격리된 공동체에 사는 승려들이 이따금씩 정육점 불매운동을 벌이는데, 이는 그렇게 해서라도 생명을 구해 보겠다는 것이다. 산속에서 은둔하는 승려들도 다람쥐 새끼나 곰 새끼 같이 부모를 잃은 동물을 돌봐준다. 또한 1985년에 전(全) 스리랑카불교회의(The All Ceylon Buddhist Congress)는 정부가 수산업부를 만들어서 상업적인 조업을 지원해서는 안 된다고 권고하였다.[37]

태국에서는 현대화가 급속히 진행되고 있지만, 사찰 구역에서 야생생물과 물고기는 손상되지 않고 보존되는 경우가 적지 않다. 이런 지역들은 작은 '자연 보존지'로서 남아 있다. 그래서 방콕 인근에 있는 사원인 왓 파이롬(Wat Philom)에는 태국에서 마지막으로 남은 열린부리 황새의 번식지가 있는데, 수천 마리의 열린부리 황새들이 그곳에서 가을과 겨울을 보낸다. 그리고 태국에서는 사람들이 자발적으로 사찰 영내에 살고 있는 개를 위해서 시주할 수 있으며, 수레를 끄는 일에서 이미 은퇴한 동물은 여생을 평화롭게 살도록 내버려 두는 경우도 있다. 어떤 축제 때에 사람들은 상인에게 새를 사는데, 그 목적은 방생하는 데 있다. (그렇지만 이 방생에는 안타까운 일도 동반되는데 그것은 방생을 위해서 새가 고의적으로 포획된다는 점이다. 사찰 주변에 있는 수로에 방생된 거북이들도 과도하게 밀집되어서 부양하기에 적절하지 않은 경우도 있다.)[38]

중국에서는 불교도가 특히 축제나 성스러운 날에 게를 바다로 돌려보내고 새를 하늘로 놓아주며, 닭이 도살되지 않도록 구해 준다. 이따금씩 가축도 방면되어서 대형 사찰에서 기르도록 하는데, 이는 사찰 유지를 위한 기부금으로 쓰이기도 한다. 홍콩의 불교도는 1963년에 극심한 가뭄이 닥치자, 참새, 자라, 원숭이, 사슴, 거북이, 조개, 게, 뱀, 장어 등을 방생하였다.[39]

이러한 방생에는 문제점도 있는데, 일본 중세시대의 경우 다음의 두 가지가 거론된다. 첫째, 방생의 목적이 생명을 살리고자 하는 것인데, 역으로 동물을 죽이는 경우가 있다는 것이다. 일본의 중세시대에 방생회(放生會)를 담당하는 사당(神道祠堂)에서는 방생할 충분한 물고기와 대합조개를 마련하는 것을 매우 걱정했다고 한다. 그래서 국가 사절이 도착할 때까지 이용할 수 있는 충분한 물고기를 확보하기 위해서 몇 주 전에 필요한 물고기의 세 배 이상을 잡았다. 다시 말해서, 방생에서 3천 마리가 풀려난다면, 이 물고기들이 풀려나기 전에 3분의 2가 죽을 수 있다는 것을 감안해서 사당에서는 모두 9천 마리를 포획하거나 구입했다는 것이다. 왜냐하면 일본 중세시대에 사당에서 행한 방생회는 정치적 권력을 과시하거나 다양한 신(神)을 달래기 위한 것이었고, 동물의 생존문제는 오히려 부차적인 문제였기 때문이다.

둘째, 영토를 지배하기 위해 국가가 불살생의 이데올로기를 이용했다는 것이다. '방생회'가 베풀어지는 곳은 신성한 곳이 되었고, 그에 따라 일본 중세의 소(小)영주는 봉건영토에서 사냥, 고기잡이, 농업활동을 통제하였다.

다시 말해서, 전쟁을 통해 새롭게 획득한 영토를 지배하는 데 방생회가 어느 정도 이용되었다는 것이다. 또한 방생회는 전쟁에서 흘린 피를 보상해 주는 의미를 함축하고 있는데, 이는 역으로 전쟁을 정당화하는 기능을 한다.[40] 이는 일본중세 시대에 관련된 것이지만 다른 시대와 다른 나라에도 방생회에 일정 부분 문제가 있을 것이라고 추론할 수 있는 근거가 된다.

(2) 불교문화에 나타난 해로운 동물에 관한 입장

불교사상에서 해로운 동물(해충)을 제거하라는 표현은 없지만, 여러 나라의 불교문화에서는 해로운 동물을 제거하는 데 암묵적으로 동의한다. 이는 불교의 타협적 성격에 말미암은 것이라고 추정된다. 불교문화에서 해로운 동물에 대해 선호되는 방법은 가능한 한 안전한 거리를 확보하고 해로운 동물을 놓아 주는 것이다. 이는 쥐나 생쥐, 벌레, 뱀에도 적용된다. 다만 아주 해악이 심하고 치명적인 해로운 동물은 제외한다. 만약 불교도가 해로운 동물을 죽이겠다고 마음먹으면 우회적인 방식을 사용한다. 1950년대 후반에 미얀마를 장악한 과도군사정권은 수도 랭군에 많이 방치되어 있는 유기견의 숫자를 줄이려고 하였다. 그런데 불교도의 감수성을 거슬리지 않기 위해 유기견을 독살하기 위한 고기 가운데 일부의 고기에만 독약을 넣었다. 이는 그 독이 들어간 고깃덩어리를 선택한 것이 바로 '개'라고 말할 수 있기 때문이다(개가 독약이 든 고깃덩어리를 선택한 것은 그 개의 악업으로 인한 것이라는 설명이 가능하다).

또한 티베트에서 옷 속에서 발견되는 곤충은 제거는 되지만 곧장 살생되는 것은 아니다. 곤충이 들어간 옷을 매우 추운 저녁에 밖에다 걸어놓는다. 결국 그 곤충은 죽기는 하지만 직접적으로 살생되는 것은 아니다. 그렇지만 티베트에서 이러한 행동도 나쁜 업(業)을 일으킨다고 받아들여진다. 미얀마에서 밭에 심은 콩이 생쥐 떼에 의해 파괴되었다. 이에 마을 주민이 승려에게 자문을 구했는데, 그 승려는 쥐를 살생하는 것은 나쁜 일이지만 불가피한 일이라고 말하였다. 그렇게 해서 아낄 수 있었던 농작물의 일부는 사찰의 기부금 등 유익한 일에 사용되고, 이를 통해서 악업이 상쇄될 수 있다는 것이다. 미얀마의 대부분의 농민은 이러한 추론에 동의한다.

그리고 해로운 동물을 죽여야 한다면 자비의 정신에 입각해서 죽일 것이고, 적어도 잔인함이 없는 방식으로 죽여야 한다. 일본에서 죽은 미물을 위해 위령제를 지내는 것도 이와 같은 맥락으로 보인다. 일본에서는 많은 실험용 동물이 사용되는데, 일본의 많은 회사와 연구 시설에서는 실험에 사용된 동물의 넋을 기리는 정기적인 위령제를 올린다.[41]

5. 자이나교의 동물 존중 태도: 엄격한 실천의 입장

오늘날 자이나교도는 대략 7백만 명에서 천만 명에 이르고, 대부분의 사람은 인도에 살고 있다. 자이나교도 가운데 3만 명가량은 미국에 살고 있으며, 자이나교도는 아프리카의 에티오피아나 캐나다 등의 여러 다른 나라에서 찾아볼 수 있다.[42] 자이나교의 교조는 니간타 나타푸타(Nigaṇṭha Nātaputta)이고 진리를 깨달은 다음에 위대한 영웅이라는 의미의 마하비라(Mahāvīra)라고 불리었다. 자이나는 '수행을 완성한 사람'인 지나(Jina)의 가르침이라는 의미다. 마하비라가 생애를 마친 뒤에 자이나교는 백의파(白衣派, Śvetāmbara)와 공의파(空衣派, Digambara)로 나누어졌다. 마우리야 왕조 찬드라굽타 왕 때 마가다 지방에 심한 기근이 들어 일부 수행자가 데칸 지역으로 피난을 갔는데, 후에 돌아와 보니 남아 있던 수행자들이 독자적으로 성전을 편찬하고 흰옷을 입고 있었다. 그래서 '백의파'라고 한다. 마하비라의 가르침대로 옷을 입지 않은 쪽이 '공의파'이다.

1) 자이나교의 기본사상

초기 자이나교의 사상은 칠체(七諦)로 정리할 수 있다. 첫째, 영혼(靈魂, jīva)은 지(地), 수(水), 화(火), 풍(風), 식물, 동물에 존재한다고 한다. 지·수·화·풍·식물은 하나의 감각, 곧 촉각(觸覺)만을 가지고 있고, 동물은 두 개에서 다섯 개의 감각을 가지고 있다. 단순하게 말하자면, 벌레 등은 두 개의 감각(촉각, 미각)을 가지고 있고, 개미 등은 3개의 감각(촉각, 미각, 후각)을, 벌 등은 네 개의 감각(촉각, 미각, 후각, 시각)을, 인간 등은 다섯 개의 감각(촉각, 미각, 후각, 시각, 청각)을 가지고 있다.

이러한 영혼은 정신작용의 주체이고, 행동의 주인이다. 그리고 영혼은 본래적으로 다 같은 것이고, 무한한 지(知, jñāna)·견(見, darśana)·힘(力, vīrya)·편안함(安, sukha)을 가지고 있지만, 업에 의해서 이러한 성품이 가려져 있고, 서로 간에 차이가 생기게 된다는 것이다. 이것은 영혼에 대한 철저한 긍정적 입장이다. 이런 입장에 설 때 식물 하나, 미세한 곤충 하나라도 해치지 않으려는 입장을 취하게 되며, 나아가 지·수·화·풍의 존재에도 조심하게 된다. 그래서 지(地)의 존재를 상해하지 않기 위해 함부로 부주의하게 땅을 파지 않으며, 물(水)을 마실 때에도 여과해서 마신다(생수는 有心의 生體에 해당한다). 불(火)에도 생명이 있다고 인정하기 때문에 불을 사용하는 것도 최대한 절제한다. 수행자는 아무리 추워도 자기 몸을 따뜻하게 하려고 난로용 불을 피워서는 안 된다는 규정이 있다. 풍(風)의 존재에 손상을 주기 않기 위

해서 고안한 것은 '입가리개'다.[43]

자이나교에 따르면, 모든 유기체의 영혼은 꿈과 필요와 열렬한 소망을 가진 개체라는 것이다. 모든 유기체들은 고통을 느낀다. 누구도 고통을 원하지 않는다. 누군가의 겨드랑이 속의 박테리아도, 아메리카 삼나무 속의 생명체도, 튤립도, 어린이도 마찬가지로 고통을 원하지 않는다. 그래서 자이나교도는 비폭력적인 방법으로 모든 것 속에 있는 야생을 보호하고자 노력하며, 황무지의 본래 목적과 위엄을 회복하고자 노력하며, 모든 것 속에 있는 본성과 재결합하려고 노력한다.[44]

둘째, 비영혼(非靈魂, ajīva)에는 법(法, dharma), 비법(非法, adharma), 물질(pudgala), 허공(ākāśa)이 있다. 그리고 뒤에 시간(kāla)을 추가하였다. 여기서 '법'은 모든 물체의 운동을 가능하게 하는 원리이고, '비법'은 정지의 원리이다. '물질'은 원자(aṇu)로 이루어져 있는데, 이 원자는 부분을 갖지 않는 것이고, 분할할 수 없는 것이며, 파괴할 수 없는 것이다. 원자는 그 자체로는 지각할 수 없는 것이지만, 원자들이 모여서 지각되는 물질을 이루는 것이다. 그리고 '허공'은 모든 것이 있을 장소를 주는 원리이고, '시간'은 물질의 변화를 가능하게 해 주는 원리이다. 그리고 '영혼'과 '비영혼'의 여섯 가지 원리를 합쳐서 6실재체(實在體, astikāya)라고 부르기도 한다.

셋째, 유입(流入, āśrava)은 몸(身) · 입(口) · 뜻(意)의 업 때문에 미세한 물질인 '비영혼'이 '영혼'을 둘러싸는 것이다. 넷째, 계박(繫縛, bandha)은 영혼을 둘러싼 미세한 물질이 미세한 신체(業身, karma-śarīra)를 형성하여 영혼을 속박하는 것인데, 그 주요한 것은 4탁(四濁)이라고 한다. 그것은 분노(忿, krodha) · 교만(慢, māna) · 잘못된 집중(欺, māyā) · 탐욕(貪, lobha)이다. 이것들이 본래의 깨끗한 본성을 덮고 있고 있기 때문에 영혼은 지옥 · 축생 · 인간 · 하늘세계에 윤회한다. '유입'과 '계박'에서 말하고자 하는 요점은 원래 깨끗하고 무한한 능력을 가진 영혼이 업으로 인해서 묶이고 속박되었다는 것이다.

다섯째, 제어(制御, saṃvara)는 업에 속박된 상태를 벗어나기 위해서 새로운 업이 들어오지 않게 하고, 이미 들어온 업은 없애는 것이다. 과거의 업을 녹이기 위해서는 고행(苦行, tapas)이 필요하다. 그리고 새로운 업이 들어오는 것을 막기 위해서 살생하지 않는 것, 진실한 말을 하는 것, 도둑질하지 않는 것, 음행(淫行)을 하지 않는 것, 무소유(無所有)의 다섯 가지 계율, 곧 '5대서'를 지켜야 한다.

여섯째, 지멸(止滅, nirjara)은 수행이 완성되어 업의 속박이 없어져서 미세한 물질이 영혼에서 떨어지는 것이다. 일곱째, 해탈(解脫, mokṣa)이다. 지멸의 결과로 죄악이나 더러움을 완전히 없애어 완전한 지혜를 얻는 사람은 완전한 자유를 얻는데, 이것이 해탈이다. 신체가 죽어서 해탈을 한 영혼은 위로 올라가 '세간을 넘어선 공간(alokākāśa)'에 도달하는데, 그곳에서 영혼은 본성이 나타나서 절대적 안락함을 누릴 수 있다.[45]

2) 자이나교의 아힘사(불살생)

자이나교에서는 불살생(아힘사)을 강조한다. 따라서 살아 있는 어떠한 존재에게도 해로운 일을 하지 않을 것이 강조되고, 이는 자이나교의 재가신자에게도 그 강도가 조금 약화된 상태에서 요구된다. 나아가 자이나교의 재가신자는 불살생의 가르침을 사회적 차원에서 이루기 위해 노력하고 있다.

자이나교의 5대서(五大誓, pañca-mahāvrata) 가운데 불살생(아힘사)에 관한 대목에서 동물에게 어떠한 해로운 일도 하지 않겠다는 내용이 있다.

존경하는 이여! 나는 이제부터 어떠한 것이든지 살아 있는 모든 존재들에게 어떠한 상해도 일으키지 않도록 완전히 절제하겠습니다. 나는 적거나 크거나, 움직이거나 움직이지 않는 어떠한 존재들에게도 결코 상해를 일으키지 않을 것입니다. 나는 다른 사람들에게도 그렇게 하도록 권하지도 않을 것이고, 다른 사람들이 그렇게 하도록 용납하지도 않을 것입니다. 나는 세 가지 수단(마음·말·몸)과 세 가지 방법(스스로 하거나, 남에게 권하거나, 남이 하도록 용납하는 것)을 통해서 이 위대한 서원을 준수하겠습니다. 존경하는 이여! 나는 과거에 저질렀던 그와 같은 상해(傷害)에 대해서 비판적으로 반성하고, 그것(상해)을 비난하고, 그것(상해)을 비판하고, 그것(상해)에 빠지는 것을 진실로 중단하겠습니다.[46]

모든 숨쉬는, 존재하는, 살아 있는, 감각 있는 생물들은 살해되어서도 폭력적으로 다루어져서도, 학대되어서도, 고통을 당해서도, 쫓김을 당해서도 안 된다. 이것은 변화될 수 없는 영원한 법이다.[47]

우리는 생명체를 죽이는 일을 허용하지 [혹은 동의하지] 말아야 한다. 그러면 그는 아마 모든 고통에서 해방될 것이다. 따라서 금욕의 법을 선언했던 지도자들은 말했다. …… 움직이든 움직이지 않든, 세계에 거주하는 존재들에게 해를 미치는 일을 생각과 말과 행동에서 결코 행해서는 안 된다.[48]

이러한 불살생의 자세는 상호성의 원칙 곧 "네가 살해되기를 원하지 않는 것처럼, 다른 존재들도 살해되는 것을 원하지 않는다."에서 나온 것이다.[49] 그리고 '5대서'의 불살생은 재가신자에게도 요구되는데 그 강도는 약화된다. '5대서'의 불살생은 극미(極微)의 존재를 살상하지 말 것을 요구하지만, 재가신도가 지키는 5소서(五小誓, pañca-aṇuvrata)의 불살생은 보다 상층의 존재들을 살상하지 말 것이 요구된다. 왜냐하면 재가자의 실제 생활에서 극미의 존재를 살상하지 않고 지내기는 매우 곤란하기 때문이다. 그렇지만 이런 견해는 결국 재가신도는 궁극의 해탈을 얻을 수 없다는 것을 의미하게 된다. 그래서 자이나교에서는 완전한 해탈을 얻기 위해서는 완벽한 방식의 불살생을 지켜야 하고, 그러기 위해서는 언젠가는 수행자가 되어야 한다고 주장한다.[50]

이처럼 자이나교에서는 불살생을 강조하기 때문에 자이나교의 의사는 동물의 부산물에서 파생되었거나 동물실험을 거친 어떤 약도 처방할 수 없으며, 자이나교의 변호사는 어떠한 형태의 물리적 형벌에도 격렬히 반대한다. 자이나교도는 전쟁이 일어나서 나라를 방어하는 경우가 아니면 군대에 가지 않는다. 자이나교도는 인도의 전통의상에서 기본적인 비단 사리를 입지 않는데, 그 이유는 비단 사리 한 벌을 만들기 위해서 대략 1만 마리의 누에들이 산 채로 끓여지기 때문이다. 자이나교의 수행자가 독신으로 지내는 것도 한 번의 사정(射精)으로 보통 7천 5백만 개의 정자를 죽이고 또한 여성 생식기의 박테리아 평형을 무너뜨리기 때문이다.[51]

그리고 앞에서 말한 것처럼, 자이나교에서는 수행자가 스스로 불살생을 실천하고 다른 사람이 불살생을 실천하도록 여러 가지로 도움을 주고자 한다. 현대 인도에는 이러한 경향이 지나쳐서 채식주의자들 또는 자이나교도가 육식과 관련된 행위를 금지해 달라고 법정 소송을 제기하는 경우도 있다고 한다. 예를 들면 시장이나 공공시설과 같은 공개된 장소에서 가축 도살이나 계란 판매 등이 행해지는 것을 금지시켜 달라고 법원에 소송을 제기한다. 그래서 인도의 여러 주(州)에서는 해당 지역의 형편에 따라서 제한적인 공간에서 계란 판매 등의 상행위가 이루어질 수 있도록 조치하는데, 그 대표적인 예가 구자라트 주이다.[52]

3) 자이나교의 수행 방법에 나타난 아힘사 정신

자이나교에서는 수행자가 불살생(아힘사)을 실천하기 위해 여러 가지 수행 규정을 제시하는데, 그것은 음식을 얻는 방법, 물을 먹는 방법, 야식(夜食) 금지, 우기(雨期)에 안거하는 것, 목욕과 양치의 금지, 입가리개와 털채의 사용 등에서 구체적으로 나타난다. 이러한 실천을 통해서 자이나교의 불살생의 가르침은 환경교육적 측면에서 상당한 기여를 하고 있다.

우선, 자이나교에서는 음식을 얻는 올바른 방법으로 수행자는 음식을 위해 살생을 하지 않고, 다른 사람이 요리한 음식을 받지 않으며, 다른 사람이 사온 음식을 받지 않는다고 한다. 이에 대해 자이나교에서는 다음과 같이 말한다.

마하비라는 사문(沙門, śuramaṇa) 계열의 이계자(離繫者, nirgranda, 고행자)들을 위해서 청정한 탁발의 종류로서 아홉 가지를 말하였는데, 수행자(사문 계열의 이계자)는 음식을 위해서 살아 있는 존재를 스스로 파괴하지 않으며, 수행자는 음식을 위해서 다른 사람들이 살아 있는 존재를 파괴하지 않도록 하며, 수행자는 음식을 위하여 다른 사람들이 살아 있는 존재를 파괴하는 것에 동의하지도 않으며, 수행자는 다른 사람들이 요리한 음식을 받지도 않으며, 수행자는 다른 사람들이 사온 음식도 받지 않으며, 수행자는 다른 사람들이 음식을 사

도록 동의하지도 않는다.[53]

자이나교에서는 물은 생명체가 살고 있는 바탕이라고 생각하고, 끓이지 않은 물속에는 생명이 살아 있을 가능성이 매우 높다고 받아들인다. 그래서 자이나교도는 물은 항상 끓인 뒤에야 마신다. 물을 먹을 때 '여과기'의 용도로서 천(garni, 濾水囊)을 사용하는 전통은 현재에도 엄격하게 지켜지고 있다. 그리고 자이나교도는 실생활에서 모든 종류의 물을 비롯해서 우유와 과일즙 등의 액체는 일단 여과한 뒤에 먹는다. 물을 여과하기 위한 상치로서 이층 물단지가 쓰이는데, 이 이층 물단지는 여수기(濾水器), 곧 타라파니카(tarapaṇikā)라고 부른다. 그리고 인도에서 흔히 쓰이는 가죽부대에 담긴 물도 먹어서는 안 된다. 왜냐하면 가죽부대라는 소재가 불살생을 어긴 것이기도 하지만, 가죽 소재에는 여러 미생물들이 살고 있기 때문이다. 이러한 습관은 위생적으로 바람직하다고 볼 수 있다. 그러나 물을 끓이는 것도 크게 보아서 살생을 범하는 것이 아닌가 하는 반론이 있다. 이에 대해 자이나교에서는 끓이지 않고 저장해 둔 물은 박테리아를 비롯해서 미생물이 크게 번식할 수 있지만, 이미 끓인 물은 더 이상 생명이 살고 있지 않으므로 불살생을 범한 것이 아니라고 한다.[54]

또한 자이나교에서는 야식(夜食)을 금지한다. 이는 5대서 이외에 자이나교 출가자에게 부여된 것으로 제6서 곧 불야식서(不夜食誓, rātribhojana-viramaṇa-vratra)라고 한다. '불야식서'는 해가 진 뒤에는 모든 음식을 먹지도 않고 마시지도 않는 것이다. 이는 출가자에게는 필수적인 것이고 재가자에게도 권장되는 서(誓)이다. '불야식서'가 제정된 이유의 하나는 불살생을 더욱 엄밀하게 지키려는 데 있다고 한다. 어두운 밤에 음식을 먹다 보면 극미(極微)의 생명체를 모두 볼 수 없기 때문에 살피지 못해서 살생을 할 수가 있다. 그래서 '불야식서'가 제정되었다고 한다. 이러한 전통은 현대에서도 지켜지고 있다. 그렇지만 자이나교의 수행자는 하루에 한 끼만을 먹기 때문에 사실상 '불야식서'를 수행하고 있는 셈이다. 그런데도 '불야식서'를 강조한 것은 불살생과 관련되었기 때문이다.[55]

우기(雨期)에 안거하는 것도 불살생과 관련이 있다. 자이나교에서 우기에 안거를 처음 시작하였고, 이것이 불교에 영향을 주었다고 한다. 인도의 몬순 기간 동안 땅은 생명력을 회복하고 모든 생물들은 활발하게 자라며 식물은 싹을 틔운다. 따라서 몬순 기간 동안에 여러 곳을 돌아다니는 수행 방식은 살생을 범할 가능성을 높게 만든다. 이러한 이유 때문에 문순 기간 동안에 안거를 실시했다고 한다. 수행자가 우기를 보내는 곳을 우파슈라야(upāśraya)라고 하는데, 이곳은 살상을 범할 우려가 없는 곳이어야 한다. 예를 들어 어떤 생명체의 '알'이나 '거미줄'이 있다면 이런 곳은 피한다.[56]

자이나교에서는 '목욕'과 '양치'가 금지되었다. 자이나교 수행자는 더운 열기로 인해서 고통스럽다고 해도 원칙적으로 목욕을 해서는 안 된다. 그 이유는 물을 사용하는 것은 곧 물을 오염시키는 것이며, 또한 수체(水體)의 존재를 살상하기 때문이다. 이러한 목욕 금지의 원칙으로 인해서 자이나교 수행자는 더럽다고 오해를 받기도 하며 다른 교단으로부터 비난을 받기도 하였다. 또한 자이나교 수행자는 원칙적으로 교단에 입문해서는 양치를 해서는 안 된다. 인도에서는 옛날부터 님(neem) 나뭇가지 등을 꺾어서 양치도구로 사용해 왔는데 이는 식물체(植物體)의 존재를 상해하는 것이다. 그렇지만 이러한 수행들은 오늘날 완전히 준수된다고 보기 어렵다.[57]

그리고 '입가리개'와 '털채'는 '불살생서'와 밀접한 관련이 있는 것이다. 입가리개는 풍체(風體)의 존재를 살상하지 않기 위한 것이다. 백의파(白衣派) 가운데 스타나카바시(Sthānakavāsī) 파(派)와 테라판티(Terāpanthī) 파(派)의 수행자들은 입가리개를 필수적으로 착용하지만 공의파(空衣派) 수행자는 입가리개를 착용하지 않는다. 털채는 앉거나 걸을 때 미세한 생물들을 살상하지 않도록 항상 가지고 다니는 것이다. 털채는 자이나교를 상징하는 도상(圖上)에 탁발 그릇, 곧 발우와 함께 사용되는 것이다. 이 털채는 자이나교의 대부분의 수행자들이 가지고 다니는 필수품이다. 현재 자이나교에서는 털채의 손잡이는 주로 나무로 만들어진다. 그렇지만 털의 소재는 '공의파'와 '백의파'가 다르다. 현대 '공의파'에서는 공작의 꼬리털로 털채를 만든다. '공의파'에서는 나체행만큼이나 공작의 꼬리털로 만든 털채를 중요시한다. 이는 '공의파'의 외면적 특징이다. 현대 '백의파'에서는 모직 술(여러 가닥의 실)로 된 털채를 소지한다. 하지만 이는 불살생주의를 토대로 한 자이나교의 다른 수행법과 어느 정도 간극이 있는 것으로 보인다. 그러나 털채 자체의 재료보다는 털채라는 도구를 통해서 실행하고자 하는 불살생의 이념에 더 비중을 두어야 할 것이다.[58]

이러한 자이나교의 불살생의 가르침은 생태적 측면에서도 큰 의미를 갖는 것이다. 불살생의 원리는 모든 형태의 생명에 대한 외경심(畏敬心)을 근거로 한 것이고, 이는 환경 교육적 측면에서 유용하다는 평가를 받고 있다. 예를 들어 자이나교도는 오랫동안 상업 활동에 종사해 왔는데, 그 가운데서도 동물의 생명을 침해하는 것과 관련된 상품조차 취급하지 않았으며, 자이나교도는 주로 '녹색 친화적인 품목들'을 개발하여 상업화하였다. 또한 환경 공해를 일으키는 산업은 살상에 해당하므로, 자이나교도는 환경공해와 관련된 유해산업에 관여하지 않는다. 왜냐하면 지(地), 수(水), 화(火), 풍(風) 자

체가 생기를 지닌 생명체이기 때문이다.[59]

또한 자이나교도는 황량한 벌판에 오아시스와 동물복지센터인 판조라포 (panjorapors: 자이나교인의 동물보호지역 또는 동물피난처)를 세웠다. 여기서 늙거나 약한 동물들이 돌봄을 받고 있다. 그리고 자이나교도가 동물시장에서 도살장으로 끌려가던 양과 염소를 값에 상관없이 구입하는 광경이 목격되기도 한다.[60]

6. 결론

이 글에서는 인도문화와 인도종교에서 동물을 존중하는 입장을 취했다는 점을 밝히고자 하였다. 이제 그 내용을 정리하고 간단히 의미를 부여하고자 한다. 우선, 인도문화에는 어느 정도 아힘사(불살생) 전통이 뿌리내렸다고 볼 수 있다. 이는 아쇼카 왕과 간디의 사상을 통해서 알 수 있다. 아쇼카 왕은 그의 비문에서 다르마를 천명했는데, 그 가운데 동물을 제물로 사용하기 위해 죽여서는 안 되고, 사람과 동물을 위한 병원을 세우고 사람과 동물을 위해 도로에 나무를 심고 휴게소를 지었으며 물 마시는 장소를 설치하고, 죽여서는 안 되는 동물을 구체적으로 나열하고, 동물을 죽여서는 안 되는 상황에 대해서는 구체적으로 제시하였다. 이러한 내용을 근거해 볼 때, 기원전 3세기 즈음에 동물에 관해 상당한 진보적 태도가 성립되었다고 할 수 있다. 현대에 들어서서 간디는 아힘사를 적극적으로 주장하였는데, 간디는 이를 통해서 인도의 독립을 추구하였다. 아울러 간디의 아힘사는 모든 생명체를 대상으로 하는 것이다. 다만 모기나 해충을 박멸하기 위해 소독을 하거나 자기 방어를 위해 야생동물을 죽이는 것은 폭력이 아니라고 보았다.

이처럼 인도문화에서 아힘사 정신은 어느 정도 작동을 하고 있다고 볼 수 있다. 그리고 이러한 아힘사 정신은 인도의 종교, 곧 힌두교·불교·자이나교에서도 (어느 정도) 발휘되고 있다. 그래서 세 가지 종교 모두에서 동물에 대해 존중하라는 입장을 표명하고 있다. 힌두교의 『마누법전』에서는 제사를 위해서는 동물을 살생해도 좋고, 그런 경우 살생한 당사자와 살해당한 동물이 모두 좋은 과보를 받아서 최고의 세계로 태어난다고 주장한다. 그렇지만 현대의 힌두교에서는 동물을 희생으로 바치는 경우는 상당히 제한되어 있는데, 채식주의자는 과일·야채·쌀 등을 제물로 바치고, 비(非)채식주의자가 몇몇의 신에게만 동물을 제물로 바친다.

그에 비해 불교와 자이나교에서는 제사를 위해 동물을 바치는 것에 반대한다. 불교와 자이나교 모두 동물에 대해 우호적이고 자비를 베풀라고 말하고 있다. 그렇지만 그 강도에서는 차이가 있다. 불교에서는 재가신도에게까지 엄격하게 불살생을 요구하지 않는다. 그래서 여러 나라의 불교문화 속에서는 해로운 동물을 제거하는 데 암묵적으로 동의하고 있다. 자이나교에서는 재가신도에게도 불살생을 상당한 수준까지 요구하고, 그래서 자이나교의 신도는 농업에 종사할 수 없었고 상업에 종사할 수밖에 없었다. 또한 자이나교의 수행자는 불살생을 엄격하게 실천하기 위해 노력한다. 불교의 수행자에서는 이런 엄격한 자세를 찾아보기 힘들다. 이는 불교의 타협적 성격에 기인하는 것이다. 불교에서 '외면의 행위'보다는 '내면의 마음'이 더 중요하다는 입장을 취하는데, 그렇게 되면 당연히 '외면적 행위'의 엄격함보다는 '내면의 청정함'을 더욱 중요시 하게 된다.

불교와 자이나교의 불살생(아힘사)에 관한 자세는 각각 장점이면서 단점이라고 할 수 있다. 불교에서 외면의 행위보다 내면의 청정함을 중시하는 것은 이념으로 보면 훌륭한 것이라고 할 수 있다. 그렇지만 이러한 숭고한 이념이 삶의 현장에서 과연 얼마만큼 실천될 수 있는지 의문이고, 내면의 청정함을 추구한다는 명분 속에 의미 있는 고행이 방기되고 편안한 삶을 추구하고 있지 않는가 하는 우려가 있다. 자이나교에서 불살생(아힘사)을 엄격하게 실천하는 것은 존경의 눈길로 보아야 할 것이다. 그렇지만 너무도 세세한 규정에 얽매이는 것은 아닌가 하는 의구심이 든다. 불살생(아힘사)에 관한 세세한 수행 규정을 만든 것은 그 규정을 통해서 마음의 평화에 도달하고자 하기 위함이었겠지만, 삶의 현장에서 불살생(아힘사)에 관한 규정의 기계적인 준수만이 있고 내면의 성찰이 부족한 것이 아닌가 하는 비판을 받을 수 있다. 그래서 필자는 불교와 자이나교의 불살생(아힘사)의 입장에 각각 장점이 있으면서도 동시에 그 속에 단점이 있다고 생각한다.

이런 관점에서 보면, 불교에서 '내면의 청정함을 중시하는 것'과 자이나교에서 '외면적 행위의 엄격함을 추구하는 것'이 결합될 때 진정한 아힘사는 성립된다고 생각한다. 또한 아힘사의 실천에서 당위만을 주장하는 것은 곤란하고, 현실에 접목하는 것도 중요하다. 이러한 점에서 힌두교의 아힘사도 음미할 만하다고 평가한다. 아무튼 힌두교는 인도의 주류 종교로서 아힘사 정신을 전파하고 있기 때문이다.

한국 사회의 관점에서 인도 종교의 불살생(아힘사)을 보면, 종교마다 차이가 있다고 해도 모두 의미가 있다고 본다. 한국 사회의 관점에서 가축을 도살하는 것에 대해 상식적으로 접근하면, 완전한 채식보다는 주로 채식을 하면서 축산기업에서 사육한 고기는 거부하고 자연환경에서 기른 고기를 먹는 것이 유력한 대안이 될 것이다.[61] 이 관점에 서면 현대의 힌두교에서 제사를 위해 비(非)채식주의자가 동물을 바치는 것은 크게 문제가 되지 않는다고 판단된다. 인도 종교에서 불살생(아힘사)을 말한 것은 한국 사회처럼 지나치게 경쟁을 부추기는 곳에서는 다른 사람과 동물에 대해 배려를 할 수 있는 근원지로서 더욱 큰 의미를 가진다고 생각한다.

한편, 위의 내용처럼 인도의 종교, 곧 힌두교・불교・자이나교에서 동물을 존중하는 태도를 보인다면, 이는 일부 불교학자의 주장을 비판하는 것으로 이어질 수 있다. 다시 말해서 불교에서 동물의 생명에 대한 존경은 윤회의 관념에서 나온다는 주장[62]은 그 타당성이 제한된다는 것이다. 물론 불교에서 윤회를 주장하고 그것이 불교에서 동물을 바라보는 견해에 어느 정도 영향을 주었겠지만, 힌두교와 자이나교에서도 윤회를 주장하고 있다. 그렇다면 세 개의 종교에서 동물에 관한 태도가 모두 같아야 할 것인데, 앞에서 살펴본 것처럼 조금씩 차이가 있다. 세 개의 종교에서 윤회를 같이 말하고 있는데도 동물에 관한 입장에서 약간의 차이가 있다면, 이는 동물에 관한 우호적 입장이 윤회 관념에만 근거하는 것이 아님을 보여주는 것이다. 따라서 불교에서 윤회의 관념에 의거해서 동물에 관해 우호적 견해를 표명했다는 주장은 다시 검토할 필요가 있다.

이제까지의 논의는 인도 종교에서 약간의 차이가 있지만 동물에 대해 존중하는 태도를 취했다는 것이다. 그러면 인도 종교의 동물에 관한 태도가 현대 사회에서 어떤 의미를 가질 수 있는가? 인도의 종교가 영향력을 발휘할 수 있는 곳이라면 인도 종교의 동물 존중 태도는 상당한 의미가 있을 것이라고 생각한다. 만약 인도 종교가 영향력을 발휘하지 못하는 곳이거나 인도 종교가 영향력을 행사할 수 없는 사람이라면, 그런 지역과 사람에게는 서양의 이론에 의지하는 것도 하나의 대안이다. 서양에서 동물보호에 관한 대표적 이론은 피터싱어의 '동물해방론'과 톰 레건의 '동물권리론'이다.

피터 싱어(Peter Singer)는 인종이나 성(性)을 근거로 해서 평등한 도덕적 지위를 부정하는 것이 도덕적으로 옳지 않은 것처럼, 우리 종(種), 곧 인간의 구성원이 아니라는 것에 근거해서 평등한 도덕적 지위를 부정하는 것은 옳지 못하다고 하였다. 그 이유는 동물도 고통을 느끼기 때문이다. 이런 점에 기초해서 싱어는 '동물해방론'을 주장하였다.[63] 그에 비해 톰 레건(Tom Regan)은 몇몇 동물은 권리를 가지며, 이는 인간이 이 동물들에 대해 강력한 도덕적 의무를 가진다는 것을 의미한다고 한다. 레건은 고유의 가치를 갖는 모든 개체에 대해서 거기에 걸맞게 존중하는 방식으로 대우해야 한다고 주장한다. 이런 점에 기초해서 레건은 '동물권리론'을 주장하였다.[64]

필자는 인도 종교에서 보여준 동물존중 태도가 피터싱어의 동물해방론과 톰레건의 동물권리론에 비해 뒤쳐졌다고 보지는 않는다. 하지만 인도 종교의 주장은 그 종교를 받아들이는 사람에게만 영향력이 있을 것이므로 싱어와 레건의 주장을 아울러 수용한다면 동물보호에 더욱 효과가 있을 것이라고 생각한다. 물론 이 동물해방론과 동물권리론과 (인도종교의 하나인) 불교의 주장을 비교해서 불교가 동물해방론과 동물권리론에 비해서 우월하다는 입장이 있지만,[65] 여기서는 인도 종교와 동물해방론과 동물권리론의 우월을 나누는 시도는 하지 않는다.

또한 인도 종교에 나타난 아힘사 정신은 다양성을 인정하는 관점으로 승화될 필요가 있다. 아힘사 정신에 의해 생명이 보호되면 이는 결국 문화적 다양성과 관련이 된다. 인도 학자 반다나 시바(Vandana Shiva)에 따르면, 자연(생물)의 다양성은 문화적 다양성과 밀접한 관련이 있다. 다양한 생태계의 서로 다른 종(種)들의 특성에 맞추어서 서로 다른 다양한 문화가 나타난다. 사람들은 자신의 주거지에 포함되어 있는 생물적인 풍요로움을 보전하고 이용하는 다양한 방식을 찾아내었다. 생명의 다양성을 보전한다는 것은 지역의 토착 공동체에게 자신의 자원과 지식 · 생산체계에 대한 자신의 권리를 보존하는 것이기도 하다. 하지만 제약기업이나 농업 생명공학 기업처럼 상업적 이해관계를 가진 사람에게는 생명 다양성은 아무런 가치를 지니지 않은 원료에 지나지 않는다. 또한 생물 다양성의 보전은 윤리적 인식, 곧 다른 종(種)과 문화도 권리를 가지고 있고 가치는 몇몇 특권적 인간에 의한 경제적 착취에서 나오는 것이 아니라는 인식과 연결된다. 나아가 다차원적이고 나양한 시스템들을 전체싱 속에서 바라보면, 이깃들이 높은 생산성을 갖고 있음을 알 수 있다. 이러한 시스템이 생산성이 낮다고 평가하는 것은 일차원적인 틀 속에서 평가하는 접근법에 근거한 것이고, 이는 도구적 세계관과 연결되어 있다. 그리고 생태의 문제는 사회정의, 평화, 민주주의와 긴밀히 관련된다.[66] 아힘사와 다양성을 인정하는 관점, 이것들은 한국 사회에서는 여전히 부족한 덕목이다.

- 김미숙, 『불살생의 이론과 실천』, 한국학술정보, 2007.
  이 책은 한국학계에서 처음으로 나온 자이나교에 대한 연구성과이다. 이 책에서는 불살생에 초점을 맞추어서 자이나교를 소개하고 있다. 자이나교의 불살생 정신에 대해 더 자세히 알고자 하는 독자에게 읽어볼 것을 권한다.

- 하버드대 세계종교연구센터 편, 동국대불교문화연구원 역, 『불교와 생태학』, 동국대 출판부, 2005.
  이 책은 하버드대 세계종교연구센터에서 발행한 세계종교와 생태학 총서 10권 가운데 불교에 관한 내용을 담은 것이다. 세계종교연구센터에서는 1996년에서 1998년까지 '종교와 생태학'을 주제로 일련의 포럼을 개최하였고, 그 가운데 불교에 관한 발표 내용이 이 책에 실린 것이다. 이 책을 통해서 이 주제와 관련된 세계의 유수한 학자들이 연구한 성과를 한 눈에 확인할 수 있다.

- 메이리 블린터커/존A 그림 엮음, 유기쁨 역, 『세계관과 생태학』, 민들레 책방, 2003.
  이 책은 여러 학자들의 논문을 모아 놓은 것인데, 그 내용은 크게 두 부분으로 구성되어 있다. 하나는 전통적 세계종교의 생태학적 관점을 소개하는 것이고, 다른 하나는 현대적 관점의 생태학적 시각이다. 따라서 이 책을 통해서 전통적 세계종교의 생태학적 관점도 알 수 있고, 덧붙여 현대적 관점에서 바라본 생태학도 아울러 살펴볼 수 있다.

- 가빈 플러드 지음, 이기연 옮김, 『힌두교-사상에서 실천까지』, 산지니, 2008.
  이 책의 저자 가빈 플러드는 영국의 소장 종교학자이다. 이 책은 현재까지 한국에 소개된 여러 힌두교 관련 서적 가운데 가장 뛰어난 것에 속한다고 평가할 수 있다. 이 책에서는 힌두교의 전반에 대해서 전체적으로 균형감 있게 서술하면서도 내용의 깊이도 아울러 갖추고 있다.

그리스도교의 신학적 동물윤리

/김형민/

1. 상실의 시대

오랜 세월 동안 우리는 동물과 함께 한 공간에서 살아왔다. 동물은 인간에게 많은 혜택과 도움을 준 생활의 동반자요 가까운 동무였다. 그러나 인간의 무지와 무관심으로 그들이 이 땅에서 사라져가고 있다. 지금도 고통 가운데 탄식하며 구원을 열망하는 동물들의 신음소리를 듣는다. 멸종되어 가는 동물의 세계를 보며 현대가 상실의 시대임을 깊이 절감한다.

급격한 생태적 변화를 생명 문화의 위기 현상으로 인식한 진화생물학자, 수의학자, 철학자, 사회학자, 행동심리학자, 교육학자, 법학자 등 다양한 분야의 전문가들이 동물 보호를 위한 계몽만이 아니라 도덕 규범과 법률 제정을 위해 힘쓰고 있다. 우리 신학자들도 예외는 아니다. 우리는 성경의 말씀과 신학적 전승에 따라 동물에 대한 새로운 이해를 얻으려고 노력하고 있으며, 범 교회적으로 동물에 대한 폭력 행위를 최소화하고 동물에게 주는 고통을 줄이기 위해 노력하고 있다.

동물에 대한 신학적 주제는 매우 광범위하고 이에 대한 입장도 다양하다.

먼저는 동물실험, 동물유전자변형, 동물의 도덕적 지위와 같은 윤리적 문제에 관심을 두고 연구하고 있다. 더 나아가 아시시의 성 프란체스코(Franz von Assisi), 파도아의 성 안토니우스(Antonius von Padua), 쿠자누스(Nicolaus Cusanus), 슈바이처(A. Schweitzer) 등의 동물신학도 함께 연구되고 있다. 동물의 신학적 가치를 연구하고 교육하기 위해 신학자 린제이(A. Linzey)가 2006년 11월 영국 옥스퍼드대학에 '동물윤리센터(The Oxford Centre for Animal Ethics)'[1]를 설립하였다. 2009년 12월에는 독일 뮌스터철학신학대학에 '신학적 동물학 연구소(Institut für Theologische Zoologie)'[2]가 설립되기도 했다. 이로 인해 신학 체계 안에 '신학적 동물학'이라는 새로운 연구 분야가 생겨났다.

필자는 성서적 전통에 따라 동물의 윤리적이며 법적 논의에 참여하고자 한다. 신학적 동물윤리의 일차적 과제는 성서의 말씀에 비추어 동물의 창조신학적 의미를 밝히고 동물보호를 위한 교회의 윤리적 과제를 제시하는 것이라 하겠다. 그러나 오늘날 동물이 당하는 고난의 현장을 직시해 보건대 동물에 대한 신학적 탐구와 동물보호를 위한 윤리적 구호만으로는 충분치 않다는 생각이 든다. 동물의 고통을 최소화할 수 있는 구체적 대안이 요구되는 만큼 동물보호를 위한 입법화가 시급하다. 그렇기에 필자는 그리스도교적 동물윤리와 동물신학을 개괄하는데 그치지 않고 이의 법윤리적 적용 가능성도 살펴보고자 한다. 필자의 눈에 스위스 연방헌법은 미래의 동물법의 제정을 위한 대표적 모범 사례라는 생각이 든다. 왜냐하면 1992년 스위스 연방헌법은 헌법 제24조 3항에 '피조물의 존엄성'이란 개념을 수용하고 동물을 법적 주체로 인정했기 때문이다. 동물의 법적 권리 논쟁은 인간중심주의와 자연중심주의 간의 윤리적 논의와 분리해 생각할 수 없다. 앞으로 살펴보겠지만 윤리적 논의나 합의만이 아니라 이의 실천 가능성을 중시하는 필자로서는 '자연중심주의'보다 '인간중심주의'가 더욱 합리적 실천 대안이라고 생각한다.

2. 성경과 동물

고대 이스라엘은 지형, 날씨, 흉년과 기근(「사무엘하」 21; 「열왕기상」 17이하; 「에레미야」 14 등), 지진(「사무엘상」 14:15; 「아모스」 1:1; 「스가랴」 14:5), 벌레와 곤충(「신명기」 28:38; 「요엘」 1), 야생동물의 위협과 같은 자연적 생활조건 속에서 살아왔다. 인간은 자연적 생명계의 영향력에서 벗어나서 살 수 없으며, 또한 이를 극복하고 생존하기 위해선 삶의 지혜가 필요하다는 사실을 알고 있었다. 고대 이스라엘 사람들에게 오늘과 같은 환경 의식이 없었고, 아니 필요도 없었다. 하지만 그들도 창조의 세계에서 인간이 자연, 동물, 땅과 함께 어울려 살아가야 할 인간의 책임뿐만 아니라 자연의 공동체적 삶의 양식을 인지하고 있었다.

성서 저자들의 일차적 관심은 하나님과 인간의 관계에 있었다. 그렇지만 그들은 이에 멈추지 않고 하나님과 동물 그리고 인간과 동물의 관계도 중시했다. 하나님은 인간을 지으시고 기뻐하셨지만 땅과 바다와 풀과 각기 종류대로 씨 맺는 채소와 나무(「창세기」 1:10-12)를 지으시고도 좋다고 하셨다. 여기서 우리는 모든 피조물을 향한 하나님의 무한한 사랑을 깨닫게 되며, 다른 피조물과의 관계도 새롭게 이해하게 된다. 우리 그리스도인들은 창조 세계의 아름다움과 질서를 보면서 경외감을 느낀다(「마태복음」 6:28-30). 그러나 자연을 숭배하지는 않는다. 우리에게 아름다운 자연을 지으시고 선물로 주신 하나님께 감사하고 찬양하며 자연을 사랑한다.

성경은 동물의 세계와 이의 신학적 의미를 체계적으로 진술하지 않는다. 성경은 하나님이 지으신 세계 속에서 동물이 갖는 신앙적 의미를 다면적 관계에서, 그러나 단편적으로만 진술한다. 첫째는 하나님과 동물의 관계이다. 동물은 하나님의 피조물이며 하나님의 사랑과 돌봄을 받는 존재이다. 둘째는 인간과 동물의 관계이다. 인간은 하나님으로부터 동물의 통치권을 위임받았지만, 동물의 친구요 형제로 살아가도록 지음을 받았다. 성경은 동물을 하나님에게 대적하고 인간에게 해를 끼치는 악한 세력이나 사단과 같이 무섭고 잔인한 존재로 그리기도 했다. 그 때문에 사람들은 동물을 악한 존재자로 오해하기도 했다. 셋째는 하나님과 인간과 동물의 관계이다. 인간은 하나님이 아니다. 그렇지만 동물도 아니다. 인간을 동물과 한 종에 속한 존재자로 생각하는 자연과학자들도 있지만, 성서는 동물의 동물성과 인간의 인간성을 구별한다. 그런 점에서 그리스도교의 인간 이해는 인간을 동물의 한 구성원으로 보는 동물 철학이나 진화생물학적 세계관과는 다를 수밖에 없다.

1) 구약성경과 동물세계

(1) 동물 통치

하나님은 사람이 혼자 사는 것을 좋게 여기지 않으셨다. 친히 흙을 빚어 각종 들짐승과 공중의 새들을 지으시고 인간을 돕는 배필로 삼으셨다.[3] 그런 후 인간으로 하여금 동물의 이름을 짓게 하셨다(「창세기」 2:18-19). 인간이 동물의 이름을 지었다는 「창세기」의 보고는, 하나님이 인간에게 '동물의 통치'를 위탁하셨다는 뜻으로 이해해도 좋을 듯하다. 하지만 여기서 통치란 인간이 자기 마음대로 동물을 다루거나 이용해도 된다는 말은 아니다. 성경에서 다른 이의 이름을 안다는 것은 그와 특별한 관계 속에 있음을 암시한다(「출애굽기」 3:13-15 비교). 그런 점에서 하나님의 창조세계에서 동물의 안전을 도모해야 할 책임이 동물의 이름을 지은 인간의 몫이 되었다고 하겠다(사 11:6 이하).[4]

이러한 뜻은 인간을 자신의 형상대로 지으신 하나님께서 "바다의 물고기와 하늘의 새와 가축과 온 땅과 땅에 기는 모든 것"을 인간에게 다스리게 하셨다는 「창세기」 1장 26절의 말씀을 보아도 알 수 있다. 성경이 말하는 다스림이란 폭력적 억압 행위가 아니라 목자의 심정으로 양을 돌보는 태도를 뜻한다.[5] 하나님께서 목자의 심정으로 우리를 돌보듯이 말이다. 그런즉 사람들은 목동이 자기의 양을 위하듯 모든 피조물을 사랑으로 살피고 그들을 안전하게 보호하도록 힘써야 한다. 그런 자가 하나님 앞에서 의인이다. 이러한 사실은 의인 노아(「창세기」 6:9)의 삶을 살펴보면 쉽게 알 수 있다. 노아는 하나님의 뜻을 따라 방주에 인간과 동물을 함께 태웠고 이들이 먹을 양식을 넉넉히 준비해 두었다. 「창세기」 저자가 동물을 인간의 동반자요 하나님의 생명공동체의 일원으로 본 것만은 의심할 여지가 없다. 여기서 인간은 '같이 지음 받은 것 중의 첫 소생(primus inter pares)'으로 동물을 보호해야 할 일차적 책임자이다.[6]

하나님께서 인간에게 동물의 통치를 허락하신 또 다른 뜻이 있다. 그것은 창조세계 속에 질서를 세우시기 위함이다. 혼돈과 공허와 흑암 가운데서 세상을 창조하신 하나님은 그의 피조물들이 질서 있게 살아가기를 원하셨다. 아담이 하나님의 명에 따라 가축과 공중의 새와 들의 짐승의 이름을 지은 이유(「창세기」 2:20)도 동물의 거주지를 가정과 공중과 들의 세 공간으로 나누어 서로에게 해를 끼치지 못하게 하려는 뜻이었다. 이름을 지어 동물을 구분하고 서로 다른 공간에 살도록 질서를 세운 것이다.[7] 생명공동체에서 평화가 유지되기 위해선 질서의 수립이 중요하지 않을 수 없었다.

동물 통치와 관련해「창세기」3장에 나오는 첫 사람과 뱀의 운명적 만남을 언급하지 않을 수 없다. '뱀의 유혹'으로 창조세계 안에서 갈등이 조장되었고, 그 결과 인간과 동물 사이에 균열이 생기게 된 것도 사실이다. 그렇지만 이 본문이 전달하려는 중심 메시지는 인간과 동물의 적대관계가 아니다. 그보다는 뱀의 유혹에 넘어간 '인간'의 허약한 믿음을 주목한다. 하나님은 동산 나무의 열매를 먹은 책임을 유혹자 동물만이 아니라 유혹에 넘어간 인간에게도 물으셨다. 그 결과 뱀은 하나님의 공동체에서 쫓겨나 배로 기어 다니며 흙을 먹게 되었고, 인간은 저주를 받아 가시덤불과 엉겅퀴로 뒤엉킨 자연에서 땀 흘려 일하게 되었다. 창조세계에서 발생한 균열은 인간과 동물의 공동책임이다.「창세기」3장에서 11장이 세계의 창조와 인류의 역사를 기술했다고 해서 '원역사'라고 부르는데, 여기를 읽어 보면 하나님께 순종하지 않고 창조의 질서를 무시한 인간이 얼마나 폭력적이고 무질서한 삶을 살았는지 잘 보여준다.

결국 우리는 성서의 초기역사에서 동물과 특별한 관계를 맺고 살아가도록 지음 받은 인간의 모습을 발견하게 된다. 인간과 동물이 여섯째 날 함께 지으신 것을 본(「창세기」 1:24-25 비교) 신학자 피셔(L. Vischer)는 하나님께서 인간과 동물을 '여섯째 날의 공동체'로 창조하셨다고 고백한다.[8] 다시 말해 인간과 동물은 서로를 도우며 살도록 여섯째 날에 함께 지어졌다는 주장이다. 그렇기에 인간과 동물은 여섯째 날의 공동체 안에서 생존과 공생의 동일한 권리를 누리며 살아가야 한다.

(2) 언약의 대상

노아의 방주는 인간과 동물의 우정을 보여 준다. 「창세기」 8장을 보면, 방주가 아라랏 산에 머무르고 땅이 마른 후 하나님께서 노아와 함께했던 모든 자들에게 방주에서 나올 것을 명하셨다. 그런 후 그들을 축복하셨다.

> 생육하고 번성하여 땅에 충만하라. 땅의 모든 짐승과 공중의 모든 새와 땅에 기는 모든 것과 바다의 모든 고기가 너희를 두려워하며 너희를 무서워하리니 이들은 너희 손에 붙임이라. 무릇 움직이며 생명 있는 것들은 너희의 식물이 될지라. 채소같이 내가 이것을 다 너희에게 주노라. 그러나 고기를 그 생명 되는 피째 먹지 말라. 내가 반드시 너희 피 곧 너희 생명의 피를 찾으리라. 짐승이면 그 짐승에게서, 사람이나 사람의 형제면 그에게서 그의 생명을 찾으리라. 무릇 사람의 피를 흘린 자는, 사람인 고로, 자기의 피를 흘릴 것이니 이는 하나님이 자기 형상대로 사람을 지었음이니라. 너희는 생육하고 번성하며 땅에 가득하여 그 중에서 번성하라.(「창세기」 9:1하-7)

이 축복 선언을 「창세기」 1장 26-28절의 축복과 「창세기」 1장 29절 이하에 기록된 식물에 대한 소개와 비교해 보면 두드러진 차이가 나타난다. 바로 폭력 상황의 강조이다. 「창세기」 6장 11-13절에 따르면 폭력이 하나님의 진노와 홍수 심판을 불렀다.

> 그 때에 땅이 하나님 앞에서 부패하며 땅이 폭력으로 가득하였다. 하나님이 이 땅을 보셨다. 그가 보신즉 땅이 부패하였으니 이는 땅에서 모든 육체가 땅 위에서 자기의 길을 부패케 하였음이라. 하나님이 노아에게 이르시되 모

든 육체의 끝이 내 앞에 이르렀으므로 땅이 육체의 폭력으로 가득하니, 볼지어다. 내가 그들을 땅과 함께 멸하리라.(「창세기」 6:11-13)

홍수 이후 하나님께서는 인류의 계속적 보존을 약속하셨다. 그러나 이미 「창세기」 6장에서 모든 생명체, 말하자면 인간뿐만 아니라 동물들의 폭력적 범죄가 심각함을 보셨던 하나님께서 '폭력'(oʊn)을 땅 위에서 끊으시려고 동물을 인간 아래 두시어(「창세기」 9:2) 양식으로 삼게 하셨다(「창세기」 9:3).[9] 그러나 피째 먹지 말라고 명하심으로 무자비한 '동물 살생'을 금하시고 피, 곧 모든 생명에 대한 하나님의 주권을 깨닫게 하셨다(「창세기」 9:4-5). 인간의 피나 동물의 피 모두 거룩하다. 예수가 오시기 전까지 구약시대의 이스라엘 사람들은 동물을 희생의 제물로 드림으로 하나님 앞에서 의로운 자로 살 수 있었다. 인간과 동물은 피를 통해서도 서로 결합되어 있다.[10]

하나님은 홍수 이후에도 동물에 대한 인간의 권한을 제한적으로 허락하셨다(「창세기」 9:5이하 참조). 「창세기」 9장 8-17절에 동물과도 언약을 맺으시는 하나님의 모습 속에서 동물 살생의 허락이 동물의 멸종을 의미하지 않음을 알 수 있다. 특별히 주목해야 할 본문은 「창세기」 9장 8-10절의 말씀이다. 하나님께서는 노아와 '새 언약'을 체결하실 때 노아의 후손뿐만 아니라, 새와 집짐승과 들짐승과 그 밖에 땅에 있는 모든 동물과도 언약을 맺으신다.[11]

내가 내 언약을 너희와 너희 후손과 너희와 함께한 모든 생물 곧 너희와 함께한 새와 가축과 땅의 모든 생물에게 세우리니 방주에서 나온 모든 것 곧 땅의 모든 짐승에게니라.(「창세기」 9:9-10)

하나님은 동물을 사랑하실 뿐만 아니라 언약의 대상으로까지 삼으셨다. 하나님의 동물 사랑은 '요나의 이야기'에서도 찾아볼 수 있다. 하나님은 니느웨 성에 대한 심판을 미루셨는데, 이는 인간만이 아니라 동물을 위한 것이기도 했다(「요나」 4:11). 결국 모든 짐승과 생축은 세계의 창조자이시고 보존자이신(「시편」 104) 하나님의 것이며(「시편」 50:10 이하), 인간은 그의 청지기일 뿐이다.

(3) 인간의 이웃

유목사회였던 고대 이스라엘은 동물을 이용가치로만 평가하지 않았다. 동물은 물건이 아니라 그들과 함께 삶을 나누는 생활의 동반자요 가족의 일원으로 받아들여졌다. 특히 '안식일 계명'은 동물도 인간과 같이 자신의 고유한 욕구를 충족하고(「신명기」 25:4; 「시편」 104:14) 생명권을 보호받아야 할(「시편」 36:7) 동료 피조물이요 인간의 이웃이라고 선언한다. 안식일 계명을 인간만이 아니라 모든 피조물로 확대하여 적용한 이스라엘은 동물을 포함한 모든 창조세계에 대한 인간의 직접적 관련성을 강조하고 있다.

안식일을 기억하여 거룩하게 지키라. 엿새 동안은 힘써 네 모든 일을 행할 것이나 일곱째 날은 네 하나님 여호와의 안식일인즉 너나 네 아들이나 네 딸이나 네 남종이나 네 여종이나 네 가축이나 네 문안에 머무는 객이라도 아무 일도 하지 말라. 이는 엿새 동안에 나 여호와가 하늘과 땅과 바다와 그 가운데 모든 것을 만들고 일곱째 날에 쉬었음이라 그러므로 나 여호와가 안식일을 복되게 하여 그날을 거룩하게 하였느니라. (「출애굽기」 20: 8-11)

한편 이사야 예언자는 메시아 왕국의 도래를 상징하는 징표로 인간과 동물 사이에 참된 이웃됨과 평화를 소망했다.

> 그 때에 이리가 어린 양과 함께 살며 표범이 어린 염소와 함께 누우며 송아지와 어린 사자와 살진 짐승이 함께 있어 어린 아이에게 끌리며 암소와 곰이 함께 먹으며 그것들의 새끼가 함께 엎드리며 사자가 소처럼 풀을 먹을 것이며 젖 먹는 아이가 독사의 구멍에서 장난하며 젖 뗀 어린 아이가 독사의 굴에 손을 넣을 것이라.(「이사야」 11. 6-8)

인간이 사나운 동물과도 '평화'를 이루게 되리라는 이사야의 소망은 메시아 왕국이 도래하는 날 이 땅 위에서 모든 적대적 사회관계가 해소될 것임을 선언하는 것이다.[12] 야수로 인해 인간과 가축이 위협받는 경우가 있다. 그렇다고 야수를 악의 세력으로 이해하는 것은 옳지 않다. 인간의 생명을 위협하는 동물은 자기자만에 빠져 있는 인간의 삶이 얼마나 불확실한지를 깨닫게 해 준다. 그런 점에서 야수는 '교육적 기능'(usus paedagogicus)을 발휘하고 있다고 말할 수 있을 것이다.

(4) 동물의 희생제

이스라엘은 동물의 피를 흘려 하나님께 드렸다. 이러한 '동물 희생제'의 전통은 이스라엘의 동물 사랑 전통과 모순되는 것같이 보일 수 있다. 그러나 최소한 동물 제의가 동물에 대한 적대적 예식이나 행위가 아니었음을 기억할 필요가 있다. 도리어 이 예식은 인간과 동물의 깊은 연계성을 말해 준다. 예수께서 오셔서 인류의 죄를 대신하여 십자가에 죽으시기 전까지 동물은 인간의 죄를 대신하는 종교적 역할을 감당해야만 했다.

이스라엘은 하나님께 동물 제사를 드림으로써, 모든 피조체가 하나님께 속해 있음을 고백하며 동물과 '더불어' 하나님 앞에 나아갔다. 제사된 동물의 피는 인간을 위한 속죄의 능력을 가지고 있었으며 인간을 하나님께로 인도했다. 그런 점에서 동물희생제는 최소한 인간의 식욕 충족을 위한 동물 도살과는 구별되어야 한다.

히브리 성서에서 통일된 제의 의식과 신학을 구상한다는 것은 거의 불가능하며, '희생'에 해당하는 히브리어 단어도 없다.[13] 그러나 이스라엘의 제사법(「레위기」 1-7)과 제사력(「민수기」 28-29) 등에 따르면 하나님께 바쳐진 동물 제물을 시장에서 음식물로 팔지 않았다. 이는 거룩한 제물이기 때문이다. 그러므로 동물 희생제와 동물보호 사이에서 발생하는 모순적 관계를 이해하기 위해서는 구약성서에 나타난 '제사장 신학'을 이해하는 것이 필요하다.[14]

제사장 신학의 몇 가지 특징을 정리해 보면 다음과 같다. 첫째, 제사장 신학은 희생제사 의식을 창안한 것이 아니라 당시 고대 근동의 보편적 희생제사의 관습을 야훼신학화한 것이다. 둘째, 제사장 신학은 동물을 포함한 모든 생명의 주인은 하나님이심을 선언하며 동물에 대한 인간의 연대적 책임을 강조하고 있다. 이스라엘의 신앙인은 희생 제물을 드릴 때 자기에게 가장 필요한 것 중에 선별하여 드렸다. 동물 제물은 하나님께 드리는 여러 제물 중에 가장 귀한 것이며, 제물을 드리는 자는 자신의 죄를 대신해 죽임을 당한 동물의 희생의 의미를 기억하였다.

그러나 이스라엘 역사가 보여주듯이, 자신의 죄를 대신해 동물을 잡아 하나님께 드렸던 예배 행위가 이스라엘을 온전한 회개로 인도하지 못하였다.

이와 같은 제사 양식은 르네 지라르(R. Girard)의 말과 같이 "희생양 메커니즘"일 뿐이다. 구약 시대의 인간은 진정으로 속죄하는 마음도 없이 자신의 잘못을 동물에게 전가하거나 화풀이하면서 하나님과 이웃 앞에서 계속적인 범죄를 저질렀다. 동물 제의는 결국 참된 회개와 구원으로 인도하지 못했다. 그러므로 이스라엘의 예언자들은 이스라엘 백성들의 가증스러운 위선을 탓하고 참된 예배를 요구하였다(「이사야」 1:10-17). 예언자의 제의 비판으로 사마리아 지역 일부를 제외한 전 이스라엘에서 동물 제의가 사라졌다.[15]

동물에 대한 신약성서직 이해는 다음 장에서 살펴보게 되겠시만 제의 전승과 관련해 몇 가지만 먼저 언급하고 가는 것이 좋겠다. 신약성경은 예언자들의 제의 비판적 전승을 새로운 의미로 수용하였다. 「마태복음」의 저자는 "나는 인애를 원하고 제사를 원치 아니하며 번제보다 하나님을 아는 것을 원한다."는 호세아의 제의 비판(「호세아」 6:6)을 두 번이나 언급한다(「마태복음」 9:13; 12:7). 번제나 희생제보다 하나님 사랑과 이웃 사랑을 더욱 중요하게 생각했던 서기관을 칭찬하셨던 예수의 행적 속에서도 제의 비판적 경향을 찾아볼 수 있다(「마가복음」 12:33-34). 그러나 구약의 제의 전승은 십자가에서 고난을 받으셨던 예수 그리스도의 죽음과 그분의 죽음을 상기하는 성찬 예식을 통해 새롭게 갱신되었다. 사도 바울은 하나님께서 예수 그리스도의 피로 인해 그를 '화목 제물'로 삼으셨다고 선언하였다.

이 예수를 하나님이 그의 피로써 믿음으로 말미암는 화목제물로 세우셨으니 이는 하나님께서 길이 참으시는 중에 전에 지은 죄를 간과하심으로 자기의 의로우심을 나타내려 하심이니. (로마서 3:25-26)

여기서 바울은 화목 제물을 인간의 죄를 위한 속죄의 제물을 보고 있다. 같은 신학적 맥락에서 구약성경의 헬라어 역본인 70인역(LXX)도 「레위기」 16장 2절의 '속죄소'를 화목제물에 해당하는 헬라어 '힐라스테리온'으로 번역하였다.[16] 히브리서의 저자도 대제사장으로 오신 그리스도께서 동물이 아니라 자기 자신을 '단번에' 하나님께 드림으로써 구약의 제사를 폐하고 모든 사람, 모든 시대에 유효한 영원한 속죄를 이루셨다고 선포했다. 하나님 앞에서 허물을 벗기 위해서는 더 이상 동물의 피가 소용없고 죄인들을 위해 흘리신 그리스도의 속죄의 피만이 유효하게 된 것이다(「히브리서」 9:11-14).

결국 인류의 죄를 씻어주신 그리스도의 '속죄의 피'로 인하여 동물은 더 이상 피를 흘릴 필요가 없게 되었다. 그분의 죽으심이 '세상의 생명을 위한' (「요한복음」 6:51) 희생이었다면 그리스도의 대속적 죽음은 인간만이 아니라 동물에게도 특별한 신학적 의미를 지닌다. 유월절 그리스도의 희생으로 인해 동물들은 '대속의 역할'로부터 해방되었다. 그리스도께서 오신 이후 인간에게 동물제의는 더 이상 필요없게 되었다. 그리스도를 통해 동물은 새 자유를 얻게 되었고, 인간도 동물 없이 '홀로' 하나님 앞에 서게 되었다.

(5) 동물의 지혜

히브리 성경은 창조의 현실만이 아니라 창조의 지혜도 알려준다. 히브리의 신앙인들은 동물의 삶을 통해 하나님의 말씀대로 사는 지혜로운 삶이 어떤 것인지 깨닫게 되었다. 이에 대해 신학자 야노브스키는 다음과 같이 기술한다.

동물 세계는 여러 모습과 표정과 음성과 자세와 색체와 그림과 역사로 가득한 놀라운 코스모스이다. 오래전부터 인간은 이들에 빗대어서 자신을 인식해 왔다. 성서의 위대한 동물 본문들은 이러한 보물을 주의 깊게 보존하였으며 늘 새로운 모형으로 확장하였다. 이스라엘은 동물과의 만남을 통해 위에서 말한 다채로운 색만이 아니라, 그들의 불가항력적인 힘 가운데 생명의 비밀을 경험하였다. 동물은 인간들로 하여금 자신들을 관찰하고 인식하고 해석할 정도로 매력을 발산하였으며, 결국 신학적으로 숙고하도록 영적인 자극까지 주었다.[17]

한편 헨리(M. L. Henry)는 인간이 동물을 만나면 생소하고 자신과 다른 존재라고 느끼면서도 가까이 신뢰할 만한 생명체라는 '누미노제'(Numinose)의 경험을 한다고 말한다. 그는 동물과의 만남을 통해 종교적 관심과 신학적 반성에 대한 강력한 자극을 받았다고 고백하였다.[18] 유대-그리스도교는 인간의 본질을 동물에 빗대어 규정하지 않았다. 이집트의 신과는 달리 성서의 하나님은 자신을 동물의 형상으로 계시하시지도 않았다. 그러나 인간은 하나님이 인간과 함께 지어 주신 이웃 피조물을 만나 삶을 나누면서 자신의 어리석은 모습을 새롭게 발견하게 되었다.

히브리 성서는 동물의 삶 속에서 배우는 '지혜'를 여러 곳에서 말씀하고 있다. 먼저 동물 이야기책이라고 할 수 있는 「창세기」 8장 노아의 방주 이야기를 읽어 보면 동물은 하나님의 사랑과 관심의 대상일 뿐만 아니라 인간을 돕는 배필인 것을 알게 된다. 홍수가 나고 40일이 지난 후 노아는 비둘기를 보내어 땅이 말랐는지 알아 오도록 한다. 여기서 비둘기라는 동물은 생각 없는 존재가 아니라 인간이 할 수 없는 일을 대신해 주는 지혜로운 존재요 동시에 인간을 돕는 신실한 파트너의 역할을 감당한다.

동물은 하나님의 위임을 수행하는 역할을 할 뿐만 아니라, 인간이 깨닫지 못한 하나님의 뜻을 볼 수 있는 영안도 소유하고 있다. 그 대표적 말씀이 민수기 22장에 나오는 '발람 이야기'이다. 발람은 모압사람들에게 이스라엘 백성을 저주해 달라는 요청을 받고 나귀를 타고 길을 가다 칼을 뽑아 들고 이를 막는 하나님의 사자와 맞부딪치게 된다. 하지만 인간 발람은 그 사자를 보지 못하고, 오직 나귀만이 칼을 든 사자를 보고 멈추어 섰다. 여기서 동물은 하나님이 원하시는 뜻을 알아차리는 존재자로 그려지고 있다. 그러나 발람은 하나님의 뜻을 깨닫지 못한 채 나귀에게 세 번이나 채찍질을 하며 계속 갈 것을 요구한다. 그러자 놀랍게도 나귀가 입을 열고 주인에게 말한다.

여호와께서 나귀 입을 여시니 발람에게 이르되 내가 당신에게 무엇을 하였기에 나를 이같이 세 번을 때리느냐. 발람이 나귀에게 말하되 네가 나를 거역하기 때문이니 내 손에 칼이 있었다면 곧 너를 죽였으리라. 나귀가 발람에게 이르되 나는 당신이 오늘까지 당신의 일생 동안 탄 나귀가 아니냐. 내가 언제 당신에게 이같이 하는 버릇이 있었더냐. 그가 말하되 없었느니라. 그때에 여호와께서 발람의 눈을 밝히시매 여호와의 사자가 손에 칼을 빼들고 길에 선 것을 그가 보고 머리를 숙이고 엎드리니 여호와의 사자가 그에게 이르되 너는 어찌하여 네 나귀를 이같이 세 번 때렸느냐 보라 내 앞에서 네 길이 사악하므로 내가 너를 막으려고 나왔더니 나귀가 나를 보고 이같이 세 번을 돌이켜 내 앞에서 피하였느니라. 나귀가 만일 돌이켜 나를 피하지 아니하였다면 내가 벌써 너를 죽이고 나귀는 살렸으리라. 발람이 여호와의 사자에게 말하되 내가 범죄하였나이다. 당신이 나를 막으려고 길에 서신 줄을 내가 알지 못하였나이다. 당신이 이를 기뻐하지 아니하시면 나는 돌아가겠나이다. 여호와의 사자가 발람에게 이르되 그 사람들과 함께 가라 내가 네게 이르는 말만 말할지니라 발람이 발락의 고관들과 함께 가니라.(「민수기」 22:25-35)

가톨릭 신학자 하겐코르트(R. Hagencord)는 나귀 이야기를 고난을 받으시기 위해 나귀를 타시고 예루살렘에 입성하셨던 예수의 이야기(「마태복음」 21:1-8; 「마가복음」 11:1-7)와 연결시켜 유형론적으로 해석하였다. 복음서의 저자들은 어리석은 예수의 제자들을 예수를 등 위에 태우고 묵묵히 예루살렘 성으로 입성하는 나귀와 대비시켰다. 제자들은 예수가 누군지 알지 못했지만 나귀는 자신의 등 위에 탄자가 누군지 알고 있었다는 말이다.

최후의 날들을 앞두고 예루살렘으로 입성하시면서 그(예수)는 이 동물에게 깊은 신뢰를 가지셨다. 그 분은 이 동물이 길을 막고 섰던 천사를 보았다는 것을 아셨기 때문이다.[19]

한 걸음 더 나아가 린제이(A. Linzey)는 나귀를 타시고 예루살렘에 입성하신 예수의 이야기를 동물 해방의 과정으로 그렸다. 린제이는 먼저 베들레헴 아기 예수의 말구유에는 사자·표범·늑대가 황소·나귀·양과 함께 있었다는 마태외경(Pseudo-Mt)의 기록을 생명체 사이에 평화를 원하시는 하나님의 뜻으로 해석한다. 그리고 예수께서 나귀를 타고 예루살렘에 입성하신 목적도 예루살렘 성전에 가서서 동물 제물을 파는 장사치들을 쫓으시며 동물을 해방하는데 있었다고 말한다. 죄 없으신 예수가 자신이 당했던 십자가의 고난을 동물의 고난과 동일시하였다는 것이다. 그러므로 린제이는 예수를 '동

물해방자'라고 선언하고, 그리스도교 신학도 인간중심적 신학에서 '동물해
방신학'으로 전개되어야 한다고 주장한다.

> 우리는 이 땅에서 절대적 권리를 갖고 있지 않다. 우리는 더욱이 하나님의
> 창조세계를 보존해야 할 의무가 있다. 전통적 해방신학이 기이하게도 오직
> 인간에게만 집중한 것은 유감스럽다. 그러나 참된 해방신학은 모든 고난당하
> 는 자와 눌린 자의 삶을 포괄해야 한다.[20]

동물을 신앙의 지혜를 가르치는 존재로 그리는 또 하나의 본문은 「욥기」
이다. 욥은 의인이었다. 그가 시험을 받고 깊은 고난 속에 빠지게 되었을
때, 그의 친구들이 찾아와서 자신들은 평안히 잘 지내고 있으니 이는 하나
님이 우리 편이시라는 증거라고 말한다. 그러나 욥은 우둔한 친구들을 향해
누가 옳은지 동물들에게 가서 물어보자고 말한다. 우둔한 친구들보다도 짐
승과 공중의 새와 바다의 고기가 하나님의 뜻을 더 바르게 설명해 주지 않
겠냐는 욥의 저항적 신앙고백인 것이다(「욥기」 12: 7-9).

이사야 예언자도 '소도 제 임자를 알고 나귀도 주인이 만들어 준 구유를
알지만 이스라엘 백성은 깨닫지 못한다'고 한탄한다(「이사야」 1:3). 「잠언」의
지혜자는 동물을 인간을 가르치는 지혜로운 종교 선생으로까지 표현한다.
「잠언」 12장 10절에서 지혜자는, 「창세기」 1장 26-27절과 「시편」 8장 7-9절
에서 하나님이 인간에게 허락하신 동물 지배를 오용하지 않도록 경고한다.
특히 이스라엘의 지혜 전승은 동물에 대한 태도 여하에 따라 한 사회집단의
정신적 건강을 진단한다.

의인은 자기 육축의 생명(שׁפֶנ)을 돌아보나 악인의 마음(רַחֲמֵי)은 잔인하다.(「잠언」 12:10)

또한 「잠언」의 지혜자는 개미, 바위너구리, 메뚜기, 도마뱀과 같은 보잘 것없는 곤충이나 동물을 통해서도 지혜를 얻게 된다고 말한다.[21]

게으른 자여, 개미에게 가서 그의 길(דְרָכֶיה)을 살펴보고 지혜롭게 되어라. 개미는 우두머리도 없고 감독자나 다스리는 지도 없지만 여름 동안 자기의 양식을 예비하며 추수 때에 그 양식을 모으느니라.(「잠언」 6:6-8)

이처럼 히브리 성서의 지혜 문헌은 자연과 동물의 세계를 깊이 관찰하고 이를 통해 인간의 바른 삶의 자세를 위한 신앙적 규범을 제시하였다.

2) 신약성경과 동물세계

(1) 예수와 동물

신약성서에서 현대의 동물 문제의 해결을 위한 말씀을 찾기란 쉽지 않다. 그 가운데서도 주목 받는 본문은 예수가 40주야로 광야에서 시험을 받으실 때 짐승들도 함께 있었다는 「마가복음」 1장 13절의 말씀이다.[22]

그는 광야에서 사십일을 계시면서 사탄에게 시험을 받으셨고 들짐승 가운데 계셨으니 천사들이 시중들었다.

그렇다면 예수와 함께한 동물은 신학적으로 어떤 의미를 담고 있을까? 이에 대한 네 가지 해석을 볼 수 있다.[23] 첫째, 동물을 단지 회화적 첨가로 보는 드 베테(de Wette)의 해석이다. 여기서 동물은 자연환경에 대한 상징으로 이해된다. 드 베테는 예수가 동물과 함께 있었다는 부분보다는 예수가 광야에 있었다는 점을 강조하면서, 예수가 사탄에게 시험을 받으셨다는 진술을 이 단락의 중심 모티브로 받아들인다. 그러나 마태나 누가에 기록된 예수의 시험사화와는 달리 「마가복음」 1장 12절 이하는 「이사야」의 예언자의 소망과 동일한 종말론적 특징을 갖고 있다. 더욱이 「마가복음」 16장 15절이 모든 창조세계를 복음 선포의 대상자로 삼은 것으로 볼 때, 본문에 등장한 동물을 의미 없는 상징물로 보는 것은 옳지 않다.[24] 둘째, 동물을 공포의 상징으로 보는 견해이다. 로마이어(E. Lohmeyer)는 광야와 사탄의 적대적 성격을 강조하면서, 동물 역시 천사와 적대적 관계에 있는 사탄과 연관된 존재로 본다. 셋째, 본문을 「시편」 91장 11-13절과 「욥기」 5장 22절과 관련시켜 동물을 예수의 적대자로 보는 견해이다. 그러나 본문은 공동체성을 뜻하는 2격의 $\mu\varepsilon\tau\acute{a}$를 통해서 '예수 가운데' 또는 '예수와 함께'한 동물의 모습을 강조하고 있으며, 계속적 행위를 나타내는 과거형 동사($\mathring{\eta}\nu$)를 사용함으로 동물과의 예수의 연속적인 친교를 나타낸다. 칠십인 역(LXX)에 따르면 동물에 해당하는 헬라어 테리온($\theta\eta\rho\acute{\iota}o\nu$)은 광야에 사는 농촌 동물로서 「창세기」 2장 19절에서 이름을 짓도록 아담에게로 인도되었던 들판의 동물을 가리킨다. 넷째, 「창세기」 2장 이하와의 유형론적 관계에서 동물을 이해하는 관점이다. 특히 아담과 그리스도를 유형론적으로 이해한다. 첫 번째 아담은 하나님께 거역함으로 인간과 동물의 관계도 파괴했지만, 두 번째 아담 예수는 하나님께 순종함으로 이 관계를 회복시켜 주었다. 그러므로 「마가복음」

1장 13절에 동물과 함께하신 예수의 모습은 예수 그리스도께서 탄생하기 500년 전에 제2이사야가 고대했던 종말론적 평화로운 왕국의 실현(「이사야」 11: 6-9)을 예시한 것으로 보는 것이 옳다고 하겠다.[25] 과거 예언자들에 의해 선포되었던 사나운 동물과의 평화가 예수의 삶에서 실현되면서 '여섯째 날의 공동체'가 다시 회복되었다는 것이다.[26] 아담의 죄로 인해 파괴되었던 창조의 평화가 다시 회복되는 날, 이리가 어린양과 함께 거하고, 표범이 새끼 염소와 함께 누우며, 송아지와 어린 사자와 살진 짐승이 함께하며, 어린아이가 그들을 이끌며, 젖 먹는 아이가 독사의 구멍에서 장난하며, 젖 뗀 아이가 독사의 굴에 손을 넣어도 해를 받지 않을 것이라는 확신이 실현되는 순간이다. 예수 안에서 새 하늘과 새 땅을 창조하시는 전적으로 새로운 하나님의 역사(사 65:17; 66:22)가 인간과 동물과 함께 시작되었다.

이 같은 소망의 확신은 2세기 초에 기록된 시리아의 「바룩서」(syrBar), 「제4에스라」(IV Esr), 기원 후 1세기에 쓰인 「모세 외경」(ApkMos) 등과 같은 성경 외의 문헌에서도 발견된다.[27] 시리아의 「바룩서」를 보면, 아담의 죄가 그와 그의 후예에게만 죽음을 가져다주었을 뿐만 아니라, 모든 피조물을 타락하게 했다는 사상을 찾아볼 수 있다.

주께서 내게 말씀하셨다. 이스라엘의 지역 역시 그와 같은 상태에 있었다. 왜냐하면 내가 그들을 위하여 세상을 창조했기 때문이다. 그러나 아담이 내 계명을 범했을 때 피조물이 심판을 받게 되었다. 그때 이 세상에 있는 통로들이 좁아지고 고통스럽고도 어려우며, 작고도 악해졌고, 위협과 큰 위험으로 가득 차게 되었다.(「제4 에스라서」 7:10-12)[28]

「모세 외경」은 '동물 통치'가 인간의 죄로 인해 시작되었다고 기록한다. 이브의 불순종으로 인해 모든 피조물을 위해 창조된 에덴동산이 사라진 후 동물은 인류를 위협하는 적대적 존재가 되었다고 주장한다. 그레서(I. Gräβer)는 이러한 외경의 전승에 따라 「마가복음」 1장 12-13절에 기록된 예수와 함께 한 동물을 「창세기」 1장과 2장의 창조사와 연관해 해석한다. 앞에서도 언급했듯이, 아담을 '둘째 아담'인 예수와 대비시킨 것이다. 「모세 외경」은 아담의 타락이 결국 죄 없는 동물까지도 타락하게 만들었다고 말한다. 「모세 외경」에는 낙원에서 지상으로 가는 길에 이브가 어떤 야수의 습격을 받는 이야기가 기록되어 있다. 그러자 이브는 자신의 인격 안에 있는 하나님의 형상을 손상시켰다는 이유로 이 동물을 고발한다. 그러자 야수는 이브에게 다음과 같이 소리친다.

> 오, 이브여! 우리에게 불손하게 대하거나 화내지 말고 당신 스스로에게나 그렇게 하시오. 이는 동물에 대한 통치가 당신에게서 시작되었기 때문이오.(ApkMos XI,1)[29]

동물에 대한 통치권은 원래 인간에게 있으나 인간의 타락으로 동물까지도 타락하게 되었으니, 오늘 야수의 악한 행위의 책임은 근본적으로 인간에게 있다는 변론이다.

신앙의 역사에서 볼 때, 오직 예수의 오심으로 죄와 타락의 고리로부터 궁극적으로 해방될 수 있다는 소망이 생겨났다. 바울은 그리스도께서 둘째 아담으로서 모든 피조세계를 구원하실 것이라고 말한다(「로마서」 5:12-21; 「고린도전서」 15:21 이하, 45-49; 「로마서」 8:18 이하). 첫째 아담은 낙원에서 천사를 쫓아내었지만, 천사는 둘째 아담을 위해 봉사했다. 첫째 아담은 불순종으로 인해 동물까지도 타락의 늪으로 빠뜨렸으나, 둘째 아담은 동물과 함께 낙원의 공동체를 회복했다. 첫째 아담은 하나님과 같이 되려고 했고 창조의 평화를 깨뜨렸으나, 둘째 아담은 순종함으로 이 평화를 회복하였다. 결국 예수가 동물과 함께 했다는 「마가복음」 1장 13절의 말씀은, 첫 사람 아담이 경솔하여 상실한 낙원을 예수께서 다시 여셨다는 뜻으로 보아야 할 것이다.[30] 예수가 사탄을 이김으로 그리스도의 통치가 시작되었고 결국 낙원의 중요한 요소였던 동물의 평화가 회복되었다.[31]

(2) 바울과 동물

「마가복음」 1장 1절이 제시한 종말론적 구원은 예수의 사도인 바울을 통해 계속 선포되었다. 바울은 인간만이 아니라 모든 피조물이 고난 가운데서 하나님의 종말론적 구원을 간절히 기다리고 있다고 선언한다.

> 확신하건대 현재의 고난은 장차 우리에게 나타날 영광과 족히 비교할 수 없도다. 모든 피조물이 고대하는 바는 하나님의 아들들의 나타나는 것이니 피조물이 허무한데 굴복한 것은 자기 뜻에서 난 것이 아니요 오직 그들을 굴복케 하시는 이로 말미암음이나, 그 바라는 것은 피조물도 허무함의 종살이에서 해방되어 하나님의 자녀들의 영광의 자유에 이르는 것이니라. 모든 피조물이 오늘날까지 함께 탄식하며 함께 고통 하는 것을 우리가 알고 있노라.(「로마서」 8:18-22)

바울은 동물을 포함한 모든 피조물이 하나님의 구원사의 계획 속에 포함되어 있다고 말한다. 그런 점에서 인간과 동물은 고난과 운명의 한 공동체를 형성하고 있을 뿐만 아니라 동시에 한 소망의 공동체 안에서 살아간다. 인간 외의 다른 피조물들의 탄식은 그리스도교의 신앙 전승에서 오랫동안 주목받지 못했다. 그러나 바울은 인간만이 아니라 모든 피조물이 고대하는 구원에 대한 갈망을 알고 있었다. 바울은 하나님의 창조가 종말론적 구원을 지향하고 있다고 선포하였다. 태초에 하늘과 땅을 지으신 하나님께서 마지막 날에 모든 피조물을 위한 새 하늘과 새 땅을 이루실 것이며(「이사야」 65:17; 「요한계시록」 21:1), 아담의 죄로 인해 파괴된 인간과 동물 간의 평화가 다시 회복될 것이다.

「로마서」 8장 19절에서 바울은 '피조물'에 해당하는 헬라어 '크티시스'를 아담의 후예인 인간에게만 적용하지 않았다. 바울은 허무한데 굴복하여 수동적인 상태로 구원을 기다리고 있는 모든 피조물에 대해 말한다. 왜냐하면 모든 피조물이 범죄의 저주 아래 놓여 있기 때문이다. 이미 「창세기」 1장 26-28절에서 하나님은 인간을 모든 피조물 중에서 만물이라고 말씀하셨다. 오직 인간에게만 하나님이 영을 부어주시고 그들을 향해 하나님의 아들이라 칭하셨다(「로마서」 8:15, 23). 그러므로 피조물들은 영광의 계시가 먼저 인간 가운데 나타나기를 고대하고 있다(「로마서」 8:19). 피조물은 인간과 동일하게 고난을 당하고 또한 소망하면서 구원을 기다리는 가운데 하나님의 자녀들의 영광에 함께 참여한다.[32] 이러한 바울의 말씀은 앞에서 살펴본 히브리 지혜 전승의 영향으로 보인다. 구약의 지혜자는 다음과 같이 말한다.

내가 심중에 이르기를 인생의 일에 대하여 하나님이 저희를 시험하시리니 저희로 자기가 짐승보다 다름이 없는 줄을 깨닫게 하려 하심이라 하였노라.

인생에게 임하는 일이 일반이라. 다 동일한 호흡이 있어서 이의 죽음같이 저도 죽으니 사람이 짐승보다 뛰어남이 없음은 모든 것이 헛됨이로다. 다 흙으로 말미암았으므로 다 흙으로 돌아가나니 다 한 곳으로 가거니와 인생의 혼은 위로 올라가고 짐승의 혼은 아래 곧 땅으로 내려가는 줄을 누가 알랴.(「전도서」 3:18-21)

대량 사육이나 동물실험의 고통을 알지 못했던 바울이 「로마서」에서 인간과 동물의 관계에 대한 어떤 윤리적 원리를 도출하려고 하지 않았음은 분명하다. 그러나 이 본문에서 서술된 하나님의 백성과 인간외적 피조물간의 긴밀한 연대는 잠재적 동지애를 불러일으킨다.[33] 그리고 이 잠재적 동지애를 실제적 동지애로 변화시키는 것이 그리스도교 윤리학의 과제라고 하겠다.

이상의 성서적 전통에 따라 살펴본 유대-그리스도교의 동물 이해를 다음과 같이 요약해 볼 수 있다. 그동안 유대-그리스도교 신학은 동물을 오직 인간의 대상으로 보았다. 하지만 성서의 말씀을 통해 동물은 인간의 가장 가까운 이웃으로 지어진 존재라는 것을 깨닫게 된 사람이라면 동물의 이웃됨도 진지하게 고려해야 한다. 동물을 인간이 제 마음대로 처리할 수 있는 대상으로 보는 사고는 동물을 단지 인간을 위한 희생제물로 보는 사고와 다를 바 없다. 그러나 어린 양 그리스도의 대속의 보혈에 대한 믿음을 가지고 이러한 사고를 교정해야 한다. 동물의 권리는 인간이 피조물에 대한 자신의 권리를 제한할 때만이 보존될 수 있다. 오늘날 교회가 오래전에 상실한 금욕의 이념이 바리새적 관점이 아니라 생명윤리적 입장에서 새롭게 요청되고 있다. 라틴 교부 히에로니무스(E. Hieronymus)는 393년 『요비니아누스를 반박함』(Adversus Jovinianum)이라는 책에서 다음과 같이 말한다.

> 육류의 섭취가 노아 홍수 이전까지는 알려지지 않았습니다. 그 이후로 모세를 통한 우리의 강퍅한 마음으로 인해 우리에게 허락되었습니다. 그러나 그리스도께서 모든 시간의 마지막 때 오셔서 알파를 오메가로 돌려놓으신 이후로는 우리는 더 이상 고기를 먹지 않습니다.[34]

우리 그리스도인들이 채식주의자나 비건(vegan)이 되어야 할지에 관해선 별도의 신학적 논의가 필요할 것이다. 그러나 교회는 일찍부터 절제와 금식과 같은 금욕적 신앙윤리를 실천해 왔다. 금식은 단지 그리스도의 죽음과 고난만을 기억하는 신앙적 교훈이 아니라, 피조물과의 평화의 상징이며 그리스도가 희생제물이 되었던 것에 대한 감사의 표이기도 하다.[35] 그리스도가 오신 이후 모든 피조물은 서로 화답하며 새 생명의 기쁨을 찬양한다.

3. 동물의 존엄성과 인간기원론

앞서 살펴본 바와 같이 성서적 전통은 하나님의 창조세계 속에서 인간만의 특별한 위치를 인정하면서도 동시에 다른 피조물을 위한 책임과 과제를 부과하였다. 그뿐만 아니라 동물은 하나님의 사랑과 보호를 받는 존재요 언약의 대상이라고 선포한다. 인간이 하나님의 형상대로 지음 받았기에 존엄하다면, 언약의 공동체의 일원으로 초대받은 동물 역시 존엄한 존재라고 인정하지 않을 수 없다. 그렇다면 동물은 인간과 동일한 존엄과 권리를 소유하고 있다고 주장할 수 있지 않을까? 이 질문은 복잡하고도 복합적인 법윤리적 문제이기에 여기서 자세히 다룰 수 없다.[36] 이 글에선 스위스의 사례를 중심으로 필자의 신학적 입장을 간략하게 정리해 보고자 한다.

1) 피조물의 존엄성

1992년 5월 17일 스위스 연방헌법은 동식물을 대상으로 한 유전공학적 규정을 공포하면서 '피조물의 존엄성'(Würde der Kreatur)을 도덕적이며 정치적 행위를 위한 관계 칙도, 곧 국가가 책임져야 할 보호 목적으로 규정한 바 있다.[37]

> (스위스) 연방은 동물, 식물 그리고 다른 유기체들의 배아와 유전자의 관리 규정을 공포한다. 이에 연방은 인간, 동물 그리고 환경의 보호는 물론 피조물의 존엄성도 고려할 뿐만 아니라 동물과 식물류의 유전적 다양성을 보호한다. (제24조 novies 3항)

이 조항은 피조물에게 부당하게 고난과 고통을 주거나 피해와 공포를 조성하는 행동을 금하고, 동물을 겉모습이나 무능함을 근거로 인간의 도구로 삼는 행위를 예방하려는 뜻을 담고 있다. 하지만 종교적 냄새가 물씬 풍기는 '피조물의 존엄성'이란 개념을 법적 개념으로 수용하고 입법화하는 일은 찬성만큼이나 격렬한 반대에 부딪힐 수밖에 없었다. 피조물의 존엄성이 절대적으로 존중되고 고려되어야 할 인간의 존엄성에 대한 요구를 약화시킨다는 비난도 있었고, 피조물의 존엄성의 주체와 내용에 대한 질문도 제기되었다. 구체적으로 무엇이 보호되어야하는지 그 범위가 분명치 않다는 비판도 받고 있다. 동물의 존엄성이 주장되려면 어떤 구체적인 도덕적이며 법적 규범 안에서 피조물의 존엄성이 합류될 수 있는지 그리고 어떻게 이를 논증할 수 있는지 대답되어야 한다는 말이다. 동물 존엄성에 대한 논쟁이 고조되자 스위스 '환경, 숲 그리고 지역을 위한 연방정부(BUWAL)'는 베른대학의 법학자 살라딘(P. Saladin)과 신학자 프레토리우스(I. Praetorius)에게 이 개념의 법적이며 신학적 검증을,[38] 취리히대학 철학과의 발저(P. Balzer), 립페(K. P. Rippe), 샤버(P. Schaber)에게 철학적이며 윤리적인 검토를 위임하였다.[39] 이들은 서로 다른 평가를 내렸다. 살라딘과 프레토리우스가 피조물의 존엄성을 법적으로도 수용 가능한 개념으로 판단한 반면, 취리히의 철학자들은 이러한 주장에 깊은 우려를 표명했다.

스위스 연방헌법은 피조물의 존엄성이란 개념을 유전공학 문제와 관련해 사용하였다. 살라딘과 프레토리우스는 인간을 위해 동물을 유전공학적으로 이용하는 행위를 '동물 존엄성'에 대한 침해라고 판단한다. 그러나 발저와 같은 철학자들은 원칙적으로 유전자 조작을 통한 새로운 생명의 생산이 피조물의 존엄성을 해치는 행동이 아니라고 주장한다. 피조물의 존엄성은 그 개념이나 논증 방식에 있어 인간 존엄성과는 한 축에서 이해될 수 없다는 것이다.[40]

동물의 존엄성에 대한 윤리적 이해는 동물을 사물로 보느냐 아니면 인격체로 보느냐에 따라 달라진다. 주지하다시피 데카르트는 '동물기계론'을 주장하였다.[41] 그렇다면 그리스도교적 신앙전통에선 동물의 존엄성을 어떻게 평가해야 할까? 분명히 성서적 사고는 동물을 인격은 물론 기계로도 평가하지 않는다. 동물은 하나님의 창조세계의 한 부분으로 하나님이 주신 자신의 고유한 생명권을 가지고 있다. 동물의 생명은 하나님의 소유이다. 그러므로 인간을 위한 유용성이 동물과 인간의 관계를 측정하는 척도가 될 수 없다. 그렇다면 동물에게도 존엄성이란 술어를 부여할 수 있을까? 신학자 헤를레 (W. Härle)의 연구에서 이에 대한 한 신학적 해답을 찾아보자.

헤를레는 존엄성을 '존중받을 당연한 권리'라고 정의하고 하나님의 모든 피조물이 갖는 고유한 존엄성을 주장한다. 그는 '존중'이란 개념을 다의적으로 정의한다.[42] 여기서 존중한다는 말은 하나님의 피조물들이 서로 만날 때 발생하는 상호 간의 존중, 가치부여, 배려, 인식 등을 뜻한다.[43] 헤를레는 '하나님이 너를 모든 피조물들과 함께 지으셨다'는 종교개혁자 마르틴 루터의 말을 인용하면서 인간이나 동물만이 아니라, 모든 피조물이 자기 고유의 존엄성을 소유하고 있다고 주장한다.

> 창조의 신앙은 온 세계가 초월적인 근원과 관계를 맺고 있음을 믿음으로 이의 의미를 긍정적으로 인지합니다. 이러한 점에서 모든 다른 피조물들도 태어날 때부터 (하나님께 받은) 존중받을 당연한 권리, 곧 존엄성을 가지고 있음을 확신하게 됩니다.[44]

그렇다면 동물 존엄성과 인간 존엄성은 동일할까? 성서에 기록된 창조기사를 보면 하나님은 지으신 '모든' 것을 보시고 심히 '좋다'고 하셨다(「창세기」 1:31). 그런 점에서 모든 피조물은 선하고 존엄하다는 주장이 가능하다. 그러나 이것이 성서가 동물에 대해 말해 주는 전부는 아니다. 성경을 보면 하나님은 인간과 동물들이 채식하도록 지으셨다(「창세기」 1:29-30). 인간과 동물이 동일하게 '채식'하는 존재로 지음을 받았다는 기록은 하나님께서 모든 피조물을 존엄한 존재로 지으셨다는 성서기자의 해설일 수 있다. 하지만 인간의 교만과 허약함으로 인해 악이 세상에 들어오면서 채식의 규칙은 깨어졌고, 그 이후 인간에게 동물의 식용이 허락되었다(「창세기」 9:5-5).

이 본문은 존엄성의 문제에 비추어볼 때 새로운 이해를 던져주는데, 성서의 창조 이야기는 창조의 선함에 근거해 인간 존엄성은 물론 동물 존엄성도 인정한다는 것이다. 하지만 하나님은 타락 후 동물의 '인간 식용'이 아니라, 인간의 '동물 식용'을 허락하셨다. 인간이 동물을 먹을 수 있다는 말은 인간의 존엄성이 동물의 존엄성과 같을 수 없다는 것을 의미한다. 인간 외의 다른 피조물의 존엄성은 생명 혹은 진화의 법칙이나 악의 현실로 인해 제한될 수밖에 없다. 그러나 한 가지 기억해야 할 바가 있다면, 성서는 이러한 왜곡된 구조가 영원히 계속될 것이라고 말하지 않는다는 점이다. 모든 피조물은 세계의 악과 고통에서 벗어나 창조의 평화와 완성이 이루어지기를 소망한다(사 11:6-8; 롬 8:21-25).

2) 동료 피조물

동물의 존엄성에 대한 법윤리적 논란이 분분한 사이 윤리학계에선 '동료 피조물'(fellow creatures)에 대한 논의가 조용히 진행되고 있다.[45] 동료 피조물이란, 성서가 인간을 하나님의 창조세계에서 '노동하는 인간'인 동시에 이를 '보존하는 인간'으로 규정하였다는 데 기초한다. 취리히의 교회역사가이었던 블랑케(F. Blanke)는 환경윤리적 의미에서 동료 피조물의 개념을 다음과 같이 정의하였다.

살아 있는 모든 것은 창조자의 영의 지배를 받는다. 인간이든 아니든 우리

는 큰 가족의 구성원이다. 이와 같이 동료 피조물(동료 인간에 대한 반대 개념으로)
이란 말은 우리에게 의무를 부과하는데, 이는 다른 가족 구성원에 대한 우리
의 책임을 환기한다.[46]

이 개념이 동물의 존엄성과 동일한 목적 혹은 최소한 비슷한 동기를 가지
고 있다는 점에서 2003년 스위스 동물보호법 초안에 삽입되기도 했다.[47] 특
별히 눈에 띄는 점은, 스위스 연방헌법과 독일연방의 동물보호법이 동물의
존엄성을 인정하고 그들을 동료 피조물이라 부르며 법조문 안에 신학적 개
념을 채용한 사실이다. 이미 1986년부터 독일 동물보호법은 동물을 더 이상
물권법(Sachenrecht)으로 다루지 않는다. 대신 인간이 그의 복지를 책임져야
할 동료 피조물이라고 판단한다. 창조의 보존과 동물의 동료 피조성에 대한
신학적 주장이 교회의 영역 밖에서 동물의 법적 보호를 위해 응용되고 있다
는 점은 매우 고무적이다.

동료 피조물은 동물이나 인간이나 모두 창조세계의 한 구성원으로서 동
일한 도덕적 질서 속에서 산다는 점을 강조한다. 철학자 프로이스(D. Preuβ)
는 동료 피조성이란 개념이 가지고 있는 두 가지 장점을 다음과 같이 정리
한다.[48] 첫째, 피조세계의 공동체성을 강조하는 이 개념은 그 의미상 동물이
하나님의 창조세계에서 인간과 공생하고 있음을 강조한다. 이러한 강조점
은 인간에게 동물에 대한 책임을 좀 더 효과적으로 환기시킬 수 있다. 동물
의 존엄성을 주장할 경우, 길들여지지 않은 야생동물이나 남에게 큰 피해를
줄 수 있는 동물도 존엄하냐는 비판이 쏟아진다. 하지만 동료 피조성은 동
물들이 우리 인간들과 함께 살아간다는 사실만을 강조함으로 동물에 대한
인간의 도덕적 책임을 좀 더 쉽게 논증한다. 둘째, 동료 피조성은 시간이 흐

를수록 동물들이 인간에게 더욱 종속되어 가고 있다는 점을 인식시키며 동물에 대한 인간의 의무를 강화할 수 있다.

결국 동물의 동료 피조성은 두 가지의 도덕적 의무를 환기시킨다. 첫째, 우리는 하나님이 지으신 창조세계에서 다른 피조물과 연합하고 협력하며 살아야 한다. 둘째, 하나님 앞에서 다른 피조물의 생명을 촉진하며 존경과 경외심을 가지고 동료 피조물에 대한 책임을 다해야 한다. 그렇다면 인간이 우주의 중심이라는 인간중심적 세계관이 옳다는 말일까?

3) 인간기원론

인간중심적 세계관에 따르면, 인간은 자연적 존재가 아니라 정신적이며 문화적인 존재요 유일하게 도덕적 능력을 소유한 존재이다. 그러므로 인간은 다른 피조물과 동일하게 취급되어서는 안 된다.[49] '인간중심주의'는 철학적으로는 정신과 물질을 나누고, 자연의 존재는 인간의 사고 속에서만 의미를 가질 수 있다고 본 데카르트의 이원론에 기원을 두고 있으며, 칸트(I. Kant)에 의해 좀 더 구체적으로 체계화되었다.[50] 칸트에 따르면 모든 조직체, 즉 모든 살아 있는 존재 중 단지 인간만이 이성적 존재로서 목적 그 자체이다. 인격체요 이성적 존재인 인간만이 도덕적으로 행동할 수 있는 능력을 소유하고 있다. 이와 같은 절대적 가치에 근거해 인간의 존엄성이 철학적으로 논증되는데, 도덕적 명령의 의식 안에서 인간은 자신을 자유로운 자로 인식하게 된다. 인간세계의 기초는 '상호성'이며 그런 점에서 인간은 상호간에 도덕적 의무를 져야 한다. 상호간 의무를 지는 인간의 공동체만이 '법공동체' 곧 법을 시행할 수 있는 능력을 갖춘 공동체가 된다. 그런즉 법을 시행할 능력이 없는 인간 외의 다른 피조물들은 법적 주체가 될 수 없다.

인간중심주의는 세계를 인간이라는 토대 위에 세운다. 그로 인해 인간중심주의가 동물의 고유한 가치는 물론 동물에 대한 인간의 도덕적 책무도 진지하게 고려하지 않는다고 비판을 받는 것은 당연한 일인지도 모른다. 또한 인간중심주의가 인간의 도덕적이며 이성적 능력을 다른 존재와 구별되는 인간만의 특별한 특징이라고 주장하지만 이러한 본질을 모든 사람들에게 적용할 수 없는 이론적 한계를 노정하고 있다.[51] 이런 이유로 인간중심주의 대신 '신중심주의' 혹은 '자연중심주의'가 제언되기도 하지만, 신중심주의는 신학자들이 너무 손쉽게 선택하는 윤리적 대안으로 보인다. 신중심주의는 인간이 져야 할 도덕적 의무를 하나님께 넘길 뿐만 아니라, 인간의 도덕적 가능성을 원초적으로 부정하는 비관적 세계관에 기초해 있기에 도덕적 행위의 주체성을 모호하게 만들기까지 한다. 신중심주의의 대표자라고 불리는 드레버만(E. Drewermann)의 주장을 살펴보자.[52]

드레버만에 따르면 현대의 환경 위기는 그리스도교가 세속화된 결과이다. 그런만큼 환경윤리의 문제도 기술과학만이 아니라 인간의 죄의 역사 속에서 밝혀져야 한다. 성서 안에 나타난 창조의 역사는 자연적인 삶을 역행하며 살아온 도시인들의 문화였다. 오직 자기 배만 불리려고 애쓰며 살아온 도시인들의 문화철학이 소위 '인간중심주의'이다. 인류는 그 첫 사람으로부터 뱀의 유혹에 넘어가 죄를 짓고 하나님을 두려워하게 되었으며, 또한 이러한 두려움으로 인해 어그러지고 왜곡된 하나님에 대한 생각을 갖게 되었다. 인간은 더 이상 '하나님과 함께하는 존재'가 아니라 '하나님과 같은 존재'가 되려고 노력해 왔다. 인간의 문화사는 이의 대가이다. 하나님과 같이 되려고 노력해 온 인간은 결국 자신들만이 만물의 척도라는 노이로제와 자기

망상에 빠지게 되었고, 죄의식과 노이로제에 빠져 모든 것을 인간중심적 방향으로 사고하면서, 오직 인간 종의 유지와 보존을 위해서만 살아 왔다. 바로 이것이 환경 위기의 원인이요, 인간이 생각하는 윤리라는 것이다. 그러므로 드레버만은 다음과 같이 고발한다.

> 인간 이외의 세계가 인간 종의 유지를 위해 잘 기여하고 있으면, 우리는 그것을 윤리라고 해석한다. 자신의 종을 지키려는 이러한 노력에 직접적으로 방해가 되는 것을 금지하고 도덕적으로 문제가 있다고 낙인을 찍는다.[53]

그렇다면 그가 생각하는 그리스도교적 환경윤리학의 과제는 무엇일까? 자기중심적 자아 집착에 빠져 있는 인간이 하나님 앞에서 자신의 본래적 모습을 발견하고 하나님께 돌아가 창조세계와 화해하며 평화롭게 살아가는 것이다. 하나님 앞에서 죄를 짓고 죄책감에 사로잡혀 살아가는 인간에 대한 강조에서 드레버만이 가지고 있는 신중심적 비전을 읽어볼 수 있다. 하지만 환경위기를 하나님에 대한 인간의 왜곡된 관계에 두고 도덕적인 것의 뿌리를 종교적인 것으로 판단하는 드레버만의 주장은 염세적인 세계관에 근거하고 있을 뿐만 아니라, 환경윤리의 해결을 오직 하나님을 향한 각 개인의 심정적 변화에만 기대하고 있는 듯한 인상을 준다.

그렇다면 '자연중심주의'는 합리적 대안이 될 수 있을까? 그렇게 보이지는 않는다. 자연중심주의가 인간중심주의를 전제하지 않고서도 자신의 윤리적 의무를 논증할 수 있을는지 의심스럽다. 동물에 대한 윤리적 의무는 인간의 필요와 관심과 연관해 숙고하지 않고는 주장될 수 없기 때문이다. 자연중심주의는 더욱이 자연주의적 오류에 빠지기 쉽다. 자연의 고유한 가치를 인정하지 않는 바는 아니지만 자연에게 절대적 가치를 부여하려는 시도는 의미 없는 생각이다. 이보다는 '윤리적 인간중심주의'가 주장되어야 하지 않을까?[54] 인간중심주의의 대표자 칸트는 누구보다 엄중하게 동물에 대한 인간의 책임과 의무를 강조했는데, 그 이유는 동물보호가 이성적이며 존엄한 인간의 품위에 합당한 행위이기 때문이다. 칸트는 인간의 의무를 그 대상에 따라 구별한다. 다시 말해 자신이나 이웃에 대한 의무가 자연이나 초자연적 존재에 대한 의무와 같을 수 없다는 말이다. 그의 분류에 따르면, 동물은 인격체나 이성적인 도덕적 주체기 아니기에 인간은 이들에 대한 도덕적 의무를 지지 않는다. 하지만 칸트는 동물 학대를 막기 위해 노력해야 할 인간의 의무를 힘주어 강조한다. 칸트는 동물을 '인류의 유비체'라고 부르고 동물 학대가 인간의 도덕적 감정을 마비시킨다고 엄격히 경고한 바 있다.[55]

비록 다수의 신학윤리학자들이 자연중심주의나 신중심주의를 선호하지만 필자는 그리스도교 동물윤리가 칸트의 입장을 크게 벗어날 수 없다고 본다. 성서적 전통은 분명 자연과 동물을 윤리적 행위의 주체로 파악하지 않는다. 그렇지만 전통적 인간중심주의가 협소한 인간 이해에 근거하고 있는 것이 사실이며 마치 인간을 위해서라면 무엇이라도 허락될 수 있다는 오해를 줄 수 있다. 그렇다고 신중심주의나 자연중심주의를 택해야 할 것 같지도 않다.

필자는 여기서 '인간기원론'을 주장한다. '인간기원(anthropogen)'이란 인간의 도덕적 사고와 행위가 인간의 이성과 신앙에서 연원(γένεσις)했지만, 결코 그 자리에 머무르지 않고 다른 피조물의 영역으로까지 뛰어넘어 가 종국적으로 자연의 생명과 기본적 권리와 필요까지 고려해야 한다는 주장이다. 이런 점에서 인간기원론은 인간을 자연의 중심으로 설정한 후 자연을 도구나 생명 없는 물건처럼 다루려는 인간중심주의와는 다르다. 인간기원론은 인간과 동물 사이에도 정의의 원칙이 지켜져야 한다고 주장한다. 이러한 주장의 대표자로 정의론에 근거해 동물의 권리를 주장한 철학자 회페를 언급할 수 있다.[56]

회페는 칸트와 같이 정의를 '상호성의 의무'로 정의하고, 이에 근거해 동물에 대한 인간의 권리를 논증한다. 하지만 그는 먼저 동등한 존재들 가운데서만 정의로운 관계가 존재할 수 있다는 생각을 버리라고 말한다. 정의는 동등성만으로 판단될 수 없다. 이보다는 인간과 동물의 상호성에 주목할 것을 주문한다.[57] 정의가 상호성에 근거하고 있다는 점에서 비록 인간과 동물이 동등한 존재는 아니라 할지라도 이 둘 사이에 책임적 관계가 형성된다. 그러나 여기서 책임의 주체는 인간이 될 수밖에 없다. 공리주의자들은 동물의 권리를 변호하기 위해 고통인지 능력 같은 동물의 특징을 제시하고 인간의 동점심에 호소하지만, 회페에 따르면 이것만으로 동물에 대한 인간의 의무를 논증하기에는 충분치 못하다. 다시 말해 동물이 인간과 같이 아픔과 고난을 느끼는 존재라는 이유만으로 권리를 부여할 수 없다. 동물의 권리는 인간과의 관계를 통해 발생하는 것이고, 그 관계의 정도에 따라 의무와 책임의 강도가 달라질 수밖에 없기 때문이다. 회페의 '정의론'에 따르면 "책임은 물론 항목에 따라선 권리에도 서로 다른 단계들이 존재한다."[58] 예컨대 야생동물에 대한 인간의 도덕적 책임보다 반려동물에 대한 책임이 더 클 수밖에 없다. 왜냐하면 인간은 동물을 길들여 결국 자신을 의지하는 종속적 존재로 만들었기 때문이다. 길들이는 행동을 통해 인간은 동물을 자신의 집(Oikos)에 들여 놓았고 야생에 사는 동물보다 더 많은 책임을 지게 되었다.

이 말은 야생동물에 대해선 도덕적으로 책임이 없다는 말은 아니다. 인간은 야생동물들에게도 정의롭게 대해야 할 의무가 있다. 왜냐하면 지속적 문명화 과정은 동물의 자연적 삶의 공간을 점점 더 잠식해 가고 있으며, 그 결과 모든 동물들을 간접적으로 인간의 영향력 아래 종속시켰기 때문이다.

인간기원적 해석은 성서적 창조 이해와 부합한다. 창조신앙은 동물에 대한 인간의 도덕적 책임이 직접적인 책임이 아니라 하나님이 위임하신 간접적 책임이라고 말씀한다. 여기서 인간은 하나님이 지으신 피조물 가운데 그의 형상으로 지음 받은 최고의 피조물이며 사연의 한 부분이 아니라 자연의 주인이며 중심이다(「창세기」 1:26 이하). 이에 따라 성경은 다른 피조물에 대한 인간의 특별한 수익권을 인정하고(「창세기」 1:28 이하; 「창세기」 9:2 이하) 이들의 생명을 보호할 것을 명령한다(「창세기」 9:4-7).

4. 동물의 구원과 교회의 실천 과제

1) 동물의 영혼

동물도 영혼이 있을까? 그리스도교 신앙에서 영혼은 구원에 대한 질문이기도 하다. 동물도 영혼이 있느냐는 질문은 '동물도 구원받을 수 있느냐?'는 질문과 상통한다. 언젠가 신학자 토마스 아퀴나스가 수도원 식당에서 성찬 후 남은 빵을 훔쳐 먹는 쥐를 보며, '쥐가 성찬용 빵을 먹었다고 하늘나라에 갈 수 있느냐?'고 질문한 적이 있다. 성찬의 참여는 구원 받은 신자의 징표가 되기 때문이다. 아퀴나스는 이를 부정하였다.

'동물도 영혼이 있느냐?'는 질문은 영혼을 어떻게 이해하느냐에 따라 다양하게 대답될 수 있다. 신학적으로 영은 네 가지 차원의 의미를 가지고 있다.[59] 첫째는 활성(anima)으로 생명력을 뜻하며 식물, 동물, 인간 모두가 이를 공유하고 있다. 둘째는 감성(sensus)으로 감각, 정서를 뜻하며 동물, 인간이 소유하고 있다. 셋째는 이성(ratio)으로 이성과 사고 능력을 의미하며 인간(중세사회에서는 천사도 포함)의 능력이다. 넷째는 영성(fides)으로 신앙을 의미하며 그리스도인만이 소유하고 있다. 이렇게 구별해 볼 때 구원의 전제는 믿음이다. 인간을 가리켜 '기도하는 동물'(Hardy)이라는 비유를 사용하기도 하지만 이제까지 우리는 믿음을 가진 동물, 하나님께 예배드리는 동물을 본 일이 없다. 「전도서」 3장 21절의 말씀과 같이 성경에 동물의 영혼에 대한 언급이 없는 것은 아니지만, 이것을 동물의 영혼을 주장하거나 구원을 말하는 본문으로는 해석하기엔 무리가 있다. 그렇다고 동물을 인간 마음대로 처리해도 좋다는 말은 아니다. 동물이 하나님의 구원의 대상은 아니지만, 그분의 사랑을 받는 존재임은 분명하기 때문이다. 그러므로 그리스도인들은 우리 사회의 약자일 수밖에 없는 동물을 사랑해야 할 신앙적 의무가 있다.

로마 가톨릭 교회는 오래전부터 동물을 축복하는 예식을 거행해 왔다. 최근 서구의 개신교에서도 동물 축복과 '동물예배'가 시행되고 있다. 하지만 동물 성례가 신학적으로 문제가 되는 것도 사실이다. 그리스도교의 형제애를 인간의 영역으로 한정해서는 안 되겠지만, 동물제의나 종교적 혼합주의로 오해 받을 수 있는 동물 장례는 거절되어야 한다. 그러나 동물의 생명을 위해선 기도해야 한다. 창조신앙에서 볼 때 인간만을 위해 기도하는 행위는 종 이기심의 발로이다. 이런 점에서 슈바이처(A. Schweitzer)의 회상은 그리스도인의 기도의 모범을 보여준다.

나는 어릴 때부터 동물에 대한 동정심이 필요함을 느꼈습니다. 학교에 입학하기 전부터 저녁 잠자리에서 기도할 때마다 어째서 사람들만을 위해서 기도해야 하는지 이해할 수가 없었습니다. 어머니께서 나와 저녁기도를 마치시고 작별 키스를 하고 나가신 후에 나는 모든 살아 있는 것들을 위해 내가 작성한 비밀스러운 기도를 보충적으로 드렸습니다. 기도는 다음과 같습니다. '사랑의 하나님, 숨 쉬는 모든 것을 보호하여 주시고 축복하시며, 모든 악에서 보존하시며 편안한 쉼을 주옵소서.'[60]

2) 교회의 책임 과제

한 사회가 경제공황이나 전쟁과 같은 위기에 빠지면 이웃에 대한 관심과 배려도 함께 줄어들기 마련이다. 소외된 자들은 더 소외되고 궁핍한 자는 더 궁핍한 생활에 시달리게 된다. 점점 더 인간 사이에 연대의 줄이 끊어지는 냉혹한 현실에서 다른 피조물의 삶은 쉽게 잊혀질 수밖에 없다. 그러므로 동물이 생존의 위기를 겪고 있는 이때에 그리스도의 교회는 희생자의 관점에서 고통당하는 동물의 삶의 자리를 살펴야 할 것이다. 그런 관점에서 고난 받고 있는 동물들을 위한 교회의 몇 가지 실천 과제를 생각해 보려고 한다.

첫째, 고난 받는 동물과 연대하는 교회가 되어야 한다. 연대성은 사회적 삶의 기본 틀을 이루는 존재 원리이다. 어느 때보다 동물이 인간의 무지와 욕구 충족을 위해 학대받고 있는 시대에 교회의 책임 있는 연대 행위가 인간의 범주를 넘어 동물과 자연으로까지 확대되어야 함은 당연하다. 구약선서는 여러 곳에서 사회적 약자를 변호한다. "벙어리와 고독한 자의 송사를 위하여 입을 열라."(『잠언』 31:8), "과부나 고아를 해롭게 하지 말라."(『출애굽기』 22:22). 그러나 이 말씀들을 인간에게 한정해 이해해서는 안 될 것이다. 동물 보호와 동물 고아를 위한 교회의 책임을 위해서도 적용해야 옳다. 그동안 교회의 교육, 설교, 기도 그리고 찬송 가운데서 동물은 중요한 주제가 되지 못했다. 노아의 방주 이야기를 의인 구원이나 인간 구원만으로 해석할 것이 아니라, 인간과 동물의 밀접한 연대적 관계와 동물 사랑으로 해석해 나가야 할 것이다.

둘째, 육류 소비의 절제이다. 이미 잘 알고 있듯, 급격히 증대하는 육류 소비를 충족하기 위해 소나 돼지에게 강제로 물을 먹이고 저울을 속인다. 연하고 분홍빛 색깔의 고기를 생산하기 위해 거의 움직일 수 없게 감금된 송아지에게 비타민, 미네랄 그리고 성장 촉진제가 첨가된 액체 음식을 먹여 사육한 후 비싼 값에 팔아 넘긴다. 그러나 현대의 각종 악성 질병은 육류 소비의 급격한 증가와 밀접한 관계가 있다는 사실은 익히 잘 알려져 있다. 따라서 그리스도의 이름으로 개최되는 모든 향연에서 모범적으로 육류 소비를 절제하고 줄여 가는 것이 바람직하다.

셋째, 잘못된 보신 문화의 근절 노력이다. 한국인들의 탐욕적 보신, 혐오 식품에 대한 미신적 도취와 과다 복용은 이제 세계적으로 유명해졌다. 정력에 도움이 된다는 이유로 살아 있는 야생동물들의 피를 즉석에서 뽑아 마시거나 고기를 날것으로 먹기까지 한다. 그러나 아무런 의학적 검증도 없이 무분별하게 먹는 야생동물은 치명적 부작용을 일으킨다. 동물의 멸종현상은 인간의 역사가 엔트로피의 법칙에 따라 점점 더 소멸되고 있음을 증거한다. 교회는 우리 사회의 대표적 약자인 동물의 생명을 위협하는 보신 문화의 비신앙적 성격을 지적하고, 건강은 육체적인 것만이 아니라 정신적이며 영적인 것의 온전한 교류를 통해 얻어지는 총체적인 것임을 깨우쳐 주어야 할 것이다.

넷째, 인간의 오락을 위한 동물 학대를 금지해야 한다. 종종 텔레비전을 통해 서커스단의 동물 묘기를 보게 된다. 그때마다 인간이 해도 어려운 저 묘기와 곡예를 습득하느라 말 못하는 동물이 얼마나 많은 고통을 겪었을까를 생각하면 마음이 슬퍼진다. 인간의 오락만을 위한 동물 사육은 성서적으로 정당화될 수 없다. 동물은 하나님이 지으신 인간의 이웃이며 인간만을 위해 존재하는 생명체가 아니다. 동물도 자기 종에 알맞은 대우를 받으며 그들의 고유한 필요를 충족해야 한다. 사람들은 오래전부터 여가와 집단적 모임을 선용한다는 뜻에서 사냥을 즐겨 왔다. 사냥은 인류의 오랜 문화사적 전통을 갖고 있다. 그러나 여가 선용의 즐거움을 위해 행해지는 사냥꾼의 동물 살해는 윤리적으로 정당화될 수 없다. 사냥은 동물에게 불필요한 고통과 고난을 가져다 줄 뿐만 아니라, 생태계의 질서까지 파괴할 수 있다. 생태계의 균형 유지를 위해 동물의 숫자를 제한할 필요가 있을 때라도 사냥과 같은 잔인한 방법이 아니라 인도적 방법에 의해 행해져야 할 것이다. 이 외에도 동물은 인간의 재미와 경제적 이익을 충족시키기 위해 닭싸움, 개싸움, 소싸움 등에 동원되기도 한다. 동물 싸움은 대부분 비도덕적이고 잔인한 피의 혈투로 마감한다.

동물도 인간과 함께 구원을 열망하는 피조물의 한 부분임을 고백한다면 우리는 더 이상 인간의 욕구 충족만을 위해 자연을 착취하거나 자연의 고유한 존엄성을 짓밟아서는 안 된다. 이는 하나님이 세우신 창조의 평화를 깨뜨리는 비신앙적 행위이다. 현대 기술 문명의 발전 속에서 인간과 동물의 관계는 더욱 대립적인 것으로 변화되었고, 세계의 주도권이 자연에서 인간으로 넘어온 다음부터 이 둘의 관계는 더욱 악화되었다. 과거에는 동물이 인간의 생존을 위협하는 경우가 많았기 때문에 하나님께서도 그의 백성들을 동물의 세력으로부터 보호하기도 하셨다(「예레미야」 5:22 참조). 그러나 지금은 역으로 인간이 일방적으로 동물의 생명을 위협하고 있다. 인간만이 아니라 동물도 단지 수단이 아닌 언제나 동시에 '목적 그 자체'로 간주되어야 옳지 않을까?[61]

5. 나가는 말

하나님의 모든 피조물은 그분이 지으신 상생의 공동체 안에서 서로를 의지하며 살아간다. 생명은 다른 생명을 빌려 태어났다 죽는다. 사회생물학이 이러한 생명 현상을 약육강식이나 우연의 현상으로 본다면 그리스도교 신앙에서는 '희생의 윤리'로 해석한다. 인류가 체험한 가장 큰 희생은 인간을 위해 예수 그리스도를 주신 하나님의 구속의 사건이다. 이러한 믿음으로 바르트(K. Barth)는 동물 살상의 문제를 다음과 같이 말한다.

동물 살생은 진정 의심할 것 없이 어느 알지 못하고 죄 없는 희생자의 공급에 대한 습관화이다. 인간은 그러한 요구를 진지하게 만드는 충분한 근거를 갖고 있어야 한다. 인간의 실제적이고 일반적인 삶의 필연성이 이 공급을 정당화하지 않는다. 죄에도 불구하고 또한 죄 가운데서도 인간을 멸망치 않도록 하시는 하나님의 선하고 신실하심을 인식하고서야 인간은 이에 대한 자격을 부여받아야 한다. 만약 인간이 이러한 자격 없이 동물을 살상할 경우 이는 하나님을 향한 오만한 행위이다. 인간은 동물을 살해해서는 안 된다. 인간은 다만, 동물이 자신이 아니라 하나님께 속해있다는 확신 가운데 죽일 수 있을 뿐이다. 동물 살생은 창조와 완성에 대한 회상과 전망과 하나님 스스로 자신과 세계를 화해시키셨던 그 인간 가운데서의 화해에 대한 사고에서만 선한 양심을 갖고 이룰 수 있다.[62]

바르트는 인간과 동물의 관계를 그리스도를 통해 이루신 하나님의 화해의 역사 가운데 이해하였다. 하나님은 그리스도의 화해의 역사를 통해 동물을 사랑하고 보호해야 할 책임을 인간에게 위임하셨다. 하나님께서 인간의 필요를 아시고 충족시켜 주시듯, 인간도 하나님의 창조공동체 안에서 동물의 필요를 채우며 자기 책임을 다할 때 인간과 동물 사이에 정의가 실현된다. '의인은 가축의 생명도 돌보지만 악한 사람의 뱃속은 잔인하다.'(「잠언」 12:10)는 말씀과 같이 동물의 필요를 충족시키기 위해 애쓰는 자가 하나님 앞에서 의로운 사람이다. 이러한 노력은 금욕적 삶의 실천 없이는 불가능하다. 그리스도교 동물 윤리는 절제의 윤리이다. 하지만 동물을 위한 그리스도인의 책임 요청은 모든 사람이 고기를 먹지 말고 채식만 해야 한다는 급진적이며 이상주의적 동물 해방론과는 다르다는 것도 기억할 필요가 있다. 마니교는 인간의 모든 악이 육식에서 생겨나므로 육식을 하는 자는 구원을 받지 못한다고 믿었다. 그러나 유대-그리스도교는 극단적 '금욕종교'가 아니다. 자율적 금욕은 생태적 위기에 직면해 타자를 위한 삶을 살아가려는 신앙인들이 실천해야 할 도덕적 덕목임이 분명하지만 유대-그리스도교를 금욕 종교로 만들자는 뜻은 아니다. 성서적 인간은 하나님이 지으신 각 동물들이 자기류에 알맞게 생식하고 번성할 수 있도록 환경과 제도를 바꾸어가며 동물에게 고통을 주는 행위를 최소화하면서, 이 땅 위에서 종말론적인 하나님의 평화를 이루어 가는 순례자이다. 우리 삶의 신실한 동반자로 동물을 지어 주신 하나님께 감사하면서 찬송의 시로 글을 맺는다.[63]

아주 작은 미물이
나와 똑같은 방식으로
세계에 발을 들여놓습니다.
그는 존재함을 느끼며
먹고 마시며 자신을 보존하며
나와 같이 심성과 감수성을 가지고
쾌감도 아픔도 느끼면서
내가 하듯 생명을 사랑합니다.

모든 염려를 짊어지시고
모든 사물을 창조하신 분에게
이 세상에서 움직이는 그 무엇이라도
작거나 사소한 것이란 없습니다.
어떤 천사에게도 은혜를 거절하지 않으시는 분이시요
인간의 아버지이신 그분은
벌레를 창조하신 분이십니다.

그러니 모든 존재를 사랑하시고 그분,
바로 그분께서, 자신이 생명을 주어 살리신 동물의 생명을
악의적으로 빼앗도록 저에게 허락할 수 있으시겠습니까?

무엇이

전능자가 창조하신 생물을

분별없이 파괴하려고

나에게 명령할 수 있단 말입니까.

- 알베르트 슈바이처, 심재관 옮김,『열정을 기억하라』, 좋은 생각, 2006.
  알베르트 슈바이처가 자신의 지나간 삶을 회상하며 집필한 책으로, 어린 시절 생명을 위한 열정이 한 사람의 인생을 어떻게 변화시키는 잘 보여준다.

- 피터 싱어, 노승영 옮김,『동물과 인간이 공존해야 하는 합당한 이유들』, 시대의 창, 2012.
  '동물해방'의 저자인 피터 싱어가 여러 학자들의 모아 편집한 책으로 동물해방운동의 이론적 근거와 현실에 대한 다양한 내용을 담고 있다.

- 피터 싱어 · 짐 메이슨, 함규진 옮김,『죽음의 밥상』, 산책자, 2012.
  동물보호를 위한 노력으로 육식의 비윤리성을 폭로한 책이다. 현대식 식단의 문제점이 무엇인지 제시하고 동물을 학대하지 않기 위해 채식주의자와 베건이 되어야 할 이유를 여러 사례를 통해 설명한다.

2부

동물과 인간의
윤리적 관계 짓기

도시화 · 산업화가 진행된 현대 사회에서 반려동물 외에 비인간 동물들과의 접촉은 일상생활에서 거의 배제된다. 그렇지만 실제로 실생활의 굉장히 많은 부분에서 비인간 동물이 '이용'되고 있다. 비인간 동물은 음식과 의복을 만들기 위해 사용될 뿐 아니라, 약품 · 식료품 · 각종 도료 등 일상생활의 여러 물품들을 만드는 과정에서도 동물실험의 재료로 사용된다. 다만 그들이 '살아 있는 존재'로서가 아니라 소비되는 '상품'으로서 등장하기 때문에, 이면에서 비인간 동물에게 어떠한 일이 일어나고 있는지에 대해서 대부분이 무관심했을 뿐이다. 사실 오늘날 인간이 야기한 생태계 위기로 인해, 인간뿐 아니라 뭇 생명들, 특히 비인간 동물들까지도 서식지가 파괴되는 등의 직접적인 고통을 겪고 있다. 이러한 상황에서 인간과 비인간 동물과의 관계를 검토하고 올바른 관계 수립을 위해 노력하는 것은 인간이 마땅히 감당해야 할 책임이라 하겠다.

현대 한국 종교의 '생태 영성'과 의례
─비인간 동물에 대한 생태적 감수성을 중심으로

/ 유 기 쁨 /

1. 서론

이 글은 현대 한국 종교생태운동의 전개 과정에서 '생태 영성'이 어떻게 형성되고 변화되어 왔으며 이때 생태 의례는 어떠한 기능을 해 왔는지를 인간과 '비인간 동물'[1]의 관계성에 초점을 맞추어서 살펴보는 것을 목적으로 한다. 인간이 인간 이외의 다른 생명체, 특히 동물을 어떻게 인식하고 있으며 어떻게 바람직한 관계를 맺어갈 것인가 하는 문제는 오늘날 생태학적으로 중요한 주제로 부각되고 있다. 인간은 동물이고 '영장류'에 속한다. 그러나 많은 인간들은 스스로를 다른 동물들과 구별되는 좀 더 고귀한 생명체로 여기며, '인간과 동물'이라는, 엄밀히 말해서 잘못된 표현을 통례적으로 사용한다. 그러나 사실 인간 역시 동물의 일부로서, 인간 이외의 다른 동물들과 연속성을 가진 존재이다.

최근 한국 사회에서는 비인간 동물도 고통을 느끼는 생명체라는 점을 강조하는 목소리가 점차 많아지고 있다. 그 계기는 2010년 겨울부터 2011년 상반기까지 계속된 '구제역 가축 살처분' 사건이다. 산 채로 구덩이에 던져 넣어지는 돼지들을 보면서, 많은 사람들은 눈에 보이지 않는다고 인간 이외의 다른 동물을 인간의 목적을 위해 고통을 가하고 죽여도 되는 것인지에 대한 의문을 갖게 되었다. 인간의 영역이라고 생각했던 사회 역시 사실은 비인간 동물들이 복잡한 방식으로 연결된 채 운용되고 있다는 점을 고려할 때, 이러한 물음은 일단 표면으로 드러난 이상 결코 쉽게 수그러들지 않을 것이다. 인간과 비인간 동물의 관계를 다시 상상하고, 생태계에서 인간의 자리를 다시 생각해 볼 필요가 있다.

종교계도 이러한 시대적 요청을 비껴갈 수 없다. 일반적인 생태 문제들에서와 마찬가지로, 비인간 동물에 대한 학계의 연구도 특정 종교의 '본질적' 입장 혹은 시각을 조명하는 경향이 두드러진다. 그러나 대부분의 종교 경전이나 교리에서 우리는 비인간 동물과 인간의 연속성과 동물친화적 태도뿐 아니라 비인간 동물과 인간의 불연속성 및 동물비하적 태도를 각각 지지하는 것으로 보이는 구절들을 동시에 찾아낼 수 있다는 점을 염두에 두어야 한다. 따라서 주목해야 할 중요한 문제는 지금 현재 벌어지는 사건 혹은 삶의 현장에서 어떠한 '선택'적 해석이 이루어지고 있는가 하는 점이다. 인간의 구원을 이야기해 온 종교의 오래된 이야기와 비인간 동물과 관련된 태도를 결정해야 할 현재의 상황이 만나는 현장에서 어떠한 새로운 이야기가 만들어지고 있는지에 주목해야 한다.

이러한 맥락에서 이 글에서는 한국 종교생태운동의 전개 과정에서 생태계의 또 다른 일부를 이루는 비인간 동물에 대한 인식이 어떻게 나타나는지를 분석함으로써 종교생태운동의 현장에서 형성, 변화되는 '생태 영성'과 '생태 의례'의 성격을 살펴볼 것이다. 이를 위해 2장에서는 그간의 선행연구를 검토하고 종교생태운동에서 다양한 생태 의례들이 생태 영성의 계발 장치로서 활용되면서 살아 있는 존재에 대한 생태적 감수성을 고양시키게 되는 작용과 효과를 설명하기 위한 이론적 틀을 모색하고자 한다.

3장에서는 2000년대 이후 한국 종교생태운동의 현장에서 생태 영성의 내용과 특성을 살펴볼 것이다. 비인간 동물과 인간의 관계성에 초점을 맞추어 볼 때, 종교생태운동의 현장들에서 생산되는 '생태 영성들'의 내용은 약간씩 차이가 있다. 이 글에서는 이러한 차이에 주목해서, 2000년대에 사회적으로 파장을 일으킨 주요 종교생태운동을 크게 세 가지 종류로 구분하여 살펴보려고 한다. ① 새만금삼보일배운동, 천성산살리기운동 등 2000년대 초기에 종교계가 주도했던 생태운동에서 나타나는 비인간 동물에 대한 인식을 살펴볼 것이다. ② 4대강살리기 천주교연대의 두물머리미사와 제주 강정마을 구럼비살리기 운동 등, 종교인들이 현장에 장기간 거주하면서 지역에 밀착해서 벌이는 운동에서 나타나는 비인간 동물에 대한 인식을 살펴볼 것이다. ③ 구제역 가축 생매장 사건 이후로 나타난 종교계 동물 복지 담론과 실천에서 나타나는 비인간 동물에 대한 인식을 다룰 것이다. 이러한 세 종류의 종교생태운동들을 연구 대상으로 삼은 까닭은, 이것이 2000년대 이후 종교계가 주도적으로 참여하여 사회적으로 이목을 끈 대표적 종교생태운동의 사례들인 동시에, 이러한 운동들이 생태주의적 문제의식과 함께 지역 주민들의 주민권, 생태계 보전, 비인간 동물에 대한 인식, 인간과 비인간 동물의 관계에 대한 인식 및 그 한계가 가장 첨예하게 드러날 수 있는 현장이기 때문이다.

2. 종교생태운동 현장에서 '생태 영성'의 부각

1) 생태 영성

한국의 종교계 생태운동은 불합리한 구조로 인해 생겨나는 각종 생태적 불의에 저항하는 생태정의운동에 뿌리를 두고 있다. 그런데 최근 각종 대형 국책사업들이 연이어 진행되면서, 개발현장에서는 여러 종단에 속한 성직자 및 활동가들이 사회적 문제로 제기되는 주요 생태 사건들에 상호 연대하여 대처하게 되었다. 그 과정에서 종단별로 생태운동의 방향성과 구체적인 실천 사항들에서 서로 영향을 주고받게 되었고, 종단의 경계를 뛰어넘어 대화하고 사안별로 연대하는 새로운 전통이 수립되고 있다. 특히 주목할 것은, 종교생태운동의 현장에서 여러 종교의 의례와 주요 개념들이 전유되거나 새롭게 창안되면서 '생태 영성'이란 개념이 공유되고 있다는 점이다.

한국의 생태운동에서 '생태 영성'이라는 말이 본격적으로 부각되기 시작한 것은 2000년 무렵부터인데, 생태운동 진영에서는 생태주의적 가치관과 이념의 확산을 구체적으로 어떤 방식으로 이룰 것인가를 고민하는 가운데 생태운동에 '영성'을 불어넣어야 한다는 논의가 일어나게 되었다.[2] 이후 특히 종교생태운동에서는 종단의 경계를 넘어서 생태 영성이라는 용어가 활발히 사용되고 있다. 생태 영성이라는 용어는 다양한 방식으로 정의되어 왔지만, 일반적으로 인간은 생태계의 한 부분이며, 생태계 자체는 어떤 의미에서 신성하고 인간을 초월한 것이라는 깨달음을 가리키는 단어이다.

주요 종단별로 살펴보면, 천주교에서는 특히 2000년대에 접어들면서 천주교적 특성을 살린 생태운동을 펼쳐나가기 위해 생태 영성을 고양시키려는 노력을 해 왔다.[3] 개신교의 경우에도 일부 신학자들을 중심으로 생태 영성 논의가 진행되어 왔으며, 교회환경연구소에서는 『생태적 삶을 추구하는 영성』[4]이라는 책을 펴내기도 했다. 나아가 한국기독교교회협의회의 2002년 환경주일 연합예배에서는 "영성의 환경운동"을 지향할 필요가 있다는 점이 강조되었다.[5] 그리스도교 계열보다는 덜 두드러지지만 불교계에서도 생태 영성이라는 용어를 사용하고 있다. 예컨대 불교환경교육원에서 펴낸 『생태적 각성을 위한 수행과 깨달음, 영성』에서 당시 불교환경교육원 사무국장이었던 유정길은 생명운동의 성격 가운데 하나로 영성의 원칙을 제시한 바 있다.[6] 또한 2000년대 이후 한국 생태운동의 현장에서 생태 영성이라는 용어는, 특정 종교의 울타리를 뛰어넘어 종교계의 연합 생태운동[7]이나 종교계와 비종교계의 연합 생태운동에서도 공공연하게 부각되는 용어가 되었다.[8]

생태운동의 현장에서 생태 영성을 내세우는 경향이 두드러지는 가운데, 학계에서 생태 영성을 강조하는 연구가 많이 등장했다.[9] 이러한 연구들은 주로 개신교나 천주교 등 그리스도교 전통을 중심으로 경전이나 교리에서 생태적인 측면을 재조명하고 발굴하는 데 주력하였다. 그러나 살펴보았듯이, 생태 영성이 그리스도교 계열에서만 사용되는 용어는 아니며, '녹색대학'이나 '지리산 생태영성학교' 등과 같이 그리스도교와 무관한 단체들도 생태 영성이라는 용어를 사용하고 있다. 나아가 생태운동 전반에 걸쳐서 생태 영성이라는 단어는 특정 종교의 테두리를 벗어나서 보편적으로 사용되는 용어임을 확인할 수 있다. 즉 한국 종교생태운동의 현장에서는 각 종교의 경계를 넘어서 광범위한 연대와 소통이 일어나는 특징적인 현상이 나타나는데, 이때 생태 영성이라는 용어는 종단의 경계를 넘어서 모두가 공감하고 공유할 수 있는 보편적, 중립적 용어로 사용되는 것이다.

그런데 학계에서는 그리스도교의 경계를 넘어서 다른 종교 전통들을 다루는 경우에도, 논의의 범위는 주로 경전, 교리 등에 집중되는 경향이 있어 왔다. 생태 영성을 논하는 대표적인 연구서로는 『종교, 생태, 영성』[10]이 있는데, 이 책에서는 '대중적인 생태문화를 연구해야' 할 당위를 주장하면서 "생태문화가 대중적이고 실천적인 문화가 되려면 먼저 정신문화적으로 형성되어야 한다. 왜냐하면 인간의 삶은 정신에 의하여 결정되기 때문"이라고 주장한다. 그리고 정신문화를 형성하는 것은 주로 종교들의 역할이기 때문에 "종교를 통해 인간의 정신문화가 생태친화적으로 형성"되기를 희망한다. 나아가 생태 위기 극복을 위해 한국의 대표적인 3대 종교들의 사상을 통해 생태 위기의 문제를 문화적으로 극복할 수 있다고 주장한다. 이러한 방향에서의 연구는 우주론을 형성하는 종교의 중요성에 대한 자각을 바탕으로 연구 대상이 주로 종교 경전을 비롯한 문서화된 과거의 전통에 치우친 경향이 있다. 따라서 실제로 현대 사회 속에서 각 종교가 어떠한 방식으로 생태 문제에 구체적으로 대응하고 있는지에 대해서는 크게 관심을 기울이지 않는다.

비록 이와 같은 연구들이 국내뿐 아니라 국외에서도 종교와 생태학 논의의 상당수를 차지하고 있지만, 그러한 경향에 대해 비판적인 시각을 가진 학자들도 있다. 예컨대 종교가 생태환경을 형성하는 측면을 지나치게 강조하는 이러한 연구의 암묵적 전제들을 비판하는 브론 테일러의 지적에 귀 기울일 필요가 있다.[11] 그에 따르면, 학계에서 종교와 생태환경 사이의 관념적인 연결을 암묵적으로 가정하게 된 까닭은 학자들이 생태계 위기에 대해 '묵시론적 독법'으로 반응했고 따라서 오로지 변화를 일으킬 수 있는 방법을 모색하고자 했기 때문이다. 테일러는 학자들이 생태신학적으로 '고백적/윤리적' 접근법을 취할 것인지, 종교생태운동에 대한 '역사/사회 과학적' 접근법을 택할 것인지를 선택해야 한다고 말하면서, 후자의 접근법을 통해서 생태환경과 관련된 종교성을 기대하지 못했던 곳에서 발굴·조명할 필요가 있다고 주장했다.[12] 사실 모든 종교 전통은 변화하는 사회문화적 환경, 나아가 생태적 환경 속에서 적응하면서 흘러가는 역동적 과정 속에 있으며, 여기에는 온갖 다채로운 목소리들이 포함되어 있다. 결코 변하지 않는 견고한 실체로서의 종교는 존재하지 않는다는 점을 염두에 두어야 한다.

그러므로 생태문제의 해결을 위한 종교의 역할을 좀 더 충분히 이해하기 위해서는, 생태환경과 사회문화적 환경의 변화에 따라 종교 집단들의 생태적 실천이 구체적으로 어떻게 나타나고 있는지를 다각도에서 고려할 필요가 있다. 이를 위해서는, 종교 집단들 내부 그리고 종교 집단들 사이에서 나타나는 다양성을 충분히 고려하는 가운데 종교생태운동의 '현장'에서 생겨나는 변수들에 좀 더 주목할 필요가 있을 것이다. 생태 영성에 대해서도 경전이나 교리 중심의 접근법을 넘어서, 현장에서 어떤 일이 일어나고 있는지를 사례 중심으로 분석할 필요가 있다.

2) 생태 의례 : 생태 영성의 계발 장치

오늘날 종교생태운동의 현장에서 생태 영성 문제를 살펴보려 할 때 주목해야 할 것은, 생태 영성을 진작시키기 위해 다양한 종교의례들이 활용되어 왔으며 새로운 의례들이 창안되고 있다는 점이다. 종교생태운동의 의례 참가자들은 종종 생태환경 속에서 수행되는 의례의 과정을 통해서 생태환경과 인간의 연결을 느끼고, 인간이 생태계의 일부임을 감지하며, 또한 생태환경이 텅 빈 공간이 아니라 '살아 있다'는 어떤 강렬한 느낌을 받게 된다. 그처럼 의례가 생태적 감수성을 고양하는 효과적인 장치가 되는 까닭은, 단지 머릿속에서만 이루어지는 과정을 통해서가 아니라 오감을 통한 몸의 경험을 거치면서 인식의 전환이 이루어지는 것이 가능하기 때문이다. 나아가 생태 영성의 계발과 공유를 위해서는 종교 간의 경계, 종교와 세속의 경계를 넘나들면서 특정 종교의 의례에 구별 없이 참여하는 특징적인 경향도 나타나고 있는 것이다.

사비나 매글리오코(Sabina Magliocco)에 따르면, 일반적으로 의례는 중요한 가치들을 '상연'(enact)하기 때문에, 나아가 중요한 가치들을 재해석하고, 강조하고, 자연화 혹은 성화하기 때문에 그것은 급속한 변화의 시기에 싸움과 투쟁의 초점이 될 수 있다.[13] 또한 어떤 의례들은 소위 상징적 역전이라고 불리는 과정을 통해서 사회적 규준들을 뒤집을 수 있다.

그런데 생태 의례를 분석하기 위해서는, 단지 강력한 가치를 드러내고 사회적 규준을 전복하는 사회적 기능뿐 아니라, 좀 더 중요한 차원에 주목할 필요가 있다. 인류학자인 팀 잉골드에 따르면,[14] 생태 환경은 균질적이고 무의미한 텅 빈 공간(空間)이 아니다. 환경은 그 속의 유기체에게 일종의 행위 유발성(affordance)을 제공하며, 유기체는 공감각적으로 그것을 지각한다. 즉, 하나의 대상이나 사건을 지각한다는 것은 환경이 제공하는(affords) 것을 지각하는 것이다. 그런데 이때 환경이 제공하는 행위 유발성은 주관적이고 현상적이며 정신적인 것으로 종종 가정되는 가치나 의미와 구별된다. 생태 심리학자 제임스 깁슨(James J. Gibson)은 환경의 행위 유발성이 어떤 의미에서는 객관적이고 실제적이며 물리적이지만, 명확히 말해서 그것은 주관적인 자산도 객관적 자산도 아니며, 주관-객관의 이분법을 가로지른다고 말한다.[15]

따라서 '환경'을 지나치게 주관적인·심리적인 창조물, 현상학적 환경, '사적인 세계'로 환원하려는 경향을 경계하면서, 환경과 유기체의 상호작용에 주목할 필요가 있는 것이다. 특히 의례를 분석할 때 중요한 것은, 보고, 듣고, 냄새 맡고, 감촉을 느끼는 등 감각 작용을 통한 '지각'이 지각하는 자의 새로운 국면을 가능하게 한다는 점이다.[16] 따라서 종교생태운동의 사례를 분석할 때, 단지 세계관 변화와 윤리의 강조 등 의식 계몽적 차원뿐 아니라, 온몸을 통한 환경의 새로운 지각의 측면을 중요하게 다룰 필요가 있다.

또한 생태 심리학에서는 환경을 물리적 요소들 및 속성들로 구성된 세계로 취급하지 않으며, 살아 있는 생물들의 서식지로 바라본다.[17] 종교생태운동의 현장에서 생태환경 속에서 의례가 수행될 경우에는 비인간 동물과의 직간접적 접촉이 이루어지는 경우가 많다. 이때 그러한 살아 있는 유기체들은 상호작용을 유발한다는 점에 주목할 필요가 있다. 살아 있는 동물들은 자율적이며 그들의 서식지를 알고 있으며 그 속에서 적절하게 행동하기 때문에, 비인간 동물과의 접촉이 이루어질 경우에 우리는 살아 있지 않은 대상들에 대한 지각이나 행동과는 매우 다른 방식으로 그들을 지각하고 반응하게 된다. 즉 인간과 비인간 동물의 상호작용이 이루어지게 된다. 나아가 우리가 이러한 타자들, 곧 비인간 동물들이 살아 있다는 사실을 지각하면서, 생태환경이 우리 인간에게뿐 아니라 그들에게도 서식지가 되며, 중요한 어떤 것들을 제공한다는 사실을 깨닫게 되는 것이다.

이와 같은 생태인류학과 생태 심리학의 연구 성과들과 의례 이론을 통해서, 종교생태운동 현장의 생태환경 속에서 수행되는 의례들에서 참여자들이 오감을 통해 경험하는 내용이 인간-비인간 동물 연속성에 대한 감수성과 연결된다는 점을 알 수 있다.

3) 생태주의적 감수성과 비인간 동물의 재발견

최근 국제적으로 동물권, 동물복지 논의가 활발해지면서, 동시에 '종교와 비인간 동물' 연구가 활기를 띠고 있다. 서구 종교학자들 가운데 '종교와 동물' 주제를 연구하는 대표적인 학자인 왈도우(P. Waldou)는 종교가 비인간 동물에 관한 문화적 · 윤리적 · 사회적 · 생태적 · 지적 · 정치적 관념들의 형성에 영향을 미칠 뿐 아니라, 특히 비인간 동물들에 대한 관점을 세대에서 세대로 전달하는 중요한 역할을 담당한다고 주장한다.[18] 왈도우가 볼 때, 오늘날의 세계에서 큰 세력을 차지하고 있는 종교들의 공식적인 선언에서는 인간중심적인 편향이 다각도로 나타난다. 실제로 오늘날 주류 종교들은 비인간 동물에게 해로운 근대 산업 사회의 모든 관행에 대해 거의 도전하지 않고 있다. 그렇지만 왈도우는 비인간 동물들을 생태학적인 시각에서 좀 더 섬세한, 열린 마음으로 대우하도록 고무하는 광대한 잠재력이 종교의 교리 · 의례 · 경험 · 윤리 · 신화 등에 남아 있다고 지적한다. 왈도우의 주장대로, 각 종교의 소위 '동물관'에 대한 원론적인 접근을 넘어서 종교 공동체들의 세계관과 생활 속에서 비인간 동물들에 대한 관심이 구체적으로 어떻게 나타나는지, 나아가 비인간 동물들 자체가 어떠한 역할을 담당해 왔는지를 세부적으로 살펴볼 필요가 있다.

그러나 한국에서는 '종교와 동물' 관련 연구가 아직까지 활발하지 않다. 일부 개별 종교 연구자들이 해당 종교의 비인간 동물에 관한 시각을 소개하는 정도이며, 본격적인 연구는 많지 않다. 한국종교문화연구소에서 2011년 하반기 심포지움 주제를 '종교와 동물'로 정하고 여러 연구자들이 관련 주제로 연구논문을 발표한 것은 의미 있는 한 걸음이다. 심포지움에서는 그리스도교, 불교 등 개별 종교의 '동물관'을 다룬다거나 초기 종교 이론에서 동물을 바라보는 시각 등을 분석하는 등의 성과가 있었다. 그러나 현재 국내 종교계에서 실제로 비인간 동물에 대한 인식이 어떻게 변화되고 있는지를 추적한 연구는 아직까지 거의 없다.

인간과 비인간 동물의 관계성 문제를 현장의 사례들을 중심으로 다루기 위해서는 '애니미즘'의 재발견을 논의하는 학자들의 연구 성과를 참조할 필요가 있다. 최근 하비(Graham Harvey),[19] 버드-데이비드(Nurit Bird-David)[20] 등의 학자들은 비인간 존재들이 영혼이나 정령을 지닌다고 믿는 '원시인들'의 존재론적인 믿음에 관한 타일러식 애니미즘 논의를 넘어서, 생태계 위기 속에서 살아가는 오늘날 재조명될 수 있는 새로운 관계적 인식론으로서 애니미즘이라는 용어를 새롭게 사용한다. 예컨대 하비는 주체/객체, 자기/세상, 사람/사물 사이의 경계를 흩트리면서 생태계에 대한 새로운 감수성을 가진 사람들을 애니미스트로 지칭한다. 이러한 '새로운 관계적 인식론'으로서의 애니미즘 논의에 대한 학계의 연구 성과를 참조해서, 오늘날 종교생태운동 현장에서 비인간 동물을, 나아가 강·바위·갯벌·바다 등을 살아 있는 존재로 인식하는 경향이 어떻게 나타나고 있는지를 살펴볼 필요가 있다.

앞에서 살펴보았듯이, 한국 사회에서는 2000년대에 접어들면서 일회적인 환경보호운동의 수준을 넘어서, 인간이 생태계의 일부라는 것을 깊이 지각하는 '생태 영성'을 널리 진작시키는 것이 종교생태운동의 중요한 과제로 부각되었다. 이때 핵심적인 사안은 공간의 의미 문제와 관련되어 있다.

오늘날에는 교통과 통신의 발달로 인해 사람들의 공간 경험은 불과 한 세대 이전과 비교해도 급격히 변화되었고, 과거 공간이 담지하고 있던 의미들도 근본적으로 해체되었다. 특히 화폐가치가 모든 것을 압도하는 가치로 부상하면서, 자본을 통해 공간을 정복하고 생산을 촉진하는 일이 무엇보다 중요하게 여겨지게 되었다. 생태환경은 더 이상 사람들의 구체적 경험과 실천의 장이 아닌 일종의 '허공'이 되었고, 이제 공간의 가치는 경제적으로 환산되어 측정되는 것이 당연시되었다. 물론 생태환경에 대한 존중이나 금기도 해체되었다. 생태환경은 텅 비어 있고 때에 따라 물체들로 들어찰 수 있는, 무의미하고 균질적인 어떤 것으로 여겨질 뿐이다. 인간은 '쓸모없이 버려진 공간'을 개발하고 인간의 목적에 적합하게 변형시켜서 더 많은 이윤을 얻어낼 자격이 있다. 이때 그 '공간'에 거주해 온 비인간 동물들의 권리는 고려의 대상이 되지 않는다.

이러한 근대적 공간관은 오늘날에는 현대문명의 바탕을 이루는 상식처럼 굳어져 있다. 그리고 생태환경의 파괴에 무심하게 반응하는 현대인들의 태도는 이와 같은 근대적 공간관이 사람들의 일상생활까지 파급된 결과와 무관하지 않다. 따라서 오늘날 많은 생태운동가들은 생태환경을 인간이 상품화할 수 있는 텅 빈 '공간(空間)'으로 여기는 산업사회의 공간관에 맞서서, 바다, 강, 들, 산, 갯벌 등을 인간 뿐 아니라 다른 비인간 생명체들이 서식지를 이루며 살아가는 생태계로 상상할 수 있는 생태 영성을 확산시키는 일을 실천적 과제로 삼고 있는 것이다.

그렇다면 인간과 비인간 동물의 관계를 중심으로 볼 때, 오늘날 종교생태운동의 '생태 영성'에서 비인간 동물은 어느 정도의 비중을 차지하고 있을까? 한국 사회의 생태운동은 정부와 대기업의 환경파괴적 정책과 사업에 반대하는 저항적인 환경운동에서 출발해서, 급격한 산업화 과정 속에서 전체 생태계의 보전을 목적으로 하는 운동으로 급격히 확장된 특징을 지니고 있다. 사회적으로 인간과 가까운 다른 동물들, 나아가 다른 생명체들의 권리,

복지 및 이들과 인간과의 관계 문제에 대한 충분한 논의와 성찰이 진행되지 않은 상태에서 곧바로 '생태계 보전'이라는 거대한 이슈를 논의하기 때문에, 생태운동 현장에서도 비인간 동물에 대한 관심이 크게 나타나지 않거나 여전히 인간중심적 방식으로 비인간 동물들을 사유하는 경향이 나타나기도 한다. 종교생태운동의 경우에도 비슷한 양상이 나타난다. 종교생태운동이 지역 생태계 보전이라는 거대한 주제를 내세우면서 '동물'을 이슈화하지 않을 경우에, 담론의 수준에서는 비인간 동물이 큰 비중을 차지하지 않는 경우가 많다. 오히려 강, 갯벌, 바다, 바위 등이 살아 있는 존재처럼 묘사되거나 서술되는 경우가 나타나기도 한다.

그러나 담론에서 비인간 동물과 관련된 주제가 눈에 띄게 부각되지 않더라도, 종교생태운동의 현장에서 점차 지역 생태계에서 비인간 동물과 인간의 공존에 대한 문제의식과 비인간 동물의 서식지에 대한 관심, 그리고 생태환경이 인간과 비인간 동물 모두에게 미치는 영향에 대한 자각이 서서히 퍼져 나가고 있다는 점에 주목해야 한다. 특히 종교생태운동 현장에서 수행되는 생태 의례는 비인간 동물에 대한 생태적 감수성의 고양에 일정한 영향을 미친다. 생태 의례가 수행되는 동안 일상의 흐름과는 구별되는 특정한 의례 환경 속에서 의식과 지각의 선택적 집중이 일어나고, 생태환경이 텅 빈 공간이 아니라 수많은 생명체들이 깃들어 살아가는 보금자리이며, 인간은 생태계의 일부로서 다른 생명체들과 연결되어 있다는 것을 보고, 듣고, 감촉하고, 냄새 맡는 등의 오감으로 인식하기 때문이다.

3. 사례 분석

– 2000년대 종교생태운동에 나타난 인간과 비인간 동물의 관계

1) 텅 빈 공간에서 뭇 생명의 터전으로
: 새만금살리기 삼보일배와 천성산살리기운동의 사례

2000년대 초반에 종교계를 중심으로 일어난 대표적인 생태운동으로는 새만금살리기운동과 천성산살리기운동을 들 수 있다. 특히 새만금삼보일배나 천성산살리기를 위한 승려 지율의 단식은 종교인들이 주체라는 점뿐 아니라 일반 시민환경운동과 구별되는 내용과 방법의 특이성으로 인해 주목할 만하다. 이 두 운동에서는 종교 의례들이 생태운동의 주요 방법으로 부상되었는데, 삼보일배 · 단식 등 종교인 중심의 의례, 퍼포먼스들이 생태운동의 목적을 위해 새롭게 전유되었으며, 주로 현장에서 중앙(서울)을 향하는 방향으로 운동이 진행되었다.

각각의 운동을 살펴보자. 새만금 갯벌의 개발을 반대하는 새만금살리기 운동에서는 다양한 기존 종교 의례들이 적극적으로 전유되는 동시에 갖가지 생태 퍼포먼스들이 새롭게 창안되었다. 특징적인 사례로는 매향제(2000년),[21] 장승제(2000년),[22] 범종교인기도회(2001년부터), 새만금바닷길걷기(2001년), 해창산 위령제(2003년), 천도재, 각종 고사와 생명살림 천지굿(2003년) 등이 새만금살리기운동 과정에서 진행되었다. 특히 2001년에는 최초의 삼보일배가 거행되었고, 2002년에는 새만금 장례식 퍼포먼스가 이루어졌으며, 2003년 2월에는 새만금 생명을 상징하는 짱뚱어 솟대를 싣고 전북 부안에서 광화문까지 도보 행진이 이루어졌다.[23]

그런데 새만금살리기운동 과정에서 국내 생태운동의 전기를 이루었다고 할 만큼 독특한 생태 의례로 부각된 것은 2003년에 개신교, 천주교, 불교, 원불교에 각각 속한 네 명의 성직자들을 중심으로 수많은 사람들이 새만금에서 서울까지 총 300킬로미터를 65일 동안 세 걸음 걷고 한 번 절하면서 행진했던 '새만금삼보일배'이다. 「새만금갯벌의 생명, 평화를 염원하는 3보1배-전북 부안에서 서울까지-」 팸플렛에 실린 「새만금갯벌을 살리기 위한 삼보일배(도) 기도수행을 떠나며」라는 제목의 글에는 삼보일배를 주도한 성직자들의 각오가 드러나 있다.

> 그 길 따라 내 온몸을 낮추어 보이지 않는 생명의 소리들, 고통받는 그들의 소리를 듣겠습니다. 개발이라는 이름하에 파괴되고 있는 자연, 전쟁과 온갖 폭력 속에 고통받는 모든 이들에게 진심으로 사죄하겠습니다. 나의 땀 한 줌, 나의 기도 한마디가 죽어가는 새만금 갯벌의 생명들과 공감을 이루고 나눠질 수 있도록 간절히 마음 모으겠습니다.
> – 문규현 신부

> 내 몸 속의 독과 화를 뿌리째 뽑아내며 살아 있는 유정무정의 뭇 생명들을 부르고 죽어가는 모든 생명들을 부르고 또 부르며 수행의 길, 고행의 길을 가겠습니다.
> – 수경 스님

여기서 엿볼 수 있듯이, 새만금삼보일배의 진행 과정에서는 새만금 갯벌이 그저 쓸모없는 땅이 아니라 뭇 생명이 살고 있는 터전이라는 점이 직간접적으로 환기되었다.

한편, 비슷한 시기에 전개된 천성산살리기 운동에서는 비인간 동물의 살 권리가 좀 더 직접적으로 표명된다. 경부고속철도의 천성산 구간 공사를 반대하던 승려 지율은 수차례에 걸쳐 장기간의 단식(1차 38일, 2차 45일, 3차 58일, 4차 100일)을 단행하였다. 특히 2004년 10월 27일부터 2005년 2월 3일까지는 100일 동안 단식을 단행했다. 또한 천성산 내 사찰인 내원사와 미타암, 도롱뇽과 도롱뇽의 친구들(대표 지율 스님)의 명의로 2003년 10월에 경부고속철도 천성산 구간(원효터널) 13.2킬로미터 구간의 공사착공금지 가처분신청을 냈는데, 그것은 일명 '도롱뇽 소송'으로 일컬어졌다. 천성산살리기운동 측에 따르면, 도롱뇽은 "천성산에 산재하여 있는 22개의 늪과 12계곡에 가장 많은 개체수를 가지고 있는 종이며 특히 1급수 지표종인 꼬리치레도롱뇽의 대규모 서식지가 바로 천성산"이다.[24] 그렇지만 환경영향평가서에는 천성산에 도롱뇽과 꼬리치레도롱뇽의 서식에 대한 기록이 전무한 까닭에 도롱뇽을 원고에 포함시켜서 소송을 제기했다는 것이다. 즉, 2000년대 초반의 천성산살리기운동에서는 도롱뇽 소송은 터널공사로 인해 가장 직접적으로 피해를 입게 될 천성산의 비인간 동물들을 대표해서 도롱뇽을 호명해서 원고로 불러내었다.

이와 같은 지율을 중심으로 한 천성산살리기운동이나 새만금삼보일배의 바탕에는 앞에서 언급한 근대적 공간관에 대한 저항과 극복의 의지가 깔려 있다. 이러한 운동들에서는 생태 환경을 인간이 필요에 따라 활용할 수 있는 비어 있는 땅처럼 여기는 근대적 공간관을 거부하고, 천성산과 새만금 갯벌 생태계를 살아있는 생명체들이 거주하는 의미 있는 장소로 재발견하도록 유도한다. 실제로 새만금살리기운동이나 천성산살리기운동의 과정에서는 새만금 갯벌의 뭇 생명을 대표하는 짱뚱어나 천성산의 도롱뇽과 같은 비인간 동물이 직접적으로 언급되면서 운동의 중요한 상징으로 부각되기도 하고, 비인간 동물의 생명권을 인간이 보호해 주어야 한다는 주장이 펼쳐지기도 했다.

2000년대 초반의 이러한 운동들에서는 산이나 갯벌에 인간 이외의 다른 살아 있는 존재들이, 비인간 동물들이 살아가고 있다는 점을 일깨우고, 인간에게는 그들의 생존권을 지켜줄 의무가 있음을 계몽하는 데 특히 초점을 두었다. 즉, 이와 같은 종교생태운동들에서는 많은 사람들 앞에서 그간 잊혀져 있던 비인간 동물들을 다시 호명해서 앞으로 내세우고, 비인간 동물들의 살아갈 권리를 환기시킨다. 이때 인간과 비인간 동물의 관계는 대체로 한 방향으로 나타난다. 즉 비인간 동물은 인간이 지켜주어야 할 대상이다.

비인간 동물에 대한 이러한 시각은 다음에 다룰 두 가지 유형의 운동과는 다소 차이를 나타낸다. 그런데 비인간 동물과 인간의 관계성에 대한 인식의 차이는 운동 과정에서 수행된 대표적 의례의 방식에서 나타난 차이와도 무관하지 않다. 즉 새만금삼보일배나 천성산살리기 단식 등은 단지 의례 수행자의 '개인적 기도나 참회'에 그치지 않고 해당 운동의 당위성을 대중적으로 계몽하면서 이미지의 각인을 의도하였고, 운동의 외부자들을 향한 퍼포먼스의 경향을 강하게 띠고 있었다. 물론 당시의 다른 생태운동들에 비해서 이 운동들은 '몸'의 경험을 중요시하는 의례적 접근법을 취하고 있었기 때문에, 의례 참여자들이 몸의 경험을 통해 생태환경을 경험한다는 측면도 간과할 수 없다. 그렇지만 이러한 의례들은 홍보의 효과를 극대화하기 위해 새만금, 천성산 등 수도권 외부의 '현장'에서 중앙, 곧 서울을 향하는 방식을 취했기 때문에, 다음에 다룰 현장밀착형의 생태운동과는 다른 결과를 낳을 수밖에 없었던 것이다.

2) 지역밀착형 종교생태운동
: 4대강살리기 천주교연대와 구럼비살리기 운동의 사례

　최근에는 개발 예정 지역에서 종교인들이 장기 거주하면서 지역에 밀착해서 생태운동을 벌이는 사례들이 나타나고 있다. 특히 두드러지는 것은 4대강 두물머리 유역에서 이루어졌던 천주교연대의 활동과 제주 강정마을 구럼비 일대에서 이루어져온 종교인들의 활동이다. 이러한 사례들에서 성직자들은 종교인들뿐 아니라 비종교인 활동가들까지 대상으로 해서 지속적으로 의례를 수행해 왔다. 이때 성직자들은 종교 의례를 생태적으로 전유해서 정기적·비정기적으로 집전해 왔는데, 특정 종교인뿐 아니라 다른 종교인들, 나아가 비종교인들까지 갖은 어려움을 불사하고 생태 의례에 참여하는 현상이 나타났다는 점에서 주목할 만하다.[25]

　우선, 4대강사업저지천주교연대에서는 2010년 2월 17일부터 2012년 9월 3일까지 근 3년에 달하는 기간 동안 매일 오후 세 시에 두물머리 강변에서 생명평화미사를 주관하였으며, 두물머리를 거점으로 두물머리 올레길 걷기 등 다양한 활동을 펼쳐 왔다. 이처럼 두물머리 일대를 지키기 위해 장기간에 걸쳐서 정기적·비정기적으로 수행된 종교 의례는 여러 가지 효과를 낳았다. 특히 매일 수행된 미사에서는 종교 경전이나 교리의 이야기와 생태운동 현장의 이야기, 그리고 '나'의 이야기의 합류가 이루어져 왔다는 점에서 특징적이다. 매일 거행되는 두물머리 미사에서는 전통적인 경전의 이야기가 당면한 생태환경의 문제와 관련해서 끊임없이 재해석되면서 현재의 생태환경운동에 의미를 부여해 주고 정당화해 주는 역할을 하는 한편, 또한 참여자들이 생태주의적으로 재해석된 경전에 비추어 스스로를 성찰하도록 유도하였던 것이다.

한편 제주 강정마을의 구럼비살리기 운동의 경우에, 여러 종교인들이 비종교인 활동가들과 함께 현장에 장기간 상주하면서 활동을 펼쳐 왔다. 여기서는 구럼비로 가는 길이 완전히 폐쇄되기 이전, 구럼비 바위에서 각종 의례들이 수행되던 무렵에 일어난 현상에 초점을 맞추고자 한다. 2011년 11월에 유튜브에 올려진 〈강정 활동가들의 하루〉[26]라는 제목의 동영상을 보면, 당시 구럼비살리기운동의 현장에서는 수많은 종교의례들이 정기적으로 수행되었음을 알 수 있다. 가령 당시 그곳의 활동가들은 매일 새벽 6시에 바다를 향해 100배를 했다. 오전 중에 일부 활동가들은 정기 기도나 오체투지를 수행했고, 11시에는 현장에서 천주교의 미사가 열렸다. 미사 후에는 강정평화를 위한 기도와 구럼비를 향한 153배[27]가 진행되었다. 그리고 매일 저녁 정해진 시간에 촛불문화제가 열렸다. 이러한 현장에서 벌어지는 정기의례 외에도, 여러 가지 종교의례들이 부정기적으로 수행되었으며, 마을제사, 명상, 기도회, 순례 등도 적극적으로 활용되었다.

이와 같이 성직자들이 생태운동의 현장에 장기 거주하면서 강이나 바위 등의 생태환경 속에서 정기적으로, 때로는 부정기적으로 수행하는 의례들은 여러 가지 효과를 낳았다. 우선 종교인들과 활동가들은 이른바 '성스러운 공간'과 '생태환경'(흔히 종교 vs. 자연)이 동떨어져서 존재하는 것이 아니라고 느끼게 된다. 정기적으로 바다, 바위, 바위 위의 생명체 등을 오감으로 지각할 수 있는 생태환경 속에서 의례를 수행하는 과정에서, 소위 세속적인 각종 문제나 가치관들과는 다른, '신비로운' 어떤 것을 느끼고 경험하게 되는 것이다.[28] 예를 들어, 구럼비살리기운동에 동참하면서 현장에 장기 거주하고 있는 문정현 신부는 다음과 같이 말한다.

> 아침마다 여기(구럼비) 와서 묵상을 하면 맘이 편안해져요. … 맘이 정화가 되는 것 같아. 사람들이 이런 데 와서 묵상을 하고 기도를 할 필요가 있다, 그런 생각이 들어요. … 이런 데 와서 … 자연의 신비로움을 보면 … 감수성이 깊어지는 것 같아요. 여기 앉아 있어도 … 나에서부터 미치는 반경이 넓어지는 이런 신비로움도 있는 거거든요. 이런 걸 잘 보존해서 자연의 신비를 느끼고 … 우리는 그 자연의 신비를 보면서 하느님을 보잖아. 하느님이 창조하셨다는 것을 깊이 느낄 때 우리는 뭔가 만나고 싶고 뭔가 사랑하게 되고 … 여기서 맨날 싸움만 한다기보다도 내 스스로가 정화되고 자연과 이웃과의 관계를 깊이 묵상하게 되는 거지.[29]

또한 생태환경 속에서 정기적으로 수행되는 의례에 참여하는 사람들은 생태환경이 살아 있다는 느낌을 강하게 받는 경향이 있다. 강이나 바위, 바다를 살아있는 존재처럼 느낀다는 것은 지성이나 판단력의 미숙함에 기인하는 것이 아니다. 오히려 그러한 생태환경을 살아 있는 존재처럼 존중하고, 그러한 생태환경과 책임감 있게 관계를 맺고 싶다는 열망과 당위를 느끼게 된다는 것을 의미한다. 즉 인간의 관계망이 생태환경까지 확장되는 것이다. 그리고 이러한 생태환경은 인간의 이용가치가 아닌 자체의 고유한 가치를 지니고 있다는 점과, 인간은 이러한 생태환경의 일부에 지나지 않는다는 사실을 머리로뿐 아니라 몸으로도 지각하게 된다.[30]

4대강살리기운동이나 구럼비살리기운동의 경우에 비인간 동물이 호명되는 사례는 두드러지게 눈에 띄지 않을 수도 있다. 그러나 인간과 비인간 동물 사이의 관계 문제는 단지 '동물'이 얼마나 표면적으로 언급되는가 하는 수준에만 국한되지 않는다. 인간 자신이 스스로가 생태환경에 서식하는 '동물'임을 깨닫는 자의식의 변화도 중요한 문제가 된다. 인간이 스스로를 생태환경 속에 서식하는 '동물'로 느낄 때, 생태환경에 거주하는 또 다른 비인간 동물들은 더 이상 인간을 위해 이용되는 상품, 혹은 인간과는 동떨어진 미지의 존재들이 아니라, 인간과 연속성을 지닌 존재로 여겨질 수 있다. 이렇게 볼 때, 현장에 종교인들이 장기 거주하면서 생태환경 속에서 정기적으로 의례를 수행하는 유형의 종교생태운동은 계몽과 홍보를 중심으로 하는 '근대적' 생태운동과는 또 다른 측면에서 인간과 비인간 동물의 관계성을 숙고하는 데 의미가 있다.

여기서 종교생태운동 현장에서 수행되는 생태 의례가 비인간 동물에 대한 생태적 감수성의 고양에 일정한 영향을 미친다는 점이 중요하다. 생태 의례가 수행되는 동안 일상의 흐름과는 구별되는 특정한 의례 환경 속에서 의식과 지각의 선택적 집중이 일어나고, 생태환경이 텅 빈 공간이 아니라 물고기, 곤충, 집게벌레, 새 등의 수많은 생명체들이 깃들어 살아가는 보금자리이며, 인간은 생태계의 일부로서 다른 생명체들과 연결되어 있다는 것을 보고, 듣고, 감촉하고, 냄새 맡는 등의 오감으로 인지하기 때문이다.

특히 이처럼 생태환경 속에서 정기적으로 의례를 수행하는 지역밀착형 종교생태운동의 경우에, 생태환경은 물론이고 비인간 동물들이나 나아가 다른 생명체들이 '구체적'으로 경험된다. 즉 강유역이나 바닷바위 위에서 매일 같은 시각에 정기적으로 의례를 수행하면서 바닷게나 새 등 비인간 동물들을 보고, 듣고, 만지게 되는 경우가 이따금씩 있는데, 이때 그러한 동물들은 더 이상 종의 이름으로 추상화된 수준에서 인식되는 것이 아니라 개별성을 구별하는 수준까지 구체적으로 경험된다. 사실 균질적인 공간에 균열이 일어나서 의미 있는 장소로 만들어지는 것은 이처럼 대상에 대한 추상화의 수준에서 내려와서 개별성을 구별할 수 있게 되는 것과 불가분 결합되어 있다. 나아가 이처럼 구체적으로 생태환경과 비인간 존재들을 경험하게 되면서, 단지 인간이 그들을 보호하고 지켜야 한다는 당위적이고 일방적인 관계를 넘어서 그들로부터도 영향을 받게 되는 상호관계가 생겨나는 것이다.

3) 비인간 동물의 고통과 생태 영성: 구제역 이후 종교계의 반응

오늘날 도시에 거주하는 대다수 현대인들은 '반려동물'이라는 한 가지 예외를 제외하고는 일상생활에서 비인간 동물과의 실제적인 접촉을 거의 하지 않고 살아가고 있다. 현대사회에서 동화나 애니메이션에서 비인간 동물들이 얼마나 사실적으로 묘사되고 의인화되든 간에, 그것이 실제 살아 있는 비인간 동물과의 접촉을 대신할 수는 없다. 비인간 동물들은 기본적으로 현대인에게 너무나 낯선 존재들이다. 종교계의 경우도 마찬가지다. 한국 사회에서, 인간의 구원이나 해탈에 관심을 갖는 종교계에서는 상징이나 비유로서가 아닌 실제 비인간 동물의 현실에 대해 거의 관심을 나타내지 않았다.

그런데 2010년 말부터 구제역이라는 가축 전염병이 확산되고, 마침내 2011년 상반기까지 346만 마리 이상의 가축들이 구제역 확산 우려 때문에 도살되는 사건이 일어나면서 사정이 바뀌었다. 한 시민운동단체에서는 수천 마리의 돼지들이 산 채로 매장되는 '돼지 생매장' 장면을 몰래 촬영한 뒤 그 동영상을 종교단체들을 통해 대중에게 유포하였다. '돼지 생매장' 동영상을 본 많은 사람들은 식탁에 오르는 고기로서가 아니라 살아 있는 생명체로서 동물의 생명성에 대한 충격적인 각성을 하게 되었고, 비인간 동물의 생명권과 복지에 관한 논의를 촉발시키게 되었다.

일반적으로 종교생태운동은 주로 종교계 내부에서 신앙적으로나 정치적으로 '진보적' 입장으로 분류된다. 그런데 구제역 가축 살처분에 대한 종교계의 대응은 '진보적' 부류에 제한되지 않았다는 점에서 특징적이다. '돼지 생매장' 장면을 동영상이나 사진을 통해 간접적으로 목격하고 나서, 종교생태운동 단체들은 물론이고 종교계의 중앙 조직들이나 소위 '보수적' 입장의 종교인들까지도 이러한 현실이 개선되어야 한다는 데 일반적으로 동의하게 되었다. 그것은 다른 생명체의 '고통'을 목격하는 데서 생겨나는 강렬한 힘 때문이다. 피터 싱어는 동물이 즐거움이나 행복뿐 아니라 통증과 고통을 경험할 수 있기 때문에 동물의 고통도 인간의 고통만큼 중요하게 여겨야 한다고 주장한다.[31] 그의 주장에 따르면 비인간 동물도 지각력이 있기 때문에 인간과 마찬가지로 동등한 존중, 동등한 배려를 받아 마땅하다. 실제로 구제역 살처분 이후 고통 받는 돼지들의 울부짖음과 몸부림을 직접적으로든 간접적으로든 경험한 사람들은 그들의 모습에서 고통 받는 존재의 모습을 발견하고, 연속성의 감각과 함께 연민을 느끼게 된다.

구제역 사태를 경험하면서 종교계에서는 인간 이외의 동물의 현실 개선에 대한 관심이 생겨나기 시작했고, 종교생태운동 단체들은 비인간 동물에 대한 처우 개선을 주장하면서 각종 성명서를 발표하거나 여러 가지 모임, 퍼포먼스, 의례들을 주도하였다. 이때 종교계 생태운동에서는 사람들이 현대 사회에서 낯설게 느껴지는 비인간 동물들의 처우 개선에 관심을 갖도록 하기 위해, 비인간 동물과 인간의 연속성 혹은 연결을 상상할 수 있는 장치들을 활용하였다. 우선 경전의 구절이나 교리들, 종교적 관념들이 비인간 동물과 인간의 연결을 강조하는 방식으로 재해석되었다. 또한 동영상이나 사진 등 시청각 자료를 활용해서 비인간 동물의 고통을 간접적으로나마 느낄 수 있는 환경을 조성하고, 비인간 동물을 의인화함으로써 그들이 겪고 있는 고통에 사람들이 감정을 이입할 수 있도록 유도했다. 그리고 여러 종교단체들은 고통을 느끼면서 죽어간 비인간 동물들의 '영'을 위로하고 인간의 참회를 위한다는 명목으로 천도재[32], 축혼제[33], 위령제[34], 기도회[35] 등을 개최하였다. 이러한 의례들은 복합적인 층위를 가지고 있으며 다양한 함의를 지니고 있었는데, 조금 차이는 있지만 대체로 인간과 비인간 동물을 다 같은 '생명'이라는 점에서 연속적인 존재로 보고, 고통에 대한 감수성을 비인간 동물에게까지 확장시키는 특징을 나타냈다.

구제역 사태와 관련된 종교생태운동 현장에서 고통이라는 감각에 대한 공감적 인식을 통해 비인간 동물과 인간의 연결을 '상상'을 통해 회복하려는 경향이 나타난다는 점, 그리고 위령제 등에서 동물의 인간화 경향이 나타난다는 점은 주목할 만하다. 영국의 사회인류학자인 에반스 프리차드(Edward Evan Evans-Pritchard)는 소위 안락의자 인류학자들이 '원시인'의 심리 상태를 추론하는 방식을 빗대어서, '만약 내가 말이라면(if I were a horse)' 어떻게 느낄 것인지 상상해보는 것은 '원시문화'를 파악하기 위한 적합한 방식이 아니라고 혹독하게 비판한 바 있다.[36] 그렇지만 인간이 낯선 비인간 동물을 이해하기 위해서는 '내가 만약 그 동물이라면…' 하고 상상해 보는 것이 가장 기본적이면서도 공감적인 이해를 위한 전략이 될 수 있을 것이다. 실제로 '돼지 생매장' 동영상을 보면서 많은 사람들은 무의식적으로 '만약 내가 저 돼지라면' 얼마나 고통스러울 것인지 상상하면서 돼지가 느끼고 있을 고통과 공포를 함께 느꼈을 것이다. 구제역 이후 동물 처우 개선을 위한 각종 종교생태 운동의 현장에서는, 비인간 동물에 대한 인식 개선을 목적으로 하면서도 비인간 동물과의 실제적인 접촉을 가능케 하는 의례 환경을 통해 그들을 재인식 하는 일이 거의 불가능하기 때문에, 인간과 비인간 동물의 상상적인 연결을 강조하는 의례 환경 및 그들을 인간화함으로써 이해하기 쉽게 만드는 공감적 접근 방식이 두드러지게 나타나는 것이다.

4. 결론

오늘날 한국 생태운동의 현장에서는 생태 영성의 중요성이 점차 부각되는 가운데 각종 종교 의례들이 활발히 수행되고 있으며, 동시에 새로운 의례의 창안이 일어나고 있다. 또한 생태운동의 현장에서는 특정 종교의 신자가 아니더라도 종교의 경계를 넘나들면서 특정 종교 의례에 참여하는 경향도 나타나고 있다. 도대체 이러한 생태운동의 현장에서는 무슨 일이 일어나고 있는 것일까? 현장에서 수행되는 크고 작은 의례들은 어떠한 효과를 낳고 있을까? 학계에서 이러한 물음은 거의 제기되지 않았고 연구는 일종의 공백 상태에 있었다. 이 글에서는 한국 생태운동의 현장에서 형성되는 생태영성의 내용과 생태 의례들의 기능 및 효과를 특히 비인간 동물에 대한 생태적 감수성에 초점을 맞추어 살펴보고자 했다.

본론에서는 2000년대 이후 한국 종교생태운동의 전개 과정에서 생태계의 또 다른 일부를 이루는 비인간 동물에 대한 인식이 어떻게 나타나는지를 ① 새만금삼보일배운동, 천성산살리기운동 등 2000년대 초기에 종교계가 주도했던 생태운동, ② 4대강살리기 천주교연대의 두물머리미사와 제주 강정마을 구럼비살리기 운동 등, 종교인들이 현장에 장기간 거주하면서 지역에 밀착해서 벌이는 운동, ③ 구제역 가축 생매장 사건 이후 종교계의 대응 등으로 나누어서 각각 살펴보았다. ①과 ②의 운동 현장에서는 비인간 동물에 대한 인식이 두드러지게 강조되지 않지만, ③의 운동 현장에서는 비인간 동물의 권리와 복지 문제가 표면화된다. ①과 ②에 해당하는 종교생태운동은 갯벌, 산, 강, 바다 등 상대적으로 거대한 규모의 지역생태계가 파괴되지 않도록 지키는 데 주력한다. 그런데 ①과 ②의 운동들 사이에는 눈에 띄는 차이가 존재한다. ①의 종교생태운동에서는 지켜야 할 현장으로부터 중앙(곧 서울)으로 향하는 운동 방식을 취했다. 예를 들어 새만금살리기 삼보일배는 새만금 갯벌에서 출발해서 서울에 도착하는 순례 형식을 취했고, 천성산살리기를 위한 지율스님의 단식도 주로 대도시에서 이루어졌다. 정도의 차이는 있지만, 이러한 운동에 참여한 사람들은 지역 생태계의 비인간 동물들을 단지 인간이 보호하고 지켜내야 할 대상으로 여긴다. 그런데 이와 달리, ②의 종교생태운동에서는 중앙에서 지역의 현장으로 향하는 운동 형식을 취하고 있다. 그리고 종교생태운동가들이 두물머리, 구럼비 해안 등 지역 생태계 속에서 장기 거주하면서 정기적·비정기적으로 의례를 수행하는 가운데 지역 생태계의 물, 바람, 물고기, 벌레, 풀, 나무 등을 오감으로 경험하면서, 살아 있는 생명에 대한 생태적 감수성이 고양되는 현상을 발견할 수 있었고, 이때 비인간 동물과 인간의 관계는 일방적이지 않고 상호 영향을 주고받는 관계로 전환된다는 것을 알 수 있었다.

　도시화·산업화가 진행된 현대 사회에서 반려동물 외에 비인간 동물들과의 접촉은 일상생활에서 거의 배제된다. 그렇지만 실제로 실생활의 굉장히 많은 부분에서 비인간 동물이 '이용'되고 있다. 비인간 동물은 음식과 의

복을 만들기 위해 사용될 뿐 아니라, 약품·식료품·각종 도료 등 일상생활의 여러 물품들을 만드는 과정에서도 동물실험의 재료로 사용된다. 다만 그들이 '살아 있는 존재'로서가 아니라 소비되는 '상품'으로서 등장하기 때문에, 이면에서 비인간 동물에게 어떠한 일이 일어나고 있는지에 대해서 대부분이 무관심했을 뿐이다. 사실 오늘날 인간이 야기한 생태계 위기로 인해, 인간뿐 아니라 뭇 생명들, 특히 비인간 동물들까지도 서식지가 파괴되는 등의 직접적인 고통을 겪고 있다. 이러한 상황에서 인간과 비인간 동물과의 관계를 검토하고 올바른 관계 수립을 위해 노력하는 것은 인간이 마땅히 감당해야 할 책임이라 하겠다.

전술했듯이, 한국 사회에서는 윤리적인 논의가 인간→동물→생태계로 단계적으로 확장되기보다는 인간에서 갑자기 생태라는 거대한 주제로 건너뛴 경향이 있으며, 따라서 실제 생태운동의 현장에서도 비인간 동물에 대한 관점들은 정리되지 않은 채 여러 가지 전제나 편견들이 뒤엉켜 있다. 그렇지만 생태환경 속에서 수행되는 의례들은 비인간 동물을 '발견'하거나 스스로가 생태계의 일부임을 느끼게 하는 등의 부수적 효과를 발생시킨다는 것을 알 수 있다.

오늘날 한국 사회에서 종교계 생태운동의 현장은 종교계의 교류 및 연대가 가장 활발하게 일어나는 공간이며, 새로운 의례가 창안되는 역동적인 현장이다. 본 연구를 통해서 한국 종교계 생태운동에 대한 다양한 후속 연구를 촉진할 수 있기를 기대한다.

- 유기쁨, 『생태학적 시선으로 만나는 종교』, 한신대학교출판부, 2013.
  생태계 위기 시대에 세계 주요 종교들이 비동물과 인간의 관계를 비롯한 각종 생태 문제에 대해 새삼 일깨우는 '물음'을 쉬운 말로 재조명해 준 책이다.

- 피터 싱어 엮음, 노승영 옮김, 『동물과 인간이 공존해야 하는 합당한 이유들』, 시대의 창, 2012.
  동물 운동의 기본 철학과 동물 운동의 흐름을 잘 짚어낸, 동물 운동에 몸담고 있는 사람들에게 실질적으로 도움이 되는 책이다.

간디와 프랑켄슈타인, 그리고
채식주의의 노스탤지어

/ 박상언 /

1. 망각에 갇힌 타자-동물

　예전에 어느 유명 연예인의 채식과 동물보호운동이 이목을 끈 적이 있다. 과거에 비해 훨씬 신속하고 간편한 정보통신 매체가 침소봉대의 길을 터주기도 했지만, 무엇보다도 그 연예인의 삶의 방식이 주목을 끈 것은 몇 가지 논쟁거리가 있었기 때문이다. 그 연예인의 한우 홍보 모델 경력과[1] 가죽 재킷의 착용[2] 등이 채식과 동물보호운동에 대한 그의 진정성을 의심케 했다. 그는 모델 계약이 끝난 직후 채식을 선언하면서 직업윤리에 의심을 샀고, 동물보호운동을 전개하면서 가죽 재킷을 착용해서 그 순수성에 의문을 던지게 했다.

　일상에서 흔한 먹고 입는 일에 관한 이야기가 윤리-정치적, 심지어 종교적 자기장으로 빨려드는 경우는, 동물과 인간의 관계 설정이 화제로 부각될 때이다. 인간은 잡식 동물이라는 주장은 오늘날의 지배적인 담론이다.[3] 동물의 살을 찢고 식물을 짓찧을 수 있는 이, 고기 단백질을 분해할 수 있는 효소의 생산, 동물에게서만 얻을 수 있는 비타민-12의 필요성, 잡식과 뇌 진화의 상관성 등과 같은 해부학적 · 생리학적 · 영양학적 · 진화론적인 사실들은 인간이 잡식동물임을 확정해 주는 듯하다. 이런 지적 배경에서 잡식성 인간 동료들과는 달리, 죽은 동물의 살을 먹지 않고, 심지어 그 가죽으로 된 옷을 입지 않는 초식성 인간 주체는 종종 '왜?'라는 질문을 받으며, 그 물음에 해명해야 하는 소수자의 위치에 놓인다. 그만큼 자기 생각과 행동을 정당화할 논리가 필요하고, 또한 행동의 일관성을 유지하기 위해서는 자기 검열의 회로가 활성화되어야 한다. 채식주의자는 종종 자신의 의지와 무관하게 자신에게 쏟아지는 호기심과 불편함이 뒤섞인 타인의 시선과 발언들을 받아내야 하고 어떤 방식으로든 그에 대응할 수밖에 없는 불리한 상황에 내몰리는 것이다.

이처럼 잡식의 주류 문화에서 채식의 소수 문화가 딛고 서 있는 현실은 불편하고 팽팽한 긴장으로 감싸여 있다. 이러한 모습은 노벨문학상 수상자인 존 맥스웰 쿠치가 소설 양식을 빌려 프린스턴대학에서 강연한 내용에서도 잘 나타난다. 주인공은 엘리자베스 코스텔로, 저명한 원로 소설가이자 채식주의자이다. 그녀에게 채식 행위는 양보할 수 없는 신념의 소산이며, 따라서 자신의 정체성을 이루는 중심축으로 작용한다. 그녀의 채식 행위는 오랜만에 만난 자녀들과의 식사에서도 보이지 않는 긴장감과 거리감을 조성하는 요인이 된다. 심지어 대학 교수회의 주최로 열린 만찬에서 코스텔로와 함께 참석한 아들은 자기 어머니의 채식이 화제에 오를까봐 안절부절못한다. 누군가 코스텔로에게 채식에 대해 물어오면, 그녀는 플루타르크 식 답변으로 상대방을 쏘아붙일 게 분명하기 때문이다. "왜 육식을 끊었는지 내게 물으셨나요? 나로서는, 당신이 죽은 동물의 시체를 입에 넣고, 두들겨

팬 고깃덩어리를 질겅질겅 씹으며, 죽은 동물의 상처에서 흐르는 즙을 삼킬 수 있다는 게 정말 놀랍군요."[4]

코스텔로에게 채식의 원리는 미각에 있지 않다. 존 맥스웰 쿠치는 코스텔로의 입을 통해 동물에 대한 인간의 태도 혹은 양자의 관계가 무엇이어야 하는지를 묻고 있는데, 채식은 그 물음에 대해 몸으로 전하는 직접적이고 구체적인 응답인 셈이다. 또한 그녀에게 채식 행위는 자신의 정체성을 외부로 알리는 상징적 행위이자, 삶의 한복판에서 잡식의 주류 문화에 저항하는 정치적 행위이기도 하다. 그녀의 아들이 자신의 어머니가 플루타르크 식의 말을 꺼내기 시작하면 무슨 일이 벌어질지 모른다고 생각한 이유도 여기에 있다.

코스텔로가 플루타르크 식의 반응을 보이는 이유는, 채식 행위가 개인의 기호에 따라 어떤 것은 먹고 다른 어떤 것은 먹지 않는, 단순한 감각의 수준에 머물지 않기 때문이다. 그녀에게서 나타나는 채식의 에토스는 프란츠 카프카(Franz Kafka)의 '도덕적 감수성'에서 이해된다. 도덕적 감수성은 프란츠 카프카의 동물에 대한 독특한 윤리적 특성을 압축해서 표현한 발터 벤야민(Walter Benjamin)의 말이다. 동물을 포함한 타자에 대한 내적인 은밀한 감정이자 사회적 감정으로서 수치심은, 수족관의 물고기를 물끄러미 보면서 던진 카프카의 말에 녹아 있다. "이제야 비로소 네 평화로운 모습을 볼 수 있겠구나. 더는 너를 먹지 않을 거야." 카프카의 이런 행동은 벤야민에게 망각에 갇힌 동물에 대해 스스로 느끼게 되는 수치심의 표현으로 해석된다. 사회적 기대와 타자에 대한 의무를 거의 망각했을 때 느끼는 감정을 수족관의 물고기를 보면서 카프카는 느꼈고, 곧 채식주의자로 개종하게 된다.[5] 망각은 동물을 주체가 아닌 대상으로 인식한다는 것을, 따라서 인간이 자의적으로 처분할 수 있는 '사물'로 간주한다는 걸 의미한다.

19세기 말 서구사회에서 나타난 육식의 급격한 증가는 동물에 대한 망각의 소산이다. 도시화 과정에서 동물과 인간의 공간적 분리가 이루어졌고, 수송 수단으로서 최후까지 인간 곁에 머물렀던 말조차 도시 밖으로 밀려나면서, 인간이 동물과 접촉할 기회는 줄어들었다. 또한 사람들의 시선이 닿지 않는 도시 외곽으로 도축장을 옮겨, 동물의 죽음의 과정에 쏠리는 관심을 차단했다. 또한 육류의 생산·도축·포장의 분업화와 합리화를 통해 축산업의 종사자들에게 일어날 수 있는 죽임의 책임감을 분산시켰다. 인간의 기억에서 동물은 점차 잊혀지고, 그 대신에 추상화한 형태의 살점으로 동물은 인간에게 다가왔다.[6]

그러므로 구체성에서 추상으로, 기억에서 망각으로 건너가는 동물을 지금 여기로 불러들이기 위해서는 사려 깊은 감수성이 필요하다. 이 점에서 카프카의 도덕적 감수성은 코스텔로가 말하는 '공감의 상상력'과 유사하다.[7] 공감에 의해 타자/동물의 현실을 경험할 수 있기 때문이다. 코스텔로는 생명의 토대를 공유하는 어떤 존재의 실존으로 들어가 생각하는 것이 가능하다고 말한다. 그리고 그때 비로소 평온한 일상의 실체를 직시할 수 있다고 한다. 이 점에서 코스텔로는 유대인의 대학살과 동물의 대량 도살은 질적인 차이가 없음을 주장한다. 어떤 경우든, 살해자는 희생자의 입장에서 생각하기를 거부하기 때문이다.

공포스러운 것은, 다른 모든 사람들이 생각하는 것과 달리, 그들은 희생자의 입장에서 생각하기를 스스로 거부했다는 겁니다. 그들은 '저것들이 덜그럭거리는 가축 운반차에 실려 간다'고 말했어요. 그들은 '내가 만약 가축 운반

차에 실려 가면 어떻게 될까?' 하고 말하지 않아요. 그들은 '오늘 불에 태워진 시체가 될 거야. 악취를 풍기고 그 재가 내 양배추를 수북이 덮겠지.'라고 말했죠. 그들은 '내가 불에 타면 어떻게 될까?'라고 말하지 않았어요… 그들은 마음의 문을 걸어 잠갔습니다. 마음은 우리가 때때로 다른 존재가 되어 생각할 수 있게 하는 능력, 곧 공감의 자리입니다.

그러므로 코스텔로는 "우리를 둘러싼 죽음의 장소, 도살의 장소, 거대한 집단적 노력으로 우리의 마음을 닫아 버린 그곳"에서 사람들은 어떤 일이 일어나든, 아무 일 없다는 듯이 일상을 영위할 수 있다고 말한다.

2. 간디와 채식의 의미

간디는 "인간이란 그가 먹는 것이다."는 루드비히 포이에르바흐(Ludwig Feuerbach)의 말의 뜻을 잘 보여주는 인물이다. 간디처럼 먹는 것에 대해 고민하고, 먹는 것을 통해 자신이 누구인지, 그리고 어떤 세계를 지향하는지를 확실하게 보여주었던 사례는 드물다. 간디의 고향, 구자라트는 자이나교와 바이슈나바가 성했던 지역이었다. 따라서 간디는 인도의 어느 지역의 경우보다 육식을 혐오하는 종교문화의 분위기에서 자랐다.[8]

그러나 간디는 중학생 시절에 잠시 육식을 한 적이 있었다. 간디가 육식을 한 동기에는 영국의 식민 통치라는 정치적 요인이 있다. 중학생 친구는 간디에게 다음과 같은 말로 육식을 권한다. "우리는 고기를 먹지 않기 때문에 허약한 민족이야. 영국인은 고기를 먹기 때문에 우리를 지배할 수 있지. 너는 내가 단단하고 잘 뛴다는 거 알지. 그건 내가 고기를 먹기 때문이야.

고기를 먹으면 부스럼이나 종기가 나지 않고, 그런 게 생겨도 금방 낫게 돼. 고기를 먹는 우리 교사들이나 그 밖의 명사들은 바보가 아니야. 그들은 그 효과를 알고 있어. 너도 그렇게 해야 해."[9]

여기서 흥미로운 점은, 육식이 지배자의 그러한 육체를 가능케 했다는 피지배자의 인식 과정이다. 그 이전에 인도를 통치했던 육식하는 이슬람 지배자들에 대해서는 육식을 통한 저항 담론이 원주민들 사이에서 형성되었을지 의문이다. 설령 있었다고 해도 서구 지배자에 대해서만큼 강렬하지는 못했을 것이다. 그 이유는, 영국 식민 지배자가 먹는 고기는 단순히 동물의 살이 아니라 지배의 힘을 가능케 했던 서구 근대문명의 상징이었기 때문이다. 당시 인도에서는 영국 유학 이전의 간디처럼 채식과 원시문명, 그리고 육식과 근대문명을 연결하는 인식의 틀을 의식했던 지식인들이 있었다.[10] 실제로 그런 생각이 가능할 수 있었던 물적 기반을 식민지 지배자들은 마련하고 있었다. 제국의 사회에서 고기 소비의 증가와 확산은, 축산업의 근대화와 대규모 목초지의 확보, 장기간 고기의 신선도를 유지할 수 있는 냉동기구, 증기 동력을 이용한 운송 수단, 장거리 이동을 가능케 한 철도의 발달, 심지어 고기와 곡류의 대량생산과 소비를 촉진시킨 통조림의 발명 등 근대적 산업화와 과학 기술이 있었기에 가능했다.[11] 서구의 식민 지배자가 먹는 고기는 단순히 고기가 아니라, 동물의 살로 나타난 서구 근대문명과 제국주의의 현현이었다. 그리고 영국 제국주의자들과 식민지 인도인을 극명하게 가르는 실천으로서 육식은 남성 권력의 상징뿐 아니라 인종주의의 지표[12]로서 작용했다. 그러므로 간디가 제국주의에 대한 저항의 가능성을 육식의 모방에서 찾은 것은,[13] '훈육된 채식'을 실천하고 있었던 상황에서 자연스러운 인식론적 귀결이었는지 모른다.

이후 간디는 변호사가 되기 위해 영국 유학을 결심했다. 간디의 어머니가 내건 유학의 조건은 세 가지, 곧 술, 육식, 여자에 대한 금욕이었다.[14] 이때 간디에게 채식은 자기 의식적인 선택보다는 종교적 관습과 부모와의 관계에 근거한 것이었다. 타율적인 채식에서 자기 선택적인 채식으로의 전환은 한 채식 식당의 출입구에 진열된 헨리 솔트(Henry S. Salt)의 저서 『채식주의를 위한 변명 Plea for Vegetarianism』을 발견한 게 계기가 되었다. 간디는 1실링에 그 책을 사서 식당에 들어가 영국에 와서 처음으로 음식을 실컷 먹었다고 고백한다.[15]

이 무렵부터 간디는 당대의 채식과 관련된 저서들을 읽고,[16] 채식식당을 드나들며 채식주의자들과 교류하면서 '새로운 종교에 대한 개심자'로서의 열정을 품게 되었다. 그 새로운 종교는 바로 영국에서 성행하던 채식주의였다.[17] 그들의 글을 읽고, 그들과 직접 교류하면서 간디는 '단백질의 신화적 세계와 주술'에서 풀려날 수 있었다. 당시 서구 사회에는 고기는 건강한 식사의 필수품이고, 고기에 담긴 고단백질의 섭취는 정력의 기초라는 대중적 믿음이 퍼져 있었다. 근대 과학자는 고기의 영양학적 가치를 과학의 언어로 치장했고, 고기 공급업자는 이를 대중들에게 널리 퍼뜨리는 데 앞장섰다.[18]

동물의 살을 단백질이라는 추상적 언어로 치환함으로써 대중들에게 육식의 자연스러운, 혹은 자발적인 선택을 촉진시켰던 대표적인 인물은 독일의 화학자 바론 유수투스 폰 리비히(Baron Justus von Liebig)였다. 그는 신체 활동으로 상실된 근육은 좀 더 많은 단백질, 곧 고기 섭취를 통해 보충해야 한다고 강조했다. '근육을 섭취해 근육을 얻는다.'는 그의 독특한 이론은 과학적 평가에 앞서, 대중의 이목을 끌었다. 탄수화물 식품과 질소를 함유한 식품으로 분류하는 그의 식품 분류체계는 1850년대에 가정주부에게까지 알려졌을 정도였다. 그의 이론은 거의 무비판적으로 수용되었다. 그 이유는 그의 대중적인 인기 때문만이 아니라 빅토리아 시대 중산층 계급의 생물학자들이 고기를 즐겼고, 고단백질 식사를 과학적으로 입증하는 데 열을 냈기 때문이었다.

간디가 채식주의 운동에 합류한 사건은 간디 자신에게만이 아니라 그를 통해 인도 사회에도 지대한 영향을 미쳤다. 그는 『채식주의자 The Vegetarian』를 발행하는 채식협회(Vegetarian Society)에 가입하고 간사로서 활동하였다. 또한 잡지에 글을 기고함으로써 채식주의에 대한 자신의 입장을 분명히 밝히기도 했다. 간디는 이제껏 육식에 대한 유일한 해석의 기준은 어머니였다고 말한다.[19] 이제 간디는 영국의 채식주의운동을 통해 채식주의에 담긴 종교적·도덕적 이유들을 배웠고, 채식에서 도덕성과 정치성의 결합 가능성을 발견했다. 영국의 채식주의가 간디에게 아힘사에 대한 통찰력을 촉발시켰고, 그 아힘사가 간디 자신의 욕망을 정화하는 금욕적 신념 체계이자 제국주의의 지배에 대한 저항의 동력으로 작용했다는 사실은, 간디를 이해하는 데 중요하다.

채식에 대한 확고한 신념이 제국의 채식주의와 접촉하면서 조성되기 시작했다는 점은, 제국의 문명을 모방하는 식민지 근대 지식인의 슬픈 그림자를 연상시킬 수 있다. 유학 초기에 간디는 인도 채식주의자로서의 '결함'을 보완하기 위해 영국 사회의 예절과 교양을 습득하려고 노력했다. 그는 양복을 맞추고, 넥타이 매는 법을 배우고, 당시 유행하던 헤어스타일을 위해 수시로 손질을 했다. 심지어 학원에 등록해서 댄스와 웅변 수업을 들었고, 서양음악을 듣는 훈련을 위해 바이올린을 구입해 배우기도 했다.[20] 이는 식민지 지식인의 신분으로 제국의 본토에서 채식이 이중의 속박으로 작용했음을 반영한다. 즉 영국 사회에서 채식주의는 기존의 가치 규범과 제도에 저항하는 소수 사람들의 신념이었는데, 간디는 채식주의자이면서 식민지인이었기에 영국 사회에서 훨씬 더 주변에 놓일 수밖에 없었다. 육식을 하면, 영국의 주류 사회에 쉽고 빠르게 진입했을지도 모른다. 그러나 간디는 의도했던 바는 아니지만, 영국의 채식주의 운동에 합류함으로써 '모방'을 넘어선 이념적 '혼종'의 출현을 가능케 했다. 그는 아힘사에 대한 자신의 견해가 서구의 수입물이라는 비판에 대해, 자신의 마음에는 동서양의 관념들이 융합되어 있고, 자신의 견해가 서구 교육의 결과일지라도 부끄러움이 없다고 대답했다.[21]

간디가 취한 영국 채식주의의 적극적인 수용은, 무엇보다도 당시에 채식주의를 추구했던 영국 지식인들의 급진적이고 사회 개혁적인 요소들 때문이었다. 그들이 제기하는 도덕적-정치적 신념을 통해 간디는 제국주의에 대한 비판적 이론을 구성할 수 있었다. 또한 그는 종교에 대한 그들의 지적 자극을 통해 다른 종교들의 사상에 관심을 지니게 되었고, 나아가 자신의 종교전통과 문화를 진지하게 성찰하기 시작했다. 예를 들면, 간디는 올드필드 박사의 만남이 계기가 되어 '산상수훈'에 담긴 기독교의 정수를 맛보았다. 그리고 채식주의자 신지학 회원인 청년들을 만나면서 정작 자신의 종교전통인 불교와 힌두교에 무지함에 부끄러움을 느끼고, 그들과 함께 『바가바드기타』를 공부하게 되었다.[22] 또한 그는 브라바츠키의 『신지학의 핵심 *Key to Theosophy*』를 읽은 후, 힌두교 공부의 절실함과, 힌두교는 미신으로 가득 찼다는 기독교 선교사들의 선입관에서 벗어날 필요성을 느꼈다.[23] 이 과정에서 간디는 '욕망에서 벗어나는 것이 종교의 최고의 경지'라는 생각을 하게 되었고,[24] 이러한 통찰은 그의 채식주의 실천에서 중요한 신념으로 작용했다.

영국의 채식주의는 간디의 종교, 윤리 그리고 정치 활동에서 일관된 원칙으로 나타나는 아힘사의 정신을 형성하는 데 지대한 영향을 미쳤다.[25] 이는 당시의 영국 채식주의가 급진적인 사회개혁론의 흐름과 맞닿아 있었기에 가능한 것이었다. 이 흐름 속에서 간디는 주류 식민 지배자와는 다른, 구별된 음식을 먹는 급진적 세계시민주의를 경험했다. 그들은 동물의 권리를 주장하고, 마카로니와 인도식 소스로 만든 요리, 일본식 두부, 달과 라이스 등을 먹으면서 육식 문화에 저항했다. 이들이 택한 육식 문화와의 차이를 통한 저항 방식은 채식의 가치를 생리학적·영양학적 측면에서 정립하려는 시도에서 분명하게 드러났고, 그 효력은 사회 개혁 운동 너머에까지 미쳤다. 채식주의자들은 채식과 나약함을 등치시키려는 육식 예찬론자의 논리에 맞서 육식보다 채식이 인간의 생리 구조에 적합하며 채소와 과일에 많은 영양분이 있다고 주장했다. 당대의 많은 채식 관련 서적들은 채식이 몸에 활력을 주고, 근육을 발달시켜 줌을 강조했다. '가슴 근육을 발달시켜 주는 인도 음식'의 광고에는 가슴 근육이 발달하고, 머리에 터번을 둘러쓴 단단한 인도인의 사진이 자주 활용되었다. 이러한 과정에서 형성된 채식주의/원주민/반제국적 열망의 도식이 쇠고기/유럽/제국의 힘의 도식에 균열을 일으키기 시작했던 것이다.

간디는 이러한 영국 채식주의의 급진적 이념과 실천에서 식민지인의 나약함과 채식주의를 등치시키는 제국주의의 논리에 벗어나고 저항할 수 있는 강력한 연대감을 경험했다. 그는 식민 지배로부터 벗어나기 위해 지배자들의 육식을 모방하려고 했던 행위가 부질없음을 깨달았다. 나아가 채식주의를 통해 간디는 근대문명의 상징으로 인식했던 육식이 오히려 영국사회를 병들게 하고 사회구성원을 고통으로 몰아가며, 식민지인들을 억압하는 요인이 된다는 점을 인식했다. 왜냐하면 당시 영국 채식주의자들에게 제국주의 자체는 육식을 즐기는 남성성에 의해 저질러진 한탄스러운 고민거리이며, 따라서 남성성(masculinity) 자체가 개혁 대상이었기 때문이다. 그러므로 솔트는 『스포츠를 위한 살육 Killing for Sports』(1919)에서 영국 남자는 전형적인 스포츠 광으로 사냥꾼의 특권 의식에 사로잡혀 어디에서든 먹이를 포획한다고 비판했던 것이다.

3. 순수의 상실과 회복의 몸짓

> 대략 그의 하루는 이렇다. 일찍 일어나 소박한 식사를 한 후, 오전 내내 '이슬람의 혁명'을 썼다. 오후에는 밖에 나가 배를 타거나 숲에서 보냈다. 그의 손에는 그리스 작품들이나 『바이블』이 들려 있었다. 집에 들어와 채소로 차려진 식사를 했다(왜냐하면 그는 고기와 술을 입에 대지 않았기 때문이다). 필요하면, 다른 사람에게 『바이블』만 받고 도움을 받지 못한, 아프고 아비 없는 사람을 방문한다. 또다시 쓰거나 공부하고, 혹은 저녁 내내 아내와 친구들에게 글을 읽어준다. 저녁식사로 빵 부스러기나 유장 한 잔을 마시고 일찍 잠자리에 든다.[26]

레이 헌트(Leigh Hunt)는 1817년 말로(Marlow)에서 체류하던 자신의 친구 퍼시 비시 셸리(Percy Bysshe Shelley)의 하루를 그렇게 묘사했다. 퍼시 셸리는 『프랑켄슈타인 혹은 근대적 프로메테우스 Frankenstein, or the Modern Prometheus』(1818)의 저자 메리 울스턴크래프트 셸리(Mary Wollstoncraft Shelley)의 남편으로서, 문학과 음식을 통해 사회개혁을 꿈꾼 급진주의자였다. 그는 음식에 담긴 도덕성과 정치성을 일찍이 간파했다. 그의 채식에 관한 사유는, 윌리엄 램(William Lambe), 존 프랭크 뉴턴(John Frank Newton)과 같은 친구들과 교류하면서 형성되었다. 그들은 채식의 의미를 건강의 차원에서만이 아니라 경제적·정치적·도덕적인 차원에서 발견하고자 했고, 이를 통해 당시의 영국 사회를 개혁하고자 노력했던 사람들이었다. 간디가 영국의 채식주의를 접했을 무렵에는, 이들의 글과 생각은 채식주의의 '이념 모델'로 영향을 미치고 있었다. 자연히 그들의 저서를 읽고, 직접 그들과 교류하는 과정에서 제도적 폭력과 차별에 대한 채식주의적인 비폭력 저항과 궁극적인 이상이 간디에게 전달되었을 것이다.[27]

1847년 채식협회가 설립되고 채식주의자라는 용어가 형성되기 이전에, 의학적·도덕적 이유로 채식을 선택한 사람들은 '브라만', '피타고라스주의자', '자연식 섭취자' 등으로 불렸다.[28] 영국의 브라만들, 곧 채식주의자들 가운데 퍼시 셸리, 존 프랭크 뉴턴, 존 오스왈드(John Oswald), 조셉 릿슨(Joseph Ritson) 등과 같은 인물들은 인도를 포함한 여러 민족의 고대신화, 기독교의 『바이블』, 그리고 역사 기록 등을 검토하면서 채식주의의 이념을 형성하였다. 이들에게서 나타난 이념적 공동지대는 육식의 계보학, 도덕의 상실, 육식의 정치경제적 해악, 시원적 순수의 회복 등의 이야기들로 구성된다.

급진적 채식주의는 육식의 계보를 신화에서 찾는다. 뉴턴은 「창세기」의 아담과 이브의 이야기는 일종의 우화로서, 거기에는 두 종류의 음식이 신비 속에 감춰져 있다고 말한다. 낙원에는 선악을 알게 하는 나무와 생명나무가 있는데, 각기 동물과 채소를 상징한다는 것이다. 선악과를 먹은 치명적인 대가는 '죽음'이다. 뉴턴은 그 우화에서 명확히 드러나지 않은 죽음의 양상을 '질병'과 '조기 사망'으로 해석한다. 최초의 인간들은 자신들의 '해부학적 신체 구조'에 적합한 음식을 먹고, 장수와 건강한 삶을 포기한 채, 해부학적으로 자신들에게 적합하지 않는 동물을 음식으로 택함으로써 그러한 치명적인 형벌을 치르게 되었다는 것이다.[29]

프로메테우스의 이야기에도 유사한 신화적 상상력이 발휘된다. 프로메테우스는 자신의 창조물인 인간에게 먼저 동물 음식, 그리고 불을 사용하여 그것이 좀 더 소화가 잘되고 맛있게 만드는 방법을 가르쳤다. 그 결과로, 인간은 신들에게서 받은 영원한 젊음을 상실하게 되고, 육식으로 인한 갈증으로 물에 의존하게 되었다. 그리고 인간은 질병의 고통을 겪으며, "더 이상 천천히 자신의 무덤으로 내려갈 수 없게 되었다."[30]

여기서 프로메테우스는 인간 종을 대표한다. 인류는 자기의 순수한 본성을 버리고, 불로 음식을 요리해서 미각을 충족시켰다. 즉 인류는 공포스러운 도살장의 역겨움을 가리는 차단막을 고안한 것이다.[31] 육식을 통한 인간 본성의 변화라는 관념은 릿슨의 주장에서 분명히 나타난다. 그는 동물을 먹기에는 인간의 신체 구조와 성격이 적합하지 않으며, 따라서 인간은 요리 도구를 사용해서만 동물을 먹을 수 있음을 지적한다. 또한 요리를 통해 동물의 시체를 변형함으로써 인간의 미각을 속인다고 비판한다.[32] 그는 마침내 동물 시체의 요리를 통해 길들여진 인간이 다른 인간의 살에서까지 맛을 느끼게 되었다고 말한다. 고대신화의 이야기들, 북미, 뉴질랜드, 남미, 아프리카 등의 원주민 사회와 관련된 자료들에는 고대부터 인간이 인신공희를 실천했음을 알려주는데, 이러한 현상은 동물 잡아먹는 '미신적인' 잔혹성이 낳은 자연스러운 결과라는 것이다.[33]

급진적 채식주의에게 '육식=타락=인간의 폭력성'의 연쇄 고리를 차단할 수 있는 해결책은 채식=회복=인간의 자애라는 의미망을 구축하는 것이다.

급진적 채식주의자들은 폭력이 내재된 육식의 습관에서 벗어날 때, 곧 폭력이 사회에 처음부터 유입되지 못하도록 그것을 차단할 때 단순한 유토피아적 이상이 아닌, 진정한 사회개혁을 달성할 수 있다고 보았다. 폭력에 대한 도덕적 감수성과 저항은, 궁극적으로 폭력(himsa)이 약화된 날 음식, 곧 자연 음식을 통해 가능하다고 본 것이다.[34]

당시의 채식주의자들에게 이상적인 식사는 뿌리와 채소, 과일로 이루어진 단순한 식사였다. '날 것'과 '조리한 것', '자연'과 '인공적인 것'을 구별함으로써, 채식주의는 상실한 인간의 본성을 회복하고, 자연과 사회에 가해지는 인간의 파괴적 본능을 제거하고자 했다. 퍼시 셸리는 채식과 순수한 물의 섭취가 인간에게 육체와 정신의 건강을 제공한다고 보았다.[35] 특히 정신 건강과 관련해서, 그는 자연 음식의 섭취는 가정을 지옥처럼 만드는 미치광이의 광란에서부터 헤아릴 수 없을 정도로 비합리적인 못된 기질에 이르기까지 모든 파괴적인 성격을 온순하고 사려 깊은 상태로 변화시키며, 나아가 이러한 마음의 변화가 장래에 사회의 도덕적 개혁을 결심하게 만든다고 보았다.

인간의 육식 행위에 파괴적인 충동이 내재되어 있음을 지적했던 또 다른 대표적인 인물은 존 오스왈드이다. 그는 인간의 생명과 동물의 생명을 구별하는 태도가 동물에 대한 살육적인 관습을 지속시키는 원인이라고 강조한다. 인간은 자신이 동물보다 우월하다고 생각하며, 따라서 자신보다 열등한 동물을 죽여서 먹는 행위를 자연스럽게 여긴다는 것이다. 오스왈드는 이러한 인간의 인식에 대해서 자연을 통해 인간 자신과 동물 살육에 대해서 철저히 반성할 것을 촉구한다. 그에 의하면, 자연 상태에서 인간은 다른 종에 비해 그렇게 월등한 존재가 아니며, 동물 고기를 먹는 행위도 자연스러운 것이 아니다. 즉 인간은 정교하게 도구를 만들 수 있는 손재주가 있다는 점에서 다른 동물보다 월등하지만, 그에 못지않게 다른 동물들에게도 인간보다 우월한 특징들이 있다고 본다.[36] 또한 피를 흘리고 숨을 헐떡이며 애원하듯 쳐다보는 동물의 모습 앞에서 생명에 대한 연민과 동정심을 느끼고, 잔혹하게 동물을 죽이는 장면을 기피하고 혐오감을 느끼는 것은 인간의 자연스러운 감정이라고 본다. 그럼에도 인간이 동물의 고기를 먹는 것은 혐오스러운 동물의 시체가 인공적인 과정, 곧 도축 과정을 거쳐 식탁에 오를 수 있는 식재료 형태로 가공되기 때문이다. 그는 이러한 도축 체계가 잔인하게 살육당하는 동물의 모습과 고통스러워 신음하는 동물의 비명 소리를 사람들이 직접 보고 듣지 못하도록 차단시킨다고 지적한다.[37] 그러므로 그에게 육식은 어떻게 순진무구한 동물이 죽임을 당하는지, 그리고 죽음 앞에서 동물이 어떤 두려움과 고통을 느끼는지에 대한 고민이 담겨 있지 않은, 자연과는 거리가 먼, 인공적이고 폭력에 무감각한 행위에 불과하다.

　이처럼 당시의 급진적 채식주의자의 관점에서 육식은 인간 자신과 자연을 파괴하는 인간중심주의의 중심축이다. 오스왈드는, 인간중심주의에서 벗어나 원초적인 자연의 상태를 회복하기 위한 길은 탄식하는 자연의 소리에 귀를 기울이는 데 있다고 보았다. 그에게 자연의 언어는 울부짖음으로 표현되는, 비수사학의 수사학이다. 그는 인간은 탄식하는 자연의 목소리를 경청하고 기독교의 『바이블』에 묘사된 것처럼 신으로부터 모든 생명체의 관리를 위탁받은 듯이 생명체를 다루는 태도에서 벗어나야 한다고 주장한다.[38] 탄식하는 자연의 모습은 퍼시 셸리의 언급에서도 발견된다. 그에 의하면, 타락한 인간의 손길이 닿은 생명체들은 모두 질병과 궁핍, 범죄로 신음한다.[39] 순수한 자연 상태에서 살아가는 동물들은 병에 걸리지 않고 자연스럽게 늙어 숨을 거두는 반면에, 사육된 동물들은 믿을 수 없을 정도로 다양한 질병에 묶인 채, 종적 탁월함으로 자신들을 지배하고, 자신들에게 안겨준 궁핍과 비참함에 저주를 퍼붓는다는 것이다.

'자연의 탄식'이라는 수사학을 통해 황금시대의 시원적 순수성을 회복하려는 시도는 기존의 문화 규범과 사회제도에 대한 저항으로 표출된다. 예를 들어, 뉴턴은 미래에 도래할 황금시대까지 브라만, 페르시아 마술사, 예언자 다니엘 등처럼 채식을 통해 육체적 건강을 향상시키고, 마음을 밝히고 지상에 평화를 도모하도록 권고한다. 또한 그는 자연의 순수 상태를 강조하면서, 나체주의, '네어 브라민'(Nair Brahmin)의 여성들처럼 일부일처제로부터의 해방, 성 상대자의 자유로운 선택, 여성의 상속권 등을 주장한다. 실제로 뉴턴은 채식주의와 나체주의를 결합해 가족 전체가 자연의 순수한 상태에서 살고자 했다.[40]

퍼시 셸리는 "진리, 아름다움, 단순함, 그리고 약속된 유익함을 지닌" 채식의 "순수한 체계"를 행할 때 얻는 보상은 희망적인 미래임을 주장한다. 그에 의하면, 인간은 채식을 통해 폭력이 안겨 주는 잔혹한 쾌락을 증오하게 되고, 표독한 성격이 온화해지며, 고통스러운 질병에서 벗어날 수 있다.[41] 뿐만 아니라 그는 단순하고 순수한 자연 음식을 통해 정치경제적인 착취의 구조를 변화시킬 수 있다고 보았다.[42] 한 끼의 육식은 한 에이커의 풀을 먹어 치우는 셈인데, 이는 한 가정의 생계 유지에 필요한 곡물 분량의 10배에 해당된다. 더군다나 대규모의 축산을 위한 목장과 목초지 개발은 사람들의 삶의 터전을 잠식해 들어갔다. 퍼시 셸리는 부자들의 미각을 위해 농민과 노동자들은 궁핍과 가난에 몰리게 되는 경제 구조가 형성되고 있다고 비판하면서, "오직 부자들만이 죽은 살에 대한 비자연적인 갈망에 빠져들 수 있다."고 말한다. 이와 대조적으로 육식에서 자연의 음식으로 전환할 때, 굶주린 노동자들의 아기들은 위로를 얻게 되고, 미각을 위한 향신료와 포도주 따위로 통상 분쟁을 일으킬 필요가 없다고 그는 주장한다. 그의 눈에는 전 세계에서 포획한 이런 사치품들은 개인들의 경쟁심과 민족 간의 분쟁을 야기하는 불순물일 뿐이다.

이제껏 보았듯이 영국의 급진적 채식주의자들에게 육식은 단순히 먹는 행위가 아니었다. 육식에는 동물 학대, 젠더와 계급의 문제, 그리고 식민지배의 모순 등과 같은 사회문제가 담겨 있고, 그 문제의 진원지에 자연의 순수성을 잃어버린 인간이 놓여 있었다. 그들에게 채식은 타락한 인간을 순수한 상태로 돌려놓는 근본적인 치유책이었다. 그들은 채식을 통해서 동물 살해로 드러난 인간의 폭력적 성향을 줄이고 소멸시키고, 궁극적으로 폭력과 착취의 모든 대상과 화해하고, 자연 속에서 협력하며 공생할 수 있다고 생각했다.

그러므로 이러한 낭만주의적 채식주의에서 반제국주의, 무정부주의, 사회주의 등과 같은 급진적 이념을 만나는 것은 그리 이상한 일이 아니다. 그들은 인간의 폭력성과 지배욕을 부추기는 육식과 남성의 문화에 저항했고, 이를 사회규범으로 고착시키려는 어떤 제도적 통치성도 인정하지 않으려고 했다. 간디의 아힘사에서 나타나는 비협력주의, 시민불복종, 권력의 압박이 작용하지 않는 비통치적 사회성 등은 그러한 영국의 급진주의적 이념에서 어느 정도 영향을 받은 것이다.[43]

4. 저항, 그 너머

감자, 콩, 완두, 순무, 상추로 된 음식, 그리고 디저트로 구스베리, 딸기, 건
포도, 라스베리, 겨울에는 오렌지, 사과, 배.[44]

나는 주린 배를 채우기 위해, 밤중에 몰래 그들이 저장해 놓은 음식을 훔쳐
먹곤 했소만, 나의 그런 짓이 이 오두막집 사람들에게 폐를 끼친다는 사실을
알고부터는 당장에 그런 짓을 그만두고 근처 숲에서 얻은 딸기, 호두, 뿌리
따위만으로 배를 채웠소.[45]

미각을 만족시킬 목적으로 음식을 먹는 일은 폭력이다. '섭생의 순결은 심
정의 순결로 나가고, 심정의 순결은 아뜨만의 깨달음으로 고취하고, 그 다음
에는 그 깨달음이 모든 족쇄를 부순다.'[46]

고대의 프로메테우스는 진흙과 다른 동물의 살로 인간을 창조했고, 그에
게 불과 동물 음식의 사용법을 알려 주었다. 인간에게 문명의 도구를 안겨
준 대가로, 그는 바위에 묶인 채 독수리에게 간이 쪼이는 형벌을 감내했다.
대조적으로, 메리 셸리가 제시한 '근대의' 프로메테우스, 곧 빅터 프랑켄슈
타인은 피조물을 납골당의 뼈와 도살장의 잔해로 창조한 후에, 그 흉측함에
역겨움과 공포에 사로잡혀 피조물에게서 도망친다. 빅터 프랑켄슈타인은
성격적으로 그의 피조물과도 상반된다. 피조물은 자연의 아름다움을 느끼
고, 문학 작품에서 감명을 받는다. 또한 그는 역경에 처한 사람들에게 연민
과 동정심을 품는 '도덕적 감수성'을 지닌 존재로 묘사된다. 이와 대조적으

로 빅터 프랑켄슈타인은 자연의 신비를 음미하기보다는 그 비밀을 캐는 냉철한 이성의 소유자이다. 그는 과학에 대한 열정으로 사람들과 지극히 제한적이고 수동적인 관계만을 유지하면서 '감방과 같은 곳'에서 작업에 몰두하는 존재이다.

이 소설에서 타자에 대한 배려와 호혜적 관계의 측면에서 피조물의 태도와 채식주의가 연합되고, 그 반대의 지점에서 타자에 대한 배타성과 자기폐쇄성의 측면에서 창조자의 태도와 육식성의 연합을 발견하게 된다. 피조물은 창조자에게서 버림받은 후로 여러 지역을 전전하며 굶주림과 추위에 떨며 비참한 생활을 한다. 그는 숲에서 우연히 떠돌이들이 남긴 모닥불과 불에 구운 고기를 발견하고 먹게 되었다. 열과 빛을 내는 불의 성질에 감탄하고, 불에 구운 고기를 먹은 피조물은 다음과 같이 말한다. "그것은 나무에서 딴 열매들보다 훨씬 더 맛있었소."[47] 피조물은 급진적 채식주의의 논의에서 인간 타락의 원천으로서 제기되었던, 고기의 맛을 처음으로 경험했다. 그러나 피조물은 타락한 인간의 전철을 밟지 않는다. 창조자를 만난 자리에서 피조물은 자신의 음식과 인간의 음식을 구별하면서, 이렇게 말한다. "식욕을 채우려고 양이나 새끼 염소를 잡아먹는 일은 없소. 내 음식으로는 도토리와 딸기면 충분하오."[48]

피조물이 내던진 이 말은 육식으로 오염된 인간 문명에 대한 일종의 '거리두기', 혹은 '차이를 통한 저항의 방식'이다. 그의 몸을 이루는 혈관과 살은 도살장에서 남겨진 초식동물의 잔해들이었기에 뿌리와 과일, 풀을 먹으려는 초식 동물로서의 그의 본능은 자연스러운 것이었다. 그러므로 초식동물의 본성을 지닌 피조물은 태생적으로 육식이 지배하는 인간의 사회에 들어갈 수 없었다. 낭만적 채식주의의 관점에서 피조물이 태어난 근대적인 도시는, 먹기 위해 동물을 대량으로 생산하고 도축하는 타락한 인간들의 공간이다. 그리고 도살장은 인간의 타락한 본성을 극명하게 보여주는, 폭력이 내재된 죽음의 공간이다.[49] 동물 살해의 상징 체계는 동물/타자에게 폭력을 행사한다는 점에서, 병합·통제·지배라는 정치적 이미지를 담고 있다.[50] 그리고 그 타자의 목록에는 젠더, 성적 성향, 인종, 그리고 계급에서 지배적인 문화 범주와 구별되는 존재들이 포함된다. 지배 문화의 중심에서 멀어질수록 이 타자들은 자연과 동물에 가까운 곳에 위치하게 되고, 감시와 처벌을 통한 순치의 과정을 겪고, 폭력의 희생양이 된다.[51]

이렇듯 피조물은 태생적으로 창조된 순간부터 인간에게 소외될 수밖에 없는 존재였다. 그는 창조자로부터 버림을 받았을 뿐만 아니라, 한적한 시골 농가에서 인간적인 정취를 느낄 수 있었지만, 그 인간의 세계에 들어서려는 순간에 강제로 내쫓기고 만다. 피조물에게서 사람들은 낯설고 섬뜩한 자연의 '야생성'을 엿보았다면, 피조물은 사람들에게서 타락한 문명의 '자기 폐쇄성'을 체험한 것이다. 피조물은 더 이상 문명 사회의 일원으로 승인받을 수 없음을 깨닫는다. '자연으로의 회귀 본능'이 그를 자극하였고, 피조물은 동반자와 함께 자연의 상태로 살아갈 꿈을 그리게 된다. 그는 빅터 프랑켄슈타인에게 자기의 동반자와 함께 남아메리카의 광야로 가서, 자연적인 상태로 자연적인 음식을 먹으며 살 거라고 말한다. 여기서 주목할 점은, 그러한 자기의 미래의 삶이 '평화롭고 인간적인' 것이라는 주장이다.[52] 근대 도시에서 육식을 하며 사는 인간 종의 사회가 지닌 불평등과 착취의 구조에 비하면, 자연의 상태에서 자연이 주는 음식을 먹으며 공존의 삶을 살아가는 인간과 동물의 결합체인 피조물이 좀 더 인간 본연의 모습에 가깝다는 문명 비판의 목소리가 담겨 있기 때문이다.

메리 셸리의 소설에는 뿌리, 열매, 과일, 채소로 이루어진 자연의 음식으로 단순하고 소박한 삶을 추구했던 19세기 급진적 채식주의의 노스탤지어가 담겨 있다. 육식에 대한 금욕은 자연의 순수성을 회복하는 길이며, 타자에 대한 배타적이고 억압적인 태도에서 타자를 배려하고 포용하는 태도로 전환하는 길이기도 하다. 이렇듯 19세기 채식주의자의 급진성은, 합리성과 효율성으로 인간과 생명체를 통제하고 조작하려는 계몽주의적 이성에 반기를 들었다는 데서 찾을 수 있다. 추상적인 수학 방정식과 통계 수치로 생산량을 극대화하고 순이익을 창출할 수 있는 생산과 소비 방식의 출현 앞에서 굴절되고 왜곡된, 인간과 동물/타자의 관계를 시원적 순수성에서 회복하고자 했던 것이다. 그러므로 피조물이 살고자 했던 남아메리카의 광활한 광야는 지리적 공간이 아니라 '육식의 종말'을 통해 인간과 자연의 관계가 회복되고, 자연에 거주하는 모든 주체들이 양육과 돌봄의 관계 방식으로 조화를 이루는 생태계의 복원을 의미한다.[53]

자연의 순수한 상태로 돌아가려는 채식주의의 노스탤지어적 성격은, 현실에 대한 냉철한 판단을 결여하고 있다는 비판에 직면하기도 했다. 한때 퍼시 셸리의 든든한 후원자였던 바이런은 자신의 풍자시 「돈 주안 *Don Juan*」을 통해 채식주의에 담긴 야생적 함의들을 조롱했다. 그리고 셸리가 표현했던 자연의 탄식에 버금가는 궁핍한 농부의 불평소리를 제시하면서, 셸리에게는 현실에 대한 판단력이 결여되어 있다고 비판했다.[54] 그러나 19세기 채식주의자들이 계급적 한계에 매몰된 채 자기 충족적인 삶의 양식으로서 채식주의를 추구한 것은 아니었다. 그들의 채식주의에는 계급, 인종, 그리고 종의 경계를 가로질러 공감의 물결로 서로를 연결하는 사회 개혁적 담론이 형성되어 있기 때문이다.

이러한 담론에서는 탄식하는 자연의 목소리에서 자기 동료의 목소리를 듣는 은유적 기호가 자주 사용된다. 예를 들어, 오스왈드의 『존 불의 유머 *The Humours of John Bull*』에는 동인도에서 귀국한 월시와 여관 주인과의 대화가 나온다. 여관 주인은 월시에게 이렇게 질문한다. "당신은 풀밖에 먹지 않고, 로스트 비프, 옛 잉글랜드의 영광에 심한 반감을 가지고 있는 힌두인을 보셨겠군요. 그런데, 선생님께서는 나밥 물고기는 드셔보셨겠죠?" 월시는 다음과 같이 답한다. "내 친구 나밥은 육지 동물이라오. 먹기에 달콤할지 몰라도, 소화하기엔 힘들어요. 제발 방으로 안내나 해 주구려."[55] 간디에게서도 유사한 사례를 발견할 수 있다. 어느 날 간디는 칼리 사원에서 양을 제물로 바치는 희생제의를 목격했다. 간디가 그 잔인한 예배에 혐오감을 느꼈고 그 일을 동료들에게 말했다. 그때 한 친구가 간디에게 "양은 아무것도 느끼지 못합니다. 소음과 북소리에 모든 고통을 잊게 됩니다."라고 말하자, 간디는 양이 말을 하면 다르게 이야기할 거라고 답한다.[56]

죽음에 직면한 동물을 구제하기 위한 선결 조건은 '자기 정화와 희생'이라고 간디는 강조한다.[57] 그리고 쿠치의 소설에서 코스텔로는 자신의 채식주의가 도덕적 확신에서 비롯된 것이 아니라 자신의 '영혼을 구원하려는 바람'에서 나온 것임을 강조한다.[58] 인간의 원초적 본성, 곧 타락 이전의 순수한 상태로 회복하려는 19세기 채식주의자들의 신념과, 미각의 통제를 통해 금욕주의적 자기 정화를 추구하는 간디의 태도, 그리고 영혼의 구제를 위한 채식의 준수는 한 곳에서 합류한다. 곧 타자 안에서 자기를 응시하는, 도덕적 감수성이다. 도살장을 폭력이 내재된 죽음의 공간으로 인식하고, 신에게 제물로 바쳐지는 동물의 희생에서 죽임의 의미를 묻고, 사회적 편견과 압력에도 채식주의자로서의 정체성을 지키는 이유는, 도덕적 감수성의 회로가 작용하여 타자를 자기 앞에 불러들여 그의 처지에서 사유할 수 있기 때문이다. 이러한 도덕적 감수성은 이성적 판단에 의해 조성되는 것이 아니라, 공감적 상상력을 통해 몸으로 느껴지는 것이다. 타자의 고통을 느낌으로써, 더 이상은 자신의 몸과 영혼을 동물의 죽음에 물들지 않으려는 자기 정화와 구원의 열망이 형성된다. 채식주의가 세속적 이념 너머로 확장할 수 있는 지점은 바로 여기이다.

채식주의와 동물보호운동에 어긋난 행동을 했다며 유명 연예인에게 가했던 비난의 화살은 채식주의가 세속적 인본주의를 넘어서 종교적 영역에 맞닿아 있음을 보여주는 하나의 반증이다. 간디는 한 알의 알곡에도 생명이 있기에 채식주의 식사를 하더라도 인간이 폭력에서 완전히 벗어날 수 없다고 말했다. 아힘사의 완전한 실현은 해탈했을 경우에만 가능하고, 해탈은 육체에서 영혼이 독립한 상태, 곧 세속의 세계에서 벗어난 상태를 의미하기 때문이라는 것이다.[59] 그러므로 음식을 먹고 살아가는 인간에게 비폭력의 완전한 실천을 요구하기는 어렵다. 인간은 단지 비폭력의 진리를 실천하고자 애쓸 뿐이다. 채식은 그 단초일 수 있다. 육식의 금욕은 자기 욕망을 절제하려는 하나의 노력이며, 자기 욕망의 절제는 자기를 비워 자기 안으로 타자를 끌어들일 수 있는 공간을 마련해 주기 때문이다. 간디는 인간이 할 수 있는 일은 비폭력의 원리에 따라 매일매일 자기 자신을 성찰하며, 자신의 힘을 이기적인 목적이 아닌 공공의 목적에 사용하는 이타적 삶을 살려고 노력하는 것이라고 말했다.[60] 그렇다면 간디의 눈에는 그 연예인이 동물과 인간 타자를 위해 애쓰는, 서툴게 보이지만 자기 정화와 희생의 삶을 살아가려는 도반으로 보이지 않을까.

더 읽을 책

- 간디, 박홍규 옮김, 『간디 자서전: 나의 진실 추구 이야기』, 문예출판사, 2007.
  채식 행위에 담긴 저항적 성격과 종교적이고 윤리적인 의미를 잘 보여주는 저서이다.

- 조녀선 사프란 포어, 송은주 옮김, 『동물을 먹는다는 것에 대하여』, 민음사, 2011.
  공장식 가축 사육으로 인한 동물의 비참한 현실을 고발하면서, 가축 사육과 육식 행위를 둘러싼 견해 차이를 현장감 있게 전달해 주는 저서이다.

- 최훈, 『철학자의 식탁에서 고기가 사라진 이유』, 사월의책, 2012.
  육식과 생태계 파괴의 문제, 그리고 공장식 사육시스템의 가혹성을 제시하고 채식의 윤리성을 설득력 있게 제시하고 있는 저서이다.

채식주의의 윤리학적 근거

/김일방/

1. 머리말

창의성과 도전 정신의 대명사, 이 시대 청년들의 롤모델이 되기에 부족함이 없는 스티브 잡스, 그는 괴팍한 성격의 소유자였다. 그 괴팍함은 그의 식습관에서도 찾아볼 수 있는데, 그는 다름 아닌 채식주의자였다. 단순히 채식주의자라면 괴팍하다 할 수 없을 것이다. 채식주의자 중에서도 잡스는 과일 위주의 극단적인 채식주의자, 이른바 프루테리언(fruitarian)이었다. 과일 위주의 채식이 몸에 해로운 점액뿐만 아니라 체취까지 형성되는 것을 막아주기에 자기와 같은 식습관을 익힌다면 체취 제거제를 쓰거나 샤워를 할 필요가 없다고 그는 믿었다.[1]

잡스가 채식주의를 고집했던 것은 개인적 건강에 대한 고려였다. 채식주의자의 길로 들어서는 사람들의 이유를 보면 이와 같이 건강에 대한 고려와 더불어 그 밖에도 다양한 경우가 있음을 알 수 있다. 그 이유들 중 대표적인 몇 가지를 들어보기로 한다.

먼저 건강상의 이유다. 채식주의자들이 채식을 하기로 결정하게 되는 가장 큰 이유가 여기에 있는 것으로 판단된다.[2] 실지로 채소와 과일 위주의 식사는 혈압을 낮추고 육류 단백질을 대두 단백질로 대치했을 경우에 심혈관 질환의 위험이 감소하는 것으로 밝혀졌다. 또한 채식주의자들의 혈중 총 콜레스테롤과 LDL-콜레스테롤의 농도가 비채식주의자에 비해 유의적으로 낮았으며, 혈당과 수축 기혈압도 유의적으로 낮았다고 보고되었다.[3] 이러한 여러 가지 채식의 이점에 대한 연구 결과를 보고 나서, 또는 연구 결과와는 관계없이 스스로의 건강 상태를 개선하기 위해서 그 구체적 계기는 차이가 있지만 어떻든 '건강'이라는 이유가 채식을 선택할 때 제일 크게 고려된다.

다음으로는 종교상의 이유다. 여러 가지 이유 가운데 가장 오래전부터 제기된 것이 이 이유였다. 우리나라에서는 중국·일본과 마찬가지로 불교의 계율이 채식주의의 주요한 근거가 되어 왔다. 불교 옹호자에 따르면 살아 있는 생명을 죽여서 얻는 고기는 우리로 하여금 헛된 욕망과 분노, 어리석음을 키워 악업을 짓게 하지만 채식은 이러한 3독에서 벗어나 자비심을 키워준다. 채식은 단순히 우리 몸의 건강을 위한 방편이 아니라 불살생을 실천하는 첫 단추라는 것이다.[4]

채식주의를 택하게 되는 세 번째 이유는 안전상에 대한 고려이다. 육식은 동물에 대한 학대를 전제로 한다. 우리가 먹는 동물의 대부분은 푸른 초원이나 헛간 앞 열린 마당에서 느긋하게 노니는 '만족한 소', '행복한 닭'들이 아니다. 태어나는 순간부터 동물들은 철저하게 우리에 갇혀 질병에 시달리고 극심한 추위나 더위에 노출되며, 비좁아 터진 공간에서 거칠게 다뤄지고 심지어 정신질환에 걸리기도 한다. 이러한 질병의 감염 리스크를 줄이기 위해 이번에는 대량의 항생물질이나 약품을 투여하는 방식이 동원된다. 축산 농장의 목적은 딱 한 가지, 최소 비용으로 가능한 한 최대 이익을 남기는 것이다. 한동안 사회 문제가 되었던 광우병 문제도, 최근까지 우리 사회에 엄청난 파장을 몰고 왔던 구제역도 축산의 효율화를 추진한 결과 야기된 것이다. 이러한 일련의 사태를 지켜보면서 공장식 축산업의 실태를 자각하고는 동물을 긍휼히 여기는 마음에서 또는 동물 고기에 대한 불안감에서 채식주의를 택하는 이들이 이런 부류에 포함된다.

마지막으로는 환경상의 이유다. 식육 생산은 환경 파괴의 주된 원인이 되고 있다. 환경에 가장 심각한 영향을 끼치는 2대 부문의 하나인 축산업은 비료와 농약 등의 살포로 인한 수질오염, 목장의 확대로 인한 삼림 파괴, 사료용 곡물 소비로 인한 만성적인 기아, 메탄가스의 배출로 인한 지구 온난화 등의 원인으로 작용하고 있는 것이다.[5]

이러한 여러 가지 이유들이 타당하고 수용 가능하다면 우리 모두는 자신의 식사 방식에 대해 고민해 볼 필요가 있다. 인간은 먹어야 살 수 있는 존재다. 먹는 문제는 결국 '사는 것'에 관한 문제라 할 수 있고, 이는 나아가 '어떻게 살아야 할 것인가?' 하는 문제에 대한 자각을 요청한다. 그러나 먹는 문제는 일상적이고 반복적이라는 이유로 그 중요성에 비해 너무나 과소평가되고 있고, 따라서 '삶의 문제'로까지 나아가지 못한다.

이제 무엇인가를 먹는다는 것, 특히 육식을 한다는 것은 나 자신의 개인적 차원을 넘어서서 사회적·환경적 영향까지도 끼친다는 사실을 자각할 필요가 있다. 이러한 자각은 먹는 행위에 대한 근원적인 반성과 더불어 윤리적인 문제의식을 요청한다. '인간 이외의 다른 유정적 존재들의 무차별적 희생을 전제로 하는 우리의 삶의 방식(=식사방식)은 윤리적으로 바람직한가?', '인간 이외의 다른 유정적 존재들의 죽음을 바탕으로 지탱되고 있는 현 사회의 식사 방식은 계속 유지돼도 좋은가?'

우리의 삶의 방식은 인류 역사 시초부터 비인간 동물들의 희생에 의존해 왔고, 현재 또한 그러하다. 그러나 유의할 점은 과거의 삶의 방식과 현재의 그것은 차원이 다르다는 점이다. 특히 공장식 축산업의 대두를 기점으로 그 이전에는 비인간 동물의존도가 어떠한 문제의식을 불러일으킬 정도가 아니었으나 그 이후의 동물의존도는 윤리적 문제의식을 불러일으키기에 충분해 보인다. 이러한 관점에서 볼 때 현재 우리의 식생활 방식에 대한 윤리적 문제제기는 정당하며, 또 이러한 문제제기는 식생활 방식의 변화, 이른바 육식 문화에 대한 재고를 요청한다.

채식주의는 식습관에 있어서 선택 가능한 바람직한 당위이며, 채식주의자가 되는 것, 즉 채식주의를 실천하는 것은 진지하게 고려해 볼 만한 윤리적 명령이라 할 수 있다. 이와 같이 채식주의가 선택 가능한 당위라면 이는 윤리학적 가설이 되며, 이 가설이 비채식주의자들에게도 설득력을 가지려면 합리적 근거 제시가 요구된다. 이에 본고는 채식주의의 윤리학적 근거를 마련하는 데 그 목적을 두고자 하며, 그 전 단계로서 좀 더 균형 잡힌 시각으로 이 문제에 접근하기 위해 채식주의에 대한 반론들을 먼저 검토해 보고자 한다.

2. 채식주의에 대한 비판과 그 검토

1) 채식주의와 영양실조

채식주의가 지속적으로 비판받는 측면 가운데 하나는 영양 면이다. 채식주의는 필연적으로 심각한 영양실조를 초래한다는 것이다. 실지로 이를 입증하는 사례도 있다. 미국의 사례이긴 하지만 채식을 하다가 육식으로 전향한 미국인은 현재 채식 인구보다 3배가 많다고 한다. 그리고 채식인이 고기를 다시 먹는 가장 흔한 이유는 쇠약해진 건강이었다.[6] 건강하게 살려면 절대로 채식만을 고집해선 안 된다는 입장이다. 이와 관련된 주장, 몇 가지를 들어본다.

채식주의자가 고기를 먹는 사람들보다 건강하다는 것은 신화에 불과하다.[7]

고기를 너무 많이 먹는 일부 사람들만 제외하면 아직도 육식을 더 강조해야 하며, 채식은 그것을 주장하는 특정 종교 집단에서나 필요한 것이다.[8]

과다한 육류 섭취가 몸에 해롭다는 사실은 동의할 수 있지만 채식주의자들의 영양관에는 신뢰할 수 없는 구석이 많다.[9]

육식과 채식을 골고루 하는 것이 건강에 유익한데 구태여 신뢰할 수 없는 채식을 고집하여 건강을 잃을 필요가 어디 있느냐 하는 것이다. 여기서 제기되는 의문은 그렇다면 채식주의는 근원적으로 영양실조를 초래하고 건강을 잃게 만드는가 하는 것이다. 사실 영양실조에 빠진 채식주의자 관련 뉴스가 전해지는 경우가 가끔 있다. 그러나 그 채식주의자가 어떤 유형의 채식주의자인지에 대해선 명확하게 전달되지 않는다.[10] 뉴스 시청자 역시 채식주의자의 유형에 대한 관심이나 지식도 아직은 그리 많지 않은 편이다. 따라서 이런 류의 뉴스는 고기를 먹지 않고 야채만 먹는 채식주의자라는 괴

짜가 빈약한 식사 탓으로 건강을 잃게 된 어리석은 사건이라는 인상을 뉴스 시청자들에게 심어줌으로써 역시 인간에게는 고기가 필요하다는 점을 재확인시켜 주는 역할을 한다.

그러나 실지로 영양실조에 빠지는 채식주의자는 소수이고 게다가 자신이 신봉하는 채식주의를 문제 있는 방식으로 실천하는 경우가 대부분이다. 다시 말하면 영양실조에 걸리는 채식주의자는 거의 예외 없이 비건(vegan)이고, 게다가 필요한 주의를 기울이지 않고 되는 대로 비거니즘(veganism)을 실천한 결과 함정에 빠져버리는 것이다.[11]

이와 관련해서 우리가 알아야 할 사실이 하나 있다. 그것은 채식주의자의 대부분은 락토-오보 베지테리언이고, 이런 채식주의자의 경우는 영양실조에 걸리는 사례가 결코 있을 수 없다는 사실이다. 영양실조가 문제가 되는 것은 오로지 비건이고, 게다가 아주 일부의 부주의한 자가 부주의 탓으로 당하게 되는 재난밖에는 없다는 것이다. 오히려 동물성 위주 식단을 피할 때 건강 면에서 얻는 이득이 많음을 피력하는 채식주의자들이 많다는 사실을 숙지할 필요가 있다. 이와 관련하여 채식주의자인 메이슨과 영양학 전문가 콜린 캠벨의 이야기를 직접 들어보기로 한다.

> 내 인생 대부분을 채식주의자로 살면서 아파 본 경험이 거의 없다. 현재 68세이며 여러 해 동안 비건으로 지냈는데 지금처럼 건강했던 적이 없다. 서른 살 때보다 몸무게가 적게 나가고, 마흔 살 때보다 힘이 넘치며, 쉰 살 때보다 감기에 걸리거나 잔병치레하는 경우가 적다. 전 생애를 통틀어 그 어떤 중병도 앓아 본 일이 없다.[12]

모든 암과 심혈관 질환, 기타 퇴행성 질환의 대부분, 아마도 80% 내지 90%는 적어도 아주 고령이 될 때까지는 단순히 식물 위주(채식주의)의 식사를 함으로써 예방할 수 있다.[13]

위 사례에서와 같이 대다수 사람들에게 채식은 건강한 삶의 안내자이며, 실제로 순식물성 식단이 고기가 다량 포함된 식단보다 일반적으로 좋다는 연구 결과들이 있다.[14] 영양실조라는 문제는 세간의 풍문과는 반대로 대다수 채식주의자와는 상관없는 일이며, 대다수의 진지한 비건에게 있어서도 사실은 관계없는 이야기이다. 따라서 채식주의자가 되면 영양실조에 걸린다는 비판은 요점을 벗어난 주장이라 할 수 있다.

2) 채식주의에 의한 환경 파괴

무분별하게 쇠고기 소비를 늘리는 것은 지구 환경에 심각한 손상을 입힌다는 사실에서 상징되듯이 환경윤리학적 관점에서 채식주의 문제를 고찰한다는 것은 채식주의에 정당성을 부여하는 것과 결부된다. 그런데 역설적으로 환경윤리학의 입장에서 채식주의야말로 환경에 심각한 손상을 끼친다는 견해를 제기하는 이가 있다. 채식주의를 당연히 옹호할 것으로 간주되는 관점에서 오히려 채식주의에 대한 비판이 제기된다는 것은 중대한 사안이기에 필연적 고찰을 요하는 문제이다. 채식주의를 오히려 비판하고 있는 환경윤리학자는 바로 캘리코트인데, 그의 비판 내용은 이렇다.

생태학적 관점에서 볼 때 인간이 보편적으로 채식주의자가 된다는 것은 육식을 선호하는 잡식동물로부터 초식동물로 인간 적소(niche)의 경계선이 이행하는 것과 다름없다. 이 이행은 영양 피라미드에서의 경계선이 1단계 밑으로 하강하는 것이고, 이는 결과직으로 인간에서 끝나고 있는 먹이사슬을 사실상 단축시킨다. 이것은 식물로부터 인간으로의 바이오매스의 태양 에너지 변환 효율성이 증가되는 것을 의미한다. 그리고 이로 인해 동물이라는 중간물을 건너 뜀으로써 인간에게 있어서 이용 가능한 식량 자원이 증가한다. 과거의 경향이 압도적으로 보여주고 있듯이 인구는 필시 잠재력을 따라서 확대되므로 팽창을 가져온다. 최종적인 결과는 인간 이외의 존재는 얼마 안 되는 반면 인간 존재는 그 수가 훨씬 불어난 모습이 될 것이다. 물론 인간 존재는 가축 동물들이 요구하는 것보다 훨씬 더 자신의 삶을 개선하려는 요구를 가질 것이고, 이는 현재의 환경하에서보다도 다른 '자연 자원'(피신처용 나무, 표토와 그 식생을 희생으로 한 광산 채굴 등)에 아주 무거운 부담을 지울 것이다. 그러므로 채식주의자가 된 인구는 아마 생태학적으로 파멸적이 될 수밖에 없을 것이다. 고기를 먹는 것이 전적으로 야채만을 먹는 것보다 생태학적으로 더욱 책임 있는 행동이 될 수 있다.[15]

캘리코트의 주장은 사람들이 보편적으로 채식주의자가 됐을 때 식량 자원의 증가로 인해 인구가 크게 늘게 되고 이것이 생태계에 파멸적인 영향을 끼친다는 것이다. 또한 그는 채식주의자가 동물 학대를 이유로 식육공장을 비판하는 것에 대해서도 다음과 같이 비판한다.

윤리적 채식주의는 어느 모로 보나 인간은 식물을 소비해야 한다고 주장한다. 심지어 토마토가 수경법으로 재배되거나 상추에 염소화탄화수소가 잔뜩

묻혀 있거나 감자가 화학비료에 의해 속성 재배되거나 그리고 시리얼이 화학적 방부제의 도움으로 보존되는 경우조차 식물 소비를 고집한다. 대지윤리는 동물 사육 방식과 마찬가지로 식물 또한 기계적-화학적 방법으로 변형되는 것에 이의를 제기한다. 내가 생각건대 중요한 것은 동물 고기에 반대한다는 차원에서 식물을 먹는 것이 아니라, 특히 살충제, 제초제 그리고 야채 생산량을 최대화하기 위한 화학비료의 자유로운 적용을 포함한 공장 농업의 그 모든 현상에 대해서 저항하는 것이다.[16]

채식주의자들이 공장식 농장에서 생산되는 동물 고기를 멀리할 것을 주장하지만 정작 자신들이 기계적-화학적 생산 방식에 의해 생산되는 식물을 먹는 것에 대해선 깨닫지 못하고 있다는 것이다. 캘리코트는 이어서 다음과 같은 결론을 이끌어낸다.

무엇을 먹어야 할까 하는 윤리적 문제에 관해서 대답한다면, 동물 대신에 식물이 아니라 근원적으로 기계적-화학적인 방식에 반대되는 방식으로 생산된 식품이어야 한다. … 즉 야생동물을 사냥하거나 소비하거나 혹은 야생식물을 모으거나 하는 것, 이와 같이 원시적인 인간의 생태학적 적소 한도 내에서 살아가는 것이다. 두 번째로 가장 좋은 대안은 자신의 과수원, 정원, 닭장, 돼지우리, 그리고 농가마당으로부터 먹는 것이다. 세 번째로 가장 좋은 대안은 이웃사람이나 친구로부터 유기농 식품을 구입하거나 교환하는 것이다.[17]

이상에서 살펴본 캘리코트의 채식주의 비판에 대하여 반론을 펴는 사람 또한 있다. 바로 피터 웬즈라는 학자인데, 그는 채식주의가 일반화됐을 때

인구 폭발이 일어날 수 있다는 주장에 관해서 다음과 같이 반박한다.

> 그는 … 인구란 사람들이 이용할 수 있는 식량에 따라서 증가하는 경향이
> 있다는 '과거의 경향'(그는 맬서스를 증거로 삼고 있는 것 같다)을 기초로 주장한다. …
> 그러나 맬서스의 예언은 틀림없이 사실에 기초하고 있지 않다. 현대의 산업
> 및 후기산업사회(예를 들면 서구, 일본, 미국)는 거의 예외 없이 … 식량을 이용할
> 수 있는 가능성의 증가가 인구 증가에 부정적으로 작용하지 않음을 명확히
> 보여주고 있다. 이들 국가에서의 인구는 모두 안정되어 있고, 항상적이거나
> 조금씩 감소하고 있다. … 캘리코트가 기술하는 채식주의와 인구 증가 간의
> 관계는 사실적으로 근거가 없다.[18]

웬즈의 논리에 따르면 캘리코트의 주장은 수용하기 어려워진다. 동물의
경우는 먹이를 섭취하는 환경의 변화에 의해 생태계가 근본적으로 바뀔 수
있지만 인간의 경우는 다르다. 인간은 결코 빵만으로 사는 존재가 아니기
때문이다. 인간이 지구환경에 가장 강력한 영향력을 끼치는 존재라는 사실
은 분명하며, 그리고 이 사실은 인간이 동물의 일종이면서도 여타 동물과는
다른 생태계를 구성할 수 있다는 것을 의미한다. 이 점을 인정하지 않고 환
경의 관점에서 인간과 동물의 지평을 융합시켜 버리면 인간의 행동을 '적소'
라는 생물학적 범위에서 완벽하게 설명할 수 있다고 착각하게 된다. 이 착
각을 기초로 채식주의자가 된 인간의 행동은 초식동물의 행동과 유비할 수
있다고 굳게 믿게 되고, 초식동물이 된 인간은 당연히 초식동물로서 행동할
때 그 기계적 반응의 결과가 환경 파괴라는 생각이 미친다. 캘리코트의 주
장의 배후에는 바로 이러한 사고가 깔려 있을 것으로 짐작된다.

캘리코트는 '동물 대신에 식물' 섭취를 주장하는 채식주의자의 삶은 반생태적이며, 원래 주어진 생태학적 적소 안에서 살아가는 것, 잡식동물로서의 본성을 유지하며 살아가는 것, 이게 이상적인 삶이라 말하고 있다. 물론 그렇게 '생태학적 삶'을 살아갈 수 있으면 얼마나 좋으련만 현실은 전혀 그러한 삶을 허락하지 않는다는 데 한계가 있는 것이다.

3. 채식주의의 윤리학적 근거

1) 채식주의의 환경윤리학적 근거

환경윤리학의 기본적 주장 가운데 하나는 탈인간중심주의, 이른바 인간중심의 도덕공동체의 범위를 확대할 것을 강조한다는 점이다. 이러한 관점에서 볼 때 현재 우리 인간들의 동물에 대한 태도는 개선의 여지가 아주 많다. 인간은 아직까지도 인간 이외의 동물들을 존엄성 면에 있어서 완전히 별개의 존재로 취급하고 있다. 인간=목적, 동물=수단이라는 사고가 여전히 팽배하다는 것이다. 이러한 사고틀을 개선하는 것은 동물을 도덕공동체의 구성원으로 수용한다는 것이고, 이는 곧 채식주의와 결부된다.

채식주의란 언뜻 생각하면 야채를 먹는 것을 연상할지 모르지만 사실은 전혀 그렇지 않다. 채식주의자를 뜻하는 vegetarian이라는 용어는 건강하고 생기가 넘치는 활발한 모습을 형용하는 라틴어 vegetus에 근거하고 있는 반면 vegetable과의 연관성은 강조되고 있지 않다. 따라서 채식주의자란 야채를 먹는 사람이 아니라 활기차게 살기 위해 동물식을 피하는 사람이라는 의미이다. 말하자면 채식주의자란 베지테리언의 어원인 '건강'의 의미를 인간의 육체뿐만 아니라 마음이나 정신의 건강, 동식물의 건강 또 사회와 지구의 건강이라 생각하고, 이를 위한 식생활에 육류를 포함시키지 않는 사람인 것이다.[19]

육류의 원천인 동물을 먹지 않는다는 것이 환경윤리학적 관점에서 볼 때는 동물을 도덕공동체의 구성원으로 받아들인다는 것인데, 그렇게 받아들여야 하는 이유는 동물 사육이 지구 환경에 끼치는 부담이 그만큼 크기 때문이다. FAO의 발표에 의하면 얼음으로 덮여 있지 않은 토지의 26%가 목초지로 사용되고, 경작 가능한 토지의 35%가 사료 생산을 위해 활용되고 있다. 소와 같은 반추동물의 트림에서 배출되는 메탄이 인간에게서 유래하는 메탄의 37%를 차지하고, 온난화에 무시할 수 없는 영향을 끼치고 있다. 또 집약적인 공장 축산은 전통적 농업에 비할 때 같은 양의 고기를 생산하는 데도 훨씬 많은 양의 화석연료를 소비한다. 아마존에서는 예전에 삼림이었던 토지가 개발되고 있고, 농장에서 나오는 배설물이 환경을 오염시키는 문제도 있다.[20] 이와 같이 다양한 측면에 걸쳐 환경 부하의 원천이 되고 있는 축산업을 폐기하거나 구조적으로 개선할 때 비로소 세계적인 식량 문제 해결뿐만 아니라 삼림 파괴 또한 그칠 수 있다는 결론에 이른다. 이러한 결론에도 불구하고 축산업의 규모가 여전히 막강한 것은 육류 수요에 변함이 없기 때문이다.

육식에 대한 애호가 지향하는 것은 질적으로는 '고기다운 고기'를, 양적으로는 '대량 섭취에 따른 포만감'일 것이다. 이러한 목적을 달성하는 데 이바지하고자 고군분투하고 있는 대표적인 축산업은 다름 아닌 쇠고기 생산이다. 쇠고기의 대량 소비는 환경윤리학의 관점에서 볼 때 다른 고기의 소비보다 그 폐해가 훨씬 더 크다. 이 말은 과잉적인 식용 소 사육이 다른 동물의 사육보다 지구 환경에 안겨주는 부하가 매우 크다는 뜻이다. 그 여러 가지 부하 가운데 가장 중요한 두 가지 사례를 중심으로 따져보기로 한다.

첫째는 소의 사육 방법에서 오는 환경 부하다. 현재 세계적으로 널리 확산돼 가고 있는 소 사육법은 피드롯(feedlot) 방식에 의한 것이다. 피드롯이란 소를 방목하지 않고 펜스가 길게 둘러쳐진 소 울타리에서 효율적으로 쇠고기를 생산하는 집단 비육장을 말한다. 피드롯 소는 효율적으로 살찌워지기 위해서도, 또 적당하게 지방이 들어간 맛있는 고기를 생산하기 위해서도 소 본래의 먹이인 풀이 아니라 옥수수나 콩 등의 단백질이 많은 사료를 먹게 된다. 비좁은 장소에 가둬져 부자연스러운 먹이를 강요당함으로써 소들의 건강은 현저히 나빠지게 된다. 그러나 어차피 죽여서 고기로 만들 것이므로 소의 건강이 진지하게 배려되는 일은 없다. 단지 출하 때까지 병사하지 않을 정도로 주의만 하면 된다. 중요한 것은 소의 건강이 아니라 맛이기 때문이다.[21]

이와 같이 피드롯 안의 소들은 온갖 학대와 더불어 인간도 먹을 수 있는 옥수수나 콩과 같은 먹이를 제공받고 있다. 옥수수나 콩은 소에게는 부적절한 사료이지만 인간에게는 적절한 식품이다. 질 좋은 고기를 통한 포만감을 위해 인간이 먹을 수 있는 식량을 소 사육에 소비함으로써 만성적인 기아의 한 원인이 되고 있는 것이다. 리프킨에 따르면 미국에서 생산되는 전 곡물의 70% 이상을 소와 그 밖의 가축들이 소비하고 있다. 또한 10억의 사람들이 만성적인 기아와 영양실조로 괴로워하고 있는 한편에서 전 세계 곡물 생산량의 $\frac{1}{3}$이 소와 그 밖의 가축들에게 제공되고 있다.[22] 이러한 사실은 쇠고기 중심의 육식의 비도덕성과 채식주의의 정당성을 확보하는 데 중요한 하나의 근거로 작용한다.

두 번째로 따져 봐야 할 것은 쇠고기의 생산 효율성 문제이다. 다시 말하면 소에게 일정량의 사료를 제공했을 때 어느 정도의 고기가 생산되는가 하는 영양 전환율이다. 미국에서는 육우에게 곡물과 콩을 16파운드 정도 먹였을 때 우리가 회수할 수 있는 것은 1파운드의 고기에 불과하다. 나머지 15파운드는 동물 자신의 에너지를 낸다든지 털이나 뼈와 같은 우리가 먹지 않는 동물의 몸의 일부를 형성한다거나 또는 배설하는 데 쓰이고 우리 손에는 이르지 않는다.[23] 이러한 사실에 의거하여 라페는 "곡물로 사육된 고기 중심의 식사는 캐딜락을 운전하는 것과 같다."[24]라는 비판을 가한다.

그런데 여기서 우리는 쇠고기의 영양 전환율이 문제라면 영양 전환 효율성이 높은 다른 고기를 먹으면 좋지 않은가 하는 의문이 생긴다. 쇠고기에 비해 효율성이 높은 다른 고기들이 있기 때문이다. 대표적인 예로 돼지고기와 닭고기를 들 수 있는데 쇠고기에 비해 돼지고기는 6대 1, 닭고기는 3대 1이다. 물론 6대 1, 3대 1이라 해도 5 또는 2를 낭비하고 있으므로 비효율적임에는 변함이 없다. 그러나 16대 1이라는 터무니없는 비율에 비한다면 6대 1 또는 3대 1의 경우는 충분히 수용 가능한 범위인 것으로 판단된다. 이러한 사실로부터 쇠고기 소비를 그만두고 대신에 돼지고기나 닭고기를 먹게 된다면 식량 문제에 대한 유망한 처방전이 될 수 있다는 추론이 나온다. 그런데 여기서의 문제는 돼지고기, 닭고기가 쇠고기 소비에 대한 한 대안일 수는 있으나 채식주의의 근거로는 작용하지 못한다는 것이다. 단지 영양 전환율 면에서 유리할 뿐 여전히 육식을 장려하는 입장에 있기 때문이다.[25] 그러나 이 대안이 환경윤리학의 관점에서는 틀림없이 유익하다. 이는 곧 환경윤리학의 관점에만 섰을 때는 채식주의를 정당화하는 데 한계가 있음을 말해 준다.

2) 채식주의의 동물윤리학적 근거

피드롯 안에서 사육되는 소들은 살아 있는 동안 오로지 학대 받는 가운데 불행한 짧은 삶을 보낸 후 죽음을 맞이한다. 닭은 소에 비하면 효율적으로 사육할 수 있긴 하지만 역시 살아 있는 동안 상상조차 하기 싫을 정도로 극한적으로 학대받고, 태어난 보람도 없이 짧고 무의미한 삶을 보내다 인간에 의해 죽음을 당한다.[26] 경제적 효율이나 환경에 대한 영향이라는 점에서 쇠고기 생산보다 유리한 닭고기 생산도 동물 학대 면에서는 지평을 함께하고 있다. 이러한 사실은 인간이 먹기 위해 동물을 죽이는 것이 정당화되는가 하는 물음을 야기한다. 이러한 물음의 의미는 효율성이 높다고 하여 식육 생산이 정당화되지는 않으며, 금후의 기술 혁신에 의해 현재보다도 훨씬 더 효율성이 높은 식육 생산 시스템이 확립되더라도 현재와 마찬가지 방식인 동물에 대한 학대적 착취가 개선되지 않는 한 결코 정당화되지 않는다는 것이다.

논의를 확장시켜 가기 위해 동물윤리학적 측면에서 동물에 대한 학대적 착취 문제를 논하고 있는 피터 싱어와 톰 리건의 주장을 살펴보고 이를 토대로 채식주의의 근거를 확보해보기로 한다.

(1) 피터 싱어의 동물해방론

싱어는 벤담의 사고를 계승하고 있다. 동물에 대한 처우를 개선하기 위해 일찍이 벤담은 자신의 신조인 공리주의 원칙을 적용하였다. 그에 따르면 어떤 행동에 대한 시비 판단 기준은 그 행동이 초래한 쾌고(快苦)의 양이다. 한 가지 특이한 점은 이러한 판단 기준을 적용할 때 쾌고 감수 능력이 있는 다른 종도 포함시켜야 한다고 본 사실이다. 싱어 역시 바로 이러한 사고를 토대로 『동물해방』이라는 유명서를 펴내어 동물해방운동에 큰 진전을 가져오게 하였다. 이 책은 동물권익보호운동의 필독서라고 하지만 동물해방에 대한 싱어의 주장이 동물에게 타고난 권리가 있다는 생각에서 발원한 것은 아니었다. 오히려 그 토대는 공정성이다. 싱어는 자신의 견해를 단 한 문장으로 간추려 제시한다. "이 책에서 나는 이익 평등 고려라는 기본 원리가 다른 종 구성원에게로 확장되는 것을 거부할 아무런 이유가 없다고 주장한다."[27] 싱어는 종 차별주의가 널리 확산되어 만연함으로써 현대인들 대부분이 종 차별주의자로 살아가고 있음을 질타하고 있다.[28] 자신이 속한 종의 이익만을 중시하고 인간 아닌 종들의 이익은 배제한 채 인간 이외의 다른 종들의 이익을 희생시키고 있다는 것이다. 싱어에 따르면 이익 평등 고려 원리의 적용 기준은 쾌고 감수 능력에 있다. 한 존재가 이익을 갖는다고 할 때의 필요충분조건은 바로 이 쾌고 감수 능력이기 때문이다.[29] 쾌고 감수 능력이 있는 존재라면 자기 존재에 얽힌 이익이 동일하므로 모두 그 이익을 도덕적으로 공정하게 고려해야 한다는 것이 싱어 주장의 핵심이다.

그렇다면 여기서 제기해볼 수 있는 문제는 쾌고 감수 능력의 유무를 판정할 수 있는 기준이 무엇인가 하는 점이다. 싱어는 그 기준으로 ㉠그 존재의 행위방식, ㉡우리와의 신경체계의 유사성을 들고 있다. 이런 기준에 비춰볼 때 진화 단계가 내려감에 따라 고통 감수 능력의 증거 강도는 약해지는데, 포유류, 조류, 파충류, 어류가 고통을 느낀다는 것은 거의 확실하고 갑각류인 새우와 연체동물인 굴 사이의 어떤 지점이 가장 적당한 경계선일 것이라고 싱어는 말한다. 그 경계선이 정확하지는 않다는 것이다. 이러한 입장에서 싱어는 진화단계의 마지막인 연체동물 중 굴, 가리비, 홍합을 채식주의

자임에도 자유롭게 먹었다고 고백하고 있다. 그러나 그는 이 연체동물들이 고통을 느낀다는 것을 확신하지 못하는 만큼 고통을 느끼지 않는다는 것도 확신할 수 없기 때문에 그것을 먹지 않는 것이 좋을 것이라고 말한다. 그러면서 싱어는 이것들을 먹지 않는다면 우리에게 남는 대안은 결국 채식주의자가 되는 길밖에 없다고 주장한다.[30] 모든 동물은 그것이 하등동물일지언정 고통을 느낄 가능성이 충분하므로 채식은 불가피한 선택이라는 것이다.

여기서 이러한 주장에 대한 반론도 제기해 볼 수 있다. 동물에게 고통을 주지 않는 방식의 사육법을 적용하면 식용 목적의 동물 사육은 얼마든지 허용할 수 있지 않은가 하는 것이다. 현재의 기술 수준에서는 불가능하지만 가까운 장래에 선천적으로 대뇌가 없는 무통동물을 만들어낼 수 있을지 모른다. 이 동물은 태어났을 때부터 식물 상태이므로 고칼로리 수액이나 유동식을 투여해서 사육될 것이다. 사육 과정을 모니터하는 것이 불가피하므로 이에 대한 설비 투자가 드는 반면, 움직이고 돌아다니지 않기 때문에 관리하기 쉬운 장점이 있다. 유전자를 조작해서 쉽게 살찌우고, 가능한 한 단기간에 출하할 수 있도록 회전율을 높인다면 채산을 맞출 수도 있다. 싱어는 인간의 경우라도 선천적 무뇌아는 고통을 느낄 수 없으므로 생존권이 없다고 말하고 있기에 무뇌 돼지를 만들어 먹는 것에 대해 비난할 여지는 없을 것이다.[31]

장래에 이와 같은 무통동물 고기가 '동물 복지를 배려한 식품' 등의 이름으로 판매된다고 한다면 싱어와 같은 입장의 채식주의자는 어떻게 대처할수 있을까? 그러한 고기가 생산된다면 더 이상 채식주의자일 이유는 사라져버리는 것일까? 무통동물 고기 판매 초기에는 꺼림칙한 느낌 때문에 인기가별로 없겠지만 시간이 흐르다 보면 육식주의[32] 시스템의 주된 방어 수단인

'비가시성'에 의해 상황이 달라질지도 모른다. 하지만 싱어와 같이 고통을 기준으로 하는 동물윤리학에서는 그런 식품을 거부할 근거를 마련할 수 없다. 그러한 식품에 대하여 체계적인 비판을 가하려면 동물을 인간의 다양한 욕망을 충족시키는 수단으로 다루는 것 그 자체가 옳지 않다는 입론이 요구된다. 그것은 동물에게도 인간과 같이 목적으로서 다뤄져야 할 여지가 있다는 것, 즉 동물에게도 인간이 함부로 침해할 수 없는 동물 고유의 권리가 있음을 인정하는 것이다.

동물에게도 동물 고유의 권리가 있음을 인정하는 이론을 동물권리론이라 할 수 있다. 싱어 이론으로는 어찌할 수 없는 무통동물 고기의 판매 행위라든지 유전자가 조작된 애처로운 동물을 산출하는 행위를 탄핵할 수 있으려면 동물권리론이 요청된다. 이른바 채식주의를 확고하게 옹호할 수 있는 근거를 마련하려면 동물권리론이 필요하다는 것이다.

(2) 리건의 동물권리론

동물권리론을 주장하는 대표적인 학자는 리건이다. 싱어가 공리주의 원리에 토대를 두고 있다면 리건은 의무주의에 근거하고 있다. 리건은 인간과 일부 동물은 '생명의 주체'로서 타고난 가치가 있기에 도덕적 고려 대상이라는 인식에서 출발한다.

채식주의의 본질은 동물 고기를 먹는 것, 즉 식육을 피하는 데 있다. 채식주의가 그 정당성을 확보하려면 식육을 왜 하지 말아야 하는지에 대한 타당한 근거를 마련할 수 있어야 한다. 식육을 하는 데는 동물 살해가 필수 조건으로 요청된다. 따라서 문제의 초점은 동물 살해의 부당성을 밝히는 데 있다. 바꿔 말하면 동물에게도 계속해서 살 수 있는 권리, 즉 생존권을 어떻게 하면 인정할 수 있느냐 하는 것이다.

인간들은 자신에게 생존권이 있다는 사실에 대해서 아무런 의심도 하지 않는다. 도대체 무슨 이유로 인간에게는 생존권이 부여되고 있는 것일까? 분명한 것은 통상의 인간은 생명을 유지하는 데 이해관심(利害關心, interests)을 갖고 있다는 점이다. 그렇다면 생명을 유지하는 데 이해관심을 갖는 존재라면 어떤 존재든지 간에 생존권이 있다고 할 수 있지 않을까. 동물 또한 생명을 유지하는 데 이해관심을 갖고 있다는 것은 의심할 수 없다. 그렇다면 동물에게도 생존권이 있다는 셈이 된다. 결과적으로 인간뿐만 아니라 동물도 생존권을 갖는다는 것이다. 생존권은 인간에게 있어서 가장 기본적인 권리다. 가장 기본적인 생존권을 인간과 공유한다는 것은 동물 또한 인간과 같은 권리를 갖는 존재라는 점을 의미한다. 요컨대 동물에게도 권리가 있다는 것이다.[33]

역으로 동물에게 생존권이 없다고 하면 인간에게도 없게 된다. 인간의 생존권을 위협하는 처사가 부당하다고 한다면 동물에 대해서도 역시 부당하다. 인간이 식용 목적으로 동물을 죽이는 것은 동물의 권리 침해이고 허용되지 않는다. 이와 같이 동물 살해를 전제로 하는 식육은 부당하므로 우리 모두는 마땅히 채식주의자가 되지 않으면 안 된다.

그런데 이와 관련하여 이러한 의문이 제기될 수 있다. 어떤 존재가 권리를 가지려면 의무 또한 수행할 수 있어야 하는데 동물에게는 의무를 이행할 만한 능력이 없으므로 권리 또한 있을 수 없지 않은가 하는 것이다. 이 논법에 따르면 젖먹이 유아(乳兒)에게도 권리를 인정할 수 없게 된다. 유아는 어떤 의무도 이행할 수 없기 때문이다. 하지만 이를 받아들일 사람은 아무도 없을 것이다. 우리는 유아에게 어떤 의무를 부과하는 일도 없지만 그렇다고 해서 생존권이 있음을 부정하지 않는다. 의무를 이행할 수 없는 존재도 도덕공동체의 일원이 될 수 있다는 것이다. 권리는 일방적으로 주어지는 것이 아니라 반드시 의무를 수반해야 한다는 사고는 성인이라는 일부 존재에게만 참인 것을 존재자 전체에 대해서도 참이라고 간주하는 이른바 '합성의 오류'를 범하는 것이다.

리건의 권리론에 대하여 제기해 볼 수 있는 또 하나의 물음은 동물에게 권리를 인정할 경우, 권리를 갖는 동물의 범위는 어디까지인가 하는 것이다. 이 문제에 관하여 리건 역시 고민하고 있는데, 그는 처음에는 적어도 1년 이상의 포유류 및 조류에 선을 그었으나 나중에는 그 원칙을 다소 수정하여 젖먹이 인간 유아에게도 적용된다고 하였다.[34] 그러나 리건도 강조하고 있듯이 동물의 권리 일반에 관한 논의 차원에서 다뤄지는 것이라면 여하튼 채식주의를 옹호하는 맥락에서는 직접적으로는 문제가 되지 않는다. 왜냐하면 식용 동물과 같은 고등동물들이 생명을 계속 유지하는 데 이해관심을 갖고 있는 것은 분명하고, 채식주의의 주제는 동물 일반의 권리가 아니라 식용 동물의 권리이기 때문이다.

리건의 권리론에 대하여 제기할 수 있는 또 다른 물음은 고유한 가치 (inherent value)에 관한 것이다. 리건에 따르면 동물에게 인간과 마찬가지의 권리가 있다는 것은 동물도 인간과 같이 고유한 가치를 갖는 존재라는 것이다. 어떤 존재가 고유한 가치를 갖는다는 것은 그 존재가 최종 목적으로서 다뤄져야 하며 그 존재 이외의 가치를 위한 수단일 수 없다는 것을 의미한다. '인간의 권리는 인간의 고유한 가치'라는 것은 인간의 권리가 궁극적 목적이고 수단으로 다뤄져서는 안 된다는 것이다.[35]

인간이 고유한 가치를 갖기 때문에 목적적 존재가 되듯이 동물도 고유한 가치를 갖는다는 것은 동물 또한 인간과 같은 목적적 존재라는 것이다. 인간이 동물을 자신의 목적을 위한 수단으로서 다루는 것은 동물의 불가침의 권리를 박탈하는 셈이 되고 허용되지 않는다. 만일 동물이 수단으로 취급돼도 좋다고 한다면 인간 또한 수단으로 취급돼도 좋다는 셈이 된다. 인간이 식육 생산에 있어서 동물들을 노예처럼 예속하는 것이 정당화된다면 인간에 대해서만 노예적 예속을 비난하는 것은 논리적 일관성이 없다. 인간과 동물은 동등하게 고유한 가치를 갖는 존재이므로 인간과 동물의 권리는 그 본질에 있어서 동일한 것이다. 바로 여기서 우리는 인간과 동물이 권리를 본질상 동일한 것으로 간주할 때 실제적 삶에서도 과연 실행에 옮길 수 있을까 하는 물음을 제기할 수 있다. 이러한 취지에서 타가미 코우이치는 리건의 권리론을 '엄격한 권리론'이라 부르며 리건의 견해에 결코 동의할 수 없다고 주장한다.

　　리건과 같은 엄격한 동물의 권리론에 대해서 나는 아무래도 동의할 수 없다. … 자주 이용되는 구명보트의 비유로 말한다면 한 명의 아이와 한 마리의 강아지 가운데 어느 쪽을 택할 것인가 하는 문제에서 주저 따위는 하지 않는다. 동물의 권리가 인간의 그것과 동일하다면 한 명의 아이와 한 마리의 반려동물 사이의 선택은 두 명의 아이 사이의 선택과 원리적으로 같을 것이다. 그러나 나는 구명보트에 태우는 것은 반드시 인간의 아이이지 않으면 안 된다는 것에 일말의 의문도 갖지 않는다. 오히려 한 명의 아이와 교환으로 잃게 되는 것이 백 마리의 강아지 목숨일지라도 아이 쪽을 택하는 것이 옳다고밖에 생각할 수 없다. 그러므로 나는 인간에게는 고유한 가치를 인정하지만 동물에게는 인정하지 않는다. 그렇다면 나는 나 자신의 주관적 의도와는 별도로 실은 종 차별주의자에 불과할지도 모른다. 그렇다고 해도 나로서는 종 차별주의의 오명을 달게 받아들이는 수밖에 없다.[36]

코우이치의 입장은 설령 종 차별주의자라는 오명을 뒤집어쓴다 하더라도 동물의 권리를 인간의 권리와 동일한 선상에 놓고 얘기할 수는 없다는 것이다. 그러니까 그는 온건한 권리론의 입장, 즉 동물이 인간과 동등하지는 않으나 동물에게도 인정해야 할 어느 정도의 권리가 있고 인간은 그러한 권리를 범하지 않도록 힘껏 노력해야 한다는 입장이라 할 수 있다.

그런데 코우이치는 리건의 견해를 다소 오해하는 것으로 보인다. 리건이 우리의 상식과 크게 어긋나는 입장에 있지 않음에도 마치 크게 차이가 나는 것처럼 오해하는 것이다. 리건은 우리가 사는 곳이 현실 세계이지 지식인들이 모여 사는 도덕적 창공이 아님을 인정한다. 리건은 때로 상식을 수용하기 위해 타협도 하는 것이다. 그에 따르면 가령 탑승 정원이 4명인 구명보트에 4명의 일반인과 1마리의 골든 리트리버가 초과 승선했을 경우 밖으로 나가야 하는 것은 사람이 아니라 개여야 한다. 이와 관련하여 그는 "개의 죽음은 그 어떤 인명 피해와도 비교할 수 없다."[37]라고 말하고 있다. 그러니까 리건은 자신의 논리를 극단까지 몰고 감으로써 '이론의 도랑'에 빠지는 우로부터 벗어나고 있는 것이다.

리건이 이처럼 현실과 타협하고 있다 해도 그것이 채식주의를 정당화하는 그의 이론에 어떠한 손상을 입히진 못한다. 인간의 권리와 동물의 그것이 본질상 동일하다 해도 양자 중 어느 하나를 희생시킬 수밖에 없는 위기상황에선 인간 생명이 우선시돼야 할 뿐이지 그 타협이 동물을 식용 목적으로 이용하는 것을 허락하는 것은 아닌 것이다. 따라서 채식주의를 실천함에 있어서 동물과 인간 사이에 심각한 트레이드 오프 상황 같은 것은 발생할 수 없게 된다. 우리가 채식주의자가 됨으로써 잃게 되는 권리와 그에 따라 동물이 얻게 되는 권리는 아주 일방적이어서 그 균형이 너무도 맞지 않는다. 인간이 고기를 먹음으로써 잃게 되는 것은 동물의 생명이다. 반면에 인간이 동물을 먹지 않음으로써 잃게 되는 것은 고기의 미각에 대한 기호다. '동물의 생존권'과 '인간의 고기 맛에 대한 기호'를 결코 동등하게 취급할 수는 없다. 인간이 육식을 그만둔다면 수많은 동물의 생존권을 지켜낼 수 있는 반면 인간이 잃게 되는 것은 단지 기호밖에 없다. 채식주의의 정당성을 확보하는 데 이보다 더 훌륭한 근거를 찾기는 어려울 것이다.

4. 맺음말

육식 위주의 식생활 방식에서 채식 위주의 식생활 방식으로 전환하는 것은 이제 단순한 개인적 취미가 아니라 진지하게 고려되어야 할 윤리적 명령이라 할 수 있다. 육식주의 이데올로기에 묻혀 아무런 깨달음도 없이 육식을 지속하는 것은 개인적 건강뿐만 아니라 사회적·환경적으로도 너무나 많은 악영향을 끼치기 때문이다. 이와 같은 육식 문화를 바꿔 나가려면 육식주의 이데올로기의 부당성을 밝힘과 동시에 채식주의 삶의 방식이 왜 윤리적 명령으로 요구되는지 그 근거를 밝힐 수 있어야 한다.

이를 위해 필자는 먼저 환경윤리학의 입장에서 채식주의의 정당성을 확보하고자 시도하였다. 환경윤리학에선 인간 중심의 도덕공동체의 틀을 넘어서 동물 또한 그 공동체의 일원으로 수용하길 호소한다. 식육 생산을 위한 동물 사육이 환경에 끼치는 부하가 너무나 크기 때문이다. 실지로 식육 생산은 모든 심각한 형태의 환경 파괴의 주요 원인으로 작용하고 있다. 특히 쇠고기를 얻기 위해 옥수수나 콩과 같이 인간이 먹을 수 있는 곡물을 대량으로 소에게 먹이는 것이 지구촌의 만성적인 기아의 한 원인이 되고 있다. 결국 식육 목적으로 사육되는 동물을 해방하는 것은 환경 해방뿐만 아니라 인간 해방까지 불러올 수 있는 일거양득의 효과를 갖는다. 따라서 환경윤리학의 시각에서 볼 때 육식을 왜 피해야 하는지에 대한 이유, 즉 채식주의의 정당성을 확보할 수 있게 된다.

그러나 쇠고기의 생산 효율성 면에서 볼 때는 얘기가 달라진다. 16:1이라는 형편없이 낮은 비율의 영양 전환율을 가진 쇠고기에 비해 상대적으로 영양 전환율이 높은 돼지고기나 닭고기를 먹는 것은 환경윤리적 측면에서 볼 때는 확실히 유리하고 장려할 만한 일이다. 그러나 '쇠고기 대신에 돼지고기나 닭고기를 먹는 것'을 장려한다는 것은 채식주의에 확실히 위배되는 처사다. 이는 곧 환경윤리적 측면에서 채식주의를 온전하게 정당화하는 데는 한계가 있음을 말해준다.

그래서 요청되는 것이 동물윤리학이다. 먼저 피터 싱어는 식용 동물 또한 인간이 느끼는 쾌고 감정을 갖는다는 사실에 기초하여 동물 해방을 주장한다. 그의 주장에 따르면 쾌고 감정을 느끼는 존재라면 인간이든 동물이든 그 이해 관심을 공평하게 고려해야 하는 것이 원칙이다. 현대의 육식주의는 광범한 폭력 위에 서 있다. 유대인 작가 아이작 싱어가 동물을 음식으로 이용하는 인간의 방식을 나치의 죽음의 캠프가 불러온 악몽에 비유했던 것처럼[38] 현재의 식육 산업은 동물에 대한 강제적 도살 위에 토대하고 있다. 물론 현재와 같이 만연한 육식 문화를 지탱하려면 동물에 대한 육체적 폭력은 불가피할 것이다. 이러한 폭력이 자행되는 공장식 농장의 실태를 고발함과 동시에 동물 역시 인간과 다름없는 쾌고 감정을 지닌 존재로서 인간과 동등하게 그 이익이 고려 되어야 한다는 주장은 상당한 설득력이 있어 보인다. 그러나 싱어 이론은 고통을 느끼지 못하는 방식으로 사육된 고기를 먹는 행위에 대해서는 그 중단을 요구할 수 없고 따라서 채식주의의 근거를 확보하는 데 치명적 한계를 안고 있었다.

그 한계를 극복하기 위해서는 동물을 식용으로 활용하는 것 그 자체가 옳지 않다는 이론, 이른바 동물의 권리론이 요청된다. 동물의 권리를 주장하는 대표론자인 리건에 따르면 동물에게도 인간과 같이 존중받고 침해받지 않을 동등한 생존권이 주어져야 한다. 동물 역시 인간과 마찬가지로 생명을 유지하는 것에 대한 이해 관심은 물론 고유한 가치 또한 지니고 있기 때문이다. 그리고 고유한 가치를 갖는 존재는 그 자체가 목적으로 다루어져야 하며 다른 어떤 목적을 위한 수단으로 활용돼서는 안 된다. 이러한 논리에서 리건은 인간이 타인에게 가해서는 안 될 폭력적 행위는 또한 동물에게도 가해서는 안 된다고 주장한다. 이와 같은 리건의 입장에 서게 되면 채식주의의 정당성을 확보하는 데 큰 무리가 없어 보인다.

여기서 필자가 제기하고 싶은 물음이 있다. 동물 또한 인간과 마찬가지의 동등한 생존권을 가진다면, 가령 한 인간이 멧돼지의 공격으로 일촉즉발의 위기에 몰렸을 때도 멧돼지의 생존권을 인정해야 하는가 하는 것이다. 물론 이런 경우에 리건은 도덕적으로 예외가 된다고 인정한다. 즉 자기 방어를 위해서라면 상대편 동물을 죽일 수도 있다는 것이다.

그러나 이런 경우는 어떤가? 본인(A)도 배고프고 그 가족도 주리고 있는 상황에서 이를 해소하기 위해 멧돼지(B)를 죽여야 하는 상황 말이다. 리건의 입장에서는 잡아먹기 위한 동물 사냥은 도덕적으로 예외 상황이 아니다. 따라서 동물을 사냥할 수 없게 된다. 이 개체의 생존을 위해 저 개체의 죽음이 필수적으로 요구될 때 리건의 입장에선 뾰족한 대책이 없다. 존중받아야 할 기본 권리는 생명의 가치에 따라 다르지 않기 때문이다. 따라서 A가 동물의 생존권을 존중하는 사람이라면 당연히 딜레마에 빠지게 된다. B는 생존권을 존중받을 권리, 즉 총에 맞거나 덫에 걸리지 않을 권리가 있는 반면, A와 그 가족 역시 존중받을 권리, 즉 식량을 제공받을 권리가 있다. 이 상황에서 A는 자신을 포함한 가족과, B, 모두를 존중하는 것이 불가능하다.

이러한 딜레마를 해결하기 위해 필자는 포섭기준과 비교 기준을 제시하고자 한다. 포섭기준이란 어떤 존재가 생존권을 갖는지를 결정하는 기준을 말하며, 비교 기준이란 존재가 지닌 자연적 속성의 정도에 따라 생존권을 차등적으로 부여하게 해 주는 기준을 말한다. 필자는 포섭기준으로는 동물을, 비교 기준으로는 유정성을 삼고자 한다. 모든 동물을 도덕공동체의 범위 안으로 포섭시켜 그들에게 동등한 생존권을 부여함으로써 채식주의의 정당성을 확보하고자 하는 의도에서다. 그러나 동물이라고 해서 모두 다 동등한 생존권을 가진 것으로 볼 수는 없다. 유정성 또는 감수성의 정도에 따라 생존권의 중요성 또한 달리 파악해야 한다.

모든 동물에게 존중받을 생존권이 있다고 말할 수 있으나 그들 모두가 똑같은 양의 존중을 받아야 하는 것은 아니다. 이 논리에 따라 위 딜레마의 해결책을 제시한다면 비극적이긴 하나 고등동물의 생존을 위해 필수적인 하등동물이 죽을 수밖에 없다. 우리는 동물을 존중해야 하나 그 존중의 정도에는 차이가 있을 수 있다. 지능이 높고 사교적인 동물, 기초적인 도덕성과 복잡한 사회적 감정을 지닌 동물이 지능이 낮고 원시적인 동물보다 더 크게 존중받을 수 있어야 한다.

더 읽을 책

- 이, 멜라니, 노순옥 옮김, 『우리는 왜 개는 사랑하고 돼지는 먹고 소는 신을까』, 서울: 모멘토, 2011.
  채식주의는 특별한 삶의 선택인 반면 육식은 아주 당연한 것, '자연스러운' 행위, 언제나 그래 왔고 앞으로도 항상 그럴 것으로 간주된다. 아무 자의식도 없이 왜 그러는지 이유도 생각하지 않으면서 고기를 먹는다. 그 행위의 근저에 있는 신념체계를 저자는 '육식주의'라 부르며 그에 관한 다양한 사례와 연구 결과들로 자신의 주장을 뒷받침하고 있는 책이다.

- 카제즈, 잔, 윤은진 옮김, 『동물에 대한 예의』, 서울: 책읽는수요일, 2011.
  인간과 동물의 관계에 관한 긴 역사적 흐름을 고찰하고 난 뒤, 우리 삶의 방식 안에서 동물들이 어떻게 다뤄지고 있는지를 밝힌다. 동물의 희생을 전제로 이루어지고 있는 현대인의 삶의 방식에 대해 냉철한 반성과 성찰을 강조하는 책이다.

- 헤르조그, 할, 김선영 옮김, 『우리가 먹고 사랑하고 혐오하는 동물들』, 서울: 살림, 2011.
  이 방면의 많은 책들이 공장식 축산의 비인도적 실상을 고발하거나 육식의 문제를 제기하는 데 집중하는 데 반해, 이 책은 인간과 동물과의 관계를 매우 포괄적으로 다루면서 동물에 대한 태도를 처음부터 다시 생각하게 만드는 사례와 쟁점들을 제시한다는 점에서 새롭다.

서양윤리의 동물권리 논의와 불교생명윤리의 입장
– '동물개체의 도덕적 권리'를 중심으로

/ 허 남 결 /

1. 인간은 동물에 대한 도덕적 관심을 가져야 하는가?

19세기 영국의 공리주의 철학자였던 제레미 벤담이 유대-기독교적 전통의 연장선상에 서 있는 데카르트나 칸트와는 달리, 도덕적 고려의 판단기준을-인간중심의 이성 혹은 언어능력으로부터-인간뿐만 아니라 동물에게도 부여되어 있는 것으로 알려진 쾌락과 고통의 감수 능력으로 일원화할 것을 주장한 일은 윤리사상사에서 말 그대로 코페르니쿠스적 사건이었다. 이후 유럽에서는 19세기 중반 무렵 이미 동물보호협회가 결성되었는가 하면 동물학대금지법이 의회를 통과하는 등 동물에 대한 권리 의식이 사회적 관심사로 떠오르게 되었다. 그러나 동물의 이익이나 권리에 대한 본격적인 논의는 아무래도 호주의 윤리학자인 피터 싱어가 『동물해방』(1975)을 출판한 것이 그 직접적인 계기가 되었다고 보아야 할 것이다. 물론 싱어 이전에도 익명으로 출판한 테일러(Thomas Taylor)의 『Vindication of the Rights of Brutes』(1792) 및 솔트(Henry S. Salt)의 『Animal Rights』(1892) 등 동물의 권리를 다룬 선구자적 저술들이 전혀 없었던 것은 아니지만[1], 당시에는 인쇄술이 지금처럼 발달하지 못해 많은 사람들이 동시에 그와 같은 책을 접할 수 없었고, 따라서 싱어의 「동물해방」과 같은 대중적인 관심을 불러일으키지는 못했기 때문이다. 또 다른 이유로는 인간 이외의 다른 동물들의 도덕적 권리를 바라보는 일반인들의 의식 수준이 아직 충분히 성숙되지 않았던 것도 한 원인으로 작용했으리라 본다.

읽어 본 사람은 누구나 공감하겠지만 피터 싱어의 『동물해방』은 책 제목이 암시하듯이 첫 문장을 자못 비장한 어투로 시작하고 있어 마치 한 장의 선전포고문을 읽는 것 같은 느낌이 든다. "이 책은 인간이 아닌 동물들에 대한 인간의 폭정(tyranny)에 관한 것이다. 이러한 폭정은 지금까지 상당한 양의 고통과 괴로움을 야기해 왔고 또한 오늘날에도 여전히 고통과 괴로움을 초래하고 있다. 이것에 비견될 만한 것은 오직 수세기 동안 백인들이 흑인들에게 저지른 폭정의 결과로 빚어진 고통과 괴로움이 있을 뿐이다. 인간의 동물에 대한 폭정에 반대하는 투쟁은 최근 수년 간 벌어졌던 어떠한 도덕적 및 사회적 쟁점들 못지않게 중요한 투쟁이다."[2] 여기서 드러나고 있는 실천윤리학자 피터 싱어의 문제의식은 책 내용 전체를 지배하고 있는데, 그가 불러일으킨 사회적 반향은 실로 엄청난 것이었다. 마치 잠자고 있던 거대한 양심이 되살아 나기라도 한 듯 너도 나도 동물의 복지와 권리를 이야기하기 시작했고, 세계 곳곳에서는 다양한 성격의 동물권리운동 단체들이 우후죽순처럼 생겨나기도 했다. 그것은 하나의 거스를 수 없는 시대적 조류가 되는가 싶을 정도였다. 이처럼 그의 『동물해방』은 인간들이 동물을 다루어 오던 기존의 방식, 즉 마치 자신의 소유물인 양 필요할 때마다 임의로 사용해 왔던 일상적 관행에 커다란 경종을 울렸을 뿐만 아니라 '동물의 대우에 관한 새로운 윤리'를 제시했다는 평가를 받고 있다. 말하자면 싱어는 이 한 권의 책으로 당시 막 싹트기 시작하던 동물해방운동에 이론적인 토대를 제공했다는 찬사와 함께 윤리적 실천가로서의 면모와 위상도 한꺼번에 거머쥐는 두 가지 성과를 동시에 얻게 되었던 것이다.[3] 이 『동물해방』의 대중적 성공과 함께 피터 싱어는 일약 세계 윤리학계의 총아로 등장하게 되며 오늘날까지 그 중심에 서서 활발하게 활동하는 중이다.

다른 한편, 서양의 히브리적 사고와는 대조적으로 인도와 중국의 종교전통들은 대체로 동물의 도덕적 지위를 상당 부분 인정하는 것으로 평가되고 있다. 그들은 무엇보다도 이 세상의 모든 생명체들을 서로 연결되어 있는 하나의 커다란 고리로 보는 동양 고유의 사고방식을 공유하고 있는 것으로 보인다. 이러한 전일적(holistic) 자연관은 얼핏 보아도 서양의 인간중심주의적 자연관과는 거리가 멀다. 예를 들면, 인도의 고전 베다 문헌에 나오는 아힘사(ahimsa, 비폭력)와 같은 가르침은 불교와 힌두교 및 자이나교의 기본 교리로 계속 전승되고 있는데, 이 개념의 대략적인 의미는 "모든 살아 있는 존재들에 대해 나쁜 감정을 품지 않는 것"[4]이다. 이는 다시 말해 인간이 아닌 살아 있는 일체의 대상들에 대해 몸(身)과 입(口)과 마음(意)으로 사악한 생각을 하거나 행위하는 것을 삼가라는 뜻이다. 이러한 사고방식은 오늘날 논의되고 있는 동물권리의 원형이 되기에 충분한 자격을 갖추고 있다는 말을 들을 만하다고 본다. 그뿐만 아니라 인도적인 전통은 윤회설을 통해 현재의 자기 모습은 전생의 업에 따른 과보의 몸이라는 인식을 심어 줌으로써 과거와 현재, 그리고 미래로 이어지는 생명에 대한 존엄성을 끊임없이 일깨우고 있는 인식을 보여준다.

여기서 우리는 다음과 같은 비유를 떠올려 볼 수 있을 것이다. 오늘 아침

왠지 기분이 뒤틀려 신경질적으로 발길질을 해댄 강아지는 몇 년 전 돌아가신 우리 어머니일 수도 있으며, 한 세대 뒤 귀여운 내 손자의 간식거리가 된 프라이드치킨은 바로 오늘의 나 자신일 수도 있다는 사실을 말이다. 우리는 이러한 비유의 윤리적 함의를 되새겨 볼 필요가 있다고 생각한다. 왜냐하면 인간과 동물 등 갖가지 형태의 몸으로 바꾸어 태어나면서 이 세상과 저세상을 끊임없이 오가는 윤회 전생의 삶은 우리 인간들로 하여금 자신을 포함한 일체 만물, 곧 유정체가 지닌 본질적 가치에 대해 새삼 윤리적 반성을 촉구하고 있기 때문이다.[5] 그런 점에서 불교 윤리에서 말하는 업과 윤회설은 동물권리 논의에서도 함축하는 바가 결코 적지 않다. 윤회설에 따르면 인간과 동물은 근본적인 의미에서 본질적인 차이가 없는 것이다. 왜냐하면 인간존재는 동물로 다시 태어날 수도 있고, 그 역 또한 마찬가지이기 때문이다.

이와 관련하여 최근 국내외의 불교학자들이 개체 동물의 도덕적 지위와 권리에 대한 담론들을 쏟아내고 있어 우리의 지적 호기심을 자극하고 있다. 대표적인 외국학자들로서는 데미언 키온(Damien Keown), 피터 하비(Peter Harvey), 람베르트 슈미트하우젠(Lambert Schmithausen), 노름 펠프스(Norm Phelps), 릴리 드 실바(Lily de Silva) 등이 있고, 국내학자들로서는 안옥선과 서재영 등이 주목 받을 만한 논문을 발표한 바 있다.[6] 이들은 동물의 지위를 어느 정도까지 인정할 것인가에 대해 약간의 입장 차이를 보여주고 있긴 하지만 적어도 인간과 동물 사이를 구별하는 근본적인 경계선은 있을 수 없다는 입장을 공유하고 있는 것으로 보인다.

또한 박이문은 동서양의 윤리학계가 동물의 도덕적 권리를 정식으로 문제 삼기 시작한 일련의 움직임들에 대해 비록 늦은 감이 없지 않으나 근래에 "동물권이 주장되고 동물해방운동이 일어나고 있는 것은 다행스럽다. 왜냐하면 옳고 타당하기 때문이다."라고 평가한 뒤 덧붙여 말하기를 "동물권, 동물해방이 원칙적으로 옳다고 해도 그러한 원칙이 구체적 상황에서 어떻게 실천에 옮겨져야 하느냐 하는 문제는 아직도 헤쳐 나가기 어려운 윤리적, 지적, 철학적 가시밭"[7]이라고 지적하였는데, 이러한 언급은 동물권의 논의에서 자주 발견되는 이상과 현실 사이의 실천적 불일치에 대한 우리의 고민을 대변하고 있는 것처럼 들리기도 한다. 그와 같은 인식은 곧 동물의 권리와 관련된 우리의 논의가 앞으로는 이론보다 실천에 초점이 맞추어져야 할 것이라는 문제 제기로 여겨지기도 한다.

이 글은 제목에서 말하고 있듯이 동물권리의 인정 여부를 둘러싸고 벌어졌던 도덕적 논쟁들을 서양 윤리와 불교 윤리의 입장에서 비교·검토해 본 것이다. 특별히 새로운 내용이라고 할 만한 것은 없지만 불교에서는 인간과 동물의 본질적 평등을 강조하고 있다면, 서양에서는 둘 사이의 현실적 차별 대우를 어떻게 해소할 것인가에 대한 실질적인 행위 전략에 관심을 보이고 있다는 점을 드러내는 수준에서 논자의 입장을 정리해 보고자 한다. 다만, 여기에서 논의의 대상으로 삼고 있는 동물은 종차원의 동물 집단이 아니라 원칙적으로 개체 차원의 개별 동물임을 미리 밝혀둔다.

2. 서양 윤리의 동물권리 논의 소개[8]

1) 피터 싱어의 '이익 동등 고려의 원리'와 보충적 입장들

주지하다시피 벤담의 '쾌락과 고통의 원리'를 계승하고 있는 싱어가 제안한 '이익 동등 고려의 원리'(the principle of equal consideration of interests)는 모든 인간의 평등을 보장해 줄 공평성의 원칙을 담고 있는 동시에 우리와 같은 종족이 아닌 것들, 즉 인간이 아닌 동물들과의 관계에도 적용되어야 할 보편 타당한 도덕적 근거라고 말해진다.[9] 여기서 말하는 '이익'(interests)은 누군가가 "욕구하는 모든 것"으로 이해되며, 이는 본질적으로 다른 존재의 욕구와 양립하지 않아도 무방하다.[10] 이 세상을 지배하는 두 군주인 '쾌락'과 '고통'의 원리에 기반을 둔 벤담의 공리주의에 따르면 이익은 '이성적 추론을 할 수 있거나 언어 능력을 가진' 존재만 추구할 수 있는 것이 아니라 '고통을 느낄 수 있을'[11] 정도의 감각 능력을 가진 생명체라면 본능적으로 욕구하게 되어 있는 그 무엇이다. 따라서 오직 '괴로움'(suffering)과 '즐거움'(enjoyment)이라는 기준만이 나와 남의 이익을 판단할 수 있는 척도가 될 수 있을 뿐이다.[12] 다시 말해 싱어에게 있어서 다른 존재의 이익에 관심을 가질지의 여부를 판가름하는 유일한 경계는 유정의 유무, 곧 '감각의 경계'(limit of sensation)가 되는 셈이다.[13] 그러나 인간의 일상생활 속에서는 결코 이런 도덕원리가 적용되고 있지 않다는 것이 싱어의 분노에 찬 주장이다. 몇 가지 예를 들어 보는 것만으로도 이러한 지적은 조금도 과장이 아님을 확인할 수 있을 것이다.

우선 우리가 동물을 다루는 일반적 방식인 "식사, 사육 방법, 수많은 과학 영역에서의 실험 절차, 야생동물의 사냥, 덫 놓기, 모피 옷, 서커스, 로데오, 동물원과 같은 오락 영역"[14] 등에서 목격하게 되는 광경은 싱어가 제안하는 '이익 동등 고려의 원리'와 정반대의 모습들뿐이다. 우리의 식탁 위에는 날마다 고기반찬이 오르고 있지만 그것이 어떤 과정을 거쳐 여기까지 오게 되었는가에 대해서는 아무도 관심을 갖지 않는다. 그리고 동물을 대상으로 하는 각종 과학 실험들이 실제로 어떻게 이루어지고 있는가에 대해서는 더더욱 관심이 없다. 왜냐하면 한 번도 직접 본 일이 없기 때문이다. 어디 그뿐인가! 동물의 털이나 가죽을 재료로 만들어진 고급 옷을 입은 사람들이 서커스에 등장하는 동물들의 재롱을 보면서 희희낙락 박수는 칠지언정 그 이면의 살상 행위나 훈련 과정의 동물 학대에 대해서는 상상조차 하지 않는다. 로데오 경기에 출전하는 소나 동물원에서 하루 종일 인간들의 노리개가 되는 불쌍한 동물들의 신세도 비참하기는 마찬가지다.

이와 같은 동물에 대한 인간의 차별적 태도를 가리켜 싱어는 '종 차별주의'(speciesism)라는 독특한 용어를 사용한다. 그의 정의에 따르면 이러한 편견은 자신이 속해 있는 '종'(species)을 다른 종의 구성원들보다 도덕적으로 우월하다고 여기고 차등적으로 다루려는 태도이다. 이는 기본적으로 '성차별주의'(sexism)나 '인종차별주의'(racism)와 같은 논리적 구조를 갖는다는 것이 싱어의 주장이다.[15] 그런데 여기서 유의해야 할 것은, "평등(equality)이라는 기본 원리를 한 집단에서 다른 집단으로 확장시켜야 한다고 해서 그것이 곧 양 집단을 동등하게 대우(treatment)해야 한다거나 동시에 양 집단이 동일한 권리(rights)를 가져야 한다는 의미는 아니라는 사실이다."[16] 이는 곧 인간은 인간의 타고난 본성(nature)에 따라, 그리고 동물은 동물의 자연적 본성에 따라 그것에 알맞게 대우해주면 그것으로 충분하다는 뜻이기도 하다. 싱어는 이와 같은 도덕적 접근 방식을 '동등하거나 같은 대우'(equal or identical treatment)가 아니라 '동등한 고려'(equal consideration)[17]라고 표현한다.

좀 더 알기 쉽게 비유하자면 우리가 추위와 배고픔으로 고통 받는 가축의 이익을 배려한답시고 그들에게 호화 주택이나 고급 식사를 제공하는 것은 우스꽝스러운 행동이 되고 만다는 것이다. 이처럼 동물들의 욕구를 인간과 같은 수준으로 인식하는 것은 동등한 고려의 범위를 훨씬 넘어서는 동등한 대우에 속하는 일이다. 그러나 그것은 싱어가 요구하는 '이익 동등 고려의 원리'의 본래 취지가 아니다. 즉, 동물들의 직접적인 욕구인 쾌락과 고통의 충족을 그들의 수준에서 고려해 주는 것만으로도 충분하다는 것이다. 이는 곧 개밥과 사람의 식사 내용이 똑같을 필요는 없다는 말이기도 하다. 문제는 우리가 동물들의 가장 기본적인 자연적 본성조차 애써 외면하고 있다는 현실이다. 싱어는 이러한 문제의식과 인간의 반성을 촉구하면서 다소 과격하게 들릴 수도 있는 '동물해방'이란 슬로건을 내걸고 우리의 윤리적 인식 전환을 촉구하고자 했던 것이다.

이러한 싱어의 입장에 대해 폴란(Michael Pollan)은 그의 주장이 말 그대로 동물해방론이라기보다는 오히려 '동물복지론'(animal welfare)에 더 가깝다는 결론을 내린다. 왜냐하면 싱어의 논리를 따라가다 보면 결국 우리는 그들의 이익, 즉 고통을 완화하고 즐거움을 주는 쪽으로 행위하라는 주문을 받게 되기 때문이다. 이는 인간의 구속으로부터 모든 동물을 해방하라거나 그들의 권리를 인간과 동일한 수준으로 존중해 줄 것을 요구하는 주장이 아니라 오늘날 공장식 동물농장 또는 제약회사의 실험실 등지에서 비참하게 살고 있거나 죽어 가고 있는 동물들을 보다 쾌적한 환경에서 다룰 필요가 있다는 호소, 다시 말해 그들의 복지 조건을 개선하라는 말과 다름없기 때문이다.

그렇다면 동물에게도 인간에게 적용되고 있는 '복지'란 말을 사용할 수 있단 말인가? 폴란에 따르면 현실적으로 실천하기 어려운 완전한 의미의 육식 금지보다는 동물들이 자연스러운 환경 속에서 최대한 고통 없는 삶을 누리도록 배려하되 필요할 경우 위생적인 방법으로 도축하는 것이 훨씬 더 바람직한 동물 대우 방식이라는 것이다.[18] 싱어도 사실은 이런 취지의 말을 한 것에 불과한데 사람들은 마치 싱어가 말 그대로 동물의 해방을 선동한 것처럼 확대해석하고 있다는 것이다.

폴란은 이와 같은 자신의 생각을 실제로 반영하고 있는 이상적인 동물농장의 예로 버지니아의 폴리페이스 농장(Polyface Farm)을 든다. 그곳에는 여섯 종류의 가축들이 각자의 자연적 본성을 쫓아 마음 놓고 살 수 있는 주변 환경이 조성되어 있다고 한다. 소와 돼지, 닭, 토끼, 칠면조 및 양들은 자신들의 '생리적 차이점을 충분히 표현'[19]하면서도 공동생활을 영위하는 것이 가능하도록 관리된다. 그들은 상황에 따라 서로 협력하거나 혹은 경쟁을 하기도 하면서 소는 소답게, 돼지는 돼지답게, 닭은 닭답게 평화로운 삶을 영위하다가 궁극적으로는 인간들의 식탁에 오르게 되는 것이다. 농촌에서 자란 사람들은 이런 목가적인 풍경을 충분히 상상할 수 있을 것이다. 소와 닭이 장난을 치거나 고양이와 개가 돼지우리 앞에서 으르렁거리고 싸우기도 한다. 이런 모습이야말로 그들의 자연적 본성이 전제된 실제 사는 모습이다. 이처럼 동물을 그들의 타고난 기질에 따라 마음 놓고 살 수 있게 한 다음, 인간의 의식주와 같은 반드시 필요한 목적을 위해 사용하는 것은 누가 보아도 동물 학대와는 거리가 먼 지극히 자연스러운 행위라는 것이다. 다만 사육 과정에서 동물의 본성에 맞는 최소한의 배려와 대우만 보장한다면 인간인 우리가 비-인간인 동물에게 할 수 있는 도덕적 의무는 다했다고 보는 것이 폴란의 이른바 동물복지론이다. 그런데 싱어의 이른바 동물해방론은 바로 이 범주에 속하는 새로운 윤리적 접근 방식에 지나지 않는다는 것이 폴란의 해석이다. 이는 싱어가 나름대로 의미 있는 문제제기를 했다면 폴란은 여기에 구체적인 내용과 실천 방법을 추가한 것으로도 볼 수 있다.

또한 프레이(R. G. Frey)에 의하면 싱어가 염두에 둔 쾌락과 고통의 원리인 '공리성'(utility)은 그의 의도와는 달리 오히려 동물들을 착취할 때 더 많이 산출될 가능성이 크다. 그러므로 폴란과 마찬가지로 프레이에게서도 우리에게 시급한 것은 동물의 해방이나 권리 인정이 아니라 현존하는 대규모 동물 농장의 운영 방식 개선과 과학용 동물실험에서의 절차 존중 및 안전 조치들이 된다.[20]

이런 그의 입장은 "첫째, 동물의 삶은 상당한 가치를 지니고 있다. 둘째, 모든 동물이 다 동일한 가치를 갖는 것은 아니다. 셋째, 인간의 삶은 동물의 삶보다 더 많은 가치를 지닌다."[21]라는 것으로 요약된다. 프레이가 보기에 인간과 동물 및 그들 상호간의 도덕적 지위의 구별은 개별 존재들의 삶이 향유하는 '풍요로움'의 차이에서 비롯된다. 여기서 그들이 누리게 될 '삶의 질'이 결정된다. 토끼나 개가 누릴 수 있는 삶과 인간의 삶이 다를 수밖에 없는 것은 바로 이 풍요로움의 내용이 다르기 때문이다. 도덕 상식으로 미루어 볼 때 동물들은 인간과 같은 수준의 삶을 설계하거나 개척할 수 있는 능력이 없다고 보아야 한다. 이에 반해 인간은 그것을 가능하게 해주는 '자율성(autonomy)' 및 '작인(agency)'이라는 도덕적 기능을 가지고 있다.[22] 그렇지만 동물들이 "삶의 질을 가질 수 없거나 그 결과 그들의 삶이 아무런 가치도 없는" 것은 결코 아니라고 말한다. 다만 그들의 삶이 갖는 '풍요로움과 질 및 가치'는 '정상적인 성인 인간(normal adult humans)'이 가질 수 있는 그것과 모든 면에서 동일할 수 없다는 현실을 있는 그대로 인정하고 받아들이자는 것이다.

여기서 그의 '불평등-가치 테제'(the unequal-value these) 개념이 나온다.[23] 각각의 존재들은 고유의 가치 향유 능력 면에서 불평등한 관계에 놓여 있다고 보는 것이다. 그런데 정상적인 동물과 이에 못 미치는 인간들인 유아나 치매 환자 및 정신지체 장애인들을 어떤 방식으로 차등 대우할 것인가? 하는 의문이 생긴다. 동물보다 실험 효과가 더 직접적으로 나타날 것이 분명한 비정상적인 인간들을 각종 생명 의학 실험에 동원해도 좋은가? 싱어와 같은 공리주의자인 프레이에 따르면 공리주의는 이론상 그와 같은 위험성을 원칙적으로 배제할 수 없다고 솔직히 시인한다.[24] 그가 동물의 의학용 생체실험을 부분적으로 찬성하는 것은 바로 이와 같은 '불평등-가치 테제'의 당연한 귀결인 셈이다. 동물의 희생으로 인해 좀 더 가치 있는 존재들인 인간에게 더 많은 이익이 될 의학적·과학적 연구 결과를 가져다준다면 그것은 허용될 수밖에 없을 것이라는 입장이다.[25]

이처럼 프레이의 싱어 비판 논리는 공리주의적 시각을 전제한 소위 불평등-가치 테제에 바탕을 두고 있다. 그러나 자세히 들여다보면 프레이의 주장은 싱어의 동물해방론을 좀 더 구체적으로 가다듬어 하나의 실천 원리로 제시하고 있는 듯한 인상을 준다. 다시 말해 싱어가 동물을 다루는 인간의 그릇된 방식에 대한 고발과 울분을 토로하고 있다면 프레이는 그것의 구체적 실천 방법을 현실적으로 모색하고 있는 것이다. 이는 인간과 동물의 '불평등한 관계' 속에서도 동물을 그들의 자연적 본성에 맞게 대우하는 '평등한 방식'으로 누구나 실천 가능한 동물사랑법이 될 수 있을 것이란 기대를 품게 만든다.[26]

2) 톰 레건의 '내재적 권리론'과 비판적 입장들

피터 싱어의 동물해방(복지)론과 이에 대한 폴란 및 프레이의 비판적 지지 입장은 기본적으로 쾌락주의적 공리주의를 그 배경으로 삼고 있다. 이에 반해 직관적 의무론에 바탕을 둔 레건(Tom Regan)의 동물권리론은 이론적인 면에서 싱어의 동물해방론보다 훨씬 더 급진적이다. 레건의 관점을 빌리면 우리가 도덕적으로 고려해야 할 대상은 이른바 '내재적인 가치'(inherent value)를 가진 이 세상의 모든 존재들이다. 그가 사용하는 내재적 가치란 개념은 각 개체들이 그들 고유의 선함이나 다른 존재들에 대한 유용성과는 무관하게 말 그대로 타고난 것이며 따라서 내재적으로 지니게 된 본질적 가치이다. 도덕적 권리란 바로 이러한 가치를 서로 보호하고, 보호받는 쌍무적 관계를 지칭한다. 그에 따르면 바위나 강, 나무, 빙하 따위의 자연 대상은 몰라도 최소한 한 살 정도의 정신연령을 가진 포유류 이상의 동물이라면 모두 내재적 가치를 가진 것으로 상정된다.

레건의 기준을 적용하면 지구 위에 살고 있는 거의 대부분의 동물들은 내재적 가치를 가짐과 동시에 도덕적 권리의 주체가 된다. 내재적 가치는 다른 말로 바꾸면 스스로 '삶의 주체'임을 경험할 수 있는 존재들이 갖는 특별한 권리이기도 하다. 그것은 사회마다 차이가 날 수밖에 없는 법적인 권리가 아니라 자신이 속한 '종'(species)을 초월하여 생활의 주체라면 누구나 향유할 자격이 있는 도덕적 권리이다.[27] 이로부터 우리는 내재적인 가치를 지닌 모든 동물들을 도덕적으로 배려하고 존중하지 않으면 안 될 윤리적 의무를 부여받게 된다. 좀 더 간단하게 말하면 인간과 동물의 도덕적 지위는 사실상 근본적인 차이가 없다는 뜻이다. 우리가 그들을 동등하게 다루지 않으면 안 될 윤리적 근거는 바로 여기에서 비롯된다고 본다.

그런 차원에서 레건은 우리 주변에서 아무렇지도 않게 '잡아먹히고, 사냥되고, 실험실에서 사용된 후 버려지는' 동물들이 사실은 우리와 똑같은 '삶의 주체'임을 거듭 상기시키고 있다.[28] 그에 의하면 모든 삶의 주체는 예외 없이 '본래적 가치'를 갖는 것으로 파악된다. 그럼에도 불구하고 이와 같은 동물권 침해 행위는 지금도 세계 도처에서 자행되고 있는 것이 현실이다. 유사한 상황의 인식에서 싱어가 동물들의 실질적 복지를 요구하고 나섰다면, 레건은 비도덕적인 방법으로 식용고기를 대량생산하는 동물농장 뿐만 아니라 동물을 대상으로 하는 각종 과학실험들을 '무조건 폐기할 것' (categorically abolition)을 주장한다. 그에게 있어서 동물의 복지를 고려하거나 실험 방법을 개선하려는 노력 등은 문제의 본질을 흐리게 할 뿐 조금도 근본적인 해결 방법이 될 수 없다. 오직 이 모든 것을 동시에 '전면적으로 제거하는'(total elimination) 정책이 요구되고 있을 뿐이다.

이런 점에서 레건의 권리론은 싱어의 복지론보다 훨씬 더 과격하다는 평가를 받을 수 있다. 레건 자신은 이와 같은 의무론적 권리론이야말로 동물들의 권리를 가장 확실하게 보장할 수 있는 접근 방법이 될 것이라고 믿는다.[29] 레건의 동물권리론은 각 개체의 내재적 가치와 권리를 존중하고 있다는 점에서 의무론의 특징을 띠고 있으나 생명권의 충돌과 같은 기본적인 권리들이 대립할 경우 흔히 지적되고 있는 의무 이론의 한계도 고스란히 가지고 있다. 이럴 경우 겉으로 완벽해 보이던 의무론은 행위를 안내할 어떠한 원칙도 제시하지 못하고 만다.

결과적으로 그가 표방한 의무론은 오히려 공리주의적 뉘앙스를 풍기고 있기도 하다. 가령, 레건의 반-공리주의적 권리론은 그가 예로 든 네 명의 성인 남녀와 한 마리의 개가 탄 구명정 사례에서 보듯이 역설적으로 공리주의적 의사 결정 방식을 불러들인다. 만약 구명정의 침몰을 막기 위해 승객들 가운데 어느 한 사람을 선택하여 배 밖으로 던져야 한다면 우리는 조금도 망설이지 않고 개를 집어들것이다. 그 개가 한 마리가 아니라 백만 마리가 되어도 결과는 마찬가지이다. 왜냐하면 인간의 이익과 개의 이익은 본질적으로 같을 수가 없기 때문이다. 이처럼 누구에게도 개와 인간의 도덕적 가치가 동일하게 인식되지는 않는다.[30] 그런 점에서 레건이 말하는 '내재적 가치'와 '삶의 주체'라는 개념은 너무 이상적인 차원에서 동물의 권리를 다루고 있다는 비판으로부터 자유롭지 못하다고 본다.

마찬(Tibor R. Machan)은 레건의 동물권리론이 정도에서 한참 벗어났다는 입장을 취한다. 그의 인식에 따르면 동물에게는 도덕적 권리가 부여되어 있지 않으므로 해방이나 권리니 하는 말도 성립되지 않는다. 마찬이 보기에 인간과 다른 동물들 사이에는 양자를 구분하는 뚜렷한 경계선이 있는데, 그것은 동물에게는 없는 인간의 '도덕적 선택' 능력이다. 다시 말해 인간은 동물과는 달리 대상에 따라 좋고 나쁘거나 옳고 그름을 판단할 수 있는 도덕적 능력의 소유자라는 것이다. 이에 반해 동물들은 인간과 같은 의미의 도덕적 선택이 불가능하다고 본다. 그들은 본능적인 욕구의 지배를 받고 있을 뿐 옳거나 그른 행위를 판가름할 줄 모른다. 그런 점에서 동물은 결코 도덕적 고려의 대상이 될 수 없다는 것이다.

어떤 종류의 도덕적 선택이 이루어지기 위해서는 그것을 자유롭게 보장하는 '도덕적 공간', 다시 말해 '간섭을 받지 않는 것을 보장받음'(a guarantee of noninterference)을 필요로 한다. 이른바 문화선진국은 이러한 도덕적 공간에서의 자유로운 선택이 사회적으로 보장되어 있는 나라들이라고 볼 수 있다. 특히 생명권과 자유 및 재산권과 같은 자연권은 어떤 누구로부터도 방해 받아서는 안 된다. 마찬에 의하면 이것은 도덕적 선택 능력을 발휘한 결과이자 오직 인간만이 누릴 수 있는 특별한 권리이다. 그러나 인간 이외의 다른 동물들은 도덕적 선택을 할 수 없기 때문에 그의 도덕적 공간 개념도 필요로 하지 않는다. 따라서 동물들에겐 아무런 자연권도 존재하지 않는다는 것이 마찬의 주장이다.

하지만 이러한 사실에도 불구하고 마찬은 자신의 주장이 동물들을 함부로 다루어도 좋다는 뜻은 아니라고 주의를 환기시킨다. 인간과 동물의 도덕적 지위는 근본적으로 다를 수밖에 없다는 점을 강조했을 뿐 동물을 인간과 다른 방식으로 대우할 것을 요구한 적은 없다는 것이다. 그것은 개인의 도덕성 문제라는 관점에서 볼 것을 주문한다. 그런데 마찬도 칸트와 마찬가지로 동물들을 따뜻하게 배려하지 않는 사람은 '성격적인 결함'을 가진 사람이라고 본다.[31] 이런 사람은 다른 인간도 동물처럼 여길 수 있다는 점에서 결코 바람직한 인간이 될 수 없다는 것이다.

이처럼 마찬은 인간뿐만 아니라 동물들도 엄연히 고통과 쾌락을 느낄 수 있으며 최소한의 도덕적 삶을 영위하는 자연 존재라는 사실을 일깨워 주고 싶어 한다.[32] 요약하면 그가 말하는 도덕적 선택 능력은 인간과 동물 및 바위와 나무 등의 자연 대상물을 그 중요성에 따라 분류하는 기준이 된다. 우리가 현명한 도덕적 판단을 하기 위해서는 '용기, 신중함, 정의감, 정직성, 그리고 그 외의 다른 덕목들'[33]을 발휘하지 않으면 안 된다. 이런 과정을 통해 우리는 '어떻게 살아야 할 것인가?'라는 물음에 대한 해답을 찾는다. 그러나 동식물이나 산과 바다 따위는 인간들처럼 도덕적 의미를 갖는 사고나 결정을 할 수 없다고 보는 것이 상식이다. 현실적으로 동물을 경우에 따라 임의로 사용할 수 있다고 보는 근거도 여기서 찾을 수 있다.

결국 마찬에게 레건의 동물권리론은 '자연의 사실'에 어긋나는 억지 논리에 가까운 것으로 비쳐지고 있는 셈이다. 누구나 인정하지 않을 수 없듯이 자연의 사실에 비추어 보면 인간과 동물 간에는 분명한 종 차이가 있으며 오직 인간만이 도덕적 판단 및 선택 능력을 가지고 있다는 것이다.[34] 그렇다고 하더라도 레건의 동물권리론이 우리에게 시사하는 도덕적 메시지마저 무의미하다는 말은 결코 아니다. 그의 권리론은 동물을 비롯한 이 세상의 모든 살아 있는 생명체에 대한 사랑의 노래이자 공존의 원리로 작용할 수 있다는 점에서 앞으로도 여전히 유효한 가르침으로 남을 가능성이 크다고 본다.

다른 한편, 워렌(Mary Anne Warren)은 레건의 의무론적 동물권리론이 인간과 동물들 사이의 중요한 종차인 이성적 행위 능력을 과소평가하고 있을 뿐만 아니라 그가 말하는 '내재적 가치'도 애매모호하기 그지없다고 비판한다. 내재적 가치 개념에 대한 정확한 정의 없이 다음 단계의 논리 전개를 계속하고 있다는 것이다. 그러나 레건에 대한 이론적인 한계의 지적과는 별도로 워렌에 따르면 "우리는 동물들을 친절하게 대할 의무와 '선한 이유' 없이 죽이지 않을 의무, 그리고 그들의 삶을 즐겁게 만들기 위해 우리가 할 수 있는 모든 것을 다할 의무"[35]가 있다. 이런 자신의 입장을 가리켜 워렌은 '약한 동물권리론'(a weak animal rights theory)이라고 부른다. 반대로 레건의 동물권리론은 자연스럽게 너무 '강한 동물권리론의 입장'(the strong animal rights position)이 되고 만다. 이 말 속에는 레건의 입장을 야유하고 싶은 워렌의 의도가 숨어 있다. 레건은 현실성을 결여한 너무 높은 도덕성을 요구하고 있다는 것이다.

이런 인식의 연장선상에서 워렌은 좀 더 분명한 어조로 "모든 합리적인 인간 존재들은 동등한 자격을 갖춘 도덕 공동체의 일원이다. 왜냐하면 우리는 우리 행동에 대해 서로 추론(잘잘못을 따짐)할 수 있는 반면, 이를 다른 동물들과 함께할 수는 없기 때문"[36]이라고 말한다. 인간과 동물들은 함께 공유할 도덕적 고민이 없다는 것이다. 이처럼 레건의 추론은 이론적으로 불분명한 내재적 가치론에 의존하고 있기 때문에 실천적인 측면에서도 설득력이 떨어진다는 약점을 가지고 있다.

그에 따르면 레건의 내재적 가치 개념은 각각의 '개체'에만 적용되고 있을 뿐 '종'이나 '생태계'(ecosystem)와 같은 좀 더 상위의 개념은 이에 해당되지 않는 듯한 인상을 주고 있다.[37] 상식적으로 볼 때 '개체' 못지않게 '종'이나 이들을 포함한 '생태계 전체' 또한 하나의 단위로서 당연히 내재적 가치를 갖는다고 보아야 할 것이다. 그럼에도 불구하고 이런 점에 대한 언급이 생략되어 있다. 뿐만 아니라 내재적 가치를 지니고 있다고 전제되는 동물들 사이의 도덕적 지위를 어떻게 구분할 것인가라는 문제도 간단하지 않다. 실험용 쥐와 야생종 호랑이 및 인간의 내재적 가치는 같은가, 다른가? 만약 다르다면 그 차이는 어느 정도인가?

여기서 워렌은 막연한 내재적 가치란 개념을 버리고 이성적 사고 능력이라는 분명한 판단 기준을 도입한다. 이성의 유무야말로 인간과 동물의 현실적 경계선이 될 수밖에 없다는 것이다. 그러면서 그는 이를 반영하고 있는 이른바 '약한 동물권리론'의 특징을 다음과 같이 요약하고 있다. 첫째, 그들의 자연적 삶의 양식이 어떤 만족의 추구를 포함하는 모든 생물은 그와 같은 만족을 추구할 기회를 강제로 빼앗기지 않고 살 권리를 가진다. 둘째, 고통과 괴로움, 또는 좌절감을 느낄 수 있는 모든 생물은 어떤 절박한 이유 없이 그와 같은 경험들을 의도적으로 강요받지 않을 권리를 가진다. 셋째, 모든 유정체는 선한 이유 없이 죽임을 당해서는 안 된다.[38] 우리는 여기서 워렌이 자신의 도덕적 입장을 가리켜 '약한 동물권리론'이라고 부르는 이유를 알게 된다. 어떤 의미에서 그의 입장은 보다 온건한 현실주의적 동물권리론 내지는 일종의 최소 실천 윤리라는 인상을 준다. 이 기준들을 준수하는 것만으로도 오늘날 지구상의 동물들은 불필요한 고통으로부터 '해방'이 되든가 아니면 처음부터 타고난 내재적 '권리'를 회복할 수 있을 것 같다는 생각이 든다. 이런 그의 주장에 원칙적으로 동의한다면 이제 우리에겐 실제로 동물을 어떻게 대하고 다루어야 할 것인가에 대한 행위의 선택만 남은 것으로 보인다. 결국 윤리는 관념적 사고가 아니라 실천적 행위를 통해 그 정당성을 입증할 수밖에 없는 것이다.[39] 다음에서는 좀 더 현실적인 동물권리의 논의들을 살펴보기로 한다.

3. 도덕적 개체주의와 페이니즘의 동물권리 논의

1) 제임스 레이첼즈의 '도덕적 개체주의'의 입장

서양철학의 전통적 사고에 의하면 도덕은 특별하고도 유일한 가치와 존엄성을 지닌 인간의 권리와 이익을 보호하는 데 그 목적이 있는 것이지, 인간 이외의 다른 존재들의 그것까지 도덕적 고려의 대상에 포함시키는 것은 처음부터 도덕의 범위를 벗어나는 가당치 않은 일이다. 그와 같은 사고의 근거로는 흔히 두 가지 착상이 거론되고 있는데, 제임스 레이첼즈 (James Rachels)는 이를 각각 '신의 형상 테제'(image of God thesis)와 '합리성 테제' (rationality thesis)라고 부른다.[40] 전자에 의하면 인간은 신의 형상을 본떠서 만든 유일한 존재이다. 따라서 인간은 처음부터 특별한 존재이자 다른 피조물들과는 달리 신의 사랑과 관심을 받을 자격을 충분히 갖추고 있는 것이다. 신의 형상을 본떠서 만든 존재가 아닌 그 밖의 다른 피조물들은 필요할 경우 인간이 임의로 사용할 수 있도록 만든 삶의 수단이나 도구에 불과하다. 여기서 나온 도덕적 관념이 바로 인간의 존엄성이다. 후자는 오직 인간만이 이성적 사고가 가능한 동물이라고 보는 관점이며 바로 이 점에서 인간은 다른 피조물들과는 근본적으로 다를 수밖에 없는 존재로 파악된다. 주지하다시피 이성적 사고는 합리성을 낳는다. 그러나 인간 이외의 다른 동물들은 이런 능력을 가질 수 없다는 점에서 인간과 달리 도덕적 삶이 불가능하며, 따라서 어떤 경우에도 인간과는 비교될 수 없는 열등한 존재들이다. 다시 말해 도덕의 역할과 기능이 이처럼 신성한 인간을 보호하고 돌보아야 한다는 것은 너무나 당연한 귀결로 받아들여진다. 그동안 서양인들은 이러한 인식의 연장선상에서 환경을 지배해 왔을 뿐만 아니라 인간과 인간이 아닌 다른 동물들을 차별적으로 대해 왔던 것이다.

이와 같은 인간중심주의적 사유 방식에 대해 레이첼즈는 '도덕적 개체주의'(moral individualism)라는 개념을 통해 "어떤 존재가 인간이라는 단순한 사실은 그를 특별하게 고려할 근거가 될 수 없다."[41]는 입장을 소개한다. 이는 그가 스스로 고백하고 있듯이 다윈주의의 영향을 받은 결과이기도 하다. 레이첼즈에 따르면 "다윈주의는 인간이 신의 형상에 따라 창조되었다는 생각과 인간만이 유일한 이성적 존재라는 생각을 모두 훼손한다."[42] 말하자면 그는 이제부터 인류는 인간과 인간 이외의 동물들을 지금까지와는 전혀 다른 방식, 예컨대 "인간은 그가 동물들 이상의 존재임이 사실이듯이, 그에 못지않게 그는 확실하고 완전하게 동물이기도 하다."[43]는 시각에서 다루어져야 할 필요성을 역설하고 있는 것이다. 다윈은 엄밀한 관찰과 논리적 추론을 통해 오직 인간만이 가지고 있는 것으로 생각되던 합리성과 언어 및 지적 행동, 더 나아가 도덕성과 사회적 본능 등은 인간뿐만 아니라 다른 동물들도 갖추고 있다는 사실을 거듭 확인했다고 보고한 바 있다.[44] 설사 양자 사이에 차이가 있다고 하더라도 그것은 정도의 차이에 불과할 뿐 결코 종류의 차이가 될 수는 없다고 본다.

레이첼즈는 우리가 다원주의로 인해 인간만이 유일하게 존엄한 존재라는 관념을 포기할 수밖에 없다면, 이를 대체할 새로운 도덕적 관점이 필요할 것이라고 주장한다. 그것은 인간과 다른 동물들 간의 유사성과 차이점을 모두 포괄함과 동시에 인간의 유적 본질이 갖는 특성으로 말미암아 어느 정도는 인간 지향적인 가치 체계와 인간중심주의 윤리의 성격을 담을 수밖에 없을 것이라고 예상한다.

여기서 그는 이른바 도덕적 개체주의를 제안한다. 한마디로 말해 도덕적 개체주의는 각각의 개체들이 어떤 처우를 받아야 하는가 하는 문제에 있어서 그 판단의 정당화와 관련된 테제이다. 이는 다시 어떤 한 개체가 어떻게 처우되어야 하는가는 그가 어떤 집단의 구성원인가에 대한 고려가 아니라 그가 가지고 있는 (비교대상과는 다른) 어떤 독특한 특징에 대한 고찰을 통해 결정되어야 한다는 입장으로 정의될 수 있을 것이다.

예컨대 A가 B와 다르게 처우되어야 한다면, 이에 대한 정당화는 A가 가지고 있는 개체적인 특징과 B가 가지고 있는 개체적인 특징의 차이를 근거로 이루어져야 한다. 다시 말해 대상들에 대한 각기 다른 처우는 하나 혹은 다른 개체가 어떤 선호집단의 구성원이라는 사실 때문에 정당화되어서는 안 된다고 보는 것이다. 여기에는 심지어 인간 '집단'도 예외가 될 수 없다고 말한다.[45] 오직 인간만이 존엄한 존재라는 전통적 입장은 인간이 특별한 종이라는 관념을 강조하고 있는데 반해, 레이첼즈가 말하는 '도덕적 개체주의'는 행위의 도덕적 정당화를 위해서는 개체들 사이의 유사성과 차이점에 우선적인 관심을 기울여 한다는 관점을 취한다. 그래서 그가 정의하는 평등의 원리는 "처우의 차이를 정당화하는 적절한 차이가 존재하지 않는 이상 우리는 개체들을 동일한 방식으로 처우해야 한다."[46]라고 정식화된다.

여기서 어떤 차이가 적합한 기준인가는 결국 이성적 평가의 문제가 될 수밖에 없을 것이다. 우리는 개체 간의 특정한 차이가 과연 차등 대우를 정당화하는지 물을 수 있으며, 만약 그러한 차이가 적절한 기준이 된다면 우리는 물음에 대한 답변을 기대할 수 있을 것이다. 레이첼즈는 이 평등의 원리를 좀 더 구체화한 일반 원리를 다시 다음과 같이 제안하고 있다. "개체들 간의 차이가 처우의 차이를 정당화하는지의 여부는 문제가 되고 있는 처우의 종류에 좌우된다. 한 종류의 처우의 차이를 정당화하는 차이가 또 다른 처우에서의 차이를 정당화할 필요는 없다."[47] 이를 쉽게 풀어서 설명해 보자. 우리는 인간에게는 대학 입학을 허용하지만 동물에게는 허용하지 않는다. 이러한 처우의 차이는 인간 이외의 동물들에게는 학업에 필요한 읽기와 쓰기 및 셈하기 능력이 없다는 사실에서 비롯되고 있기 때문에 실제로 전혀 문제될 것이 없다. 여기서 인간과 인간이 아닌 동물은 서로 다른 입장에 놓여 있다고 보는 것이다.

그러나 대학 입학이 아닌 고통에 관해서 말한다면 이야기는 완전히 달라진다. 우리는 왜 동물에게 불필요한 고통을 가해서는 안 되는가? 이유는 단 한가지이다. 그것은 동물들이 읽거나 쓰지 못하고 수학을 할 수 있는 능력이 없기 때문이 아니라, 그들 역시 인간과 똑같이 고통을 느낄 수 있는 능력을 가지고 있기 때문이다. 고통과 관련되는 한 인간과 인간이 아닌 동물은 같은 배에 타고 있는 것으로 보아야 한다. 양자는 모두 고통을 느낄 수 있는 존재이며, 따라서 우리가 인간에게 불필요한 고통을 가하는 것이 도덕적으로 잘못인 것과 마찬가지로 동물에게도 불필요한 고통을 가하는 것은 도덕적으로 잘못이라는 결론에 이르게 된다.[48] 이는 '유사한 경우는 유사하게 다루고, 상이한 경우는 상이하게 다루어야 한다.'는 아리스토텔레스의 평등의 원리를 현대적으로 적용한 것이라는 평가를 받을 만하다고 생각한다.

　여기서 우리는 레이첼즈가 제안하는 '도덕적 개체주의'의 입장을 간략하게 정리하고 넘어갈 필요가 있을 것이다. 지금까지의 논의에서도 어느 정도 암시되고 있지만, '도덕적 개체주의'는 전통적인 도덕에 비해 훨씬 복잡하게 보이지만, 다른 한편으로는 진화론의 성과를 반영하고 있는 만큼 과학적 사실에 더 부합하는 측면도 있다. 이에 따르면 인간은 인간이 아닌 다른 동물과 단순히 그저 '다른' 것이 아니다. 현실 속에서 양자 간에는 비슷한 점과 다른 점이 복잡하게 뒤섞여 있는 것이다. 도덕적 개체주의에 상응하는 도덕관념에 의하면 인간과 인간 이외의 다른 종의 구성원이 어떤 면에서 유사할 경우 양자는 유사하게 처우되어야 하며, 오직 서로 다른 정도에 있어서만 다르게 처우되어야 한다는 것이다. 따라서 이러한 관념은 인간에 대한 더 나은 처우를 정당화하는 어떤 차이가 있을 경우 항상 인간에 대한 더 나은 처우를 요구할 권리가 있음을 받아들여야 할 것으로 보인다. 하지만 이러한 관념 속에는 그가 단순히 인간이라거나 혹은 인간 일반 쪽에서 특정한 인간이 가지고 있지 못한 어떤 특징을 가지고 있다는 이유만으로 상대방보다 더욱 큰 권리를 요구할 수 있는 것은 아니라는 생각 또한 포함될 것이다.[49] 한마디로 말해 도덕적 개체주의는 동일한 척도를 동일한 방식으로 적용하자는 새로운 윤리적 제안인 셈이다.[50]

　그렇다면 도덕적 개체주의가 인간이 아닌 다른 동물들의 도덕적 지위에 관한 논의에 미친 영향은 무엇인가? 논자가 보기에 그것은 도덕 규칙이 '종-중립적'(species-neutral)이어야 함을 역설하고 있다는 점에서 다른 어떤 입장보다도 동물의 권리 향상에 유용한 시각을 제공해 주고 있는 것으로 보인다. 주지하다시피 도덕적 개체주의는 인간과 인간이 아닌 다른 모든 존재들의 복리에 동등하게 관심을 가지며, 처우에서의 차이를 정당화할 수 있는 적절한 차이가 있을 경우에만 그들 간의 차별을 정당화할 수 있다는 생각을 기반으로 한다. 이에 따르면 "인간에 대한 처우에 적용되는 규칙들과 인간이 아닌 다른 동물에 대한 처우에 적용되는 규칙들은 동일해야 한다."[51] 그러한 시각에서 본다면 우리는 그 대상이 인간이든 인간이 아닌 다른 동물이든지 간에 그들에게 불필요한 고통을 야기하는 데 반대하는 규칙은 모든 도덕 원리 가운데서도 가장 상식적인 입장임을 직관적으로 알 수 있을 것이다. 따라서 그러한 규칙을 받아들일 경우 우리는 자연스럽게 예컨대, 육식을 포기하고 채식으로 바꾸거나 모피 옷을 거부하고 다른 식물성 옷감을 골라야 한다는 결론에 이를 수 있을 것이라고 본다. 인류에게 인간과 동물은 같은 조상을 공유하고 있는 자연세계의 일부일 뿐이라는 충격적인 사실을 일깨워 준 찰스 다윈은 우리의 관심이 "모든 쾌고 감지 능력을 갖춘 존재에게 확장되었을 때"에야 비로소 우리의 도덕성은 최고 수준으로 완성된다고 말한 바 있다.[52] 다윈의 이러한 인식은 당대의 공리주의적 사고와 정확하게 일치하는 것이기도 하다. 약간 비약하자면 레이첼즈의 도덕적 개체주의도 쾌락과 고통의 원리에 바탕을 둔 공리주의적 사고의 한 버전이라고 보아도 크게 틀린 말은 아니라고 본다.[53]

2) 리처드 라이더의 '페이니즘'의 입장

동물의 권리 문제를 논의하는 자리에서 검토해 보아야 할 또 다른 윤리 이론으로서는 비교적 최근에 거론되기 시작한 라이더(Richard D. Ryder)의 '페이니즘'(painism)을 들 수 있다. 그는 자신의 입장을 가리켜 스스로 '하나의 현대적 도덕성'이라고 부를 정도로 커다란 자부심을 가지고 있는 것으로 보인다. 라이더에 따르면 아리스토텔레스 이래의 윤리학은 계속 애매모호하기 짝이 없는 방식으로 서술되어 오고 있을 뿐이다. 그는 본질적으로 단순한 관념들을 두루뭉술하게 포장하기 좋아하는 기존의 윤리학자들에게 더 이상 인내심을 가질 수 없다고 말하면서 자기가 제안하고자 하는 페이니즘은 이를 극복하고 도덕적 판단의 명료성을 확보하는 데 그 목적이 있다고 주장한다.[54] 그가 보기에 도덕적으로 중요한 것은 고통의 정도이지 누가 그것을 경험했는가나 무슨 고통을 경험했는가가 아니다. 따라서 인간과 마찬가지로 쾌락과 고통의 지각 능력이 있는 인간 이외의 동물들도 자연스럽게 인간에게 버금가는 도덕적 지위가 부여되어야 마땅한 것으로 인식된다.

페이니즘의 관점에서 보면 어떤 행위의 도덕적 가치를 산정할 때 여러 개체의 고통을 총합하는 것은 아무런 의미가 없다. 라이더의 표현 그대로 "각 개체는 고통과 도덕성에 있어서 하나의 섬인 것이다."[55] 이러한 혁신적인 착상은 "어떤 한 개체의 격심한 고통은 수백만 개체의 참을 만한 고통보다 도덕적으로 훨씬 더 중요하다."[56]는 뜻을 함축하고 있다. 만약 대부분의 사람들이 실제로 그렇게 생각하고 행동한다면 우리의 일상적인 삶은 실로 큰 변화를 경험하게 될 것이다. 새로운 과학적 사실들의 발견과 함께 기존의 윤리학에 대한 회의가 점증하고 있는 즈음에 페이니즘과 같은 명확하고도 일관적인 행위 수칙의 제안은 그 이론적 정합성의 문제를 떠나 현대인들에게 시사하는 바가 클 수밖에 없다고 본다. 무엇보다도 그것은 형이상학적인 종교의 가르침에 토대를 두고 있지 않기 때문에 합리적인 사고에 익숙한 현대인들에게 단순소박하면서도 실질적 행위 지침을 제공할 수 있을 것이란 기대가 크다. 그러나 전통적인 도덕주의자들은 이를 천박한 윤리이론으로 폄하할 수도 있을 것이다. 마치 벤담의 보편적 쾌락주의, 즉 공리주의를 돼지에게나 어울리는 철학이라고 조롱했듯이 말이다.

한 가지 흥미로운 사실은 오늘날 일상적으로 사용되고 있는 '종 차별주의' (speciesism)란 개념은, 일반적인 상식과는 달리 피터 싱어가 아니라 페이니즘을 부르짖고 있는 라이더가 처음으로 고안해 낸 용어라는 것이다. 당시 옥스퍼드대학에서 공부하고 있던 라이더는 중요한 윤리적 고려에서 인간 이외의 다른 동물들이 배제되고 있는 현상에 대해 여러 매체를 통해 신랄하게 비판하고 있었는데, 이때 라이더의 주장에 동조한 몇몇 사람들 중에 훗날 유명하게 된 피터 싱어도 함께 끼어 있었던 것이다. 그가 『동물해방』에서 이 말을 사용하면서 세계적인 유행어가 된 것은 이미 우리 모두가 잘 알고 있는 사실이다.

라이더가 처음 사용하기 시작한 종 차별주의란 용어는 "인간이 아닌 다른 동물들도 인간과 함께 고통 및 슬픔을 느낄 능력을 공유하고 있다."[57]는 그의 신념에서 비롯된 것이었다. 라이더는 진화론을 비롯한 다양한 과학적 발견들로부터 인간과 인간 이외의 동물들은 동일한 도덕 범주에 속할 뿐만 아니라 대부분의 동물들과 인간 사이에는 실제로 도덕과 관련된 차이점이 거의 없다는 결론에 이르렀다. 그의 말에 따르면 인간과 동물은 오히려 도덕적으로 중요한 유사성을 가지고 있는데, 그것은 양자 모두 고통을 느낄 수 있는 능력을 공통으로 가지고 있다는 점이다. 따라서 그가 보기에 도덕은 바로 이 고통과, 인간의 고통은 인간이 아닌 다른 동물들의 동일한 고통보다 더 큰 도덕적 중요성을 가지지 못한다는 전제 위에서 출발해야 하며 그것만으로 충분하다는 것이다.

이에 그치지 않고 그는 우리 자신의 종을 계속적으로 다른 모든 종들과 완전히 분리된 하나의 도덕적 주춧돌 위에 올려 놓은 다음 다른 동물들을 관계로서가 아니라 물건으로 다루려는 우리의 태도를 가리켜 앞뒤가 맞지 않는 불합리한 일이라고 비판한다. 고통은 모든 동물 종들에게 공동의 적으로 인식되어야 한다. 그뿐만 아니라 자연의 질서 안에서 어떤 개체가 누리는 의식적인 삶은 그렇게 오랫동안 지속되지 못할 것이다. 그러나 그 개체가 살고 있는 동안에는 우리 모두 그와 같은 고통을 줄이기 위해 노력하지 않으면 안 된다. 이와 같은 합리적 사고와 구체적 실천의 필요성이야말로 페이니즘이 등장하게 된 시대적 배경이 될 수 있을 것이라고 본다. 어쩌면 페이니즘은 2,500여 년 전에 부처님이 가졌던 문제의식과 기본적으로 동일한 것일지도 모르겠다는 생각이 든다.

라이더는 또 다른 동물윤리 운동가들인 피터 싱어와 톰 레건 및 자신의 입장을 각각 공리주의자, 권리이론가, 그리고 고통주의자로 구별하여 설명하고 싶어 한다. 그의 설명에 따르면 자신은 고통을 핵심적인 쟁점으로 보고 있다는 점에서 싱어와 의견을 같이 하지만 여러 개체의 고통과 쾌락을 종합하는 싱어의 공리주의적 입장에는 반대한다. 그리고 가장 우선적인 고려 사항은 어떤 동물의 내재적 가치라고 보는 레건의 관점은 너무 애매모호하다는 이유로 거부한다. 이런 과정을 거쳐 그는 포괄적으로 정의된 고통이야말로 무엇이 옳지 않은 일인가에 대한 기본적인 판단 기준을 제공해 줄 수 있다고 믿게 되었다. 하지만 라이더는 레건이 고통을 느끼는 개체의 중요성을 강조하고 있는 것에는 동감을 표시한다. 그가 생각하기에 무엇보다도 중요한 것은 각 개체의 고통이었던 것이다.

세 가지 입장 모두 종 차별주의에 반대한다는 점에서 동일하다. 이처럼 라이더의 페이니즘은 공리주의와 권리론 사이의 어떤 지점에 놓여 있는 것으로 보인다. 페이니즘은 고통에 초점을 맞추고 있다는 점에서는 공리주의와 입장을 공유하지만 공리주의가 고수하는 총합의 원리는 거부한다. 한편, 페이니즘은 개체의 중요성을 강조한다는 점에서는 권리론과 뜻을 같이 하지만, 권리론이 언급하는 신비주의적인 목적이나 내재적인 가치는 거부한다.[58]

라이더의 일관된 주장에 의하면 우리 자신과 다른 동물들 간에 존재하는 도덕적 유사성은 양자 모두 고통을 느낄 수 있는 능력을 지니고 있다는 점이다. 이로부터 우리는 우리가 다른 인간 존재들을 다룰 때 옳거나 그른 것 (기준)은 우리가 고통을 느끼는 다른 종들을 다룰 때에도 역시 옳거나 그른 것(기준)이 된다는 결론에 도달하게 된다. 그것이 아무리 작은 종들일지라도 적용되는 기준은 마찬가지이다. 다시 말해 만약 우리가 자비적일 뿐만 아니라 합리적인 행위자가 되고자 한다면, 우리는 우리 자신의 도덕적 규칙들을-그것이 어떤 것이든지 간에-인간과 인간이 아닌 존재들에게도 똑같이 적용하지 않으면 안 되는 것이다. 라이더의 표현을 그대로 빌리면 이와 같은 사고의 전환은 말 그대로 하나의 '도덕적 혁명'(a moral revolution)이다.[59] 그래서 그가 우리에게 제안하는 최종적인 규칙은 "도덕 기준은 종과 관계없이 고통을 느끼는 모든 개체들에게 똑같이 적용되어야 한다."[60]는 것이다. 그가 인간이든 인간이 아니든 간에 모든 동물들은 기본적인 복지의 욕구를 가지고 있다.

여기서 도덕적으로 중요한 것은 그들이 경험하는 고통과 쾌락이 과연 주체적인 것인가? 하는 것이다. 그러므로 예컨대, 우리는 성적 쾌락을 추구하기 위해 여성이나 어린이에게 고통을 가하는 것이 더 이상 하나의 권리가 될 수 없듯이 스포츠의 쾌락을 추구하기 위해 어떤 동물에게 고통을 가하는 것도 더 이상 하나의 권리가 될 수 없다는 사실을 명심하지 않으면 안 된다. 그렇다면 우리의 단순한 미각을 위해 그들의 하나뿐인 생명을 빼앗는 육식 행위는 윤리적 행위의 재고 대상이 될 수밖에 없을 것이다.

4. 테라바다 불교와 선불교의 경우

1) 초기 경전의 '차별적 상대평등성' 입장

일반적으로 불교는 인간중심주의적 사고를 확대 재생산했다는 비판을 받고 있는 서양의 기독교적 전통에 비해 같은 인간들뿐만 아니라 동물 및 자연환경까지 포함하는 확장된 도덕적 지평을 가진 이른바 생명생태친화 적인 종교로 알려져 있다.[61] 불교의 가르침에 따르면 인간 존재는 동물로 다시 태어날 수도 있고 그 역도 마찬가지이기 때문에 종들 사이에는 서로 상이한 삶의 형식과 그것들 사이의 밀접한 연관성에 대한 존중과 배려가 권장된다고 알려져 있다. 그러나 불교 문헌에 동물과 관련된 언급들이 많이 나와 있긴 하지만 이러한 언급들의 맥락을 자세히 들여다보면 현대적 의미의 동물권리 개념과는 일정한 거리가 있다는 사실도 발견하게 된다. 이는 불교가 사실상 인간 존재들을 모든 가르침의 중심에 놓고 있다는 점을 상기해 보면 그렇게 놀랄 만한 일이 아닐지도 모른다.

주지하다시피 불교에서는 인간의 열반, 즉 고통으로부터의 완전한 해방을 추구하지 인간이 아닌 다른 존재들의 그것을 추구하거나 장려하지는 않는다. 오직 인간의 몸을 받고 세상에 나왔을 때에만 깨달음의 가능성이 보장된다고 가르치고 있다. 불교 경전들 속에서 불살생이나 대자비라는 윤리적 가치들은 동물들의 고통에 대한 지대한 관심으로 나타나기도 하지만, 냉정하게 말해 경전 속의 언급들은 인간이 아닌 다른 동물들의 본성을 이해하는 데에는 별다른 관심이 없다는 인상을 주고 있는 것 또한 사실이다.[62]

이와 관련하여 이안 해리스(Ian Harris)는 동물들에 대한 초기 불교의 태도를 가리켜 그것은 본질적으로 도구적인 것이었다고 간단명료하게 정리한 바 있다. 그들에 대한 수행자들의 배려나 관심은 어디까지나 수행의 최고 목적인 깨달음에 이르는 과정에서 발휘된 사무량심의 부수적인 결과물이라는 것이다. 즉 수행자들은 동물을 포함한 자연세계에 대해 따뜻한 마음을 가질 것을 강조하기도 하지만, 기본적으로 그와 같은 태도는 다른 자연존재들을 위한 것이 아니라 수행자 자신의 정신적 고양을 위한 것이라고 보는 것이 좀 더 정확한 평가일지도 모른다는 말이다.[63] 그리고 대부분의 경우 동물들의 도덕적 지위는 불분명하거나 열등한 것으로 묘사되고 있으며, 심지어 그들의 자연적 본성을 인간의 입장에서 임의로 왜곡하기도 한다. 예컨대, 『안타 자타카 Anta Jatak』에서는 까마귀와 자칼을 아첨과 탐욕의 화신으로 서술하고 있는데, 이는 의인화된 도덕적 성질을 특정한 종들에게 일방적으로 귀속시킴으로써 오히려 그와 같은 종들에 대한 그릇된 선입관과 편견을 조장하는 결과를 초래했다는 비판을 받는다.[64]

뿐만 아니라 불교에서 말하는 여섯 가지 삶의 수레바퀴(bhavacakra)는 모든 존재들의 도덕적 평등성을 전제하는 것이 아니라 존재들 사이의 위계적 질서와 구조를 반영하고 있는 것처럼 보인다. 지옥, 축생, 아귀, 아수라, 인간, 천상계라는 서로 다른 여섯 개 영역들은 각각 독립된 지위와 본성을 부여받고 있으며 그들 사이에는 엄연히 위계질서가 존재한다. 동물들과 인간은 서로 다른 영역을 차지하고 있는데, 불교에서는 전자보다 후자로 태어나는 것을 분명히 선호한다. 왜냐하면 인간의 삶은 즐거움과 고통이 적절하게 뒤섞여 있기 때문에 불교가 추구하는 최고의 목적인 해탈을 얻기에 가장 유리한 삶의 양식이기 때문이다. 그런 점에서 인간으로 태어나는 것은 말 그대로 하나의 특권으로까지 인식되고 있다.

그러나 인간으로의 환생이 다른 영역의 존재들에 비해 상대적으로 높은 가치를 지닌다고 하더라도 오직 인간만이 도덕적 고려의 대상이라는 결론에 곧바로 이르는 것은 아니다. 여섯 가지 영역의 삶의 수레바퀴는 존재들 간의 위계적 가치 체계를 상징적으로 보여주는 것이지 전적으로 인간중심주의적인 가치를 함축하고 있는 것은 아니기 때문이다. 데미언 키온에 따르면 동식물을 포함한 자연세계에 대한 불교의 태도는 복합적이고 때로는 모순적이기까지 하다.[65] 그것은 무엇보다도 불교의 궁극적 목적이 세속적 고통으로부터의 완전한 해탈을 추구하는 종교라는 사실과 결코 무관하지 않을 것이다. 다시 말해 자연세계는 해탈에 이르는 과정에서 어떤 도구로서의 가치를 인정받을 수 있을 뿐 그것 자체가 곧 불교의 관심사일 수는 없는 것이다.[66]

초기 불교의 이런 자연관은 불교를 막연히 생명생태친화적일 것이라고 생각하던 많은 사람들을 실망시킬지도 모른다. 또한 인간과 동물의 관계에 있어서 도덕적 책임의 범위와 한계를 명확하게 구분 짓는 일도 결국 후대 불교인들의 몫으로 남게 되었다는 사실 역시 동물권리 논의에서는 다소 아쉬운 부분이다.[67] 이와 같은 문제들에 대한 초기 불교의 입장을 좀 더 명확하게 이해하기 위해서는 슈미트하우젠(Lambert Schmithausen)의 의견을 들어 보는 것이 도움이 된다.

그는 초기 경전들에 나오는 동물들의 모습을 몇 가지 특징으로 분류하고 있다.[68] 첫째, 동물들은 지적으로 열등하다. 그들은 어느 정도 생각할 능력을 가지고 있지만, 통찰력을 결여하고 있다. 따라서 그들은 다음 생에서 인간으로 태어나지 않는 한 붓다의 가르침을 이해할 수 없고, 따라서 해탈에 이를 수도 없다. 그런데 인간의 몸을 받는다는 것은 가능한 일이기는 하지만 매우 드문 일로 간주된다. 둘째, 동물들은 인간보다 훨씬 더 많은 고통에 노출되어 있다. 그들의 삶은 인간에게 착취당하고 괴롭힘을 받기 때문만이 아니라 강자가 약자를 위협하고 잡아먹는 자연세계 안에 존재한다는 이유만으로도 지극히 불행한 것으로 간주된다. 더욱이 그들 가운데 상당수는 형편없는 먹이를 먹고 불편한 장소에서 살 수밖에 없기 때문에 더욱 더 불행하다. 그런 점에서 인간으로 태어나는 것과 비교해 볼 때 동물로 태어나는 것은 통상 나쁜 환생으로 여겨지고 있다. 셋째, 동물들은 도덕적으로 열등하거나 심지어 사악한 것으로 간주되고 있다. 왜냐하면 그들은 근친상간을 포함한 난잡한 성관계를 갖고 있을 뿐만 아니라 강자가 약자를 약탈하는 무법천지를 보여주고 있기 때문이다. 이는 동물들이 인간으로 다시 태어나는 것이 왜 그토록 희귀한 일인가를 말해 주는 역설적 이유가 되기도 한다.

당시 인도인들이 동물에게 보여준 솔직한 태도를 위의 세 가지로 요약한 슈미트하우젠은 계속하여 그와 같은 인식이 생겨나게 된 사회문화적 배경에 대해서도 설명하고 있다. 그가 숲속에서 생활하던 수행자들과 동물의 관계를 언급하고 있는 부분도 상당히 설득력 있게 들린다.[69] 요약하면 그들 간의 관계는 어떤 의미에서 서로 필요에 따라 맺어진 수단적인 관계이지 말 그대로 도덕적인 차원에서의 상호 인정이라고는 볼 수 없다는 것이다. 여기서 그가 내린 결론은 초기 불교가 동물을 포함한 자연세계에 대해 기대만큼 호의적이지만은 않았다는 것으로 볼 수 있다. 그러나 이러한 사실에도 불구하고 슈미트하우젠은 초기 불교의 전통에 기반을 둔 생명생태윤리의 성립 가능성을 반드시 부정적으로 볼 필요는 없을 것이라는 전망을 내놓고 있다.[70] 왜냐하면 불교 윤리는 무엇보다도 모든 생명체들에 대한 비폭력을 가장 우선적인 덕목으로 상정하고 있기 때문이다. 우리가 동물권리의 논의에서 불살생계의 기본취지를 다시 한 번 곱씹어 보아야 할 이유도 바로 여기에 있다.[71]

2) 선불교의 '무차별적 절대평등성'의 입장

인간뿐만 아니라 다른 동물들을 포함한 모든 유무형의 생명체에게도 붓다가 될 수 있는 가능성, 다시 말해 불성을 부여하고 있는 선불교의 가르침들은 21세기적 생명평등사상의 인식과 실천에 있어서도 충분히 공감대를 불러일으킬 수 있는 관념이라고 생각된다. 이와 관련하여 서재영은 선불교의 어록들에 나오는 선사들의 생명생태주의적 사고의 흔적들을 면밀히 추적, 정리하여 한 권의 단행본으로 출판한 바 있다.[72] 특히 그는 민가와 멀리 떨어진 깊은 산속이나 동굴 같은 곳에서 참선 수행을 하던 스님과 동물들 간에 일어난 일화들을 일목요연하게 소개하고 있어 우리의 흥미를 자아낸다.

그에 의하면 출가자와 동물들의 관계는 다음과 같은 몇 가지 유형으로 나누어 살펴볼 수 있다. 첫째, 선사들의 자연친화적인 삶을 옆에서 함께 지켜본 반려자와 같은 동물이 있다. 이들은 종종 서로 직접적인 도움을 주고받는 사이가 되기도 했다. 예를 들어 원숭이 무리들과 벗하며 도토리와 밤을 주워 식량으로 삼았다는 위산영우, 낙락장송의 가지 위에서 까치와 함께 살았던 조과화상, 사슴과 금낭조의 시봉을 받은 것으로 전해진 행인선사, 암자 주변에 호랑이뿐만 아니라 이리와 사슴 떼가 뛰어놀았지만 전혀 개의치 않았던 우두법융, 동물들이 가져다준 음식을 먹고 기력을 회복했다는 범일국사 등의 이야기가 이런 사례에 속한다.[73] 둘째, 선사들과 정신적인 교감을 나누고 수행 생활을 외호하던 동물들이 있다. 이런 유형의 사례로서는 공양미를 강탈하려는 도둑들로부터 호랑이가 공양미를 지켜주었다는 남양혜충, 호랑이를 법제자로 두었던 선각선사 등의 일화가 전해져 내려온다.[74] 셋째, 불법을 듣거나 진리를 설하는 동물들이 있다. 이는 똬리를 틀고 자신의 몸을 휘감았던 뱀에게 삼귀의를 일러주고 교화시킨 가비마라존자, 동시에 일곱 줄씩 읽어 내려가며 60일 만에 법화경을 모두 암송하자 이를 지켜본 염소들이 무릎을 꿇고 앉아서 들었다는 영명연수, 항상 따르던 5백 마리의 학에게 게송을 일러주어 깨닫게 했다는 학륵나존자, 까마귀에게 설법을 한 위산영우, 원숭이의 울음과 새소리와 초목과 숲이 모두 설법을 한다고 말한 천태덕소, 제비 새끼 한 마리가 훌륭한 법문을 한다고 칭찬한 현사사비 등의 이야기에서 발견할 수 있다.

이 외에도『동산록』과『벽암록』등에는 동물을 화두의 소재로 삼은 고칙들이 많이 등장하고 있는데, 이것은 선불교가 처음부터 인간과 동물을 구별하지 않았음을 그대로 보여준다.[75] 다시 말해 인간과 동물들은 본체론적인 관점에서 보면 전혀 차별할 수 없음을 강조하고 있는 것이다. 뿐만 아니라 여러 선전들에서는 인간 이외의 동물들도 엄연히 불법을 알아듣는 존재로 묘사되고 있어 오늘날 쟁점이 되고 있는 동물권리의 논의와 관련하여 어쩌면 가장 근본적인 해결 방향을 제시해 주는지도 모르겠다. 그러나 지금까지 살펴본 선불교의 동물관은 인간과 동물의 관계를 여섯 수레바퀴의 위계질서 속에서 파악한 테라바다 전통의 입장과는 많이 동떨어져 있다는 점과 또한 그와 같은 관념이 과연 현실적으로도 실행 가능한 행위 전략이 될 수 있을 것인지에 대해서는 다소 회의적일 수밖에 없음을 있는 그대로 인정해야 할 것이다.

5. 동물의 권리를 어떻게 보호할 것인가: 현실적 실천 전략 찾기

1) 동물해방(복지)론과 동물권리론 이외의 윤리적 입장들

2장과 3장에서 살펴본 것처럼 동물의 해방(복지)도 좋고, 동물의 권리도 그럴 듯해 보이지만 윤리는 어디까지나 현실이라는 땅 위에 발을 딛고 서 있어야 함을 잊지 말아야 한다. 그런 차원에서 볼 때 필자는 동물권리의 전면적 인정을 주장하는 동물권리론자들보다는 실제로 동물의 고통을 덜어 주고 최소한 그들의 본성에 따른 삶을 보장하자고 호소하는 동물해방(복지)론자의 이론적 유연성과 실천 전략에 기울어지고 있음을 솔직하게 고백하지 않을 수 없다. 그러나 과학 실험과 식용 및 오락을 위해 동물들을 사용하는 문제를 둘러싸고 벌어지는 찬반 논쟁들은 쉽게 타협점을 찾기 어려울 것으로 보인다. 그만큼 서로의 주장들에 대해 배타적인 태도를 취하고 있기 때문이다. 여기서 바너(Gary E. Varner)는 크게 동물해방(복지)론과 동물권리론으로 양분되어 있는 동물권 운동 진영 내의 갈등과 반목을 대화를 통해 해소하자고 제안한다.

동물해방(복지)론자들은 동물을 대상으로 하는 연구 실험의 현실적인 불가피성을 인정하고 실험 절차의 공정한 관리와 동물 취급 관련 규정을 개선하는 것이 오히려 동물의 복지를 향상시킬 수 있는 방법이라고 주장하는 반면, 동물권리론자들은 내재적인 가치를 가진 동물을 피실험 대상으로 삼는 어떠한 종류의 과학 실험도 지금 당장 전면적으로 폐지할 것을 요구한다. 다른 한편, 복지론자들은 사회제도의 틀 안에서 합법적으로 활동하고자 하는 전략을 채택하고 있지만 권리론자들은 정당하다고 생각되는 목적 달성을 위해서는 탈(초)법적인 행위도 마다하지 않는다. 그들은 정부기관에 침입하여 해당 서류를 절취하거나, 정책의 사보타지, 또는 심지어 폭력 행위도 배제하지 않는다. 과격 환경단체인 그린피스(Green Peace)의 전투적인 시위 장면을 연상하면 이해가 될 것이다.

이에 대해 바너는 독자들에게 양 측의 입장을 좀 더 철학적인 관점에서 재검토해 볼 것을 주문한다. 그러면 우리는 얼마 지나지 않아 그들이 "도덕 이론적인 수준에서는 불일치하나 정책의 수준에서는 동의할 잠재력이 있는 사람들, 즉 수렴 집단"과 "두 수준 모두에서 동의할 사람들, 즉 일치 집단"[76]으로 나누어진다는 것을 알 수 있다고 말한다. 그의 말을 빌리면 동물해방(복지)론자들 사이에서는 거의 일치의 전망이, 그리고 동물권리론자들 사이에서는 대체로 수렴의 전망이 엿보인다는 것이다. 우리가 상대방의 입장을 조금만 이해하려고 노력한다면 얼마든지 서로의 시각 차이를 좁힐 수 있고 또한 더 나아가 문제를 해결할 방법을 찾게 될 것이라고 보는 셈이다.

이러한 바너의 대화론은 동물권리운동 단체들 간의 지속적인 대화와 의견 교환의 필요성을 지적하고 있는 것으로 매우 경청할 만한 부분이 있다. 그의 주장은 동물보호운동론자들이 서로 무시하거나 외면하는 태도를 버리지 않는다면 좀 더 설득력 있는 동물권리 이론은커녕 이를 실천하기 위한 효과적인 정책 대안을 마련하지 못하게 될 것이라는 경고로 들리기도 한다.[77]

반면에 캘리코트(J. Baird Callicott)의 분류에 의하면 지구상의 도덕 영역에는 두 가지 이데올로기, 즉 '윤리적 인도주의자들 또는 인간종 중심주의자들'(the ethical humanists or anthropocentrists)과 '인도주의적 도덕론자들 또는 동물해방론자들'(the humane moralists or animal liberationists)만 있는 것이 아니라 그 외에도 '윤리적 전체론자들 또는 환경론적 윤리론자들'(the ethical holists or environmental ethicists)로 불리는 사람들이 있다. 그는 인간종중심주의자들이 주장하는 이성의 기준과 동물해방론자들이[78] 제안하는 감각의 기준은 각각 대상에 대한 도덕적인 고려 가능성을 타진하는 단일 기준으로서는 심각한 약점이 있다는 사실을 지적하면서, 좀 더 전체론적인 기준, 예컨대 선함과 긍정적인 가치는 그것이 내재하고 있는 시스템의 함수 작용이라는 관점을 적극 옹호하고 나선다.

환경론적으로 보면 어떤 사물은 그것이 '생명 공동체의 통합성과 안정성, 그리고 아름다움'에 기여하기만 하면 선한 것이 된다. 그런데 동물을 전체가 아닌 개체로서만 파악하는 동물권리론자와 동물해방론자들의 주장에 동조하게 되면 그들의 이념은 오히려 '생명 공동체의 통합성과 안정성, 그리고 아름다움'을 해치는 결과를 빚을 것이라는 것이 캘리코트의 우려 섞인 비판이다. 그가 보기에 자연계 전체의 생존과 이상적인 조화를 위해서는 때때로 약탈자의 역할이 요구되며 이런 과정에서 초래되는 동식물의 고통은 오히려 자연의 일부이지 그것의 부정이나 거부가 아니다. 따라서 그는 일방적인 동물 해방과 채식주의는 자연의 질서를 교란시킬 수 있는 위험한 발상이라고 보는 것이다.[79] 이와 같은 캘리코트의 전체론적 입장은 환경운동권 내에서 동물의 권리를 환경주의와 분리하여 설명하고 있다는 점에서 역사적인 의미를 갖는다는 평가와 함께 레오폴드(Aldo Leopold)의 '대지윤리'(land ethic)를 한 단계 더 업그레이드시켰다는 찬사를 동시에 듣고 있다.[80]

그는 환경론적 접근 방법의 근본적인 문제 해결 능력을 신뢰하면서도 일상생활에서 당장 실천하기에는 여러 가지 한계가 있을 것이라는 점을 있는 그대로 솔직하게 인정한다. 왜냐하면 그것은 "교육과 희생, 절약, 그리고 기존의 도덕적 태도와 삶의 양식에 있어서 사실상 혁명에 버금가는 광범위한 경제개혁"[81]을 요구할 것이기 때문이다. 이는 환경론적 세계관의 이상과 현실이 빠른 시일 안에 하나가 되기는 어려울 것이라는 말이기도 하다. 그럼에도 불구하고 그는 윤리적 전체론 혹은 환경론적 윤리야말로 장기적인 안목에서 볼 때 동물권리론과 동물해방론을 위한 가장 근본적인 철학이자 실천원리가 될 것이라는 희망을 버리지 않는다. 그러나 최근 들어 일부 과학자들 사이에서 생명생태학의 허구성에 대한 반론의 목소리도 커지고 있다는 점을 감안하면 캘리코트의 환경론적 동물론에 대한 윤리적 평가도 얼마간 유보될 필요가 있다.

마지막으로 동물해방론과 환경윤리학의 관계를 '나쁜 결혼, 조기 이혼'(Bad Marriage, Quick Divorce)이라고 표현한 사고프(Mark Sagoff)의 관점도 음미해볼만한 가치가 있다. 그의 이런 표현 속에서 우리는 양자가 함께 살기에는 뭔가 문제가 있었던 사이라는 것을 읽을 수 있다. 처음부터 잘못된 결혼이었기 때문에 얼마 안 가 이혼할 수밖에 없었을 것이라는 암시가 엿보인다. 그는 환경론자와 동물해방론자의 관계를 이렇게 기술한다. "환경론자들은 동물해방론자[82]들이 될 수 없다. 동물해방론자들은 환경론자들이 될 수 없다. 환경론자들은 생태계의 확실성(authenticity)과 통합성(integrity) 및 복잡성(complexity)을 보호하기 위해 생물 개체의 생명을 희생해야 할 것이다. 동물해방론자들은-동물 개체의 불행의 감소가 하나의 목적으로 중요하게 고려

된다면-원리상 동물의 권리를 보호하거나 동물의 생명을 지키기 위해 생태계의 확실성과 통합성 및 복잡성을 희생시키지 않으면 안 될 것이다."[83]

여기서 그는 각각의 동물을 하나의 개별적인 존재로 보는 동물해방(복지)론이나 동물권리론자들을 뛰어 넘어 가능하면 생태계 전체의 존재양식과 양립할 수 있는 환경론적 시각을 요구하고 있는 것으로 보인다. 그러나 그의 말은 위험에 처한 종이나 동물 또는 환경에 대한 도덕적 의무감을 품지 말라는 뜻은 결코 아닐 것이다. 다만 자연에 대한 인간의 도덕적 의무는 개별 동물이나 다른 자연적 사물들의 권리에 호소함으로써 계몽되거나 설명될 수 없는, 좀 더 고차원적인 윤리적 고려를 필요로 하는 것임을 잊지 말아야 한다는 계몽성 발언으로 이해할 필요는 있다.[84] 다시 말해 사고프 역시 환경론자 캘리코트와 마찬가지로 전일적인 생명생태주의적 시각에서 동물권리론과 동물해방론을 수용하는 것이 문제의 해결을 위한 좀 더 근본적인 접근방법이 될 수 있다고 보는 것이다. 논자가 볼 때도 앞으로의 동물권리 논의는 생명생태주의적 관점의 지배를 받을 가능성이 크다고 본다. 물론 이러한 관점은 환경이나 생명 생태라는 개념이 너무 광범위하고 이상주의적인 나머지 개별적인 동물의 복지나 권리를 소홀하게 다룰 가능성도 배제할 수 없다. 이는 말을 바꾸면 피터 싱어의 동물해방(복지)론이나 톰 레건의 동물권리론이 그들의 이론적인 난점과는 별도로 여전히 그것 나름의 도덕적 가치를 유지하고 있다는 말이기도 하다. 왜냐하면 이 두 입장은 생태계 전체의 일원으로서 파악된 추상적인 동물종의 권리가 아니라 하나의 도덕적 개체로 인식된 구체적인 개별 동물의 권리를 문제 삼고 있기 때문이다.

2) 불교 생명윤리의 작은 실천들

현대 사회의 복잡다기한 상황들을 고려해 볼 때 윤리나 도덕의 가치는 이론으로서의 논리적 정합성보다는 어떤 행동의 구체적 지침이 되는 행위 전략으로서의 실천적 유용성이라는 관점에서 평가되어야 할 필요가 더욱 커지고 있다고 본다. 왜냐하면 윤리 이론은 무엇보다도 행위자의 판단을 도와 최선이 아니면 차선으로라도 도덕적인 행위를 할 수 있도록 안내하는 데 그 본래 취지가 있다고 보기 때문이다.

이런 시각에서 필자는 톰 레건의 동물권리론보다는 피터 싱어의 동물해방(복지)론을; 피터 싱어의 동물해방(복지)론보다는 제임스 레이첼즈의 '도덕적 개체주의'를; 제임스 레이첼즈의 '도덕적 개체주의'보다는 리처드 라이더의 '페이니즘'을 동물권리의 논의에서 상대적으로 더 선호할 만한 접근법이라고 생각한다. 그리고 대승불교인 선종의 '무차별적 절대평등성'보다는 초기 불교인 테라바다 전통의 '차별적 상대평등성'을 현실적으로 수용할 수밖에 없을 것이라고 주장하고 싶다. 이렇게 말하는 필자의 입장을 어떤 사람들은 경박하다고 비웃을지도 모르겠다. 그러나 과연 이러한 전략 이외에 동물의 권리를 실제로 더 안전하게 보장할 방법이 있는가? 이쯤에서 필자는 공리주의의 일종으로 분류될 수 있을 것으로 보이는 이른바 최소 윤리 또는 작은 윤리(minimal ethics)의 구체적 실천을 제안하는 것으로 결론을 대신해야 할 때가 된 것으로 보인다.

필자는 동물의 권리를 보장하기 위해 우리가 지금 당장 서두르지 않으면 안 될 가장 시급한 행동은 그들의 고통을 조금이라도 줄일 수 있는 방법을 찾아내고 이를 하나씩 실천하는 것이라고 감히 말하고 싶다. 여기에는 우선 가능한 한 고기를 먹지 않고, 동물의 가죽이나 털로 된 옷을 사 입지 않으며, 동물을 대상으로 한 스포츠나 사냥을 하지 않는 것 등이 포함될 수 있을 것이다.[85] 그와 같은 행위는 인간의 입장에서 보면 사소한 쾌락이나 이익의 감소에 불과할지 모르나 해당 동물들에게는 엄청난 고통과 두려움 및 심지어 목숨을 내놓아야 하는 치명적인 일을 피할 수 있도록 해 준다.

잘 알려져 있다시피 불교는 모든 살아 있는 생명체들의 삶과 행복을 동등한 입장에서 똑같이 소중하게 다룰 것을 가르치는 종교전통이다. 이는 모든 계목의 으뜸인 불살생계에서도 그 취지가 잘 드러나고 있다. 그런 점에서 불자들은 처음부터 인간뿐만 아니라 동물들에 대해서도 따뜻한 자비심을 베풀어야 할 윤리적 의무를 가지고 있는 셈이다. 다시 말해 동물들의 고통을 인식하고 이를 종식시켜야 한다는 당위적 명제는 모든 불자들의 우선적인 관심사가 되어야 한다고 보는 것이다. 이와 같은 입장에서 본다면 예컨대, 우리가 잔인함(고기를 먹거나 가죽옷을 입는 일 등)이 포함되지 않은 삶을 살고자 하는 것은 고통스러운 일도 아니고, 어려운 일도 아니며, 더군다나 우리의 삶에서 어떠한 즐거움을 빼앗아 가는 일도 아닐 것으로 믿어 의심치 않는다. 오히려 그것은 우리에게 도덕적 뿌듯함과 함께 이에 수반되는 지적 만족감을 가져다 줄 수 있을 것으로 기대된다. 왜냐하면 그러한 행위들은 어떠한 경우에도 가능하면 모든 생명을 해치지 말라는 붓다의 가르침을 구체적으로 실천하는 일이자 우리 자신의 정신적 고양을 촉진시키는 일이기도 할 것이기 때문이다.

마지막으로 한 번 더 강조하지만 일상생활 속에서 우리가 할 수 있는 일 가운데 동물들의 시체를 먹거나 그들의 피부를 몸에 걸치는 것을 거부하는 일보다 동물의 고통을 덜어주고 그들의 권리를 실질적으로 보장해 주는 손

쉬운 방법도 없을 것이라고 본다.[86] 우리가 제안하고자 하는 불교적 작은 윤리의 개념 정의는 이것만으로도 충분하다고 생각한다. 그러나 이러한 정도의 최소 윤리 내지는 작은 윤리를 실천하는 것도 결코 만만한 일이 아님을 곧 깨닫게 될 것이다. 반어법적으로 비유하자면 필자가 제안하는 작은 윤리가 원만구족하게 회향되기 위해서는 대승보살의 그것과 같은 크나큰 원력이 필요할지도 모른다는 말이다. 그만큼 사고와 행동은 대부분의 경우 서로 가까이 하기보다는 오히려 더 멀리 떨어져 있으려고 하는 성질을 보여주고 있는 것이다. 아무튼 동물의 복지나 권리는 바로 이와 같은 우리의 일상적 작은 실천 행위에서 비롯된다는 사실을 잊지 않았으면 좋겠다는 말을 하고 싶다. 바로 그 때문에 뜻있는 많은 사람들이 우리 자신의 작은 습관 하나를 바꾸는 일로부터 곧 세계의 변화가 시작된다는 점을 힘주어 강조했는지도 모를 일이다. 필자가 보기에 동물의 권리와 관련된 이론적 논쟁도 구체적 실천에 있어서는 이러한 인식과 조금도 동떨어져 있을 필요가 없다고 생각한다. 말과 글의 휘황찬란함보다는 일상생활 속의 작은 실천 하나가 더욱 필요한 시점이라는 생각이 든다.

더 읽을 책

- 피터 싱어, 김성한 옮김, 『동물해방』, 인간사랑, 1999.
  동물의 권리문제를 본격적으로 거론하고 이후의 동물권리운동에 지대한 영향을 끼친 기념비적인 책.

- 서재영, 『선의 생태철학』, 동국대학교 출판부, 2007.
  선불교전통에서 인간이 아닌 다른 생명체를 바라보는 관점을 풍부한 경전 자료에서 제시하고 해석한 저서.

- 피터 하비, 『불교윤리학입문: 토대, 가치와 쟁점』, 씨아이알, 2010.
  오늘날 불교윤리가 관심을 가져야 할 현대 사회의 여러 윤리적 쟁점을 개괄적으로 안내하는 독보적인 책.

주석

참고문헌

찾아보기

논문 발표지면

종교와 동물, 그 연결점의 자리__장석만

1 구제역 종합정보 사이트 http://fmd.go.kr/archives/1958.

2 이기홍, 「생매장과 국격」, 〈동아일보〉, 2011년 2월 7일.

3 위의 글.

4 권기호, 「소 · 돼지 엽기적인 생매장…이게 '사람'이 할 짓인가?」, 〈프레시안〉, 2010년 12월 22일.

5 위의 글.

6 전경옥, 「연평도에 방치된 개들, 이렇게 되다니: 북 포격으로 주민들 피난 떠난 섬, 불안해하는 동물들」, 〈오마이뉴스〉, 2010년 11월 30일.

7 이경미, 「동물보호단체 '꼬리문 비난전'」, 〈한겨레신문〉, 2011년 9월 13일.

8 위의 글.

9 김태성, 「급성장하는 애완동물 용품 산업」, 〈서울경제〉, 2011년 7월 14일.

10 휄트캄프 엘머(Veldkamp Elmer), 「한국사회의 동물위령제를 통해 본 동물의 죽음에 대한 사회적 인식의 변화」, 『비교문화연구』 제17집 2호, 2011, 115-116쪽. 이 논문을 알려준 한국학중앙연구원 강돈구 교수께 감사를 표한다.

11 Peter Singer, *Animal Liberation*, 우리나라에는 김성한 옮김으로 1999년에 인간사랑에서 나왔다. 그의 또 다른 주저인 『실천윤리학』(Practical Ethics, 1979)은 황경식 외 옮김으로 철학과현실사에서 1991년에 출판되었다.

12 Ruth Harrison, *Animal Machines: The New Factory Farming Industry*, London: V. Stuart, 1964.

13 Alasdair Cochrane, *An Introduction to Animals and Political Theory*, New York: Palgrave Macmillan, 2010, p.32.

14 Jeremy Bentham, "Principles of Morals and Legislation," *The Animal Reader: The Essential Classic and Contemporary Writings*, Kalof Linda and Amy Fitzgerald eds., Oxford and New York: Berg, 2007, p.8.

15 Alasdair Cochrane, p.33

16 *Ibid.*, pp.33-34.

17 *Ibid.*, pp.35-48.

18 Cass R. Sunstein and Martha C. Nussbaum eds., *Animal Rights: Current Debates and New Directions*, Oxford and New York: Oxford University Press, 2005, p.4.

19 *Ibid.*, pp.5-12.

20 Gary L. Francione, *Rain without Thunder: The Ideology of the Animal Rights Movement,* Philadelphia: Temple University Press, 1996, pp.1-6, 226-230.

21 Cary Wolfe ed, *Zoontologies: The Question of the Animal,* Minneapolis: University of Minnesota Press, 2003, pp.xi-xii.

22 Leonard Lawlor, *This Is Not Sufficient: An Essay on Animality and Human Nature in Derrida*, Columbia University Press, 2007, pp.2-8.

23 Jacques Derrida, *The Animal That Therefore I Am.* New York: Fordham University Press, 2008, pp.23-24.

24 *Ibid.* pp.24-26.

25 존 쿳시, 『동물로 산다는 것』, 전세재 옮김, 평사리, 2005. [J. M. Coetzee, *The Lives of Animals*, 1999].

26 Jacques Derrida, *op. cit.* p.26.

27 *Ibid.* pp.26-27.

28 *Ibid.*

29 *Ibid.* pp.27-28.

30 *Ibid.* pp.28-29.

31 *Ibid.* p.48.

32 *Ibid.* p.23.

33 이 점은 케이스 테스터(Keith Tester)가 구미의 동물 담론을 차이성의 요구(Demand for Difference)와 유사성의 요구(Demand for Similitude)로 나누어 살피고 있는 것에서 잘 나타난다. Adrian Franklin, *Animals and Modern Cultures: A Sociology of Human-Animal Relations in Modernity,* London: Sage Publications, 1999, p.26.

34 *Ibid.* pp.12-13.

35 Noilie Vialles, *Animal to Edible (Le sang et la chair: Les abattoirs des pays de l'Adour),* Cambridge University Press, 1994, pp.19-28. Adrian Franklin, *op. cit.* pp.41-42.

36 Paul Waldau, Kimberley Patton eds., *A Communion of Subjects: Animals in Religion, Science, and Ethics*, New York: Columbia University Press, 2006.

37 니니안 스마트, 『종교와 세계관』, 김윤성 옮김, 이학사, 2000. (Ninian Smart, *Worldviews: Crosscultural Explorations of Human Beliefs.* New York: Scribner, 1999).

38 리처드 커니, 『이방인, 신, 괴물: 타자성 개념에 대한 도전적 고찰』, 이지영 옮김, 개마고원, 2004, Richard Kearney, *Strangers, Gods and Monsters*, London and New York: Routledge, 2002, p.15.

39 *Ibid.* p.12.

40 Brian C. Wilson, "From the Lexical to the Polythetic: A Brief History of the Definition of Religion,"Thomas A. Idinopulos and Brian C. Wilson eds., *What is Religion? Origins, Definitions, and Explanations,* Leiden: Brill, 1998. p.156.

41 E. Thomas Lawson and Robert N. McCauley, *Rethinking Religion: Connecting Cognition and Culture*, Cambridge University Press, 1993, pp.110-113.

42 Balagangadhara, S. N., *'The Heathen in His Blindness...': Asia, the West and the*

Dynamic of Religion. Leiden, New York and Koeln: E. J. Brill, 1994, p.86.

43 Jodey Castricano, "Introduction: *Animal Subjects in a Posthuman World,"* *Animal Subjects: An Ethical Reader in a Posthuman World*, Waterloo, Ontario, Canada: Wilfrid Laurier University Press, 1998, pp.2-5.

44 *Ibid.*

45 *Ibid.*

46 Richard King, "Response to Reviews of Orientalism and Religion," *Method & Theory in the Study of Religion*, Vol., 14, 2002, pp.279-292.

47 Arvind-Pal Mandair, *Religion and the Specter of the West: Sikhism India, Postcoloniality, and the Politics of Translation*, New York: Columbia University Press, 2009, p.xiii.

48 Arvind-Pal S. Mandair and Markus Dressler, "Introduction: Religion-Making, and the Postsecular," Markus Dressler and Arvind Mandair eds., *Secularism and Religion-Making*, Oxford and New York: Oxford University Press, 2011, p.6.

49 Jacques Derrida, *Acts of Religion*, New York & London: Routledge, 2002, p.67.

50 이정규, 『從義錄』, 『독립운동사자료집』 제1집, 독립운동사편찬위원회, 1984(1971), 51쪽. 『창의견문록』의 유인석 上疏 131쪽(661)에도 같은 내용이 보인다.

원시종교 이론에 나타난 인간과 동물의 관계__방원일

1 국내에서는 원시종교라는 용어가 여전히 사용되고 있지만, 영미 학계에서는 오래전부터 경멸적 함의에 대해 문제점이 지적되었고 대안적 용어들이 논의되고 있는 실정이다. James L. Cox, *From Primitive to Indigenous*, Burlington: Ashgate Publishing, 2007, chap. 1. 콕스는 'primitive religion'을 'primal religion'이나 'basic religion'과 같은 용어로 대체하려는 시도도 있었으나 큰 효과를 보지 못했다고 지적한다. 그는 그 대안으로 토착종교(indigenous religion)라는 명칭 아래 각 지역 별로 접근할 것을 제안한다.

2 토테미즘 이론사의 간단한 정리와 현재 생태학적 논의에서 갖는 의미에 대해서는 다음 글을 볼 것, 박상준, 「토테미즘의 재발견: 생태학적 토테미즘에 대하여」, 『종교문화비평』 9, 2006, 54-78쪽.

3 이 글에서 토테미즘은 학사적 맥락에서 제한적으로 정의된 편이다. 반면에 다음 책에서는 토테미즘을 인류의 보편적인 의식으로 포괄적으로 규정해서, 동서양 사상, 민담, 대중문화 등 광범위한 영역에서 동물과 인간의 관련성에 대한 내용을 논의한다. 김현주, 『토테미즘의 흔적을 찾아서: 동물에 관한 야생적 담론의 고고학』, 서강대학교출판부, 2009. 특히 개념 규정에 대해서는 52-54쪽을 볼 것.

4 James George Frazer, "Totemism," In *The Encyclopaedia Britannica*, 9th ed., New York: C. Scribner's sons, Vol. 23, 1878, p.467.

5 John Long, *Voyages and Travels of an Indian Interpreter and Trader: Describing the Manners and Customs of the North American Indians; with an Account of the Posts Situated on the River Saint Laurence, Lake Ontario, &C.; to Which Is Added a Vocabulary of the Chippeway Language ... A List of Words in the Iroquois, Mehegan, Shawanee, and Esquimeaux Tongues and a Table Shewing the Analogy between the Algonkin and Chippeway Languages*, London: Printed for the author and sold by Robson, 1791, p.86.

6 Long, *Voyages and Travels of an Indian Interpreter and Trader*, pp.86-88.

7 Eric R. Wolf, *Europe and the People without History*, Berkeley: University of California Press, 1982, pp.170-172.

8 '접촉 지역의 비교 실천자'는 프론티어(frontier) 종교학자라는 치데스터의 용어를 풀어 쓴 것이다. 치데스터는 여행가, 상인, 선교사, 식민관료 등을 접촉 지역에서 비교종교학을 실천한 사람들로 꼽으면서 이들을 포함한 종교학사가 서술되어야 한다고 주장하였다. 데이비드 치데스터, 『새비지 시스템: 식민주의와 비교종교』, 심선영 옮김, 경세원, 2008, 41-50쪽.

9 John Ferguson McLennan, "The Worship of Plants and Animals (1)," *Fortnightly Review* 6, 1869, p.408, p.422

10 John Ferguson McLennan, "The Worship of Plants and Animals (3)," *Fortnightly Review* 7, 1870, p.216.

11 에릭 샤프, 『종교학: 그 연구의 역사』, 윤원철 & 윤이흠 옮김, 한울, 1986, 106쪽.

12 McLennan, "The Worship of Plants and Animals," pp.422-423.

13 Frazer, "Totemism"; James George Frazer, *Totemism, Edinburgh: A. & C. Black, 1887; James George Frazer, Totemism and Exogamy: A Treatise on Certain Early Forms of Superstition and Society,* London: Macmillan, 1910.

14 Frazer, *Totemism and Exogamy*, pp.61-62.

15 Frazer, *Totemism and Exogamy*, p.61; cf. Jonathan Z. Smith, *Map Is Not Territory: Studies in the History of Religions*, Leiden: E.J. Brill, 1978, p.147.

16 John Lubbock, *The Origin of Civilization and the Primitive Condition of Man: Mental and Social Condition of Savages*, 5th ed., New York: D. Appleton and company, 1889[1870], p.287.

17 David Chidester, "Animism," In Bron Taylor (ed.), Encyclopedia of Religion and Nature, London: Continuum, 2005, p.79.

18 Charles Darwin, *The Descent of Man, and Selection in Relation to Sex*, 2nd ed., New York: D. Appleton and company, 1882[1871], p.95.

19 한국에서와 마찬가지로 서양에서도 개는 인간에 매우 가까운 존재이고, 때로는 인간과 동물의 경계에 위치하기 때문에 개에 관련된 표현은 가장 심한 욕설로 사용되는 경우가 많다. 영국 사회에서 동물에 관련된 욕설을 구조적으로 분석한 다음 글

을 참고할 것. Edmund R. Leach, "Anthropological Aspects of Language: Animal Categories and Verbal Abuse," In Eric H. Lenneberg (ed.), *New Directions in the Study of Language*, Cambridge, MA: MIT Press, 1964.

20 다윈은 맥레넌의 글을 중요하게 참조하였다. 그는 원시인이 주변 사물에 영적 상상력을 부여한다는 것을 입증하려는 사례로, 동식물에 그러한 상상력을 부여하였다는 맥레넌의 글을 인용하였다. Darwin, *The Descent of Man*, p.94.

21 John L. Stoddard, *John L. Stoddard's Lectures*, Boston: Balch Brothers, Vol. 4, 1897, p.89.

22 Lucy E. Guinness, *Across India at the Dawn of the 20th Century*, London: Religious Tract Society, 1898, pp.75-76. 그림1은 76쪽에 나온다.

23 위에 인용된 자료와 하누만과의 연관성은 다음 책을 참고한 것이다. Timothy K. Beal, *Religion and Its Monsters*, London: Routledge, 2002, pp.103-21. 저자는 미국의 고전 영화 〈오즈의 마법사〉(The Wizard Of Oz, 1939)에 나오는 악한 마녀의 원숭이 사령관은 하누만의 변형이라는 점도 지적한다.

24 1910년대를 기점으로 한 종교학의 발전 양상에 대해서는 다음 글을 볼 것. 미르체아 엘리아데, "종교학의 회고: 1912년 이후", 『종교의 의미: 물음과 답변』, 박규태 옮김, 서광사, 1990, 29-63쪽.

25 에밀 뒤르케임 & 마르셀 모스, 『분류의 원시적 형태: 집단표상 연구에의 기여』, 김현자 옮김, 서울대학교출판문화원, 2013, 135쪽.

26 Émile Durkheim, Karen E. Fields (tr.), *The Elementary Forms of Religious Life*, New York: Free Press, 1995. 〈분류의 원시적 형태〉와 〈종교 생활의 기본 형태 분류의 원시적 형태〉를 통해 분류체계에 대한 이론적 관심이 어떻게 발달하였는지에 대해서는 다음을 참고할 것. 조너선 스미스, 『자리 잡기: 의례 내의 이론을 찾아서』, 방원일 옮김, 이학사, 2009, 83-93쪽.

27 Mary Douglas, "Animals in Lele Religious Symbolism," *Africa* 27-1, 1957, pp.46-58; Stanley J. Tambiah, "Animals Are Good to Think and Good to Prohibit," *Ethnology* 8-4, 1969, pp.423-459.

28 현대인의 사유와 토테미즘의 연속성을 언급한 초기 연구로는, 공군 부대의 동물 휘장을 토테미즘에 관련해 설명한 다음 연구를 볼 것. Ralph Linton, "Totemism and the A. E. F," *American Anthropologist* 26-2, 1924, pp.296-300. 조너선 스미스는 토테미즘을 대표하는 언급인 "나는 빨간 앵무새다."라는 언급에 대한 논쟁사를 치밀하게 분석함으로써 원시종교 이론의 주제가 원시인과의 차별화로부터 그들과의 유사성과 연결로 이행하였음을 설득력 있게 보여주었다. 본 논문의 기본적인 구도는 스미스의 작업에서 많은 도움을 받은 것이다. Smith, Map Is Not Territory, pp.265-288.

29 클로드 레비스트로스, 『야생의 사고』, 안정남 옮김, 한길사, 1996, 제7장.

30 Edmund R. Leach, "Anthropological Aspects of Language," pp.155-157.

31 〈하이킥! 짧은 다리의 역습〉 제69회는 2012년 1월 3일 MBC에서 방영된 드라마이다.

32 이 글에서는 편의상 'person'을 사람으로, 'human being'은 인류로 구분해서 번역하도
록 하겠다. 여기서 사람은 인류(human being)와 비인류(non-human being)를 포괄
하는 범주이다.

33 A. Irving Hallowell, "Ojibwa Ontology, Behavior, and World View," In Graham
Harvey (ed.), *Readings in Indigenous Religions*, New York: Continuum
International Publishing Group, 2002, p.21.

34 Hallowell, "Ojibwa Ontology, Behavior, and World View," p.24.

35 Hallowell, "Ojibwa Ontology, Behavior, and World View," p.35.

36 Hallowell, "Ojibwa Ontology, Behavior, and World View," p.35.

37 Kenneth M. Morrison, *The Solidarity of Kin: Ethnohistory, Religious Studies, and the
Algonkian-French Religious Encounter*, Albany: State University of New York Press,
2002. 한편 버드데이비드는 다음 글에서 애니미즘을 관계적인 인식론으로 새롭게
이론화하는 작업을 제시하였는데, 여기에는 할로웰의 문제의식이 적극적으로 수
용되었다. Nurit Bird-David, ""Animism" Revisited: Personhood, Environment, and
Relational Epistemology," Current Anthropology 40, 1999, pp.67-91.

38 Hallowell, "Ojibwa Ontology, Behavior, and World View," pp.34-39.

39 Morrison, *The Solidarity of Kin*, pp.29-33.

40 에릭 샤프, 『종교학』, 96-97쪽.

41 Morrison, *The Solidarity of Kin*, p.43.

포스트휴먼: 의인화와 동물-되기의 기법__전세재

1 현재의 생태학적 위기상황이 기독교적인 전통에서 비롯되었다는 주장에 대해서는
많은 논란이 있기는 하다. Lynn White, Jr.의 "The Historical Roots of Our Ecological
Crisis." *Science* 155, 1967, pp.1203-1207. 데카르트와 생태학적 위기 상황에 관해서는
Donald Worster의 *Nature's Economy*, Cambridge University Press, 1994, pp.39-42 참
조.

2 18세기와 19세기에 강력하게 대두된 동물권 운동 및 법제화와는 동물권 논의에서 매
우 중요하게 다루어지고 있지만, 철학적인 담론에서는 여전히 동물은 인간의 저열한
타자로 존재했다. 이에 관해서는 Sehjae Chun, "Animals and Politics of Sympathetic
Representation", *English & American Cultural Studies* 4.1, 2004, pp.239-260 참조.

3 다나 해러웨이(Donna Haraway)와 캐서린 헤일즈(Katherine Hayles)를 비롯한 학자
들은 인간에게 다른 생물체보다 우월한 특권적 지위를 보장한 인간중심주의를 고발
하면서 더 이상 인간중심적인 배타적, 차별적 체계가 더 이상 견고히 유지될 수 없
음을 증언하는 포스트휴머니즘담론들을 제시하기 시작하였다. Donna J. Haraway,
The Haraway Reader, Routledge, 2004와 N. Katherine Hayles, *How We Became*

Posthuman Virtual Bodies in Cybernetics, Literature, and Informatics, Chicago: University of Chicago Press, 1999 참조.

4 생태비평의 한 갈래로서 동물연구(Animal Studies)는 많은 관심을 끌어왔다. 대표적으로는 Erica Fudge, *Animal*, London: Reaktion, 2002, Cary Wolf, *Zoontologies*, Minneapolis: University of Minnesota Press, 2003, Matthew Calarco, *Zoographies*, New York: Columbia University Press, 2008가 있다.

5 Sehjae Chun, "The Animal's Gaze and Shame of Humanity in Derrida." *The Journal of Criticism and Theory*. 9.1, 2004, pp.309-322.

6 의인화는 영어로는 "personification"과 "anthropomorphism" 두 용어가 혼용되어 사용된다. 엄밀한 차이를 구분하자면 전자는 언어적인 텍스트에서 후자는 문자사용 이전의 사회에서, 비인격적인 대상을 인격적인 특성을 지닌 것처럼 묘사하는 것을 지칭한다.

7 John Kennedy, *New Anthropomorphism*. New York: Cambridge University Press, 1997, p.4.

8 Theodore Barber, *The Human Nature of Birds*. New York: St. Martin's Press, 1993, pp.10-12에서 재인용; George Harrar, *Signs of the Apes, Songs of the Whales*. N.Y.: Simon, 1989, p.24.

9 Dale Jamieson, *Morality's Progress*. Oxford: Clarendon Press, 2002, pp.52-70.

10 Max Oelschlaeger, *The Idea of Wilderness*. New Haven: Yale University Press, 1991, p.341에서 재인용.

11 John Burroughs, *Under the Maples*. Boston: Houghton, 1921, p.179.

12 William Rueckert, "Literature and Ecology." *The Iowa Review* 9:1 (1978), pp.71-86.

13 Frans De Waal, *Primates and Philosophers*. Ed. Stephen Macedo, Princeton: Princeton University Press, 2006, p.65.

14 George Lakoff and Mark Turner, *More Than Cool Reason*. Chicago: University of Chicago Press, 1989, p.72.

15 가타리는 『세 개의 생태학 *Three Ecologies*』(trans. by Ian Pindar and Paul Sutton, New Brunswick: Athlone, 2000)에서 생태철학(ecosophy)에 대한 논의를 전개한다. 흥미롭게도 들뢰즈와 가타리의 철학을 생태학적 관점에서 접근하려는 산발적인 시도는 이루어졌지만, 본격적인 시도는 이루어지지 않고 있다.

16 Gilles Deleuze and Felix Guattari, *A Thousand Plateaus*, trans. Brian Massumi, London: Athlone Press, 1988, pp.237-238.

17 *Ibid.*, pp.241-242.

18 *Ibid.*, p.254.

19 *Ibid.*, p.240.

20 *Ibid.*, p.241.

21 *Ibid.*, pp.243-245.

22 *Ibid.*, p.13.

23 *Ibid.*, p.275.

24 제3의 존재는 신화적으로는 키메라처럼, 들뢰즈와 가타리가 제시하고 있는 악마적 동물과 유사하다. 신화적으로 키메라는 미노타우(Minotaur), 고르곤(Gorgons), 사이렌(Sirens)처럼, 사자, 뱀, 염소의 혼합된 형체를 지니며 불을 뿜으며, 고대 그리스인들에게 파괴적인 매력과 혐오감을 주는 존재로 인식되어 왔다.

인도 종교에 나타난 동물 존중 태도__이병욱

1 이거룡, 「인도사상에서 인간과 자연의 관계」, 『불교사상의 생태학적 이해』, 동국대출판부, 2006, 173-174쪽.

2 크리스토퍼 키 채플, 「힌두 환경주의: 전통과 현대의 자원들」, 유기쁨 역, 『세계관과 생태학』, 민들레책방, 2003, 130쪽.

3 크리스토퍼 키 채플, 「힌두 환경주의: 전통과 현대의 자원들」, 유기쁨 역, 『세계관과 생태학』, 134-136쪽.

4 김미숙, 『불살생의 이론과 실천』, 한국학술정보, 2007, 30-43쪽.

5 람버트 슈미트하우젠 지음, 김성철 옮김, 「불살생 기원에 관한 고찰」, 『불교평론』18호, 2004년 봄, 280-304쪽. 그리고 다음의 논문은 슈미트하우젠의 논문과 그 내용이 조금 다르다. 이거룡, 「인도사상에서 인간과 자연의 관계」, 『불교사상의 생태학적 이해』, 동국대출판부, 2006, 165-167쪽: 아힘사는 인도 종교윤리의 핵심인데, 이는 『찬도기야 우파니샤드』에서 그 용례를 찾아볼 수 있다. 그렇지만 브라만교(초기 힌두교)의 문헌에서는 아힘사가 크게 강조되지는 않는다. 아힘사의 사상은 불교와 자이나교가 등장하고 나서 인도사회에 널리 퍼지게 되었다. 서사시 시대에 접어들어 아힘사 정신은 힌두교 문헌 전반에 걸쳐서 나타난다.

6 후지다 고다쓰, 스가누마 아끼라, 사꾸라베 하지메 지음, 이지수 옮김, 『원시불교와 부파불교』, 대원정사, 1992 2쇄, 148-149쪽.

7 츠카모토 게이쇼 지음, 호진·정수 옮김, 『아쇼까왕 비문』, 불교시대사, 2008, 93쪽.

8 츠카모토 게이쇼 지음, 호진·정수 옮김, 『아쇼까왕 비문』, 87-88쪽.

9 D.N. 자 지음, 이광수 옮김, 『인도민족주의의 역사 만들기: 성스러운 암소신화』, 푸른역사, 2004, 82쪽.

10 츠카모토 게이쇼 지음, 호진·정수 옮김, 『아쇼까왕 비문』, 90쪽.

11 츠카모토 게이쇼 지음, 호진·정수 옮김, 『아쇼까왕 비문』, 163쪽.

12 츠카모토 게이쇼 지음, 호진·정수 옮김, 『아쇼까왕 비문』, 167-168쪽. 산스크리트 발음은 된소리를 쓰지 않았고 이후도 마찬가지다.

13 츠카모토 게이쇼 지음, 호진·정수 옮김, 『아쇼까왕 비문』, 173쪽.

14 이병욱, 『인도철학사』, 운주사, 2008 2쇄, 328-329쪽.

15 차기벽, 『간디의 생애와 사상』, 한길사, 1996 2판 4쇄, 95-96쪽.

16 『영 인디아』 1922.3.9./ 이정호, 『아힌사, 인도의 불살생 전통과 비폭력 사상』, 살림, 2007, 63쪽에서 발췌해서 재인용함.

17 이정호, 『아힌사, 인도의 불살생 전통과 비폭력 사상』, 78쪽.

18 스가누마 아키라 저, 문을식 역, 『힌두교입문』, 여래, 1994 2쇄, 13-17쪽.

19 힌두 근본주의는 힌두교 전통의 관용성을 손상시킨다는 지적이 있다. 류경희, 「힌두 근본주의: 인도종교의 보수화경향」, 『종교연구』 40집, 한국종교학회, 2005 가을, 114-118쪽: 힌두교 근본주의 쪽에서는 다르마(dharma: 法)와 종교를 구분하고, 다르마는 모든 사람에게 공통되는 것이어서 이는 종교를 넘어선 것이고, 이것이 힌두교 근본주의의 주장이라고 한다. 하지만 힌두교 근본주의는 정치적 목적을 위해 힌두교도의 종교적 정서를 이용하고 있으며, 그에 따라 힌두교 근본주의는 힌두교 다수집단과 다른 종교의 소수집단(특히 이슬람교도) 사이에 갈등을 일으킨다고 평가할 수 있다. 따라서 힌두교 근본주의는 힌두교의 주류에서 벗어난 것으로, 보수적이고 배타적 성격의 힌두교 운동이라고 할 수 있다.

20 스가누마 아키라 저, 문을식 역, 『힌두교입문』, 20-21쪽.

21 이재숙·이광수 옮김, 『마누법전』, 한길사, 1999, 34-36쪽.

22 류경희, 『인도신화의 계보』, 살림, 2004 2쇄, 71-74쪽.

23 류경희, 『인도신화의 계보』, 77-78쪽.

24 류경희, 『인도신화의 계보』, 41쪽; 이병욱, 『한권으로 만나는 인도』, 너울북, 2011, 200-201쪽.

25 북 캐나다의 크리(Cree) 인디언의 신화에서도 『마누법전』과 비슷한 주장을 한다. 동물들은 사냥되기 위해서 사냥인 앞에 의도적으로 나타난다. 수렵인은 동물의 고기를 먹고 동물의 혼은 해방되어서 다른 육체로 갈아입는다. 따라서 사냥은 새로운 탄생의 의례라고 할 수 있다. 그렇지만 과거에 동물에 대해 나쁘게 대했던 수렵인에게는 동물은 나타나지 않는다. 그런데 Tim Ingold는 "From trust to domination" in Aubrey Manning and James Serpell ed, *Animals and Human Society*, London and New York: Routledge,1994, pp.9-11에서 위에 소개한 크리 인디언의 신화에 근거해서 수렵인의 자연보호가 서양에서 제기되는 '과학적 보호'와 근본적으로 다르다고 주장하는데, 이 주장은 다시 재고할 필요가 있다. 왜냐하면 크리 인디언의 신화와 『마누법전』의 주장은 상당히 비슷한 측면이 있는데, 『마누법전』의 내용은 제사를 정당화하기 위해서 나온 것이라고 판단되기 때문이다. 따라서 크리 인디언의 신화도 사냥을 정당화하기 위한 것이라고 보인다.

26 불교 쪽에서 브라만교(힌두교)의 희생제의에 대해 비판한 점은 다음의 『자타카』의 내용을 통해서도 확인할 수 있다. 『둠메다 자타카(Dummedha Jātaka)』에서 전생에 바라나시의 왕자였던 붓다는 베다의 의식에 따라 양, 염소, 가금류, 돼지, 다른 동물들을 바치는 것에 대해 연민의 마음을 품었다. 매년 왕자는 특별한 반얀 나무의 영혼에게 동물을 죽이지 않는 방식으로 의식을 올렸다. 아버지인 왕이 돌아가자 왕자

는 왕좌에 오르게 되었고, 왕자는 바얀나무에게 의식을 올렸다는 점을 밝히고, 비폭력의 계율을 어기는 천 명의 사람을 나무에게 바치기로 약속했다고 널리 공포하였다. 그러자 많은 사람은 동물의 희생제의를 포기하게 되었고, 왕자는 한 명의 사람도 해치지 않고 희생제의를 포기하도록 하였다는 것이다. 그리고 『로하쿰비 자타카(Lohakumbi Jātaka)』의 내용도 동물 희생제의에 대해 비판하는 것이다. [크리스토퍼 키 채플(Christopher Key Chapple), 이현옥 번역, 「본생담에 나타난 동물들과 환경」, 하버드대 세계종교연구센터 편, 『불교와 생태학』, 동국대출판부, 2005, 226-228쪽.]

27 가빈 플러드 지음, 이기연 옮김, 『힌두교-사상에서 실천까지』, 산지니, 2008, 337-338쪽.

28 불교의 타협적 성격에 다음과 같은 문제가 있다는 지적이 있다. 鈴木一朗 저, 권기종 역, 『불교와 힌두교』, 동화문화사, 1980, 178쪽: 불교의 관용성에도 문제가 있다. 특히 대승불교는 도덕적 배경만 잃지 않는다면 어떤 것과도 타협을 하였다. '불타'의 가르침에 위배되는 신(神)을 인정했고, 주술과 각종 제의를 받아들였다. 그 때문에 대승불교가 서민대중에서 침투할 수 있었지만, 그 대가로 '불교의 힌두교화'가 생기게 되었다. 이로 인해 대승불교는 질이 낮아지고 그 특성을 잃게 되었다.

29 필자와 다른 견해도 소개한다. 김수아, 「생태불교학을 위한 근본윤리로서의 불교의 불살생」, 『불교학연구』16호, 불교학연구회, 2007, 327쪽: 불교에서 육식을 허용한 것은 동물을 부정하다고 생각하는 당시 인도사회에 대한 거부이다. 초기불교에서 3가지 조건(자기를 위해 동물을 죽였다는 것을 보지 않고, 자기를 위해 동물을 죽였다는 소리를 듣지 않고, 자기를 위해 죽였다는 의심이 없는 것)을 걸고서 육식을 허용한 것은 사회적 편견에 대항하는 불살생 정신을 선양하고자 한 것이다. 이 논문에서 주장하는 대로 불교에서 동물을 부정하게 보는 편견에 대해 거부한 것은 사실이지만, 육식을 수용한 것이 불살생 정신을 선양한 것이라는 주장은 받아들이기 어렵다. 그 근거는 〈숫타니파타〉의 불결한 음식 247게송에서 찾을 수 있다. 한편, P. Shilva는 "Buddhist Ethics" *A Companion to Ethics*, Cambridge, 1993에서는 불교에서 육식에 대해 어느 정도 인정한 것은 불살생을 실천한다면 자연스럽게 채식을 실천할 것이라고 보았고, 또한 육식을 인정한 것은 붓다와 그의 제자들이 탁발에 의해 음식을 해결하는 사회적 맥락 때문이라고 보았다. 참고로 붓다는 동물을 제물로 바치는 것과 사냥을 비난하고, 승려가 농사에 종사하면 곤충을 해칠 가능성이 있기 때문에 농사도 짓지 말도록 하였다. (김수아, 위의 논문, 322-323쪽 재인용)

30 크리스토퍼 키 채플(Christopher Key Chapple), 이현옥 번역, 「본생담에 나타난 동물들과 환경」, 하버드대 세계종교연구센터 편, 『불교와 생태학』, 233쪽.

31 서재영, 『선의 생태철학』, 동국대출판부, 2007, 120-161쪽.

32 폴 왈도 지음, 박서연 옮김, 「동물에게도 공민권이 있다」, 『불교평론』10호, 2002 봄, 157-208쪽. 그리고 이러한 주장에 대해 반대하는 논문이 있다. 김수아, 「생태불교학을 위한 근본윤리로서의 불교의 불살생」, 『불교학연구』16호, 불교학연구회, 2007, 317쪽: 불교문헌에서 동물에 대해 부정적으로 묘사한 것은 동물을 수단으로 하거나

인간의 우월을 강조하기 위한 것이 아니고 동물이 겪고 있는 현실적 고통을 바로 인식하고 공감하여 동물에 대한 자비심을 실천하기 위한 것이다.(그렇지만 이 반론이 코끼리를 도구적 관점에서 보았다는 비판에 대해서 제대로 설명하고 있지는 못하다.)

33 크리스토퍼 키 채플, 이현옥 번역,「본생담에 나타난 동물들과 환경」,『불교와 생태학』, 227-228쪽. 그리고『테로바다 자타카(Telovāda Jātaka)』에서도 같은 취지의 내용이 나타난다. 붓다가 바라나시의 브라만이었을 때의 이야기다. 노년기에 브라만은 종교적 삶을 살기 위해서 히말라야에 은둔하였다. 브라만은 소금과 기름을 얻기 위해 도시에 잠깐 머물렀다. 한 부유한 사람이 생선으로 만든 음식을 준비해 놓고 이 음식을 먹는 브라만을 육식을 하고 있다며 비웃었다. 이에 브라만은 "성자가 먹는다면 어떤 죄도 행해지지 않는다."고 하였다. "식욕에 빠지거나 나쁜 의도 없이 먹을 수 있다면, 불교의 승려는 어떤 곳이나 어떤 나라에서 관습적으로 먹는 어떤 음식이든 먹어도 좋다."고 하였다. [같은 책, 226-227쪽.] 이 이야기도 외적 형식이 중요한 것이 아니고 실제 내용이 중요하다는 것을 보여주는 예이다.

34 남궁선,「불교 불살생관의 생태적 적용」,『한국불교학』39집, 한국불교학회, 2004, 189-190쪽.

35 피터 하비 저, 허남결 역,『불교윤리학입문』, 씨아이알, 2010, 308쪽, 316쪽, 334쪽.

36 피터 하비 저, 허남결 역,『불교윤리학입문』, 317-319쪽.

37 피터 하비 저, 허남결 역,『불교윤리학입문』, 304, 322쪽.

38 피터 하비 저, 허남결 역,『불교윤리학입문』, 322-323쪽, 332-333쪽.

39 피터 하비 저, 허남결 역,『불교윤리학입문』, 321-322쪽.

40 던컨 류겐 윌리암스(Duncan Ryuken Williams), 이현옥 옮김,「동물의 해방, 죽음, 그리고 국가 -중세일본의 방생의식」,『불교와 생태학』, 251-253쪽.

41 피터 하비 저, 허남결 역,『불교윤리학입문』, 312-313쪽, 316쪽.

42 마이클 토비아스,「자이나교와 생태학: 자연, 비폭력, 그리고 채식주의에 대한 관점들」, 유기쁨 역,『세계관과 생태학』, 민들레 책방, 2003, 155쪽.

43 S. C. Chatterjee, D. M. Datter 지음, 김형준 옮김,『학파로 보는 인도사상』, 예문서원, 1999, 112-113쪽; 김미숙,『불살생의 이론과 실천』, 76-78쪽.

44 마이클 토비아스,「자이나교와 생태학: 자연, 비폭력, 그리고 채식주의에 대한 관점들」, 유기쁨 역,『세계관과 생태학』, 167쪽.

45 이병욱,『인도철학사』, 61-63쪽.

46『아차랑가 수트라(Ācārāṅga Sūtra: 行爲經)』2. 15. 389.(이 경전의 주요부분은 마하비라의 열반 후 약 50년 이내에 성립되었다고 추정됨)/김미숙,『불살생의 이론과 실천』, 122쪽 재인용.

47『아차랑가 수트라(Ācārāṅga Sūtra: 行爲經)』2. 4. 1./ 마이클 토비아스,「자이나교와 생태학: 자연, 비폭력, 그리고 채식주의에 대한 관점들」, 유기쁨 역,『세계관과 생태학』, 166쪽 재인용.

48 『우타라디야야나 수트라(Uttarādhyayana Sūtra: 後讀經)』lecture9, (마하비라가 열반에 들기 전에 마지막으로 설했던 가르침을 담고 있는 경전, 아차랑가 수트라 다음에 암송하는 경전)/ 마이클 토비아스, 「자이나교와 생태학: 자연, 비폭력, 그리고 채식주의에 대한 관점들」, 유기쁨 역, 『세계관과 생태학』, 164쪽 재인용.

49 김미숙, 『불살생의 이론과 실천』, 125쪽.

50 김미숙, 『불살생의 이론과 실천』, 149-150쪽.

51 마이클 토비아스, 「자이나교와 생태학: 자연, 비폭력, 그리고 채식주의에 대한 관점들」, 유기쁨 역, 『세계관과 생태학』, 161쪽.

52 김미숙, 『불살생의 이론과 실천』, 176-177쪽.

53 『스타낭가 수트라(Sthānānga Sūtra: 分析經)』9.30. (자이나교 사상을 1에서 10까지 숫자를 기준해서 정리한 경전이며 마하비라 당시의 사상적 조류를 알 수 있는 경전이다.)/ 김미숙, 『불살생의 이론과 실천』, 217쪽 재인용.

54 김미숙, 『불살생의 이론과 실천』, 224-225쪽.

55 김미숙, 『불살생의 이론과 실천』, 226-227쪽.

56 김미숙, 『불살생의 이론과 실천』, 239-241쪽.

57 김미숙, 『불살생의 이론과 실천』, 242-243쪽.

58 김미숙, 『불살생의 이론과 실천』, 245-248쪽.

59 김미숙, 『불살생의 이론과 실천』, 278-279쪽.

60 마이클 토비아스, 「자이나교와 생태학: 자연, 비폭력, 그리고 채식주의에 대한 관점들」, 유기쁨 역, 『세계관과 생태학』, 160쪽.

61 이도흠, 「육식의 정치학 그리고 사회학」, 『불교평론』36호, 2008 가을, 39쪽.

62 데미언 키온 지음, 허남결 옮김, 『불교와 생명윤리학』, 불교시대사, 2000, 57쪽: 종(種)을 번갈아 가며 윤회한다는 믿음 때문에 동물의 생명에 대한 존경은 불교윤리학의 두드러진 특징이다. 그리고 김수아, 「생태불교학을 위한 근본윤리로서의 불교의 불살생」, 『불교학연구』16호, 314쪽: 불교전통에서 고통의 공감이 다른 생명에게까지 확장되는 근거는 생명의 연속성, 곧 윤회의 가르침에 있다. 불교에서는 생명의 영역을 천상, 인간, 동물, 아귀, 지옥 등 다섯으로 나눈다. 생명들은 자신의 행위의 결과에 따라 사후에 이들 다섯 곳 가운데 한 곳에 태어나게 된다.

63 신성현, 「동물해방과 대승계율」, 『불교사상의 생태학적 이해』, 동국대출판부, 2006, 374쪽: 피터싱어가 고통을 감수한다는 점에서 근거해서 동물에게 인간과 동등한 대우를 해줘야 한다고 했다면, 불교에서도 보살이 다른 사람의 고통을 주목한다는 점을 제시하고 있다.

64 J.R. 데자르뎅 지음, 김명식 옮김, 『환경윤리』, 자작나무, 1999, 191-199쪽.

65 안옥선, 『불교와 인권』, 불교시대사, 2008, 240-253쪽: 싱어의 동물해방론과 레건(리건)의 동물권리론과 비교해서 불교의 주장은 2가지 점에서 뛰어나다고 한다. 하나는 동물존중의 범위에서 넓다는 것이고, 다른 하나는 싱어와 레건은 개체주의적 입장인데 비해서 불교는 전일주의적(全一主義的) 입장이라는 것이다. 그 내용을 자세히 알

아본다.

싱어의 동물해방론과 레건의 동물권리론과 불교는 동물의 지위를 상승하고 동물의 존중을 말한다는 점에서 동일하다. 차이점은 동물존중의 범위에 있다. 싱어는 고통 감수력이 없는 생명체를 도덕적 고려의 대상에서 제외시키고, 레건은 특정의 정신적 능력을 갖지 못한 동물을 배제한다. 그에 비해 불교에서는 생명체라고 할 수 있는 모든 존재를 존중의 대상으로 한다.

전일주의적 관점에서 볼 때 싱어의 동물해방론과 레건의 동물권리론은 모두 한계가 있는데, 그 이유는 두 이론이 개체주의적 관점에서 나온 것이기 때문이다. 싱어가 공리주의의 논리를 동물에게 적용하고, 레건이 칸트적 이성주의 윤리학을 동물에게 적용한 것은 의미가 있는 작업이지만, 공리주의와 칸트의 이성주의 윤리학은 모두 개체주의의 틀 속에 갇혀있다. 그에 비해 불교는 전일주의적 패러다임, 곧 생명의 그물 망을 말하면서도 개체 생명의 하나하나를 소중하게 본다. 또한 불교에서 동물권을 인정하는 것이 차등적 존중이라고 할 수 있는데 동물과 인간은 업과 윤회의 관점에서 보면 연속적이면서 차등적이기 때문이다. 다시 말해서 동물과 인간은 도덕성이라는 공통기준을 가지고 있다는 점에서 평등하지만, 동물이 도덕성을 구현하는 측면에서 열등하고 인간은 동물보다 뛰어나다는 것이다.

66 반나나 시바 지음, 한재각 외 옮김, 『자연과 지식의 약탈자들』, 당대, 2006 6쇄, 217-229쪽.

그리스도교의 신학적 동물윤리_김형민

1 공리주의적 관점에 따라 그리스도교적 채식주의운동을 펼치고 있는 린제이의 대표작으로는 A. Linzey, *Animal Theology*, London: SCM Press, 1994가 있다. 그 외에도 A. Linzey, *Creatures Of The Same God: Explorations in Animal Theology*, NY: Lantern Books, 2009 참조.

2 '뮌스터철학신학대학'(http://www.pth-muenster.de/)은 1971년 프란체스코와 카푸치노 교단의 수도사를 양성하기 위해 설립되었다. 최근 신학적 동물학 연구소가 출간한 책으로는 R. Hagencord(hg.), *Wenn sich Tiere in der Theologie tummeln. Ansätze einer theologischen Zoologie*, Regensburg, 2010; R. Hagencord, *Die Würde der Tiere: Eine religiöse Wertschätzung*, Gütersloh, 2011 등이 있다.

3 아래의 서술을 위해 김형민, 「동물의 미래와 기독교신앙」, 『기독교사회윤리』제3집(2000), 131-168쪽; 김형민, 「인간학에 도전하는 동물학. 대 유인원 프로젝트에 대한 비판적 고찰」, 『기독교사회윤리』제13집(2007), 77~109쪽; 노영상, 「동물보호에 대한 윤리적 반성」, 『장신논단』제17집(2001), 227-257쪽; R. Hagencord(hg.), Wenn sich Tiere in der Theologie tummeln. Ansätze einer theologischen Zoologie 참조.

4 에머리(C. Amery), 드레버만(Drewermann), 린 화이트(Lynn White) 등은 동물통치

에 대한 성서적 전승을 근거로 환경위기의 책임을 그리스도교에 지울 뿐만 아니라 그리스도교가 제국주의적이며 강압적인 인간중심주의에 근거하고 있다고 비판해왔다. 그러나 이는 그리스도교가 이미 오래 전부터 창조신학을 새롭게 해석하며 소위 '생태학적 전환'을 이루었다는 사실을 알지 못하는데서 나온 오해이다. 독일의 철학자 회페(O. Höffe)는 이들과는 다른 주장을 펼친다. 1852년 출간된 델리취(F. Delitzsch)의 「창세기」 주석으로부터 현대의 몰트만(J. Moltmann), 링크(C. Link) 등을 예로 들면서 그리스도교가 이미 18세기 초부터 성서주석작업을 통해 자연환경에 대한 책임을 인식해왔음을 주지시키고 있다. "(비판자들은) 인간중심주의라는 표현이 가지는 다분히 부정적인 인상에만 사로잡혀 이를 긍정적으로 평가할 수 있는 가능성마저도 보지 못한 채 지나치고 만다. 더욱이 그들은 (생태학에 위배되는) 성서의 본문들이 다양한 강조점을 가지고 있을 뿐만 아니라 다른 본문과도 조화를 이루고 있음을 거의 언급하지 않는다." 이 문제는 뒤에서 좀 더 자세히 다루겠다. *O. Höffe, Moral als Preis der Moderne. Ein Versuch über Wissenschaft, Technik und Umwelt*, Frankfurt am Main, 1993, p.199.

5 G. Liedke, "Tier-Ethik - Biblische Perspektiven", J. Janowski(hg), *Gefärten und Feinde des Menschen. Das Tier in der Lebenswelt des alten Israel*, Neukirchener, 1993, p.206ff.

6 K. Barth, *Kirchliche Dogmatik Bd.III/1*, Zürich 1959, p.210. 앞으로 *KD*로 사용한다.

7 B. Janowski, "Herrschaft über die Tiere. Gen. 1,26-28 und die Semantik von רדה", G. Braulik(hg.), *Biblische Theologie und gesellschaftlicher Wandel für N. Nohfinkt*, Freiburg im Breisger, 1993, p.184f.

8 L. Vischer, "Mit den Tieren sein", *Ev. Th.* 4(1997). p.294.

9 「창세기」 6장 12절에서 하나님은 "모든 육체(כל־בשר)"의 종말을 선언하시는데, 슈팁(H. J. Stipp)의 해석에 따르면 이 육체는 인간의 육체만이 아니라 동물의 육체까지 포함한다. 이에 따라 땅이 부패하고 폭력으로 가득하게 된 데에는 인간은 물론 동물의 책임도 함께 있다고 본다. H. J. Stipp, "Alles Fleisch hatte seinen Wandel auf der Erde verdorben(Gen 6:12). Die Mitverantwortung der Tierwelt an der Sintflut nach der Priesterschrift", *ZAW* 111(1999), pp.167-186; 이영미, 창세기 1~3장을 통해 보는 히브리 성서의 동물과 육식에 대한 이해, 『새하늘 새땅』 제20호, p.71 이하.

10 L. Vischer, "Mit den Tieren sein", p.296.

11 기타 호 2:18; 욘 3:3-9 참조.

12 야노브스키는 「레위기」 26장 3-6절과는 달리 이사야의 평화에 대한 소망은 야수의 멸종이 아니라 그들의 전적 변화를 통해 이루어지기를 기대하고 있다고 말한다. 야노브스키는 「이사야」 본문에서 약한 짐승이 위험한 짐승 옆에 거하는 것이 아니라 역으로 야수들(이리, 사자)이 순한 짐승들(양, 염소) 옆에 함께 거하리라는 말씀에 통해, 위험한 짐승들이 약한 짐승들에게 먼저 와서 적대관계를 해소하고 평화를 이루는 '변화의 과정'을 주목한다. B. Janowski, "Auch die Tiere gehören zum

Gottesbund", B. Janowski(hg.), *Gefährten und Feinde des Menschen. Das Tier in der Lebenswelt des alten Israel*, Neukirchener, 1993, p.49.

13 이스라엘의 제물에 관해서 W. H. Schmidt, *Alttestamentlicher Glaube in seiner Geschichte*, München, 1983, pp.134-140.

14 정중호, 「생태계 위기에 대응하는 제사장 신학」, 『구약논단』(3)1997, p.117이하.

15 W. R. Schmidt, *Geliebte und andere Tiere im Judentum, Christentum und Islam*, Gütersloh, 1996, 43. 이스라엘 역사에서 본다면 예배에서 동물제의가 사라진 이유는 예언자들의 제의 비판만이 아니다. 바벨론 포로생활 이후 회당예배가 시작되면서 점차적으로 사라졌다고 볼 수도 있다. 신약의 예배는 구약의 성전예배보다는 회당예배의 전통에서 시작되었다. 장일선, 『구약성서와 현대생활』(대한기독교서회, 1995), 147.

16 기타 롬 3:25; 고후 5:21; 막 10:45; 요 1:29; 요한1서 2:2 참조.

17 B. Janowski; P. Riede(hg.), *Die Zukunft der Tiere. Theologische, ethische und naturwissenschaftliche Perspektiven*, Stuttgart, 1999, p.51.

18 J. L. Henry, "Das Tier im religiösen Bewuβtsein des altestamentlichen Menschen", B. Janowski(hg.), *Gefährten und Feinde des Menschen. Das Tier in der Lebenswelt des alten Israel*, Neukirchener, 1993, p.20.

19 R. Hagencord, *Diesseits von Eden. Verhaltensbiologische und theologische Argumente für eine neue Sicht der Tiere*, Regensburg, 2005, 75.

20 "Interview mit dem Theologen und Tierethiker A. Linzey", W. R. Schmidt, *Geliebte und andere Tiere im Judentum, Christentum und Islam*, Gütersloh, 1996, p.125: A. Linzey, *Animal Theology*, London, 1994, pp.62-75. 린제이의 과격한 성서해석은 적지 않은 문제를 내포하고 있다. 무엇보다 동물해방을 동물구원과 동일한 것으로 보는 입장은 받아들이기 쉽지 않다.

21 잠 30:24-28 참조.

22 신약학자 그레서(E. Gräβer)는 슈미탈스(W. Schmithals)의 입장에 따라 본문의 중심 모티브를 '40일간의 광야체류', '동물과의 공동체' 그리고 '천사의 수종'의 3가지로 나눈다. 분사형태로 기록된 예수의 시험(πειραζόμενος)은 부수적 모티브를 보고 세 모티브 중에도 καὶ ἦν μετὰ τῶν θηρίων이 해석학적 열쇠를 쥐고 있다고 확신한다. E. Gräβer, "καὶ ἦν μετὰ τῶν θηρίων(Mk1,13b). Ansätze einer theologischen Tierschutzethik", W. Schrage(hg.), *Studien zum Text und zur Ethik des Neuen Testaments*, Berlin, 1986, p.148이하.

23 아래의 내용은 E. Gräβer, ibid.

24 "너희는 온 천하로 다니며(εἰς τὸν κόσμον ἅπαντα)만민에게 복음을 전파하라." 기타 골 1:23 참조.

25 이에 대해 G. Liedke, "Tier-Ethik - Biblische Perspektiven", p.211f. 참조. 기타 호 2:20; 스 34:25-28 참조.

26 L. Vischer, "Mit den Tieren sein", p.294.

27 E. Gräβer, "$\kappa\alpha\grave{\iota}\tilde{\eta}\nu\ \mu\varepsilon\tau\grave{\alpha}\tau\tilde{\omega}\nu\ \vartheta\eta\rho\acute{\iota}\omega\nu$(Mk1.13b). Ansätze einer theologischen Tierschutzethik", pp.150-154; I.]Gräβer, "Biblische Tierschutzethik aus neutestamentlicher Sicht", B. Janowski; P. Riede(hg.), *Die Zukunft der Tiere. Theologische, ethische und naturwissenschaftliche Perspektiven*, Stuttgart, 1999, p.116이하 참조.

28 E. Gräβer, ibid, p.151에서 재인용.

29 I. Gräβer, ibid, p.120에서 재인용.

30 J. Jeremias, "Art: *A$\delta\alpha\mu$*", p.141. E. Gräβer, *Ibid*, p.152에서 재인용.

31 골로새도 예수를 모든 피조물 중에 첫 소생이라고 고백하고(골 1:15), 하늘과 땅의 모든 것을 화해시키셨음을 말한다(골 1:16).

32 이러한 진술은 동물의 구원에 대해서도 질문하게 한다. 이성적이며 감성적 능력을 지닌 동물이 존재한다는 점에서 동물이 영적 존재하는 점을 부인할 수는 없으나 그렇다고 동물이 구원을 받는다고 말할 수는 없을 것이다.

33 I. Gräβer, *Ibid*, p.126.

34 L. Vischer, *Ibid*, p.304에서 재인용.

35 *Ibid.*

36 이에 대한 논의를 위해 G. M. Teutsch, *Die〈Würde〉der Kreatur: Erläuterungen zu einem neuen Verfassungsbegriff am Beispiel des Tieres*, Bern, 1995; J. S. Ach, *Warum man Lassie nicht quälen darf. Tierversuche und moralischer Individualismus*, Erlangen, 1999, pp.159-180; M. C. Nussbaum, "Beyond 'Compassion and Humanity'. Justice for Nonhuman Animals", C. R. Sunstein; M. C. Nussbaum, *Animal Rights. Current Debates and New Directions*, Oxford University Press, 2004, pp.299-305 참조.

37 1999년 4월 18일 개정된 스위스연방헌법(Bundesverfassung der Schweizerischen Eidgenossenschaft)은 제120조를 참조할 것. http://www.admin.ch/org/polit/00083/index.html?lang=de. 2005년 개정된 스위스 동물보호법 제1조(목적)과 제3조(개념)는 '동물의 존엄성(Würde des Tieres)'이란 개념도 수용하였다. 이에 대해선 K. Friedli, "Die Würde des Tieres in der neuen Schweizer Tierschutzgesetzgebung", *Journal für Verbraucherschutz und Lebensmittelsicherheit 4*(2009), pp.387-391 참조.

38 I. Praethorius; P. Saladin(hg), *Die Würde der Kreatur(Art24^{novies}Abs.3.BV)*, Bern, 1993.

39 P. Balzer; K. P. Rippe; P. Schaber(hg.), *Menschenwürde vs. Würde der Kreatur. Begriffsbestimmung, Gentechnik, Ethikkommissionen*, Freiburg, 1998.

40 *Ibid*, p.62f.

41 예수회 학교에서 교육받은 데카르트는 방법서설(discours de la méthode)에서 다음과 같이 말한다. "동물의 영혼이 우리의 본질과 같다고 착각하는 자보다 덕스러운 바

른 길에서 벗어난 허약한 자들은 없다." H. Baranzke, *Würde der Kreatur. Die Idee der Würde im Horizont der Bioethik*, Würzburg, 2002, p.104f.에서 재인용.

42 W. Härle, *Würde. Groß vom Menschen denken*, München, 2010, pp.19-23.

43 이하의 내용은 *Ibid*, pp.134-143 참조.

44 *Ibid*, p.136.

45 이에 대한 논의를 위해 D. Preuß, "Die Würde des Tieres. Eine Interpretation anhand seiner Mitgeschöpflichkeit", *ZEE* 55(2011), pp.111-118.

46 Interdisziplinaerer Gesprächskreis der VELKD, "Tier und Mensch - Erwägungen zur 'Mitgeschöpflichkeit' der Tiere", p.6.에서 재인용. 공피조물이란 개념은 블랑케 이전에 칸트철학자 분트(W. Wundt)가 1912년 사용하였다. 이 단어를 통해 사물 그 자체로서의 이성적 존재인 인격체와 자연적 존재로서의 사물로 엄격하게 구별했던 칸트의 이분법적 사고를 극복하고 동물을 사물의 범주에 속하지 않은 그 이상의 어떤 다른 존재로 파악하려고 하였다. E. Schockenhoff, *Ethik des Lebens: Ein theologischer Grundriß*, Mainz, 1993, p.389.

47 *Ibid*, p.111.

48 D. Preuß, loc.cit., p.115.

49 인간중심주의에 대한 응응윤리적 안내를 위해 D. Fenner, *Einführung in die Angewandte Ethik*, Tübingen, 2010, pp.120-135; N. Knoepffler, *Angewandte Ethik*, Köln, 2010, pp.90-99 참조.

50 칸트의 입장에 대해서 H. W. Ingensiep; H. Baranzke, H., *Das Tier*, Stuttgart, 2008, pp.104-108 참조.

51 P. Singer(ed.), *In Defense of Animals*, 「동물과 인간이 공존해야 하는 합당한 이유들」, 노승영 역, 시대의 창, 2012, 104쪽 이하에서 카발리에리(P. Cavalieri)는 인간중심주의를 '완전론(perfectism)'이라고 비난한다. 인간중심주의는, 동물들은 정신적으로 낮은 수준에 있기에 인간과 평등한 지위를 누릴 수 없다고 주장하면서 마치 인간들은 완전한 존재인 냥 처신한다는 것이다. 정신적으로 낮은 수준의 인간들이 있지만 이들에게는 예외 없이 평등의 원칙을 적용하면서 왜 동물에게는 그렇게 하지 않느냐고 묻는다.

52 이에 대한 논의를 위해 B. Irrgang, *Christliche Umweltethik. Eine Einführung*, Basel, 1992, pp.40-42 참조. 이 책에서 이어강(B. Irrgang)은 신중심주의적 환경윤리의 대표자로 몰트만과 드레버만을 소개한다.

53 E. Drewermann, *Wozu Religion?: Sinnfindung in Zeiten der Gier nach Macht und Geld*, 김현천 역, 「우리 시대의 신앙」, 피피엔, 2003, 14쪽. 드레버만과는 달리 복음주의적 관점에서 개진된 신중심주의적 동물윤리에 대해선 H. Röcklinsberg, *Das seufzende Schwein. Zur Theorie und Praxis in deutschen Modellen zur Tierethik*, Erlangen, 2001, pp.353-393 참조. 뢰클린스베르크는 신중심적 동물윤리의 세 가지 신학적 근거를 말한다. 첫째로 자신의 피조물을 사랑하시는 유일하신 한 분 하나님

에 대한 믿음, 둘째로 바로 이 분 하나님이 신자들의 삶의 중심이라는 사실, 그리고 셋째는 하나님의 창조공간 속 그 어딘지 간에 도덕적 행위에서 자유스러운 공간은 없다는 사실이다.

54 J. S. Ach, "Sind alle Tere gleich? Positionen in der Tierethik", J. S. Ach; u.a.(hg.), *Grundkurs Ethik 2*, Paderborn, 2011, p.84f. 여기서 '윤리적'이란 말은 '책임적', 관계적, 보편적이란 단어로 다양하게 해석할 수 있다. D. Fenner, ibid, p.125f.

55 이에 대해선 F. von Ketelhodt, *Verantwortung für Natur und Nachkommen*, Pfaffenweiler, 1993, pp.23-32 참조. 신학자 바란츠케(H. Branzke)는 칸트 윤리의 공헌을 도덕적 의무를 오직 동일한 존재들의 대칭적인 관계로만 제한했던 철학윤리적 전통을 극복한 것으로 평가한다. H. Baranzke, "Sind alle Tiere gleich? Vom reduktionistischen Antispeziesismus zur selbstreflexiven Verantwortungsethik", J. S. Ach; M. Stphany(hg.), *Die Frage nach dem Tier. Interdisziplinäre Pespektiven auf das Mensch-Tier-Verhältnis, Münster*, 2009, p.28.

56 회페는 '인간기원론'이란 말을 사용하지 않았다. O. Höffe, *Moral als Preis der Moderne. Ein Versuch über Wissenschaft, Technik und Umwelt*, pp.218-239, 여기선 p.226.

57 *Ibid*, p.228.

58 *Ibid*, p.232.

59 P. Wälchli, "Die unvernünftigen Tiere", *ThZ* 1997/3, 216 이하 참조.

60 A. Schweitzer, *Die Ehrfurcht vor dem Leben. Grundtexte aus fünf Jahrzehnten*, München, 1966, 13.

61 W. Huber, Konflikt und Konsens. Studien zur Ethik der Verantwortung, München, 1990, 235.

62 K. Barth, KD III/4, p.403f. L. Vischer, "Mit den Tieren sein", p.293에서 재인용. 동물의 존엄성에 대한 칼 바르트의 신학적 이해를 위해선 H. Baranzke, Würde der Kreatur. Die Idee der Würde im Horizont der Bioethik, pp.287-308 참조.

63 이 찬송시는 슈바이처가 설교 중에 "경배, 영광, 그리고 찬양"이라는 1826년 알자스 지방의 성가집에서 나오는 노랫말을 인용한 것이다. M. U. Balsiger, Albert Schweitzers Ethik des Lebendigen: Leben inmitten von Leben, Zürich, 2007, p.47f.

현대 한국 종교의 '생태 영성'과 의례_유기쁨

1 이 글에서는 인간 역시 동물에 포함된다는 점을 염두에 두고, 인간 이외의 동물을 '비인간 동물'이란 용어로 지칭할 것이다.

2 예컨대「환경운동연합 현장운동사(함께사는 길 100호 특집) - 생명을 위한 헌신 2000」,『함께사는 길』, 환경운동연합, 2001년 10월호(http://www.kfem.or.kr/kbbs/

bbs/board.php?bo_table=envinfo&wr_id=1752, 2001) 에서는 환경운동이 "더욱 새롭고 높은 단계의 운동, (…) '영성의 환경운동'"으로 진화해야 한다는 주장이 나타난다.

3 가령 2002년에 창립된 천주교환경연대는 생태 영성을 진작함으로써 차별화된 천주교적인 생태환경운동을 전개하는 것을 목표로 삼았다. "한국 천주교회의 10년간의 환경운동은 그 내용에 있어 사회 환경단체의 운동과 차별성을 갖지 못함으로써…창조영성, 생태영성을 진작시키는 데까지 이르게 하지 못했습니다. …천주교 환경운동의 새로운 전기를 마련하고자…천주교환경연대를 창립"한다는 창립선언문을 참조하라. 「천주교환경연대 창립선언문」, 2002. 6.3.

4 장회익 외, 교회환경연구소 엮음 『생태적 삶을 추구하는 영성』(서울: 내일을여는책, 2000).

5 「KNCC, 환경주일 연합예배 열어」, 『크리스천투데이』, 2002.6.10. http://www.christiantoday.co.kr/view.htm?id=159157

6 유정길, 「생태위기의 극복을 위한 전일적 사고」, 『생태적 각성을 위한 수행과 깨달음, 영성』(서울: 한국불교환경교육원, 2000), 20쪽.

7 예컨대, 2004년 종교환경회의에서 주최한 「종교인 대화마당」의 주제는 '종교 환경 활동가의 깨달음과 영성'이었다.

8 예컨대, 2001년 전국환경활동가 워크샵에서는 「영성과 마음공부에 바탕한 생태적 삶」이라는 제목으로 분과가 형성되었다. 분과의 개설 취지문에서는 "생명운동은 영성과 깨달음에 바탕하여 그 불일치를 극복하는 운동이어야 한다."고 하면서 생태영성의 중요성이 강조된다. 『생명운동의 미래, 환경운동가의 삶』, 2001 전국환경활동가 워크샵 결과자료집, 216쪽; 또한 2003년에 개교한 녹색대학(2008년에 '온 배움터'로 개칭)은 개교 준비단계에서부터 생태영성을 학교의 가장 큰 특징 가운데 하나로 제시하였다. 필자가 참여관찰한 2001년 9월 6일 녹색대학 토론회는 부제가 '종교보다 깊은 그 무엇 그리고 영원한 소수를 위하여'였으며, 이날 질의응답시간에 장원은 녹색대학이 다른 대학들과 결정적으로 구별되는 점은 영성에 있다고 주장하였다. 또한 장원은 "녹색대학에서는 생태교육을 하고 영성 교육을 합니다. 필요하다면 생태영성수련센터 같은 것도 운영할 수 있겠지요."라고 설명하였다. 장원, 「녹색대학의 청사진」, 『오래된 미래로 함께 가는 길』 2002 녹색대학 제1차 전국 보고회 자료집, 2002년 3월 2일, 11쪽. 그리고 한면희는 환경문제의 근원적 해결과 새 문명 창조에 적극적으로 기여하기 위하여 녹색대학에서는 생태영성 고양을 이념으로 삼자고 제안하였다. 한면희, 「녹색대학의 이념과 철학」, 『오래된 미래로 함께 가는 길』 2002 녹색대학 제1차 전국 보고회 자료집, 2002년 3월 2일, 8쪽.

9 권명수, 「매튜 폭스의 생태 영성 의례의 시도 :'우주 그리스도 예식'을 중심으로」, 『신학과 실천』(제14호, 2008), 105-139쪽; 김대식, 『환경과 생태영성』(서울: 한국학술정보, 2006); 조현철, 「그리스도교 생태영성을 찾아서」, 『신학사상』(149권, 2010), 93-125쪽; 이정배, 『생태영성과 기독교의 재주체화』(서울: 동연, 2010); 한국교회환경연구소, 한국교회사학회, 『기독교 역사를 통해 본 창조신앙 생태영성』(서울: 대한기독교

서회, 2010) 등.

10 연규홍 외,『종교, 생태, 영성』(서울: 생명의 씨앗, 2007).

11 Bron Taylor(ed.), *The Encyclopedia of Religion and Nature*, New York: Theommes Continuum, 2005, p. 1376.

12 나아가 라슨(G. J. Larson)은 생태계 위기를 극복하기 위한 '개념 자원'을 탐구하려는 연구 들은 자신의 목적을 위해 '자연 자원'을 착취하는 것과 다를 바 없는, 식민주의만큼 문제가 많은 접근 방식이라고 급진적으로 주장한 바 있다. Gerald James Larson, "'Conceptual Resources' in South Asia for 'Environmental Ethics' or the Fly Is Still Alive and Well in the Bottle," *Philosophy East and West*, Vol. 37, No. 2(Apr 1987), p. 152.

13 Sabina Magliocco, "Ritualizing and Anthropology", Bron Taylor(ed.), *op. cit.*, p. 1389.

14 Tim Ingold, "Culture, perception and cognition", *The Perception of the Environment: Essays in livelihood, dwelling and skill*, (London: Routledge, 2000), p. 166.

15 James J. Gibson, *The Ecological Approach to visual perception*, (New Jersey: Lawrence Erlbaum Associates, Inc., 1986), p. 129.

16 Tim Ingold, "Culture and the perception of the environment," in Elisabeth Croll and David Parkin, eds., *Bush Base: Forest Farm, Culture, Environment and Development*, (London: Routledge, 1992), p. 45.

17 Edward S. Reed, "The Affordances of the animate environment: Social science from the ecological point of view", in Tim Ingold. ed., *What is an Animal*, (London: Routledge, 1994(1988)).

18 Paul Waldau, "Religion and Animals", *In Defense of Animals: The Second Wave*, ed. by Peter Singer, Malden, (MA : Blackwell Publishing, 2006), p. 80.

19 Graham Harvey, *Animism : Respecting the Living World*, (New York: Columbia University Press, 2006).

20 Nurit Bird-David, "'Animism' Revisited: Personhood, Environment, and Relational Epistemology", *Current Anthropology*, (Vol. 40, Feb., 1999).

21 새만금 해창갯벌에서 진행된 매향제. 꽃상여와 만장 등을 앞세우고 장례식의 형식을 빌어서 거행되었다. 이때 참가자들은 오래된 향나무를 갯벌에 파묻고 매향비를 세웠다. 새만금 매향비의 비문은 다음과 같다. "우리가 선조로부터 물려받았듯이 후대에 물려줄 갯벌이 보전되기를 바라는 뜻에서 이 비를 세우며 해창다리에서 서북쪽 300걸음 갯벌에 매향합니다."(앞면); "새만금간척사업을 반대하여 갯벌이 보전되기를 간절히 바라면서 뜻을 함께한 이름들을 이 비에 남깁니다. 2000년 1월 30일, 새만금사업을반대하는부안사람들, 전북환경운동연합, 그린훼밀리운동연합, 녹색연합, 환경과 공해연구회, 한국YMCA, 전국연합환경운동연합"(뒷면).

22 2000년 3월에는 전국의 환경단체가 모여서 '개발 귀신'을 막아내기 위해 여러 가지 모양의 장승 70여 개를 깎아서 해창산 앞의 갯벌에 세우는 의례인 해창장승제가 열렸다. 박병상,「정치 야합과 탐욕이 빚은 새만금 비가 -새만금 간척사업을 둘러싼 정치적 배경과 문제」, 풀꽃평화연구소 엮음,『새만금, 네가 아프니 나도 아프다』(서울: 돌베개, 2004), 46쪽.

23 특히 도보행진 중간에 새만금 갯벌의 뭇생명의 상징인 짱뚱어의 소리를 상징적으로 대변하는 '짱뚱어의 외침' 시간을 갖기도 했다. 신형록,「나는 왜 걷는가」,『새만금, 네가 아프니 나도 아프다』(서울: 돌베개, 2004), 220-221쪽 참조.

24 인터넷 까페〈불편한 진실, 도롱뇽 소송〉에서 "도롱뇽을 소송인으로 선택한 이유"라는 제목의 게시물에서 인용. (http://cafe.naver.com/chorok09/22)

25 제주 강정마을 구럼비살리기운동의 전개 과정에서 그러한 현상이 두드러지게 나타났다. 한 활동가는 구럼비 바위 위에서 매일 기도하겠다는 서원을 지키기 위해 때로는 육로를 통해서, 육로가 차단되었을 때에는 바닷길을 통해 카약을 타고 혹은 잠수복을 입고 매일 정해진 시간에 구럼비 바위에 올랐고, 정해진 시간에 바위 위에서 기도를 드린 후 돌아가는 일을 되풀이했다. 그 과정에서 체포되기도 하고 갖은 어려움을 겪었지만 정기 기도를 멈추지 않았다.

26 http://www.youtube.com/watch?v=whgVb28RMRI

27 불교의례인 108배 형식에 천주교의 묵상기도가 결합된 의례로서, 108배 대신 예수가 베드로에게 그물을 던지게 해서 잡은 물고기의 숫자를 따라서 153배가 수행된다. 예수의 인도를 따라 기적이 이루어질 수 있다는 의미가 부여되고 있다.

28 가령 강정마을에서 활동가로 장기 거주했던 유가일 씨는 "강정에 간 첫날 용천혈에서 용천수로 양치질을 하고 있었어요. 양치질을 하는데 물속에서 붉은발 말똥게가 저를 말똥말똥 쳐다보고 있는 거예요. 그 눈과 마주친 순간을 잊을 수 없어요. 구럼비를 부수고 그곳에 해군기지를 지으려 한다는 사실을 알고 생명을 살려야 한다는 생각 밖에 없었어요."라고 말한 바 있다.(〈오마이뉴스〉,「이라크 방패막이로 갔던 나, 강정에 머무는 이유」, 2012년 6월 8일자, http://www.ohmynews.com/NWS_Web/view/at_pg.aspx?CNTN_CD=A0001741378). 이처럼 강정마을에서 구럼비살리기 운동을 위해 장기 거주한 주요 활동가들은 사진이나 이야기를 통해 간접적으로 보고 주로 '해군기지반대'의 이념적 당위성만 가지고 운동에 참여하는 경우보다는 이처럼 구럼비가 펜스로 막히기 전에 구럼비와 강정천 등 생태환경을 직접 경험한 경우가 많았다.

29 〈가톨릭뉴스 지금여기〉,「구럼비와 우리는 하나다-164일만의 구럼비 미사」, 2012. 2. 14., (http://www.youtube.com/watch?feature=player_embedded&v=SfxPMjsG_X4).

30 그러나 2011년 9월에 구럼비 바위와 강정천으로 가는 길을 차단하는 펜스가 쳐진 이후 구럼비로 들어가는 일은 점차 힘들어졌고, 2012년 3월에 구럼비 발파가 시작되면서, 마침내 구럼비나 강정천에서의 의례 수행은 거의 불가능해졌다. 2013년 7월 현

재, 강정마을에서 매일 진행되는 미사 등의 의례는 주로 공사장 입구(도로변)에서 수행된다.

31 피터 싱어, 함규진 옮김, 『죽음의 밥상』(서울: 산책자, 2008), 384쪽.

32 불교계에서는 대한불교조계종이 종단 차원에서 살처분 동물을 위한 대대적인 천도재를 열었다. 2011년 1월 19일, 대한불교조계종 총본산 조계사 마당에서 구제역 종식을 발원하고 희생된 동물의 넋을 위로하는 천도재가 열렸고, 전국 각지의 사찰에서도 살처분 동물을 위해 49일 위령제를 여는 등, 각종 의례가 수행되었다.

33 2011년 2월 20일에 양주시불교사암연합회와 양주향교에서 살처분된 가축의 혼과 넋을 달래기 위해 공동으로 합동축혼제를 개최하는 등, 전국 각지에서 축혼제가 열렸다.

34 수선재에서는 "살처분된, 200만 마리에 육박하는 동물들을 위로하고 진화를 기원하고자" 전국 28개 기관과 온라인상에 분향소를 설치하고 위령제를 시행했다.

35 가령 한국기독교장로회 총회에서는 2011년 3월 9일부터 4월 22일까지 기장인사순절 금식기도회를 열었는데, 이때 구제역으로 살처분 당한 동물들을 위한 기도가 중요한 주제 가운데 하나였다. 또한 한국기독교총연합회에서는 2011년 1월 16일을 구제역확산방지를 위한 금식주일로 선포했으며, 구제역 창궐은 "인류의 무절제한 물질적 탐욕과 무자비한 환경 파괴와 하느님 창조질서에 역행하는 유해식품과 동물사료의 생산 등 인간의 총체적인 죄악상에 대한 하느님의 경고이자 진노"라고 주장했다. 또한 한국교회희망봉사단은 2011년 1월 9일, 명성교회에서 〈구제역 확산 방지를 위한 특별기도회〉를 열어서 "사람과 함께 살아온 소가 인간의 죄로 죽어가고 있다"면서 참회의 기도를 했다.

36 E.E. Evans-Pritchard, *Theories of Primitive Religion*, (New York: Oxford University Press, 1965), p. 43.

간디와 프랑켄슈타인, 그리고 채식주의의 노스탤지어_박상언

1 「이효리 채식주의자로…한우고기업계 '날벼락'」, 〈조선일보〉, 2011. 3. 18.
(http://news.chosun.com/site/data/html_dir/2011/03/18/2011031801259.html).

2 「가죽 논란 이효리 '난 완벽한 사람 아냐…질타보단 격려'」, 〈조선일보〉, 2011. 10. 7.
(http://news.chosun.com/site/data/html_dir/2011/10/07/2011100700539.html)

3 Michael Pollan, Omnivore's Dilemma, 『잡식동물의 딜레마』, 조윤정 역, 다른세상, 2008, 368-374쪽. 인간의 잡식성은 과학적 사실이라는 주장이 있다. 이에 대해 필자는 어떤 현상에 대한 과학적 진술이 '항구적 진실성'을 지닌 채 사회에 수용된다기보다는 과학의 특정 조건에 영향을 받는 '현재적 사실성'이라는 한계를 지닌 채 유포된다고 생각한다. 즉 이 문제를 담론이라는 개념을 통해 살펴보면, 현시점에서 인간의 잡식성은 과학적 사실일 수 있겠지만, 그것을 과학적 사실로서 발굴하여 규정하고 반복해서 강조하는 담론 주체와 "어떤 것은 과학적 사실이다."라는 발언의 헤게모니적 성격을 비

판적으로 검토할 필요가 있음에 주목해야 한다.

4 J. M. Coetzee, *The Lives of Animals*, Amy Gutmann ed., New Jersey: Princeton University Press, 1999, p.38.

5 Jonathan Safran Foe, *Eaiting Animals*, 『동물을 먹는다는 것에 대하여』, 송은주 옮김, 민음사, 2011, 52-54쪽.

6 Adrian Franklin, *Animals and Modern Cultures: A Sociological of Human-Animal Relations in Modernity*, London: Sage Publications, 1999, pp.40-42.

7 J. M. Coetzee, op. cit., pp.34-35.

8 Mohandas K. Gandhi, *The Story of My Experiements with Truth*, 『간디 자서전: 나의 진실 추구 이야기』, 박홍규 옮김, 문예출판사, 2007, 67쪽.

9 위의 책, 65쪽.

10 간디는 당시 학생들 사이에서 널리 유행했던 구자라트 시인 나르마의 시를 소개한다. "저 힘센 영국인을 보라. 허약한 인도인을 지배하네. 육식을 하기 때문에 키가 다섯 큐비트라네.", 위의 책, 66쪽.

11 Rayn Tannahill, *Food in History*, 『음식의 역사』, 손경희 옮김, 우물이있는집, 2006, 390-397쪽.

12 Carol J. Adams, *The Sexual Politics of Meat*, 『프랑켄슈타인은 고기를 먹지 않았다: 페미니즘-채식주의 비판이론과 육식의 성정치』, 유현 옮김, 도서출판 미토, 2003, 61-62쪽.

13 간디는 "모든 사람이 육식을 하게 되면 영국을 이긴다는 생각이 나를 사로잡기 시작했다"고 고백한다. Mohandas K. Gandhi, 앞의 책, 67쪽.

14 위의 책, 90쪽.

15 위의 책, 101-102쪽.

16 간디가 자서전에서 언급한 채식주의 관련 저서는, 하워드 윌리엄스(Howard Williams)의 「식사 윤리 *The Ethics of Diet*」, 애너 킹스포드(Anna Kingsford)의 〈완전한 식사법 *The Perfect Way in Diet*〉이다. Mohandas K. Gandhi, 앞의 책, 102쪽.

17 위의 책, 113-114쪽.

18 Nick Fiddes, *Meat: A Natual Symbol, London*: Routeledge, 1991, pp.176-179. 대조적으로 인류학자 마빈 해리스는 인간이란 동물성 식품을 통해 영양을 공급받고 사는 존재라는 '과학적 사실'을 지적하면서, 현대사회에 만연된 '섬유소 신화'의 부정적인 측면을 제시한다. Mavin Harris, The Sacred Cow and Abominable Pig: Riddles of Food and Culture, 『음식문화의 수수께끼』, 서진영 옮김, 한길사, 1992, 36-51쪽.

19 Mohandas K. Gandhi, 앞의 책, 113쪽.

20 위의 책, 104-105쪽.

21 Tristram Stuart, *The Bloodless Revolution: A Cultural History of Vegetarianism from 1600 to Modern Times*, New York: W. W. Norton & Company, 2007, pp. 425-426.

22 『채식주의자』의 편집자이자 간디가 설립한 '서부런던식사개량협회'의 부회장이었던

올드필드 박사가 읽도록 권한『바이블』을 통해 간디는 '산상수훈'에 감명을 받았다. 또한 신지학 회원이자 채식주의자인 청년들이 산스크리트어 원본으로『바가바드기타』를 함께 공부하면서 번역하자고 했을 때, 간디는 정작 인도인으로서 산스크리트어에 대한 무지와 그 책을 읽어보지 않았음에 부끄러움을 느꼈다. 이때부터 그들과 함께『바가바드기타』영역본을 함께 읽어나갔다. 그 청년들은 간디를 신지학회의 창립자인 블라바츠키의 집으로 데려가 블라바츠키와 영국의 여성해방운동가 애니 베전트를 소개해주었다. 애니 베전트는 런던 최초의 여성봉기를 주도하면서 여성해방운동에 앞장섰고, 1893년부터는 인도에서 사회개혁과 교육, 인도의 자치를 위한 정치활동을 전개했던 인물이었다. Mohands K. Gandhi, 위의 책, 123-125쪽.

23 Stanley Wolpert, *Gandhi's Passion: The Life and Legacy of Mahatma Gandhi*, Oxford: Oxford University Press, 2001, p.22.

24 Mohands K. Gandhi, 위의 책, 126쪽.

25 Leela Gandhi, "Ahimsa and other animals", *Rethinking Gandhi and Nonviolent Relationality: Global Perspectives*, Debjani Ganguly and John Docker eds., London: Routeledge, 2007, p.18ff.

26 Henry Stephens Salt et al., "Prefatory Notice", *A Vindication of Natural Diet, Percy Bysshe Shelley*, London: The Vegetarian Society, 1884(1813), p.4.

27 간디에게 처음으로 채식주의의 의미를 알게 했고, 오랜 정치적 지지자였던 헨리 솔트는 퍼시 셸리에 관한 책을 5권이나 썼고, 셸리의『자연식의 옹호』를 편집했다 (Tristram Stuart, *op. cit.*, p.425). 간디는 하워드 윌리엄스의 책을 읽고, "예수부터 현대에 이르기까지 모든 철학자와 예언자가 채식주의자였다."는 사실을 알았다고 밝힌다(Mohands K. Gandhi, 앞의 책, 102쪽). 하워드 윌리엄스의 책에는 헤시오도스로부터 쇼펜하우어까지 51명의 채식주의자들이 소개되고 있는데, 셸리, 윌리엄 램 (William Lambe), 존 프랭크 뉴턴과 같은 인물들이 포함되어 있다(Howard Williams, *The Ethics of Diet: A Catena*, London: F. Pitman, 20, Paternoster Row, 1883).

28 Timothy Morton, *Shelley and the Revolution in Taste: The Body and the Natural World*, New York: Cambridge University Press, 1994, p.16. 당시 채식주의자들을 가리키는 브라만의 의미는 이중적이다. 인도를 바라보는 식민 지배자들의 일반적인 시각, 그리고 그것과 구별되는 채식주의자들의 인도에 대한 시각이 '브라만'이라는 용어에 겹쳐 있기 때문이다. 즉 이질적이며 야만적인 통제 대상으로서의 인도와 시원적 순수성과 자연성을 간직한 동경의 대상으로서의 인도가 혼재되어 있다. 간디는 두 시선이 교차하는 지점에 있었다.

29 John Frank Newton, *Return to Nature or, A Defence of the Vegetable Regime: with some account of an experiment made during the last three of four years in the author's family*, London: Printed for T. Cadell and W. Davies, Strand, 1811, pp.4-6.

30 *Ibid.*, p.9.

31 Percy Bysshe Shelley, *Vindication of Natural Diet*, London: The Vegetarian Society,

1884(1813), pp.10-11.

32 "너는 늑대, 곰, 사자가 단번에 죽여 먹듯이 칼, 망치, 혹은 도끼의 도움 없이 그렇게 할 수 있는가? 그들처럼, 이빨로 소를 찢고, 입으로 돼지를 물고 흔들어대고, 양을 갈기갈기 찢어 땅에 떨어뜨려 숨이 붙은 채로 먹을 수 있는가? 네가 먹는 것이 죽을 때까지 머무를 수 없고, 그의 시체에서 풍기는 악취가 역겹다면, 왜 자연에 반하여 숨이 붙어 있는 것을 그 자리에서 먹으려 하지 않는가? 그렇다. 숨이 끊어져 죽은 것 자체를 기꺼이 먹겠다는 사람은 한 명도 없다. 그러나 사람들은 그것을 끓이고, 굽고, 불과 약품들로 변화시켜, 미각을 속여서 그런 부당한 비용을 지불한다." Joseph Ritson, *An Essay on Abstinence from Animal Food As a Moral Duty*, London: Willks and Taylor, Printers, Chandery-Lane, 1802, p.48.

33 *Ibid.*, pp.124f.

34 간디는 영국 유학시절에 하워드 윌리엄즈의 책에서 자연 음식을 주장하는 뉴턴과 램의 글을 읽고 발아 밀을 날로 먹으려 했었고(Tristram Sturart, *op. cit.*, p.427.), 남아프리카에 체류 기간에는 "과일과 열매만으로 먹고 살았다."(Mohandas K. Gandhi, 앞의 책, 293쪽.)

35 Percy Bysshe Shelley, *op. cit.*, p.18.

36 예컨대 육체적인 힘에서 소는 인간보다 월등하며, 달리기에서 개는 인간보다 빠르다.

37 Howard Williams, *op. cit.*, pp.180-183.

38 Timothy Morton, *op. cit.*, pp.22-23.

39 Percy Bysshe Shelley, *op. cit.*, p.12.

40 Tristram Sturart, *op. cit.*, p.372, p.377.

41 Percy Bysshe Shelley, pp.25-26.

42 *Ibid.*, pp.20-21.

43 Leela Gandhi, *op. cit.*, p.24. 물론 간디의 윤리-정치적 관념에 영향을 미친 중요한 사상가들로 톨스토이와 러스킨을 뺄 수 없지만, 이들에게 관심을 갖게 된 계기도 채식주의자들과의 교류를 통해서였다.

44 Percy Bysshe Shelley, *op. cit*, pp. 24-25.

45 Mary Wollstoncraft Shelley, *Frankenstein, or the Modern Prometheus*, 『프랑켄슈타인』, 임종기 옮김, 문예출판사, 2008, 142쪽.

46 Raghavan N. Iyer ed., *The Moral And Political Writings of Mahatma Gandhi*, 『마하뜨마 간디의 도덕·정치사상 권2: 진리와 비폭력(상)』, 허우성 옮김, 소명출판사, 2004, 128쪽.

47 위의 책, 132-133쪽.

48 위의 책, 190쪽.

49 Carol J. Adams, 앞의 책, 218-219쪽.

50 위의 책, 354쪽.

51 Dominick LaCapra, *History and Its Limits: Human, Animal, Violence*, Ithaca: Conell

University Press, 2009, p.154.

52 "남아메리카의 광활한 광야로 갈 것이오. 내가 먹는 음식은 인간의 음식과는 다르오. 그러니 식욕을 채우려고 양이나 새끼 염소를 잡아먹는 일은 없소. 내 음식으로는 도토리와 딸기면 충분하오. 나의 동반자도 나와 본성이 같은 테니까 나와 같은 음식에 만족할 거요. 우리는 마른 나뭇잎으로 잠자리를 마련할 것이오. 태양은 인간에게와 마찬가지로 우리에게도 빛을 비추며 우리의 양식을 무르익게 해줄 거요. 이처럼 당신에게 보여주는 나의 미래상이 평화롭고 인간적인 만큼, 이유 없이 힘과 잔인함을 보여줄 생각이 아니라면 당신은 내 요구를 거절할 수 없을 거요." Mary Wollstone Shelley, 앞의 책, 190쪽.

53 Jeremy Rifkin, Beyond Beef, 『육식의 종말』, 신현승 옮김, 시공사, 2002, 348쪽.

54 Tristram Sturat, *op. cit.*, p.375.

55 Timothy Morton, *op. cit.*, pp.25-27.

56 Mohandas K. Gandhi, 앞의 책, 324-326쪽.

57 위의 책, 326쪽.

58 J. M. coetzee, *op. cit.*, p.43.

59 Raghavan N. Iyer ed., 앞의 책, 32-33쪽.

60 Raghavan N. Iyer ed., *The Moral And Political Writings of Mahatma Gandhi*, 『마하뜨마 간디의 도덕·정치사상 권2: 진리와 비폭력(하)』, 허우성 옮김, 소명출판사, 2004, 446-447쪽.

채식주의의 윤리학적 근거_김일방

1 월터 아이작스, 『스티브 잡스』, 안진환 옮김(서울: 민음사, 2011), 71-73쪽 참조.

2 손금희·조여원의 연구에 따르면 이 연구에서의 조사대상자 중 한 부류인 채식선호군이 채식을 하는 이유로 종교적 이유, 건강상의 이유, 동물 보호의 이유를 들고 있는데 그 비율을 보면 30%, 40%, 30% 순으로 나타나고 있다. 손금희·조여원, 「채식선호자와 육식선호자의 식사의 질 및 비타민 K 섭취 비교 연구」, 『한국영양학회지』, 39(6), 531쪽; 최근의 한 일간지 보도에 따르면, 한 기자가 한국채식연합 회원들을 상대로 인터뷰를 했는데, 이에 응한 7명 중 4명이 채식의 이유로 건강상의 이유를 꼽고 있다. 〈프레시안〉, 2011. 2. 4일자 참조.

3 손금희·조여원, 위의 논문, 530쪽.

4 한국채식연합 홈페이지(www.vege.or.kr) 참조.

5 멜라니 조이, 『우리는 왜 개는 사랑하고 돼지는 먹고 소는 신을까』, 노순옥 옮김(서울: 모멘토, 2011), 117-118쪽.

6 할 헤르조그, 『우리가 먹고 사랑하고 혐오하는 동물들』, 김선영 옮김(서울: 살림, 2011), 313-315쪽.

7 "Myths and Facts about Beef Production," *National Cattlemen's Beef Association*, 존 로빈스, 『음식혁명』, 안의정 옮김(서울: 시공사, 2002), 32쪽에서 재인용.

8 윤방부, 「육식을 더 강조해야 할 때」, 한국식품공업협회, 『식품가공』, 제98호(1989), 58쪽.

9 황병익, 「채식주의의 올바른 이해와 대책」, 한국종축개량협회, 『젖소개량』, 제7권 제3호(2002. 3), 22쪽.

10 채식주의자의 유형에 대해서 간략히 소개하고자 한다.(※ ×: 먹지 않음, ○: 먹음)

구분	육고기	물고기	난류	유제품
비건(vegan)	×	×	×	×
락토(lacto) 채식주의자	×	×	×	○
오보(ovo) 채식주의자	×	×	○	×
락토-오보(lacto-ovo) 채식주의자	×	×	○	○
페스코(pesco) 채식주의자	×	○	○	○

11 田上孝一, 『實踐の環境倫理學』(東京: 時潮社, 2006), 126쪽 참조.

12 J. M. Masson, *The face on your plate: The truth about food*(New York: W. W. Norton, 2009), p. 165, 할 헤르조그, 앞의 책, 314쪽에서 재인용.

13 T. Colin Campbell&Thomas M. Campbell, *The China Study*(Texas: BenBella Books, 2006), 멜라니 조이, 앞의 책, 124쪽에서 재인용.

14 손금희·조여원, 앞의 논문 참조.

15 J. Baird Callicott, "Animal Liberation: A Triangular Affair," in Robert Elliot, ed., *Environmental Ethics*(New York: Oxford University Press, 1995), p. 55.

16 *Ibid.*, p. 56.

17 *Ibid.*, p. 57.

18 Peter S. Wenz, "An Ecological Argument for Vegetarianism," in Kerry S. Walters and Lisa Portmess, *Ethical Vegetarianism*(Albany: State University of New York Press, 1999), p. 198.

19 田上孝一, 前揭書, 107쪽 참조.

20 伊勢田哲治, 『動物からの倫理學入門』(名古屋: 名古屋大學出版會, 2010), 236쪽 참조.

21 田上孝一, 前揭書, 115쪽 참조.

22 제레미 리프킨, 『육식의 종말』, 신현승 옮김(서울: 시공사, 2007), 8쪽 참조.

23 Frances Moore Lappe, *Diet for a Small Planet*(New York: Ballantine Books, 1991), p. 69.

24 *Ibid.*, p. 66.

25 田上孝一, 前揭書, 117쪽 참조.

26 영국과 유럽연합 27개국은 올해 첫날부터 배터리 케이지에서의 닭 사육을 금지하기

로 한 반면(70년대 이후 전개된 동물권리운동의 결과로 1999년 유럽연합은 '배터리 케이지 금지법'을 채택함. 그러나 이미 투자한 장비를 단계적으로 제거할 수 있는 충분한 시간을 생산자들에게 보장해주기 위해 이행 시기를 2012년 1월 1일까지 유예함) 국내 산란계의 99%는 배터리 케이지에서 사육되고 있다. 배터리 케이지란 공장식 닭장을 말하는데, 닭장 한 칸의 크기가 가로 40㎝, 세로 20㎝ 정도이며 이 공간에 3마리씩 들어간다. 농림수산식품부 '가축사육시설 단위면적당 적정 가축사육기준'에 제시한 산란계 한 마리당 적정 사육 면적은 0.042㎡로, 적어도 가로 세로 20㎝ 넘는 공간이 주어져야 하지만 이런 기준이 지켜지지 않는 경우도 많다고 한다. 설사 이 기준이 지켜지더라도 닭은 A4용지(0.062㎡)의 3분의 2 크기에서 평생을 산다. 신문 1개 면을 반으로 접은 것(0.051㎡)보다도 작은 크기다. 닭이 날개를 펼치려면 최소한 0.065㎡, 날갯짓을 하려면 0.198㎡가 필요한데 이런 공간이 주어지지 않고 있기에 닭은 평생 날개도 제대로 펼쳐보지 못한 채 죽음을 맞이한다. 자연상태의 닭은 매년 알을 20~30개씩 꾸준히 낳으며 20년 이상을 사는 반면, 공장식 산란계는 하루에 한 알씩 2년 동안 낳다가 700~800원짜리로 유통업자에게 팔리고 있다. 〈한겨레신문〉, 2012. 1. 28, 15면 참조.

27 피터 싱어, 『동물해방』, 김성한 옮김(고양: 인간사랑, 1999), 13-14쪽.

28 위의 책, 45쪽 참조.

29 위의 책, 43쪽 참조.

30 위의 책, 300쪽 참조.

31 田上孝一, 前揭書, 121쪽 참조.

32 우리는 보통 고기 먹는 일과 채식주의를 각기 다른 시각으로 본다. 채식주의는 동물과 세상과 우리 자신에 대한 일련의 가정들을 기초로 한 선택이라고 보는 반면 육식은 당연한 것, '자연스러운' 행위, 언제나 그래왔고 앞으로도 항상 그럴 것으로 본다. 따라서 아무 자의식 없이 왜 그러는지 이유도 생각하지 않으면서 고기를 먹는다. 그 행위의 근저에 있는 신념체계가 보이지 않기 때문이다. 이 보이지 않는 신념체계를 조이는 육식주의(carnism)라고 부른다. 멜라니 조이, 앞의 책, 36쪽 참조.

33 Tom Regan, "The Moral Basis of Vegetarianism," in Kerry S. Walters and Lisa Portmess, op. cit., pp. 158-159 참조.

34 Tom Regan, The Case for Animal Rights(Berkeley: University of California Press, 1983), p. 77 참조; 리건은 이해관심을 갖는 존재의 범위를 어디까지 설정할 것인지에 관해 매우 조심스런 태도를 보이고 있다. 생리학과 비언어적 행동, 양 측면에서 인간과 아주 유사한 존재들(예를 들면 영장류)이 이해관심을 갖는 것은 의심할 수 없지만 이 유추를 어디까지 확대시킬 수 있는지는 파악하기 무척 어렵다고 한다. Regan, "The Moral Basis of Vegetarianism," pp. 161-162 참조.

35 Tom Regan, "The Radical Egalitarian Case for Animal Rights," in Paul Pojman, ed., Food Ethics(Boston: Wadsworth, 2012), pp. 36-37.

36 田上孝一, 前揭書, 124-125쪽.

37 Regan, *The Case for Animal Rights*, p. 324.

38 잔 카제즈, 『동물에 대한 예의』, 윤은진 옮김(서울: 책읽는수요일, 2011), 144쪽.

서양윤리의 동물권리 논의와 불교생명윤리의 입장_허남결

1 Tibor R. Machan, "Do Animals Have Rights?", in Jeffrey Olen & Vincent Barry Jeffrey, *Appling Ethics; A Text with Readings*, 5th ed., Belmont: Wadsworth, 1996, p.428.

2 Peter Singer, *Animal Liberation*, 2nd ed., London: Pimlico, 1995, p.ix; 피터 싱어, 『동물해방』, 김성한 옮김, 인간사랑, 1999, 8쪽.

3 Lori Gruen, "Animals", in Peter Singer ed., *A Companion to Ethics*, Oxford; Blackwell, 1993, p.343; 피터 싱어, 『응용윤리(윤리학 길잡이 3)』, 김성한, 김성호, 소병철, 이병철 옮김, 철학과 현실사, 2005, 174쪽 참조.

4 Evelyn Pluhar, "Animal Rights", in *Encyclopedia of Applied Ethics*, vol.1, San Diego: Academic Press, 1998, p.163.

5 *Ibid.*

6 이 문제에 관심을 보이고 있는 국내외의 학자들과 그들의 저서 또는 논문은 다음과 같은 것들을 들 수 있다. Damien Keown, Buddhist Ethics: *A Very Short Introduction*, Oxford: Oxford University Press, 2005; Peter Harvey, *An Introduction to Buddhist Ethics -Foundations, Values and Issues*, Cambridge: Cambridge University Press, 2000; Lambert Schmithausen, "The Early Buddhist Tradition and Ecological Ethics", in *Journal of Buddhist Ethics*, vol.4, 1997; Norm Phelps, *The Great Compassion-Buddhism & Animal Rights-*, New York: Lantern Books, 2004; Lily de Silva, "The Buddhist Attitude Towards Nature", *Access to Insight*, June 5, 2010, http://www.accesstoinsight.org/lib/authors/desilva/attitude.html.; 안옥선, 「인간과 동물간 무경계적 인식과 실천:불교와 동물해방론의 경우」, 『범한철학』 제31집, 2003; 안옥선, 「업설에 나타난 불교생명관의 한 특징:인간과 동물의 평등」, 『철학연구』 제89집, 2004; 서재영, 「선사들의 삶을 통해 본 동물의 도덕적 지위」, 『불교학보』 제43집, 2005; 서재영, 「선의 생태철학」, 동국대학교출판부, 2007.

7 박이문, 「동물권과 동물해방」, 『철학과 현실』 가을호, 2000, 205-207쪽.

8 이 부분은 졸고, 「동물의 권리에 대한 윤리적 논의의 현황-동물해방론과 동물권리론의 전개과정을 중심으로」, 『불교학보』 제43집, 2005, 173-199쪽의 내용을 토대로 수정, 보완한 것임.

9 Peter Singer, *Practical Ethics*, second ed., Cambridge: Cambridge University, 1993, p.55; 피터 싱어, 『실천 윤리학』, 황경식, 김성동 옮김, 철학과현실사, 2003, 81쪽.

10 Peter Singer, *Practical Ethics*, p.13; 피터 싱어, 『실천 윤리학』, 33쪽; 김성한, 「피터 싱어의 동물해방론」, 『철학연구』 22집, 1999, 111-113쪽 참조.

11 Jeremy Bentham, *An Introduction to the Principle of Morals and Legislation*, New York: Dover Publications, Inc., 2007, chapter 17.

12 Peter Singer, *Animal Liberation*, p.7; 피터 싱어, 『동물해방』, 43쪽.

13 Peter Singer, *Animal Liberation*, pp.8-9; 피터 싱어, 『동물해방』, 45쪽.

14 Peter Singer, *Practical Ethics*, p.61; 피터 싱어, 『실천 윤리학』, 87쪽.

15 Lori Gruen, "Animals", p.350; 피터 싱어, 『응용윤리(윤리학 길잡이 3)』, 189쪽.

16 Peter Singer, *Animal Liberation*, p.2; 피터 싱어, 『동물해방』, 35쪽.

17 *Ibid.*

18 Michael Pollan, "The Unnatural Idea of Animal Rights", in James P. Sterba, *Morality in Practice*, Belmont: Wadsworth, 2004, p.496.

19 Michael Pollan(2004), pp.501-502.

20 Louis P. Pojman, *Environmental Ethics; Readings in Theory and Application*, Belmont: Wadsworth, 2001, p.30.

21 R. G. Frey, "Moral Standing, the Value of Lives, and Speciesism", in Hugh LaFollette, *Ethics in Practice; An Anthology*, Oxford: Blackwell, 1999, p.140.

22 R. G. Frey, in Hugh LaFollette, *Ethics in Practice; An Anthology*, Oxford: Blackwell, 1999, pp.142-144.

23 *Ibid.*, pp.145-150.

24 *Ibid.*, pp.151.

25 R. G. Frey & Sir William Paton, "Vivisection, Morals and Medicine: An Exchange", in Helga Kuhse & Peter Singer eds., *Bioethics; An Anthology*, Oxford: Blackwell, 1999, pp.471-475; Evelyn Pluhar, "Animal Rights", in Encyclopedia of Applied Ethics, vol.1, San Diego: Academic Press, 1998, pp.170-171.

26 피터 싱어의 입장에 대한 비판적 고찰은 김일방, 「피터 싱어의 동물해방론 비판」, 『철학연구』제84집, 2002, pp.217-240 참조.

27 Tom Regan, "The Case for Animal Rights", in Hugh LaFollette, *Ethics in Practice; An Anthology*, Oxford: Blackwell, 1999, pp.153-158.

28 *Ibid.*, p.158.

29 *Ibid.*, p.159, p.157.

30 Lori Gruen, "Animals", pp.346-347; 피터 싱어, 『응용윤리(윤리학 길잡이 3)』, 182-184쪽 참조.

31 Tibor R. Machan, "Do Animals Have Rights?", in Jeffrey Olen & Vincent Barry, *Appling Ethics; A Text with Readings*, 5th ed., Belmont: Wadsworth, 1996, p.427.

32 *Ibid.*, p.432.

33 *Ibid.*, p.431.

34 *Ibid.*, pp.432-433.

35 Louis P. Pojman, *op. cit.*, p.30.

36 Marry Anne Warren, "A Critique of Regan's Animal Rights Theory", in Louis P. Pojman, *Environmental Ethics; Readings in Theory and Application*, 2001, p.46.

37 *Ibid.*, p.47.

38 *Ibid.*, p.50.

39 동물의 법적 권리와 관련된 논의에 대해서는 Alasdair Cochrane, "Ownership and Justice for Animals", *Utilitas*, vol.21, no.4, pp.424-442; 김진석, 「인간과 동물-권리와 복지논쟁」, 한국동물자원과학회 2004년 정기총회 및 춘계 심포지움 자료집, 2004, 3-32쪽; 박정기, 「동물의 법적 지위에 관한 연구」, 『법학연구』제 51권, 제3호, 2010, 25-53쪽 등을 참조할 것.

40 제임스 레이첼즈, 『동물에서 유래된 인간: 다윈주의의 도덕적 함의』, 김성한 옮김, 나남, 2007, 169-171쪽.

41 위의 책, 21쪽.

42 위의 책, 21-22쪽.

43 위의 책, 167쪽.

44 위의 책, 243-318쪽 참조.

45 위의 책, 320쪽.

46 위의 책, 325쪽.

47 위의 책, 327쪽.

48 위의 책, 328-329쪽. 레이첼즈의 치밀한 논증에 대해서는 위의 책, 333-359쪽을 참조할 것.

49 위의 책, 354쪽.

50 도덕적 개체주의와 진화론적 시각의 상호 관련성에 대해서는 위의 책, 358-359쪽을 참조할 것.

51 위의 책, 377쪽.

52 위의 책, 386쪽.

53 도덕적 개체주의와 진화론의 관계에 대해서는 김성한, 「동물의 도덕적 지위에 대한 진화론의 함의」, 『철학연구』제98집, 2006, 25-46쪽 참조할 것.

54 Richard D. Ryder, *Painism: A Modern Morality*, London: Centaur Press, An imprint of Open Gate Press, 2001, p.2.

55 *Ibid.*

56 *Ibid.*

57 *Ibid.*, p.44.

58 *Ibid.*, p.50.

59 *Ibid.*, p.118.

60 *Ibid.*, p.119. 이 문제와 관련된 각 개체마다 서로 다른 고통의 감수능력 등과 같은 보다 구체적인 논의에 대해서는 같은 책, pp.115-116, pp.118-121 등을 참조할 것.

61 데미언 키온, 『불교 응용윤리학 입문』, 허남결 옮김, 한국불교연구원, 2007, 63쪽.

62 Ian Harris, "Attitudes to Nature", in Peter Harvey ed., *Buddhism*, London: Continuum, 2001, pp.244-248.

63 데미언 키온, 앞의 책, 66-67쪽.

64 테라바다 전통의 자타카에 나오는 동물들의 이름과 숫자 및 도덕적 상징에 대해서는 Mary Evelyn Tucker and Duncan Ry : ken Williams eds., *Buddhism and Ecology: The Interconnection of Dharma and Deeds*, Cambridge: Harvard University Press, 1997, pp.131-148을 참조할 것.

65 데미언 키온, 앞의 책, 78-80쪽.

66 Ian Harris, *op. cit.*, pp.249-256.

67 데미언 키온, 앞의 책, 72-74쪽. 이와는 달리 Mary Evelyn Tucker and Duncan Ry : ken Williams, op. cit., pp.142-144에서는 동물들의 도덕적 지위 부여 가능성에 대해 상대적으로 호의적인 입장을 보여주는 경전적 근거들을 제시하고 있다.

68 Lambert Schmithausen, "The Early Buddhist Tradition and Ecological Ethics", *Journal of Buddhist Ethics*, vol.4, 1997, pp.29-30.

69 이에 대해서는 Lambert Schmithausen, *op. cit.*, pp.30-33; Ian Harris, *op. cit.*, pp.235-256 참조.

70 같은 초기 경전에 의거하면서도 안옥선은 서구의 불교학자들과는 달리 인간과 동물 간의 도덕적 평등성을 확신하는 논문들을 발표한 바 있다. 안옥선, 「인간과 동물간 무경계적 인식과 실천: 불교와 동물해방론의 경우」, 『범한철학』제31집, 2003, 231-260쪽; 안옥선, 「업설에 나타난 불교 생명관의 한 특징: 인간과 동물의 평등」, 『철학연구』제89집, 2004, 243-265쪽 참조.

71 초기 불교의 전반적인 자연관 및 인간과 동식물의 관계에 대해서는 피터 하비, 『불교윤리학입문: 토대, 가치와 쟁점』, 허남결 옮김, 씨·아이·알, 2010, 제4장 자연세계를 대하는 태도와 자세를 참조할 것.

72 서재영, 『선의 생태철학』, 동국대학교출판부, 2007, 제4장, 6장, 7장 및 8장 참조.

73 위의 책, 120-133쪽.

74 위의 책, 134-139쪽.

75 서재영, 「선사들의 삶을 통해 본 동물의 도덕적 지위」, 『불교학보』제43집, 2005; 서재영, 『선의 생태철학』, 142-151쪽 참조.

76 Gary E. Varner, "The Prospects for Consensus and Convergence in the Animal Rights Debate" in Donald VanDeVeer & Christine Pierce eds., *The Environmental Ethics & Policy Book*, Belmont: Wadsworth, 1998, p.123.

77 *Ibid.*, pp.123-128.

78 이 용어는 앞에 나온 동물해방(복지)론과 동물권리론을 따로 구분하지 않은 채 하나로 뭉뚱그려 사용하고 있는 것으로 보인다. 따라서 동물해방(복지)론으로 표기한 개념과는 의미가 다르다는 사실을 기억할 필요가 있다.

79 J. Baird Callicott, "Animal Liberation: A Triangular Affair", in n Louis P. Pojman,

79 J. Baird Callicott, "Animal Liberation: A Triangular Affair", in n Louis P. Pojman,

Environmental Ethics; Readings in Theory and Application, pp.51-60.

80 *Ibid.*, p.51.

81 *Ibid.*, p.61.

82 이 용어 또한 각주 76)의 의미로 사용되고 있는 것으로 보인다.

83 Mark Sagoff, "Animal Liberation and Environmental Ethics: Bad Marriage, Quick Divorce" in David Schmidtz & Elizabeth Willott eds., *Environmental Ethics; What Really Matters, What Really Works?*, Oxford: Oxford University Press, 2002, pp.42.

84 *Ibid.*

85 Lily de Silva, *op. cit.*, pp.1-12; Norm Phelps, *op. cit.*, pp.164-169 등 참조.

86 이에 대해 노름 펠프스는 우리가 진심으로 동물들의 고통을 줄이고 그들의 삶의 조건을 개선하고자 한다면, 다음과 같은 10가지 행동을 지금 당장 실천에 옮길 것을 제안하고 있다. 그는 이를 '생명의 염주알을 꿰는 일(string a bead on our rosary of life)'이라고 표현하고 있다. 첫째, 우리의 친구인 동물을 사육업자나 동물가게로부터 돈을 주고 사는 대신 그곳으로부터 입양하는 일 둘째, 우리의 친구인 동물들에게 난소의 제거나 거세와 같은 불임시술을 해줌으로써, 매년 집이 없다는 이유로 수백만 마리의 개와 고양이가 죽임을 당하고 있는 동안에도 또 다른 개와 고양이가 이 세상에 태어나는 것을 선의에서 막는 일 셋째, 우리가 사냥과 낚시하는 것을 포기하고 이를 공고함으로써 아무도 그 땅을 죽음의 운동장으로 다시 탈바꿈시킬 수 없도록 하는 일 넷째, 우리가 동물원, 테마공원, 서커스, 로데오경기, 말 경주 또는 개 시합 등에 동원되는 동물들의 고통에서 쾌락을 추구하기를 거부하는 일 다섯째, 우리가 어둑어둑한 길과 막상 어둠이 내린 다음에는 자동차를 평소보다 천천히 그리고 주의 깊게 운전함으로써 자동차 불빛에 놀라 길을 가로질러 건너던 동물들을 칠 기회를 줄이는 일 여섯째, 우리가 '내 것'으로 부르는 공간에다 덫이나 독극물을 설치하지 않은 채 거기에 의존해서 생명을 유지하는 다른 동물들과 이를 공유하는 것을 배우는 일, 그래서 사슴과 토끼, 너구리, 주머니쥐, 그리고 두더지들이 마당의 어린 나뭇잎을 따먹고 잔디밭 밑에 굴을 파서 살 수 있도록 허용하는 일 일곱 번째, 우리가 집 안에 쥐나 박쥐, 다람쥐 및 다른 동물들을 처음부터 들여놓지 않음으로써 나중에 그들이 서식처를 마련하고 이곳저곳을 멋대로 돌아다니도록 했다가 더 이상 도저히 참을 수 없어 이들을 죽이거나 다른 곳으로 내쫓아 그들이 제대로 살지 못하도록 방해하지 않는 일 여덟 번째, 우리가 동물성분이 조금이라도 들어있거나 동물을 시험대상으로 삼아온 주방세제와 개인용품을 구매하지 않도록 하는 일, 아홉 번째, 우리가 그동안 우리들과 동물영역에 속하는 존재들과의 관계를 규정했던 말들인 잔인함과 살상에 반대하는 목소리를 분명하게 내고 이를 위해 적극적으로 활동하는 일 열 번째, 무엇보다도 먼저 우리가 살아 있는 어떤 존재도 우리의 음식과 옷감을 만들기 위해 갇히거나 죽임을 당해서는 안 된다고 결정하는 일 등이 곧 그것이다. Norm Phelps, *op. cit.*, pp.167-169 참조.

참고문헌

종교와 동물, 그 연결점의 자리_장석만

권기호, 2010, 「소·돼지 엽기적인 생매장…이게 '사람'이 할 짓인가?」, 〈프레시안〉, 12월 22일.

김태성, 2011, 「급성장하는 애완동물 용품 산업」, 〈서울경제〉, 7월 14일.

이경미, 2011, 「동물보호단체 '꼬리문 비난전'」, 〈한겨레신문〉, 9월 13일.

이기홍, 2011, 「생매장과 국격」, 〈동아일보〉, 2월 7일.

이정규, 「從義錄」, 1984(1971), 『독립운동사자료집』 제1집, 독립운동사편찬위원회.

전경옥, 2010, 「연평도에 방치된 개들, 이렇게 되다니: 북 포격으로 주민들 피난 떠난 섬, 불안해 하는 동물들」, 〈오마이뉴스〉, 11월 30일.

휄트캄프 엘머(Veldkamp Elmer), 2011, 「한국사회의 동물위령제를 통해 본 동물의 죽음에 대한 사회적 인식의 변화〉, 『비교문화연구』 제17집 2호.

Balagangadhara, S. N., 1994, '*The Heathen in His Blindness...': Asia, the West and the Dynamic of Religion.* Leiden, New York and Koeln: E. J. Brill.

Castricano, Jodey, (ed), 1998, *Animal Subjects: An Ethical Reader in a Posthuman World, Waterloo,* Ontario, Canada: Wilfrid Laurier University Press.

Cochrane, Alasdair, 2010, *An Introduction to Animals and Political Theory*, New York: Palgrave Macmillan.

Coetzee, J. M. 1999, *The Lives of Animals*, Princeton, New Jersey: Princeton University Press 존 쿳시, 2005, 『동물로 산다는 것』, 전세재 옮김, 평사리.

Derrida, Jacques, 2002, *Acts of Religion*, New York & London: Routledge.

_____, 2008, *The Animal That Therefore I Am.* New York: Fordham University Press.

Dressler, Markus and Arvind Mandair (eds.), 2011, *Secularism and Religion-Making*, Oxford and New York: Oxford University Press.

Francione, Gary L. 1996, *Rain without Thunder: The Ideology of the Animal Rights Movement*, Philadelphia: Temple University Press.

Franklin, Adrian, 1999, *Animals and Modern Cultures: A Sociology of Human-Animal Relations in Modernity*, London: Sage Publications.

Harrison, Ruth, 1964, *Animal Machines: The New Factory Farming Industry*, London: V. Stuart.

Idinopulos, Thomas A. and Brian C. Wilson (eds.), 1998, *What is Religion? Origins, Definitions, and Explanations*, Leiden: Brill.

Kearney, Richard, 2002, *Strangers, Gods and Monsters*, London and New York:

Routledge 리처드 커니, 2004, 『이방인, 신, 괴물: 타자성 개념에 대한 도전적 고찰』, 이지영 옮김, 개마고원.

King, Richard, 2002, "Response to Reviews of Orientalism and Religion," *Method & Theory in the Study of Religion*, 14.

Lawlor, Leonard, 2007, *This Is Not Sufficient: An Essay on Animality and Human Nature in Derrida*, Columbia University Press.

Lawson, E. Thomas and Robert N. McCauley, 1993, *Rethinking Religion: Connecting Cognition and Culture*, Cambridge University Press.

Linda, Kalof and Amy Fitzgerald (eds.), 2007, *The Animal Reader: The Essential Classic and Contemporary Writings*, Oxford and New York: Berg.

Mandair, Arvind-Pal, 2009, *Religion and the Specter of the West: Sikhism India, Postcoloniality, and the Politics of Translation*, New York: Columbia University Press.

Smart, Ninian, 1999, *Worldviews: Crosscultural Explorations of Human Beliefs*. New York: Scribner 니니안 스마트, 2000, 『종교와 세계관』, 김윤성 옮김, 이학사.

Sunstein, Cass R. and Martha C. Nussbaum (eds.), 2005, *Animal Rights: Current Debates and New Directions*, Oxford and New York: Oxford University Press.

Vialles, Noilie, 1994, *Animal to Edible (Le sang et la chair: Les abattoirs des pays de l' Adour)*, Cambridge University Press.

Waldau, Paul and Kimberley Patton (eds.), 2006, *A Communion of Subjects: Animals in Religion, Science, and Ethics*, New York: Columbia University Press.

Wolfe, Cary, (ed), 2003, *Zootologies: The Question of the Animal*, Minneapolis: University of Minnesota Press.

원시종교 이론에 나타난 인간과 동물의 관계_방원일

Beal, Timothy K., *Religion and Its Monsters*, London: Routledge, 2002.

Chidester, David, "Animism," In Bron Taylor (ed.), *Encyclopedia of Religion and Nature*, London: Continuum, 2005.

Cox, James L., *From Primitive to Indigenous*, Burlington: Ashgate Publishing, 2007.

Darwin, Charles, *The Descent of Man, and Selection in Relation to Sex*, 2nd ed., New York: D. Appleton and company, 1882[1871].

Douglas, Mary, "Animals in Lele Religious Symbolism," *Africa* 27-1, 1957.

Durkheim, Émile & Mauss, Marcel, Rodney Needham (tr.), *Primitive Classification*, Chicago: University of Chicago Press, 1963.

Durkheim, Émile, Karen E. Fields (tr.), *The Elementary Forms of Religious Life*, New

York: Free Press, 1995.

Frazer, James George, "Totemism," In *The Encyclopaedia Britannica*, 9th ed., Vol. 23, New York: C. Scribner's sons, 1878.

------, *Totemism and Exogamy: A Treatise on Certain Early Forms of Superstition and Society*, London: Macmillan, 1910.

------, *Totemism*, Edinburgh: A. & C. Black, 1887.

Guinness, Lucy E., *Across India at the Dawn of the 20th Century*, London: Religious Tract Society, 1898.

Hallowell, A. Irving, "Ojibwa Ontology, Behavior, and World View," In Graham Harvey (ed.), *Readings in Indigenous Religions*, New York: Continuum International Publishing Group, 2002.

Leach, Edmund R., "Anthropological Aspects of Language: Animal Categories and Verbal Abuse," In Eric H. Lenneberg (ed.), *New Directions in the Study of Language*, Cambridge, MA: MIT Press, 1964.

Linton, Ralph, "Totemism and the A. E. F," American Anthropologist 26-2, 1924, pp. 296-300.

Long, John, *Voyages and Travels of an Indian Interpreter and Trader: Describing the Manners and Customs of the North American Indians*, London: Printed for the author and sold by Robson, 1791.

Lubbock, John, *The Origin of Civilization and the Primitive Condition of Man: Mental and Social Condition of Savages*, 5th ed., New York: D. Appleton and company, 1889[1870].

McLennan, John Ferguson, "The Worship of Plants and Animals (1)," *Fortnightly Review* 6, 1869.

------, "The Worship of Plants and Animals (3)," *Fortnightly Review* 7, 1870.

Morrison, Kenneth M., *The Solidarity of Kin: Ethnohistory, Religious Studies, and the Algonkian-French Religious Encounter*, Albany: State University of New York Press, 2002.

Smith, Jonathan Z., *Map Is Not Territory: Studies in the History of Religions*, Leiden: E.J. Brill, 1978.

Stoddard, John L., *John L. Stoddard's Lectures*, Vol. 4, Boston: Balch Brothers, 1897.

Tambiah, Stanley J., "Animals Are Good to Think and Good to Prohibit," *Ethnology* 8-4, 1969.

Wolf, Eric R., *Europe and the People without History*, Berkeley: University of California Press, 1982.

데이비드 치데스터, 『새비지 시스템: 식민주의와 비교종교』, 심선영 옮김, 경세원, 2008.

미르체아 엘리아데, 『종교의 의미: 물음과 답변』, 박규태 옮김, 서광사, 1990.
박상준, 「토테미즘의 재발견: 생태학적 토테미즘에 대하여」, 『종교문화비평』 9, 2006.
에릭 샤프, 『종교학: 그 연구의 역사』, 윤원철 & 윤이흠 옮김, 한울, 1986.
클로드 레비스트로스, 『야생의 사고』, 안정남 옮김, 한길사, 1996.

포스트휴먼: 의인화와 동물-되기의 기법__전세재

Barber, Theodore. *The Human Nature of Birds*. New York: St. Martin's Press, 1993.

Burroughs, John. *Under the Maples*. Boston: Houghton, 1921.

Chun, Sehjae. "The Animal's Gaze and Shame of Humanity in Derrida", *The Journal of Criticism and Theory*, 9.1, 2004.

De Waal, Frans. *Primates and Philosophers*. Ed. Stephen Macedo, Princeton: Princeton University Press, 2006.

Deleuze, Gilles and Felix Guattari. *A Thousand Plateaus*, trans. Brian Massumi, London : Athlone Press, 1988.

Derrida, Jacques. "The Animal That Therefore I Am (More to Follow)." Trans. David Wills. *Critical Inquiry*, 28.2, 2002.

Harrar, George. *Signs of the Apes, Songs of the Whales*. N.Y.: Simon, 1989.

Jamieson, Dale. *Morality's Progress*. Oxford: Clarendon Press, 2002.

Kennedy, John. *New Anthropomorphism*. New York: Cambridge University Press, 1997.

Lakoff, George and Mark Turner. *More Than Cool Reason*. Chicago: University of Chicago Press, 1989.

Levinas, Emmanuel. *Ethics and Infinity*. Trans. Richard A. Cohen. Pittsburgh: Duquesne University Press, 1985.

Oelschlaeger, Max. *The Idea of Wilderness*. New Haven: Yale University Press, 1991.

The Oxford English Dictionary. 2nd. ed. 1989.

Rueckert, William. "Literature and Ecology." *The Iowa Review*, 9.1, 1978.

인도 종교에 나타난 동물 존중 태도__이병욱

이재숙 · 이광수 옮김, 1999, 『마누법전』, 한길사.

석지현 옮김, 2001(4쇄), 『숫타니파타』, 민족사.

석지현 옮김, 2001(6쇄), 『법구경』, 민족사.

김미숙, 2007, 『불살생의 이론과 실천』, 한국학술정보.

동국대학교 BK21 불교문화사상사교육연구단 편, 2006, 『불교사상의 생태학적 이해』, 동국대출판부.

류경희, 2004(2쇄), 『인도신화의 계보』, 살림.

서재영, 2007, 『선의 생태철학』, 동국대출판부.

안옥선, 2008, 『불교와 인권』, 불교시대사.

이병욱, 2008(2쇄), 『인도철학사』, 운주사.

이병욱, 2011, 『한권으로 만나는 인도』, 너울북.

이정호, 2007, 『아힌사, 인도의 불살생 전통과 비폭력 사상』, 살림.

차기벽, 1996(2판 4쇄), 『간디의 생애와 사상』, 한길사.

D. N. Jha, 2004, *The Myth of the Holy Cow*, 이광수 옮김, 『인도민족주의의 역사 만들기: 성스러운 암소신화』, 푸른역사.

Damein Keown, 2000, *Buddhism and Bioethics*, 허남결 옮김, 『불교와 생명윤리학』, 불교시대사.

Garvin D. Flood, 2008, *An Introduction to Hinduism*, 이기연 옮김, 『힌두교 -사상에서 실천까지』, 산지니.

Mary Evelyn Tucker and John A. Grim ed, *Worldview and Ecology: Religion, Philosophy, and the Environment*, 2003, 유기쁨 역, 『세계관과 생태학』, 민들레 책방.

J.R. Des Jardins, 1999, *Environmental Ethics*, 김명식 옮김, 『환경윤리』, 자작나무.

Peter Harvey, 2010, *An Introduction to Buddhist Ethics*, 허남결 역, 『불교윤리학입문』, 씨아이알.

S.C. Chatterjee, D.M. Datter, 1999, *An Introduction to Indian Philosophy*, 김형준 옮김, 『학파로 보는 인도사상』, 예문서원.

The Center for the Study of World Religions Harvard Divinity School ed, 2005, *Buddhism and Ecology*, 동국대불교문화연구원 역, 『불교와 생태학』, 동국대출판부.

Vandana Shiva, 2006(6쇄), 한재각 외 옮김, 『자연과 지식의 약탈자들』, 당대.

管沼晃, 1994(2쇄), 「ヒンドゥ教 -その現象と思想」, 문을식 역, 『힌두교입문』, 여래.

鈴木一朗, 1980, 「佛教とヒンドゥ教」, 권기종 역, 『불교와 힌두교』, 동화문화사.

塚本啓祥, 2008, 「アッョ-カ王碑文」, 호진·정수 옮김, 『아쇼까왕 비문』, 불교시대사.

후지다 고다쓰, 스가누마 아끼라, 사꾸라베 하지메, 1992(2쇄), 이지수 옮김, 『원시불교와 부파불교』, 대원정사.

김수아, 2007, 「생태불교학을 위한 근본윤리로서의 불교의 불살생」, 『불교학연구』16호. 불교학연구회.

남궁선, 2004, 「불교 불살생관의 생태적 적용」, 『한국불교학』39집, 한국불교학회.

류경희, 2005, 「힌두근본주의: 인도종교의 보수화경향」, 『종교연구』40집, 한국종교학회.

이도흠, 2008, 「육식의 정치학 그리고 사회학」, 『불교평론』 36호.

Paul Waldau, 2002, "Buddhism and Animal Rights", 박서연 옮김, 「동물에게도 공민권
이 있다」, 『불교평론』 10호.

L. Schmithausen, 2004, 김성철 옮김, 「불살생 기원에 관한 고찰」, 『불교평론』 18호.

그리스도교의 신학적 동물윤리_김형민

Ach, J. S., 1999, *Warum man Lassie nicht quälen darf. Tierversuche und moralischer Individualismus*, Erlangen.

Ach, J. S., 2011, "Sind alle Tere gleich? Positionen in der Tierethik", Ach, J. S.; u.a.(hg.), *Grundkurs Ethik 2*, Paderborn, pp.81-97.

Balsiger, M. U. , *Albert Schweitzers Ethik des Lebendigen: Leben inmitten von Leben*, Zürich, 2007.

Balzer, P.; Rippe, K. P.; Schaber, P.(hg.), 1998, *Menschenwürde vs. Würde der Kreatur. Begriffsbestimmung, Gentechnik, Ethikkommissionen*, Freiburg.

Baranzke, H., 2002, *Würde der Kreatur. Die Idee der Würde im Horizont der Bioethik*, Würzburg.

Baranzke, H., 2009, "Sind alle Tiere gleich? Vom reduktionistischen Antispeziesismus zur selbstreflexiven Verantwortungsethik", Ach, J. S.; Stphany, M.(hg.), *Die Frage nach dem Tier. Interdisziplinäre Pespektiven auf das Mensch-Tier-Verhältnis*, Münster, pp.17-31.

Barth, K, 1932-1967, *Kirchliche Dogmatik 12Bd*, Zürich.

Drewermann, E., 2003, *Wozu Religion?: Sinnfindung in Zeiten der Gier nach Macht und Geld*, 김현천 역, 『우리 시대의 신앙』, 피피엔.

Fenner, D, 2010, *Einführung in die Angewandte Ethik*, Tübingen.

Friedli, K, 2009, "Die Würde des Tieres in der neuen Schweizer Tierschutzgesetzgebung", *Journal für Verbraucherschutz und Lebensmittelsicherheit 4*, pp.387-391.

Grä β er, E., 1986, "καὶ ἦν μετὰ τῶν θηρίων(Mk1.13b). Ansätze einer theologischen Tierschutzethik", Schrage, W.(hg.), 1999, *Studien zum Text und zur Ethik des Neuen Testaments*, Berlin, pp.144-157.

Grä β er, I., 1999, "Biblische Tierschutzethik aus neutestamentlicher Sicht", Janowski, B; Riede, P.(hg.), *Die Zukunft der Tiere. Theologische, ethische und naturwissenschaftliche Perspektiven*, Stuttgart, pp.144-127.

Hagencord, R.(hg.), 2010, *Wenn sich Tiere in der Theologie tummeln. Ansätze einer theologischen Zoologie*, Regensburg.

Hagencord, R., 2005, *Diesseits von Eden. Verhaltensbiologische und theologische Argumente für eine neue Sicht der Tiere*, Regensburg.

Hagencord, R., 2011, *Die Würde der Tiere: Eine religiöse Wertschätzung*, Gütersloh.

Härle, W., 2010, *Würde. Groβ vom Menschen denken*, München.

Henry, J. L., 1993, "Das Tier im religiösen Bewuβtsein des altestamentlichen Menschen", Janowski, B.(hg.), *Gefährten und Feinde des Menschen. Das Tier in der Lebenswelt des alten Israel*, Neukirchener.

Höffe, O., 1993, *Moral als Preis der Moderne. Ein Versuch über Wissenschaft, Technik und Umwelt*, Frankfurt am Main.

Huber, W., 1990, *Konflikt und Konsens. Studien zur Ethik der Verantwortung*, München.

Ingensiep, H. W.; Baranzke, H., 2008, *Das Tier*, Stuttgart.

Interdisziplinaerer Gesprächskreis der VELKD(hg.), 1992, "Tier und Mensch - Erwägungen zur 'Mitgeschöpflichkeit' der Tiere", epd-Dokumentation, pp.6-13.

Irrgang, B., 1992, *Christliche Umweltethik. Eine Einführung*, Basel.

Janowski, B.(hg.), 1993, *Gefährten und Feinde des Menschen. Das Tier in der Lebenswelt des alten Israel*, Neukirchener.

Janowski, B., 1993, "Auch die Tiere gehören zum Gottesbund", Janowski, B.(hg.), *Gefährten und Feinde des Menschen. Das Tier in der Lebenswelt des alten Israel*, Neukirchener, pp.1-14.

Janowski, B., 1993, "Herrschaft über die Tiere. Gen. 1,26-28 und die Semantik von רדה", Braulik, G.(hg.), *Biblische Theologie und gesellschaftlicher Wandel für N. Nohfinkt*, Freiburg im Breisger, pp.183-198.

Janowski, B.; Riede, P.(hg.), 1999, *Die Zukunft der Tiere. Theologische, ethische und naturwissenschaftliche Perspektiven*, Stuttgart.

Ketelhodt, F. von., 1993, *Verantwortung für Natur und Nachkommen*, Pfaffenweiler.

Knoepffler, D., 2010, *Angewandte Ethik*, Köln.

Liedke, G., 1993, "Tier-Ethik - Biblische Perspektiven", Janowski, B.(hg), *Gefärten und Feinde des Menschen. Das Tier in der Lebenswelt des alten Israel*, Neukirchener.

Linzey, A., 1994, *Animal Theology*, London: SCM Press.

Linzey, A., 2009, *Creatures Of The Same God: Explorations in Animal Theology*, NY: Lantern Books.

Nussbaum, M. C. 2004, "Beyond 'Compassion and Humanity'. Justice for Nonhuman Animals", Sunstein, C. R.; Nussbaum, M. C., *Animal Rights. Current Debates and New Directions*, Oxford University Press, pp.299-320.

Praethorius, I.; Saladin, P.(hg) 1993, *Die Würde der Kreatur(Art24[novies]Abs.3 BV)*, Bern.

Preuβ, D, 2011, "Die Würde des Tieres. Eine Interpretation anhand seiner

Mitgeschöpflichkeit", *ZEE* 55, pp.111-118.

Röcklinsberg, H., 2001, *Das seufzende Schwein. Zur Theorie und Praxis in deutschen Modellen zur Tierethik*, Erlangen.

Schmidt, W. H., 1983, *Alttestamentlicher Glaube in seiner Geschichte*, München.

Schmidt, W. R. 1996, *Geliebte und andere Tiere im Judentum, Christentum und Islam*, Gütersloh.

Schmidt, W. R., *Geliebte und andere Tiere im Judentum, Christentum und Islam*, Gütersloh, 1996.

Schockenhoff, E., 1993, *Ethik des Lebens: Ein theologischer Grundriβ*, Mainz.

Schweitzer, A., 1996, *Die Ehrfurcht vor dem Leben. Grundtexte aus fünf Jahrzehnten*, München.

Singer, P.(ed.), 2012, *In Defense of Animals*,『동물과 인간이 공존해야 하는 합당한 이유들』, 노승영 역, 시대의 창.

Spaemann, R., 1984, "Tierschutz und Menschenwürde", Haendel, U. M.(hg.), *Tierschutz,: Testfall unserer Menschlichkeit*, Frankfurt am Main, pp.71-81.

Steck, O. H., 1978, *Welt und Umwelt*, Stuttgart.

Stipp, H. J., 1999, "Alles Fleisch hatte seinen Wandel auf der Erde verdorben(Gen 6:12). Die Mitverantwortung der Tierwelt an der Sintflut nach der Priesterschrift", *ZAW* 111, pp.167-186.

Teutsch, G. M., 1995, *Die〈Würde〉der Kreatur: Erläuterungen zu einem neuen Verfassungsbegriff am Beispiel des Tieres*, Bern.

Vischer, L., 1997, "Mit den Tieren sein", *Ev. Th.* 4, pp.282-305.

김형민, 2000, 「동물의 미래와 기독교신앙」, 『기독교사회윤리』 제3집, 131-168쪽.

김형민, 2007, 「인간학에 도전하는 동물학. 대 유인원 프로젝트에 대한 비판적 고찰」, 『기독교사회윤리』 제13집, 77~109쪽

노영상, 2001, 「동물보호에 대한 윤리적 반성」, 『장신논단』 제17집, 227-257쪽.

이영미, 「창세기 1~3장을 통해 보는 히브리 성서의 동물과 육식에 대한 이해」, 『새하늘 새땅』 제20호, 66-74쪽.

장일선, 『구약성서와 현대생활』, 대한기독교서회, 1995.

정중호, 1997, 「생태계 위기에 대응하는 제사장 신학」, 『구약논단』 3, 108-128쪽.

현대 한국 종교의 '생태 영성'과 의례_유기쁨

〈가톨릭뉴스 지금여기〉, 「구럼비와 우리는 하나다-164일만의 구럼비 미사」, 2012. 2. 14.

「천주교환경연대 창립선언문」, 2002. 6.3.

「생명운동의 미래, 환경운동가의 삶」, 2001 전국환경활동가 워크샵 결과자료집, 2001.

〈오마이뉴스〉, 「이라크 방패막이로 갔던 나, 강정에 머무는 이유」, 2012년 6월 8일.
    http://www.ohmynews.com/NWS_Web/view/at_pg.aspx?CNTN_CD=A0001741378

권명수, 「매튜 폭스의 생태 영성 의례의 시도 :우주 그리스도 예식을 중심으로」, 『신학과 실천』 제14호, 2008.

김대식, 『환경과 생태영성』, 서울: 한국학술정보, 2006.

박병상, 「정치 야합과 탐욕이 빚은 새만금 비가 -새만금 간척사업을 둘러싼 정치적 배경과 문제」, 풀꽃평화연구소 엮음, 『새만금, 네가 아프니 나도 아프다』, 서울: 돌베개, 2004.

신형록, 「나는 왜 걷는가」, 『새만금, 네가 아프니 나도 아프다』, 서울: 돌베개, 2004.

연규홍 외, 『종교, 생태, 영성』, 서울: 생명의 씨앗, 2007.

유정길, 「생태위기의 극복을 위한 전일적 사고」, 『생태적 각성을 위한 수행과 깨달음, 영성』, 서울: 한국불교환경교육원, 2000.

이정배, 『생태영성과 기독교의 재주체화』, 서울: 동연, 2010.

장원, 「녹색대학의 청사진」, 『오래된 미래로 함께 가는 길』 2002 녹색대학 제1차 전국보고회 자료집, 2002.

장회익 외, 『생태적 삶을 추구하는 영성』, 교회환경연구소 엮음, 서울: 내일을여는책, 2000.

조현철, 「그리스도교 생태영성을 찾아서」, 『신학사상』 149권, 2010.

피터 싱어, 함규진 옮김, 『죽음의 밥상』, 서울: 산책자, 2008.

한국교회환경연구소, 한국교회사학회, 『기독교 역사를 통해 본 창조신앙 생태영성』, 서울: 대한기독교서회, 2010.

한면희, 「녹색대학의 이념과 철학」, 『오래된 미래로 함께 가는 길』 2002 녹색대학 제1차 전국 보고회 자료집, 2002.

Bird-David, Nurit, "'Animism' Revisited: Personhood, Environment, and Relational Epistemology", *Current Anthropology*, Vol. 40, Feb., 1999.

Evans-Pritchard, E.E., *Theories of Primitive Religion*, New York: Oxford University Press, 1965.

Gibson, James J., *The Ecological Approach to visual perception*, New Jersey: Lawrence Erlbaum Associates, Inc., 1986.

Harvey, Graham, *Animism : Respecting the Living World*, New York: Columbia University Press, 2006.

http://www.christiantoday.co.kr/view.htm?id=159157, 2002.

http://www.kfem.or.kr/kbbs/bbs/board.php?bo_table=envinfo&wr_id=1752, 2001.

http://www.youtube.com/watch?feature=player_embedded&v=SfxPMjsG_X4

http://www.youtube.com/watch?v=whgVb28RMRI, 2011.

Ingold, Tim, "Culture, perception and cognition", *The Perception of the Environment:*

Essays in livelihood, dwelling and skill, London: Routledge, 2000.

Ingold, Tim, "Culture and the perception of the environment," in Elisabeth Croll and David Parkin, eds., *Bush Base: Forest Farm, Culture, Environment and Development*, London: Routledge, 1992.

Larson, Gerald J., "'Conceptual Resources' in South Asia for 'Environmental Ethics' or the Fly Is Still Alive and Well in the Bottle," *Philosophy East and West*, Vol. 37, No. 2, Apr. 1987.

Magliocco, Sabina, "Ritualizing and Anthropology" in Bron Taylor(ed.), The *Encyclopedia of Religion and Nature*, New York: Theommes Continuum, 2005.

Reed, Edward S. "The Affordances of the animate environment: Social science from the ecological point of view", in Tim Ingold. ed., *What is an Animal*, London: Routledge, 1994(1988).

Taylor, Bron(ed.), *The Encyclopedia of Religion and Nature*, New York: Theommes Continuum, 2005.

Waldau, Paul, "Religion and Animals", *In Defense of Animals: The Second Wave*, ed. by Peter Singer, Malden, MA : Blackwell Publishing, 2006.

간디와 프랑켄슈타인, 그리고 채식주의의 노스탤지어__박상언

Adams, Carol J., *The Sexual Politics of Meat*, 『프랑켄슈타인은 고기를 먹지 않았다: 페미니즘-채식주의 비판이론과 육식의 성정치』, 유현 옮김, 도서출판 미토, 2003.

Coetzee, J. M., *The Lives of Animals*, Amy Gutmann ed., New Jersey: Princeton University Press, 1999.

Fiddes, Nick, Meat: *A Natual Symbol*, London: Routeledge, 1991.

Foe, Jonathan Safran, *Eaiting Animals*, 『동물을 먹는다는 것에 대하여』, 송은주 옮김, 민음사, 2011.

Franklin, Adrian, *Animals and Modern Cultures: A Sociological of Human-Animal Relations in Modernity*, London: Sage Publications, 1999.

Gandhi, Leela, "Ahimsa and other animals", *Rethinking Gandhi and Nonviolent Relationality: Global Perspectives*, Debjani Ganguly and John Docker eds., London: Routeledge, 2007.

Gandhi, Mohandas K., *The Story of My Experiements with Truth*, 『간디 자서전: 나의 진실 추구 이야기』, 박홍규 옮김, 문예출판사, 2007.

Harris, Mavin, *The Sacred Cow and Abominable Pig: Riddles of Food and Culture*, 『음식문화의 수수께끼』, 서진영 옮김, 한길사, 1992.

Iyer, Raghavan N., ed., *The Moral And Political Writings of Mahatma Gandhi*, 『마하뜨

마 간디의 도덕 · 정치사상 권2: 진리와 비폭력』(상.하), 허우성 옮김, 소명출판사, 2004.

LaCapra, Dominick, *History and Its Limits: Human, Animal, Violence*, Ithaca: Conell University Press, 2009.

Morton, Timothy, *Shelley and the Revolution in Taste: The Body and the Natural World*, New York: Cambridge University Press, 1994.

Newton, John Frank, *Return to Nature or, A Defence of the Vegetable Regime: with some account of an experiment made during the last three of four years in the author's family*, London: Printed for T. Cadell and W. Davies, Strand, 1811.

Pollan, Michael, *Omnivore's Dilemma*, 『잡식동물의 딜레마』, 조윤정, 다른세상, 2008.

Shelley, Mary Wollstoncraft , *Frankenstein, or the Modern Prometheus*, 『프랑켄슈타인』, 임종기 옮김, 문예출판사, 2008.

Shelley, Percy Bysshe, *Vindication of Natural Diet*, London: The Vegetarian Society, 1884(1813).

Stuart, Tristram, *The Bloodless Revolution: A Cultural History of Vegetarianism from 1600 to Modern Times*, New York: W. W. Norton & Company, 2007

Wolpert, Stanley, *Gandhi's Passion: The Life and Legacy of Mahatma Gandhi*, Oxford: Oxford University Press, 2001.

Tannahill, Rayn, *Food in History*, 『음식의 역사』, 손경희 옮김, 우물이있는집, 2006.

Rifkin, Jeremy, *Beyond Beef*, 『육식의 종말』, 신현승 옮김, 시공사, 2002.

Ritson, Joseph, *An Essay on Abstinence from Animal Food As a Moral Duty*, London: Willks and Taylor, Printers, Chandery-Lane, 1802.

채식주의의 윤리학적 근거_김일방

고미송, 『채식주의를 넘어서』, 서울: 푸른사상, 2011.

김일방, 『환경윤리의 쟁점』, 파주: 서광사, 2005.

데자르뎅, J. R., 『환경윤리: 환경윤리의 이론과 쟁점』, 김명식 옮김, 서울: 자작나무, 1999.

리프킨, 제레미, 『육식의 종말』, 신현승 옮김, 서울: 시공사, 2007.

모비 · 박미연 외, 『고기, 먹을수록 죽는다』, 함규진 옮김, 서울: 현암사, 2011.

손금희 · 조여원, 「채식선호자와 육식선호자의 식사의 질 및 비타민 K 섭취 비교 연구」, 『한국영양학회지』, 39(6).

시문스, 프레데릭 J., 『이 고기는 먹지 마라?』, 김병화 옮김, 서울: 돌베개, 2005.

싱어, 피터, 『동물해방』, 김성한 옮김, 고양: 인간사랑, 1999.

아이작스, 월터, 『스티브 잡스』, 안진환 옮김, 서울: 민음사, 2011.

윤방부,「육식을 더 강조해야 할 때」, 한국식품공업협회,『식품가공』제98호, 1989.

조이, 멜라니,『우리는 왜 개는 사랑하고 돼지는 먹고 소는 신을까』, 노순옥 옮김, 서울: 모멘토, 2011.

쯔루다 시즈카,『베지테리언, 세상을 들다』, 손성애 옮김, 서울: 모색, 2004.

카제즈, 잔,『동물에 대한 예의』, 윤은진 옮김, 서울: 책읽는수요일, 2011.

헤르조그, 할,『우리가 먹고 사랑하고 혐오하는 동물들』, 김선영 옮김, 서울: 살림, 2011.

황병익,「채식주의의 올바른 이해와 대책」, 한국종축개량협회,『젖소개량』, 제7권 제3호(2002. 3).

〈한겨레신문〉, 2012. 1. 28, 15면.

〈한겨레신문〉, 2012. 2. 11, 10면.

伊勢田哲治,『動物からの倫理學入門』, 名古屋: 名古屋大學出版會, 2010.

田上孝一,『實踐の環境倫理學』, 東京: 時潮社, 2006.

Callicott, J. Baird, "Animal Liberation: A Triangular Affair," in Robert Elliot, ed., *Environmental Ethics*, New York: Oxford University Press, 1995.

Lappe, Frances Moore, *Diet for a Small Planet*, New York: Ballantine Books, 1991.

Lappe, Frances Moore, "Like Driving a Cadillac," In Kerry S. Walters and Lisa Portmess, ed., *Ethical Vegetarianism*, Albany: State University of New York Press, 1999.

Marcus, Erik, Vegan: *The New Ethics of Eating*, 2nd ed., Ithaca, NY: McBooks Press, 2001.

Regan, Tom, "The Moral Basis of Vegetarianism," In Kerry S. Walters and Lisa Portmess, ed., *Ethical Vegetarianism*, Albany: State University of New York Press, 1999.

Regan, Tom, "The Radical Egalitarian Case for Animal Rights," In Paul Pojman, ed., *Food Ethics*, Boston: Wadsworth, 2012.

Regan, Tom, *The Case for Animal Rights*, Berkeley: University of California Press, 1983.

Singer, Peter, "All Animals Are Equal," In Kerry S. Walters and Lisa Portmess, ed., *Ethical Vegetarianism*, Albany: State University of New York Press, 1999.

Spencer, Colin, *Vegetarianism: A History*, New York: Four Walls Eight Windows, 2000.

Warren, Mary Anne, "A Critique of Regan's Animal Rights Theory," In Paul Pojman, ed., *Food Ethics*, Wadsworth, Boston 2012.

Wenz, Peter S., "An Ecological Argument for Vegetarianism," In Kerry S. Walters and Lisa Portmess, ed., *Ethical Vegetarianism*, Albany: State University of New York Press, 1999.

서양윤리의 동물권리 논의와 불교생명윤리의 입장_허남결

피터 싱어, 『응용윤리(윤리학 길잡이 3)』, 김성한, 김성호, 소병철, 이병철 옮김, 철학과
　　현실사, 2005.
김성한, 「피터 싱어의 동물해방론」, 『철학연구』 22집, 1999.
김성한, 「동물의 도덕적 지위에 대한 진화론의 함의」, 『철학연구』 98집, 2006.
김일방, 「피터 싱어의 동물해방론 비판」, 『철학연구』 84집, 2002.
김진석, 「인간과 동물-권리와 복지논쟁」, 한국동물자원과학회 2004년 정기총회 및 춘계
　　심포지움 자료집, 2004.
데미언 키온 지음, 『불교 응용윤리학 입문』, 허남결 옮김, 한국불교연구원, 2007.
박이문, 「동물권과 동물해방」, 『철학과 현실』 가을호, 2000.
박정기, 「동물의 법적 지위에 관한 연구」, 『법학연구』 제51권 제3호, 2010.
서재영, 「선의 생태철학」, 서울; 동국대학교출판부, 2007.
서재영, 「선사들의 삶을 통해 본 동물의 도덕적 지위」, 『불교학보』 제43집, 2005.
안옥선, 「인간과 동물간 무경계적 인식과 실천:불교와 동물해방론의 경우」, 『범한철학』
　　제31집, 2003.
안옥선, 「업설에 나타난 불교생명관의 한 특징:인간과 동물의 평등」, 『철학연구』 제89
　　집, 2004.
제임스 레이첼즈 지음, 『동물에서 유래된 인간: 다윈주의의 도덕적 함의』, 김성한 옮김,
　　나남, 2007.
피터 싱어, 『동물해방』, 김성한 옮김, 인간사랑, 1999.
피터 싱어, 『실천 윤리학』, 황경식, 김성동 옮김, 철학과현실사, 2003.
피터 하비, 『불교윤리학입문: 토대, 가치와 쟁점』, 허남결 옮김, 씨·아이·알, 2010.

Bentham, Jeremy. *An Introduction to the Principle of Morals and Legislation*, New
　　York: Dover Publications, Inc., 2007.
Cochrane, Alasdair. "Ownership and Justice for Animals", *Utilitas*, vol.21, no.4, 2009.
de Silva, Lily. "The Buddhist Attitude Towards Nature", *Access to Insight*, June 5, 2010,
　　http://www.accesstoinsight.org/lib/authors/desilva/attitude.html.
Frey, R. G. "Moral Standing, the Value of Lives, and Speciesism", in Hugh LaFollette,
　　Ethics in Practice; An Anthology, Oxford: Blackwell, 1999.
Frey R. G. & Paton, Sir William. "Vivisection, Morals and Medicine: An Exchange",
　　in Helga Kuhse & Peter Singer eds., *Bioethics; An Anthology*, Oxford: Blackwell,
　　1999.
Gruen, Lori. "Animals", in Peter Singer ed., *A Companion to Ethics*, Oxford: Blackwell,
　　1993.
Harris, Ian. "Attitudes to Nature", in Peter Harvey ed., *Buddhism*, London: Continuum,

2001).

Harvey, Peter. *An Introduction to Buddhist Ethics -Foundations, Values and Issues-*, Cambridge: Cambridge University Press, 2000.

Keown, Damien. *Buddhist Ethics: A Very Short Introduction*, Oxford; Oxford University Press, 2005.

Machan, Tibor R. "Do Animals Have Rights?", in Jeffrey Olen & Vincent Barry, *Appling Ethics; A Text with Readings*, 5th ed., Belmont: Wadsworth, 1996.

Phelps, Norm. *The Great Compassion-Buddhism & Animal Rights-*, New York: Lantern Books, 2004.

P. Pojman, Louis. *Environmental Ethics; Readings in Theory and Application*, Belmont: Wadsworth, 2001.

Pluhar, Evelyn. "Animal Rights", in *Encyclopedia of Applied Ethics*, vol.1, San Diego: Academic Press, 1998.

Pollan, Michael. "The Unnatural Idea of Animal Rights", in James P. Sterba, *Morality in Practice*, Belmont: Wadsworth, 2004.

Regan, Tom. "The Case for Animal Rights", in Hugh LaFollette, *Ethics in Practice*: An Anthology, Oxford; Blackwell, 1999.

R. Machan, Tibor. "Do Animals Have Rights?", in Jeffrey Olen & Vincent Barry Jeffrey, *Appling Ethics; A Text with Readings*, 5th ed., Belmont: Wadsworth, 1996.

Ryder, Richard D. *Painism: A Modern Morality*, London: Centaur Press, An imprint of Open Gate Press, 2001.

Sagoff, Mark. "Animal Liberation and Environmental Ethics: Bad Marriage, Quick Divorce" in David Schmidtz & Elizabeth Willott eds., *Environmental Ethics; What Really Matters, What Really Works?*, Oxford: Oxford University Press, 2002.

Schmithausen, Lambert. "The Early Buddhist Tradition and Ecological Ethics", in *Journal of Buddhist Ethics*, vol.4, 1997.

Singer, Peter. *Animal Liberation*, 2nd ed., London: Pimlico, 1995.

Singer, Peter. *Practical Ethics*, second ed., Cambridge: Cambridge University, 1993.

Tucker, Mary Evelyn and Williams Duncan Ryūken, eds., *Buddhism and Ecology: The Interconnection of Dharma and Deeds*, Cambridge: Harvard University Press, 1997.

Varner, Gary E. "The Prospects for Consensus and Convergence in the Animal Rights Debate" in Donald VanDeVeer & Christine Pierce eds., *The Environmental Ethics & Policy Book*, Belmont: Wadsworth, 1998.

찾아보기

논문 발표지면

종교와 동물, 그 연결점의 자리(장석만)   --『종교문화비평』 21권, 2012.

원시종교 이론에 나타난 인간과 동물의 관계(방원일)
                          --『종교문화비평』 21권, 2012.

포스트휴먼: 의인화와 동물-되기의 기법(전세재)
                          --『문학과 환경』 7권 2호, 2008.

인도 종교에 나타난 동물 존중 태도(이병욱)
                          --『종교문화비평』 21권, 2012.

그리스도교의 신학적 동물윤리(김형민)   --『종교문화비평』 21권, 2012.

현대 한국 종교의 '생태 영성'과 의례(유기쁨)
                          --『생명연구』 29권, 2013.

간디와 프랑켄슈타인, 그리고 채식주의의 노스탤지어(박상언)
                          --『종교문화비평』 21권, 2012.

채식주의의 윤리학적 근거(김일방)   --『철학논총』 제68집, 2012.

서양윤리의 동물권리 논의와 불교생명윤리의 입장(허남결)
                          --『윤리연구』 81권, 2011.

한국종교문화연구소 종교문화비평총서03

종교와 동물 그리고 윤리적 성찰

등록 1994.7.1 제1-1071
1쇄 발행 2014년 7월 31일

기 획 한국종교문화연구소
엮은이 박상언
펴낸이 박길수
편집인 소경희
편 집 조영준
디자인 이주향
펴낸곳 도서출판 모시는사람들
        110-775 서울시 종로구 삼일대로 457(경운동 88번지) 수운회관 1207호
전 화 02-735-7173, 02-737-7173 / 팩스 02-730-7173

인 쇄 상지사P&B(031-955-3636)
배 본 문화유통북스(031-937-6100)
홈페이지 http:// blog.daum.net/donghak21

값은 뒤표지에 있습니다.
ISBN 978-89-97472-76-5   94100
ISBN 978-89-97472-32-1   94100(세트)

이 도서의 국립중앙도서관 출판예정도서목록(CIP)은 서지정보유통지원시스템 홈페이지
(http://seoji.nl.go.kr)와 국가자료공동목록시스템(http://www.nl.go.kr/kolisnet)에서 이용하
실 수 있습니다.(CIP제어번호: 2014020437)